Editor: Edson Manoel de Oliveira Filho
Produção editorial: Editora Filocalia
Preparação: Cristian Clemente
Capa e projeto gráfico: Daniel Justi
Diagramação: Mauricio Nisi Gonçalves / Nine Design
Revisão: Valquíria Della Pozza

Dados Internacionais de Catalogação na Publicação (CIP)
de acordo com ISBD

R571s
Righi, Maurício G.

O Sábio de Malvern Hills: o espiritualismo histórico de Christopher Dawson / Maurício G. Righi. – São Paulo : Editora Filocalia, 2023.
576 p. ; 16cm x 23cm.

Inclui bibliografia e índice.
ISBN: 978-65-88143-22-3

1. Ciências Humanas e Sociais. 2. História. I. Título.
CDD 300
2023-667 CDU 3

Elaborado por Vagner Rodolfo da Silva – CRB-8/9410
Índice para catálogo sistemático:
1. Ciências Humanas e Sociais 300
2. Ciências Humanas e Sociais 3

Editora Filocalia Ltda.
Rua França Pinto, 509 • São Paulo • SP • 04016-032
Telefone: (5511) 5572 5363
atendimento@filocalia.com.br • www.editorafilocalia.com.br

Este livro foi impresso pela Gráfica Paym em junho de 2023. Os tipos são da família Bely e Right Grotesk. O papel do miolo é o Lux Cream 70 g., e o da capa, cartão Ningbo C2 300 g.

O Sábio de Malvern Hills

O espiritualismo histórico de Christopher Dawson

MAURÍCIO G. RIGHI

FILOCALIA

Ao Edson Filho, editor e amigo de caminhada.

And our Grande Armée *is dressed in rags*
A frozen starving beggar band
Like rats we steal each other's scraps
Fall to fighting hand to hand

Save my soul from evil, Lord
And heal this soldier's heart
I'll trust in thee to keep me, Lord
I'm done with Bonaparte

"Done with Bonaparte" – Mark Knopfler

Agradecimentos

Este é um livro particularmente pessoal, um trabalho que brotou lentamente das entranhas deste historiador desgarrado, percorrendo as veias e artérias deste escriba, cujo ofício é escrever sobre coisas longínquas e pessoas distantes, sobre fatos, contextos e ideias que o ultrapassam completamente. Mas se a escrita é de uma só vez chamamento e compromisso, vocação e responsabilidade, misericordiosamente concedida a alguém que quase nada sabe realizar neste mundo exigente, o seu resultado impresso em livro publicado com tamanho esmero pela Editora Filocalia mais se assemelha a um milagre visto em tinta e papel. Não exagero em dizer que não sou merecedor desse agraciamento, o que me obriga a abonar ao menos uma parte dos incontáveis auxílios que recebi durantes esses anos de gestação.

Agradeço a todos os funcionários e funcionárias das bibliotecas e livrarias que percorri, desde meados da década de 1990, quando num corredor escondido e mal iluminado de uma biblioteca da USP li uma referência a Christopher Dawson, à sua historiografia, pela primeira vez. Agradeço, igualmente, aos gentis funcionários e funcionárias dos incontáveis cafés, padarias e bares em que me sentei para ler escritos e anotações, livros e textos de Dawson (e sobre ele) por horas a fio, sentindo-me por vezes um ponto fixo e talvez desajustado em meio a um mundo em correria. Agradeço sobremaneia aos anos que passei nas salas de ensino escolar e superior, onde vivi alternadamente alegrias juvenis e terrores antigos e onde aprendi, ainda que lentamente, que podia e que sabia pensar em alto nível. Agradeço, eternamente, à família que tenho. Agradeço, enfim, àquele de cuja tutela amorosa jamais sairei, pois dele dependo.

Mais próximo à consecução deste trabalho, meus agradecimentos sinceros ao amigo e colega Alex Catharino o prefácio generoso e erudito, agradeço ao amigo e colega Martim Vasques da Cunha a leitura sempre atenta e inteligente, agradeço, igualmente, ao amigo e colega Érico Nogueira o auxílio inestimável com a tradução dos versos de William Langland, agradeço também ao amigo e colega André Quirino o zeloso suporte intelectual e técnico como também a toda equipe editorial e aos profissionais autônomos desse ramo o trabalho cuidadoso e a paciência que sempre tiveram comigo. Agradeço, enfim, ao próprio autor aqui estudado a existência íntegra e exitosa de alguém que soube viver mansamente como um gigante em sabedoria para o bem dos pequeninos que precisavam e que ainda precisam crescer.

São Paulo, julho de 2022

Prefácio
A historiografia romântica de Christopher Dawson como poética da civilização

Por Alex Catharino

O advogado, estadista e filósofo romano Marco Túlio Cícero (106-43 a.C.), na sua obra *De Oratore* [Sobre o Orador], escrita em torno do ano 55 a.C., afirmou que "a história é a testemunha dos tempos, a luz da verdade, a vida da memória, a mestra da vida, o arauto da antiguidade".[1] Todavia, o filósofo grego Aristóteles (384-322 a.C.), quase três séculos antes, rejeitara a validade do conhecimento histórico na busca pela verdade, quando, no tratado Περὶ ποιητικῆς [Poética], registrado entre os anos 335 e 323 a.C., argumentara que "a poesia é algo de mais filosófico e mais sério do que a história, pois refere essa principalmente o universal, e esta, o particular".[2] Ousamos discordar da proposição do Estagirita, pois, mesmo focadas em objetos particulares, determinadas narrativas históricas na modernidade atingiram elevado grau de reflexão filosófica ao oferecerem um entendimento

1 Do original em latim: "*Historia vero testis temporum, lux veritatis, vita memoriae, magistra vitae, nuntia vetustatis*". Cícero, *De Oratore*. II, 36. Tradução direta do latim para o português de nossa autoria.

2 Aristóteles, *Poética*. 1451b / IX,50. Utilizamos aqui a tradução para o português da seguinte edição brasileira: Aristóteles, *Poética*. Trad. Eudoro de Souza. São Paulo, Nova Cultural, 1987, p. 209.

universal da natureza humana e da ordem social, conforme pode ser apreendido nos trabalhos de autores como Charles-Louis de Secondat, Barão de La Brède e Barão de Montesquieu (1689-1755); David Hume (1711-1776); Edmund Burke (1729-1797); Edward Gibbon (1737-1794); Alexis de Tocqueville (1805-1859); Henry James Sumner Maine (1822-1888); John Emerich Edward Dalberg-Acton, 1º Barão Acton (1834-1902); Christopher Dawson (1889-1970); Arnold J. Toynbee (1889-1975); Herbert Butterfield (1900-1979); Eric Voegelin (1901-1985); Russell Kirk (1918-1994); e John Lukacs (1924-2019).

De acordo com Russell Kirk, no texto de uma das duas conferências sobre a questão da consciência histórica, ministradas no fim da década de 1980 na Indiana University, "se o historiador deseja suplantar o romancista como guardião da cultura, necessita aprender a escrever de modo mais nobre e mais filosófico do que o feito em nossos dias".[3] No livro *O Sábio de Malvern Hills: O espiritualismo histórico de Christopher Dawson*, o historiador, tradutor e professor brasileiro Maurício

3 Russell Kirk, "The Return of the Philosophical Historians – Lecture I: Lukacs and the Historical Consciouness", p. 9. O texto dessa conferência nunca foi publicado. Consultamos a versão original, datilografada pelo autor, que se encontra preservada nos arquivos do Russell Kirk Center for Cultural Renewal, em Mecosta, Michigan, EUA. A segunda conferência de Russell Kirk também permanece inédita e arquivada no mesmo local, tendo como título "The Return of the Philosophical Historians – Lecture II: Voegelin on History as Consciouness of Reality". No primeiro texto, Russell Kirk, ao tratar do pensamento de seu amigo John Lukacs, faz várias menções a Christopher Dawson como um exemplo notável de historiador filosófico. Agradecemos a Annette Y. Kirk, viúva de Russell Kirk e presidente do Russell Kirk Center for Cultural Renewal, por nos ter autorizado consultar, fazer cópias e citar esses documentos.

G. Righi brinda os leitores com uma análise simultaneamente filosófica e poética da historiografia dawsoniana, escrita com vasta erudição histórica, precisão conceitual e beleza estilística. Influenciado tanto pelas concepções de Filosofia da História e de Teologia, discutidas na obra *De Civitate Dei* [A Cidade de Deus], por Santo Agostinho de Hipona (354-430),[4] quanto pelo conceito antropológico de "cultura" apresentado, em 1948, no livro *Notes Towards the Definition of Culture* [Notas para a Definição de Cultura],[5] por T. S. Eliot (1888-1965),[6] bem como por ampla gama de fontes teóricas e materiais, o historiador católico galês, objeto do presente trabalho, pode ser tomado como o mais significativo espécime de historiador filosófico, dotado de profundo senso poético.

Assim como na historiografia de Christopher Dawson, o elemento poético, intrinsecamente relacionado à concepção espiritualista defendida pelo "Sábio de Malvern Hills", possibilita um entendimento da verdade universal, que transcende os limites particulares da narrativa histórica. Na poesia de T. S. Eliot temos uma profunda dimensão histórica, acentuada pela preocupação do poeta, ecoando o pensamento agostiniano com a questão existencial do tempo. A poesia eliotiana santificou novas formas modernistas ao agregar nelas as antigas tradições clássica e cristã, ao passo que a historiografia

4 Christopher Dawson, "Santo Agostinho e *A Cidade de Deus*". In: *Dinâmicas da História do Mundo*. Ed., pref., intr. e posf. John J. Mulloy; intr. Dermot Quinn; pref. e trad. Maurício G. Righi. São Paulo, É Realizações, 2010, p. 413-49.

5 T. S. Eliot, *Notas para a Definição de Cultura*. Trad. Eduardo Wolf. São Paulo, É Realizações, 2011.

6 Christopher Dawson, "O Significado da Cultura em T. S. Eliot". In: *Dinâmicas da História do Mundo*, op. cit., p. 185-92.

dawsoniana efetuou semelhante papel espiritual ao, por intermédio de uma concepção específica de romantismo, destacar a importância central dos elementos religiosos para a cultura. Conforme acentuado por Russell Kirk, "dos pensadores sociais de seu tempo, nenhum influenciou mais Eliot do que Dawson".[7] Os dois autores foram contemporâneos, de modo que, além de terem feito parte do mesmo círculo intelectual, vivenciaram os mesmos dramas históricos e se influenciaram mutuamente. Em alguns dos versos na quinta seção do poema *Little Gidding*, escrito entre os meses de julho de 1941 e setembro de 1942 e publicado, originalmente, em outubro 1942 como o quarto e último dos *Four Quartets* [Quatro Quartetos], Eliot se expressou do seguinte modo:

> Nascemos com os mortos:
> Vê, eles retornam, e nos trazem consigo.
> O momento da rosa e o momento do teixo
> Têm a mesma duração. Um povo sem História
> Não está redimido do tempo, pois a História é o modelo
> Dos momentos sem tempo. Assim, enquanto a luz declina
> Numa tarde de inverno, numa capela reclusa
> A História é agora e Inglaterra.[8]

---

7 Russell Kirk, *A Era de T. S. Eliot – A imaginação moral do século XX*. Apres. Alex Catharino; intr. Benjamin G. Lockerd Jr., trad. Márcia Xavier de Brito. São Paulo, É Realizações, 2011, p. 477.

8 No original em inglês: *"We die with the dying: / See, they depart, and we go with them. / The moment of the rose and the moment of the yew-tree / Are of equal duration. A people without history / Is not redeemed from time, for history is a pattern / Of timeless moments. So, while the light fails / On a winter's afternoon, in a secluded chapel / History is now and England"*. T. S. Eliot, *Little Gidding*, V, 857-864. Utilizamos a tradução

No período em que tais versos foram escritos, a Grã-Bretanha vivenciava, durante a Segunda Guerra Mundial, a chamada "the darkest hour", comumente traduzida como "a hora mais negra" ou como "o momento mais negro", expressão cunhada pelo primeiro-ministro Winston Churchill (1874-1965) em seu famoso discurso *This was their finest hour* [Este foi seu melhor momento], de 18 de junho de 1940. O próprio Churchill relembrou a circunstância na qual proferiu essa importante peça de oratória em sua monumental obra *The Second World War* [Memórias da Segunda Guerra Mundial], pela qual foi agraciado, em 1953, com o Prêmio Nobel de Literatura, tendo afirmado que "após o colapso da França, a pergunta que surgia na mente de todos os nossos amigos e inimigos era: 'A Inglaterra também se renderá?'". Ao dar continuidade ao relato, ressaltou que "havia declarado repetidamente, em nome do governo de Sua Majestade, nossa determinação de prosseguirmos na luta sozinhos", sustentando que reafirmara esse compromisso no discurso proferido à Câmara "em 18 de junho, no dia seguinte ao colapso de Bordeaux".[9] Segundo Ricardo Sondermann em seu livro *Churchill e a Ciência por Trás dos Discursos: Como Palavras se Transformam em Armas*, "esse longo discurso procura traçar um panorama da situação da guerra e dos riscos que se corriam naquele momento".[10] A película cinematográfica *Darkest*

---

para o português elaborada pelo poeta Ivan Junqueira (1934-2014), disponível na seguinte edição brasileira: T. S. Eliot, *Poesia*. Apres. Affonso Romano de Sant'Anna; trad., intr. e notas Ivan Junqueira. Rio de Janeiro, Nova Fronteira, 2015.

9 Winston Churchill, *Memórias da Segunda Guerra Mundial – Volume 1 (1918-1941)*. Ed. Denis Kelly; trad. Vera Ribeiro. Rio de Janeiro, HarperCollins, 2017, p. 374.

10 Ricardo Sondermann, *Churchill e a Ciência por Trás dos Discursos: Como Palavras se Transformam em Armas*. Pref. Lucas Berlanza. São Paulo, LVM Editora, 2018, p. 177.

Hour, lançada no Brasil com o título *O Destino de Uma Nação*, baseada no livro homônimo de Anthony McCarten,[11] dirigida por Joe Wright e estrelada por Gary Oldman, que interpretou o primeiro-ministro britânico, é um verossímil relato artístico dos acontecimentos desse contexto histórico.

Além do supracitado poema de T. S. Eliot, outro importante trabalho foi escrito tendo como pano de fundo a mesma conjuntura. Trata-se do livro *The Judgment of the Nations* [O Julgamento das Nações], de Christopher Dawson, lançado originalmente no ano de 1942. No primeiro capítulo, denominado "The Hour of Darkness" [A Hora das Trevas], o autor declarou que "nessas épocas tenebrosas, muitos são tentados ao desespero quando veem a ruína das esperanças de paz e de progresso que inspiraram o idealismo liberal do último século", principalmente quando "a perversão dos grandes feitos do poderio e conhecimento humanos", tal como verificado no caso da máquina de guerra nazista, estava "a servir as forças demoníacas de destruição".[12] Na biografia *A Historian and His World: A Life of Christopher Dawson* [Um Historiador e seu Mundo: A Vida de Christopher Dawson], de Christina Scott (1922-2001), filha do historiador galês, é relatado que *O Julgamento das Nações*, segundo as palavras do próprio autor, custou-lhe "maior trabalho e reflexão do que qualquer outro" de seus escritos.[13]

11 Anthony McCarten, *O Destino de Uma Nação: Como Churchill desistiu de um acordo de paz para entrar em guerra contra Hitler*. Trad. Eliana Rocha e Luis Reyes Gil. São Paulo, Crítica, 2017.

12 Christopher Dawson, *O Julgamento das Nações*. Pref. Alex Catharino; intr. Michael J. Keating; trad. Márcia Xavier de Brito. São Paulo, É Realizações, 2018, p. 73.

13 Christina Scott, *A Historian and His World: A Life of Christopher Dawson*. Intr. Russell Kirk; epil. James Oliver. New Brunswick, Transaction Publishers, 1992, p. 136.

O estudo em questão é a parte final e a mais elaborada de um políptico formado também pelos volumes *The Modern Dilemma* [O Dilema Moderno], de 1932, *Religion and the Modern State* [Religião e o Estado Moderno], de 1936, e *Beyond Politics* [Além da Política], de 1939, todos os três publicados apenas em inglês em única edição, atualmente esgotadas.[14] Nesse quarto e último volume de tais análises, Dawson expressou a sua consciência de que "o impulso copioso pelo poder que constitui o totalitarismo" era o principal fator que estava "abolindo os limites impostos por séculos de cristianismo e civilização" ao substituir tal patrimônio "por instintos primitivos de violência e agressividade".[15] Em sua tese de doutorado *Christopher Dawson in Context: A Study in British Intellectual History Between the World Wars* [Christopher Dawson em Contexto: Um Estudo de História Intelectual Britânica entre as Guerras Mundiais], o historiador norte-americano Joseph T. Stuart sustentou que, diante da conjuntura europeia no período entreguerras, e principalmente na irrupção do conflito total, o historiador galês "visou a moldar seu presente através de obras" como *O Julgamento das Nações*, tendo assumido a postura não apenas de um pesquisador acadêmico, mas também a de um "herói intelectual".[16] Na perspectiva dawsoniana, o cerne do problema

14 Lançados somente nas respectivas edições: Christopher Dawson, *The Modern Dilemma: The Problem of European Unity*. London, Sheed & Ward, 1932; Idem, *Religion and the Modern State*. London, Sheed & Ward, 1936; Idem, *Beyond Politics*. London, Sheed & Ward, 1939.

15 Christopher Dawson, *O Julgamento das Nações*, op. cit., p. 80.

16 Joseph T. Stuart, *Christopher Dawson in Context: A Study in British Intellectual History Between the World Wars*. Edinburgh, University of Edinburgh, 2009, p. 27.

que levou à eclosão da Segunda Guerra Mundial foi explicado da seguinte maneira:

> O progresso da civilização ocidental pela ciência e pelo poder parece conduzir a um estado de secularização total em que tanto a religião quanto a liberdade desaparecem simultaneamente. A disciplina que a máquina impõe ao homem é tão estrita que a própria natureza humana está em perigo de ser mecanizada e absorvida no processo material. Nos lugares onde isso é aceito como necessidade histórica inelutável, chega-se a uma sociedade planejada em estrito espírito científico, mas que será uma ordem estática e sem vida, que não possui outro fim além da própria preservação e que deve, por fim, causar o enfraquecimento do arbítrio humano e a esterilização da cultura. Por outro lado, se uma sociedade rejeita esse determinismo científico e busca preservar e desenvolver a vitalidade humana dentro do arcabouço de um Estado totalitário, ela é então forçada, como na Alemanha nazista, a explorar os elementos irracionais da sociedade e da natureza humana, de modo que as forças da violência e da agressividade, que todas as culturas do passado buscaram disciplinar e controlar, irrompam para dominar e destruir o mundo.
>
> Esse é o dilema de uma cultura secularizada, e não podemos evitá-lo, seja por um idealismo humanitário que fecha os olhos para o lado irracional da vida ou por uma religião de espiritualidade pessoal que tenta escapar para um mundo privado, rapidamente aniquilado e esgotado pela engenharia social.[17]

---

17 Christopher Dawson, *O Julgamento das Nações*, op. cit., p. 159-60.

De certo modo, o entendimento de que a secularização da cultura é a raiz das mazelas ideológicas que afetam as diferentes sociedades ocidentais na modernidade é um dos inúmeros fatores que unem, na mesma trincheira, Christopher Dawson e autores como Eric Voegelin, Russell Kirk e, acima de todos os demais, T. S. Eliot, dentre outros guardiões de nossa cultura ocidental cristã. No já mencionado *Notas para a Definição de Cultura*, a análise de Eliot ressaltava "que nenhuma cultura surgiu ou se desenvolveu, a não ser quando acompanhada por uma religião".[18] Similarmente, Dawson entendeu que "a religião é a grande força criativa da cultura", ao destacar que "quase toda cultura histórica foi inspirada e constituída por alguma grande religião".[19] Por estar alicerçado nessas bases eliotianas e dawsonianas em um dos capítulos de seu livro *The Politics of Prudence* [A Política da Prudência], de 1993, Russell Kirk sustentou que "cultura procede de culto", pois esse é "uma reunião para adoração – isto é, uma tentativa das pessoas de comungar com um poder transcendente".[20] Mesmo tendo admitido em seu livro *Progress and Religion* [Progresso e Religião], de 1929, que a esfera religiosa está fora do controle social, pois "o instinto religioso primário é o da dependência de poderes sobre-humanos",[21] vinte anos depois, em um ensaio de 1949 sobre o

18 T. S. Eliot, *Notas para a Definição de Cultura*, op. cit., p. 15.

19 Christopher Dawson, "O Significado da Cultura em T. S. Eliot", op. cit., p. 191.

20 Russell Kirk, *A Política da Prudência*. Apres. Alex Catharino; intr. Mark C. Henrie; trad. Gustavo Santos e Márcia Xavier de Brito. São Paulo, É Realizações, 2013, p. 264.

21 Christopher Dawson, *Progresso & Religião – Uma investigação histórica*. Apres. Joseph T. Stuart; pref. Christina Scott; intr. Mary Douglas; trad. Fabio Farias. São Paulo, É Realizações, 2012, p. 127.

pensamento eliotiano, Dawson salientou que "a relação entre religião e cultura é simplesmente o corolário social da relação entre *Fé* e *Vida*".[22] Nas palavras de Eliot, a "concepção de religião e de cultura", que define cada um dos termos como sendo "diferentes aspectos da mesma coisa", afasta duas falácias, sendo a primeira a crença de que "a cultura pode ser preservada, ampliada e desenvolvida na ausência da religião", e a segunda a convicção de que "a preservação e a manutenção da religião não precisam levar em consideração a preservação e a manutenção da cultura".[23] O que está sendo defendido por Eliot, segundo Dawson, é aquilo "comumente descrito como 'valores espirituais' de nossa tradição ocidental contra a degradação e o achatamento de que é vítima".[24] Algumas vezes denominado conservadorismo cultural, o tradicionalismo kirkiano ecoou nas análises eliotiana e dawsoniana ao sintetizar assim tais pontos:

> Meu argumento é de que a cultura elaborada que conhecemos encontra-se em sério perigo; que a nossa civilização poderá acabar pela letargia, ser destruída pela violência, ou perecer pela combinação desses males. Os conservadores culturais, acreditando que a "vida segue valendo a pena", estão começando a dirigir-se, insistentemente, aos meios pelos quais é possível restaurar a cultura recebida. Tal grupo, muito mais do que as outras facções por vezes chamadas de conservadoras, precisa da imaginação moral. A restauração do saber humano e científico; a reforma de muitas políticas públicas; o esclarecimento dos pontos remotos em que tardamos – tais

22 Idem, "O Significado da Cultura em T. S. Eliot", op. cit., p. 190.

23 T. S. Eliot, *Notas para a Definição de Cultura*, op. cit., p. 33.

24 Christopher Dawson, "O Significado da Cultura em T. S. Eliot", op. cit., p. 185.

linhas de ação estão abertas àqueles da geração emergente que buscam um propósito na vida.

Tal restauração, um trabalho diligente da razão e da imaginação, não pode ser realizada pelo ideólogo, o revolucionário violento. [...]. Caso os modernos recebam ou não um sinal vindo do alto, tais homens e mulheres que, com premência, se preocupam com a ordem moral e com a sobrevivência de uma alta cultura, precisam retornar à fonte da cultura: a percepção religiosa do que somos, ou deveríamos ser, aqui embaixo.[25]

Amparados nessa perspectiva, acentuamos no prefácio para a edição brasileira de *O Julgamento das Nações* que, ao assumir o papel de herói intelectual, tendo convertido a escrita histórica em arma, Christopher Dawson ergueu uma espada afiada "para denunciar os erros ideológicos do comunismo, do fascismo, do nazismo e, até mesmo, do secularismo presente nas democracias liberais".[26] Redimir o tempo,[27] "porque os dias

---

25 Russell Kirk, *A Política da Prudência*, op. cit., p. 269.

26 Alex Catharino, "Prefácio à Edição Brasileira: Do Julgamento das Nações ao Retorno da Unidade Cristã". In: Christopher Dawson, *O Julgamento das Nações*, op. cit., p. 50.

27 Proveniente do inglês "redeeming the time", a expressão "redimir o tempo" foi utilizada com frequência por T. S. Eliot e por Russell Kirk, dentre outros, tendo sido retirada da primeira parte do versículo 17 do capítulo 5 da *Epístola de São Paulo aos Efésios* na tradução inglesa da *King James Bible*. O texto original em grego é ἐξαγοραζόμενοι τὸν καιρόν, que na Vulgata foi traduzida literalmente para o latim, por São Jerônimo (347-420), como "*redimentes tempus*". Na primeira tradução da Bíblia Sagrada para o português, feita pelo ministro pregador reformado João Ferreira de Almeida (1628-1691), a passagem em questão aparece

são maus" (*Efésios* 5,16), foi a verdadeira cruzada assumida em *O Julgamento das Nações*, publicado originalmente em 1942 pela editora Sheed and Ward "como um meio para reforçar o movimento The Sword of Spirit",[28] fundado pelo cardeal Arthur Hinsley (1865-1943), sendo o próprio autor da obra um dos mais proeminentes de seus colaboradores, que, como uma referência ao apostolado desta associação, denominou o nono capítulo do referido livro com o título de "A Espada do Espírito",[29] visto que, na condição tanto de pesquisador acadêmico quanto de publicista católico, assumiu como um dos objetivos da obra o de fazer "um grande elogio e ajudar as lideranças da organização durante a Segunda Guerra Mundial".[30] Na mesma *Epístola de São Paulo aos Efésios* em que se encontra o chamado à necessidade de "redimir o tempo", o Apóstolo dos Gentios lembra o dever dos cristãos de tomarem "a espada do Espírito, que é a Palavra de Deus" (*Efésios* 6,17).

No entanto, o projeto historiográfico de Christopher Dawson não poder ser reduzido, em hipótese alguma, a mero

como "remindo o tempo", que na *Nova Almeida Atualizada* foi modificada para "aproveitando bem o tempo". Elaborada pela Sociedade Bíblica do Brasil, a versão ecumênica na *Nova Tradução na Linguagem de Hoje* é "por isso aproveitem bem todas as oportunidades que vocês têm". O texto na católica *Bíblia de Jerusalém* aparece como "tirando bom proveito do período presente", ao passo que, na também católica *Bíblia Ave Maria*, foi redigido como "que aproveitam ciosamente o tempo". As próprias "variações" (ou deveríamos empregar o termo "deturpações"?) dessa expressão bíblica reforçam a necessidade premente de "remir o tempo".

28 Bradley J. Birzer, *Sanctifying the World – The Augustinian Life and Mind of Christopher Dawson*. Front Royal, Christendom Press, 2007, p. 197.

29 Christopher Dawson, *O Julgamento das Nações*, op. cit., p. 199-207.

30 Joseph T. Stuart, *Christopher Dawson in Context*, op. cit., p. 46.

instrumento em favor da defesa tanto da religião cristã quanto de algum tipo cultural ou político de conservadorismo. O presente livro de Maurício G. Righi oferece ao leitor um excelente antídoto para qualquer tentativa reducionista das análises dawsonianas, seja em favor de bem-intencionadas visões apologéticas ou das perigosas apropriações ideológicas, principalmente em um contexto no qual diferentes grupos políticos, em países distintos, tentam apropriar-se do rótulo "conservador" para meros propósitos eleitorais. Mais do que uma introdução aos escritos do historiador galês, o livro *O Sábio de Malvern Hills: O espiritualismo histórico de Christopher Dawson* é uma análise sistemática e inovadora de todo o *corpus* dawsoniano, desde o primeiro trabalho *The Age of the Gods* [A Era dos Deuses],[31] publicado originalmente em 1928, passando, dentre outros, por *The Movement of World Revolution* [O Movimento de Revolução Mundial],[32] de 1959, até a obra *The Gods of Revolution* [Os Deuses da Revolução],[33] lançada postumamente em 1972, além de utilizar diversos ensaios publicados em diferentes épocas pelo historiador católico

31 Ainda sem tradução para a língua portuguesa, a obra se encontra disponível na seguinte edição americana: Christopher Dawson, *The Age of the Gods: A Study in the Origins of Culture in Prehistoric Europe and Ancient Egypt*. Intr. Dermot Quinn. Washington, D.C., The Catholic University of America Press, 2012.

32 Assim como o título anterior, a obra ainda não foi traduzida para o português, sendo a mais recente edição disponível a seguinte: Christopher Dawson, *The Movement of World Revolution*. Intr. Bradley Birzer. Washington, D.C., The Catholic University of America Press, 2013.

33 Christopher Dawson, *Os Deuses da Revolução*. Nova introd. Joseph T. Stuart; introd. Arnold Toynbee; apres. James Oliver; trad. André de Leones. São Paulo, É Realizações, 2018.

galês. Ao longo deste percurso analítico, Righi conclui suas reflexões dando maior ênfase à importância do citado livro *O Julgamento das Nações*, definido como uma obra escatológica e espiritualmente impactante.

Ao oferecer um amplo estudo do pensamento dawsoniano, *O Sábio de Malvern Hills: O Espiritualismo Histórico de Christopher Dawson* preenche uma grande lacuna na bibliografia em língua portuguesa. Há quase uma década e meia, desde o ano de 2010, a É Realizações tem feito um louvável e hercúleo trabalho editorial ao lançar em nosso país as traduções de diversos escritos de Christopher Dawson, sendo que, além dos já mencionados *Dinâmicas da História do Mundo*, de 2010, *Progresso & Religião*, de 2012, *O Julgamento das Nações* e *Os Deuses da Revolução*, ambos de 2018, a casa editorial lançou também *A Formação da Cristandade*[34] e *A Divisão da Cristandade*,[35] ambos em 2014, *Criação*

34 Mesmo sendo o primeiro volume de uma trilogia sobre a história da cristandade da qual o terceiro tomo, intitulado *The Return to Christian Unity* [O Retorno à Unidade Cristã], nunca foi publicado, até mesmo em inglês, a obra foi lançada originalmente com o título *The Formation of Christendom* apenas em 1967, dois anos após a publicação do livro *The Dividing of Christendom*, que compõe a segunda parte do incompleto tríptico. Em língua portuguesa, ver: Christopher Dawson, *A Formação da Cristandade: Das origens na tradição judaico-cristã à ascensão e queda da unidade medieval*. Apres. Manuel Rolph De Viveiros Cabeceiras; pref. Bradley Birzer; intr. Dermot Quinn; posf. Alex Catharino; trad. Márcia Xavier de Brito. São Paulo, É Realizações, 2014.

35 Conforme ressaltado na nota de rodapé anterior, o livro foi lançado pela primeira vez em 1965 e está disponível em português na seguinte edição: Christopher Dawson, *A Divisão da Cristandade: Da reforma protestante à era do iluminismo*. Apres. Ricardo da Costa; pref. James Hitchcock; intr. David Knowles; posf. Alex Catharino; trad. Márcia Xavier de Brito. São Paulo, É Realizações, 2014.

do Ocidente,[36] em 2016, *Inquéritos sobre Religião e Cultura*,[37] em 2017 e, finalmente, *A Crise da Educação Ocidental*,[38] em 2020, sendo que alguns deles foram traduzidos e prefaciados pelo autor do presente volume. Faltava em nosso país um volume como este para melhor guiar os estudos dos livros do historiador galês. Todavia, antes de tecermos mais comentários acerca da importante análise historiográfica apresentada neste estudo e da relevância da difusão da historiografia dawsoniana em nosso ambiente cultural, apresentaremos um pouco da trajetória intelectual de Maurício G. Righi, assim demonstrando que, em nosso país, nenhum outro autor está mais qualificado para escrever um trabalho desse vulto acerca da temática.

Nascido na cidade São Paulo em 18 de dezembro de 1972, Mauricio Gonçalves Righi cursou sua graduação em História na

---

36 Lançado pela primeira vez em 1950, com o título *Religion and the Rise of Western Culture*, o livro reúne a segunda parte das Gifford Lectures ministradas pelo autor na University of Edinburgh, na Escócia, entre 1947 e 1949, tendo a primeira parte dessas palestras sido publicadas em 1948 no livro *Religion and Culture* [*Religião e Cultura*], ainda não disponível em português. Em língua portuguesa, ver: Christopher Dawson, *Criação do Ocidente – A religião e a civilização medieval*. Intr. arcebispo Rembert G. Weakland, O.S.B.; apres. e trad. Maurício G. Righi. São Paulo, É Realizações, 2016.

37 Organizada pelo próprio autor e lançada em 1933 com o título *Enquiries into Religion and Culture*, a obra é uma coletânea de ensaios, e foi relançada em 2009 pela Catholic University of America Press, acrescida de uma introdução de Robert Royal, tendo sido traduzida para o português como: Christopher Dawson, *Inquéritos sobre Religião e Cultura*. Intr. Robert Royal; trad. Fabio Farias. São Paulo, É Realizações, 2017.

38 Christopher Dawson, *A Crise da Educação Ocidental*. Trad. André de Leones. São Paulo, É Realizações, 2020.

Universidade de São Paulo (USP), instituição de ensino superior na qual obteve seu bacharelado. Posteriormente, no campo da Ciência da Religião, obteve os títulos de mestre, em 2017, e de doutor, em 2019, finalizando o seu pós-doutoramento, em 2021, todos pela Pontifícia Universidade Católica de São Paulo (PUC-SP). O envolvimento do autor com os escritos de Christopher Dawson antecede em mais de duas décadas o lançamento da presente obra, em 2022, sendo que Righi foi o responsável pela tradução para o português dos livros *Dinâmicas da História do Mundo*, em 2010, e *Criação do Ocidente*, em 2016, tendo escrito, para cada um deles, respectivamente, o prefácio[39] e a apresentação[40] à edição brasileira. Todavia os campos de estudo desse historiador vão muito além do pensamento dawsoniano, pois, além de ter se dedicado às obras de outros eminentes pensadores, tem desenvolvido pesquisas acerca tanto do fenômeno do sagrado em uma perspectiva histórico-antropológica quanto das relações entre religião e cultura no universo arcaico, bem como escrito e realizado traduções nas áreas de crítica social, história, antropologia, filosofia, exegese bíblica e teologia.

Além da marcante e constante influência do pensamento dawsoniano, outra importante referência para o autor do presente livro é o historiador, crítico literário, antropólogo, filósofo, teólogo, sociólogo e filólogo francês René Girard (1923-2015), pensador radicado nos Estados Unidos da América, mais conhecido por sua Teoria Mimética,

---

39 O texto pioneiro escrito por um intelectual brasileiro é o seguinte: Maurício G. Righi, "Prefácio à Edição Brasileira". In: Christopher Dawson, *Dinâmicas da História do Mundo*, op. cit., p. 7-16.

40 Maurício G. Righi, "Apresentação à Edição Brasileira: Meta-História e História". In: Christopher Dawson, *Criação do Ocidente*, op. cit., p. 7-27.

que considera o mimetismo como a origem da violência humana ao desestruturar e reestruturar as sociedades, sendo ela também o fundamento do sentimento religioso no universo arcaico. Lançado no ano de 2017, *Pré-História & História: As instituições e as ideias em seus fundamentos religiosos*[41] foi o segundo livro escrito por Maurício G. Righi, que, ao longo de onze capítulos, faz tanto uma exposição da teoria girardiana quanto uma aplicação dela como instrumental para a análise das origens arcaicas do sagrado, bem como a influência desse fenômeno e de suas simbologias na constituição de práticas sociais, de instituições e de ideias, enfatizando a intrínseca relação entre cultura e religião. O terceiro livro do autor, publicado em 2019, foi o monumental *Sou o Primeiro e o Último: Estudo em teoria mimética e apocalipse*,[42] composto por doze capítulos, além de uma introdução e de uma conclusão, nos quais o autor oferece uma inigualável apresentação sistemática do conjunto dos escritos de René Girard, tendo como foco a perspectiva apocalíptica. Vale destacar que, ainda no vasto campo de investigações que constitui o pensamento

41 Originado na dissertação de mestrado do autor, orientada por Luiz Felipe Pondé, o livro foi publicado como parte da Biblioteca René Girard, coordenada por João Cezar de Castro Rocha, na seguinte edição: Maurício G. Righi, *Pré-História & História: As instituições e as ideias em seus fundamentos religiosos*. Pref. Jean-Pierre Dupuy. São Paulo, É Realizações, 2017.

42 Também parte da Biblioteca René Girard e oriundo da tese de doutorado do autor, orientada por João Décio Passos, o livro foi lançado na seguinte edição: Maurício G. Righi, *Sou o Primeiro e o Último: Estudo em teoria mimética e apocalipse*. Pref. James Alison; posf. João Cezar de Castro Rocha e Martim Vasques da Cunha. São Paulo, É Realizações, 2019.

girardiano, Righi foi o tradutor da coletânea *Política e Apocalipse*,[43] organizada por Robert G. Hamerton-Kelly (1938-2013), que, além da introdução do organizador e de um ensaio inédito do próprio René Girard, reúne textos escritos por Józef Niewiadomski (1933-2019), Wolfgang Palaver, Fred Lawrence, John Ranieri, Peter Thiel, e Stefan Rossbach.

Deve-se ressaltar também a importância do trabalho do médico psiquiatra, ensaísta, romancista e crítico social conservador inglês Anthony Daniels, mais conhecido pelos pseudônimos Theodore Dalrymple e Edward Theberton, na jornada intelectual de Righi, mesmo sendo ele uma referência posterior ao estudo da historiografia dawsoniana e das teorias girardianas. O primeiro livro publicado por Maurício Righi foi *Theodore Dalrymple: A Ruína Mental dos Novos Bárbaros*,[44] lançado em 2015 como parte da coleção Biblioteca Crítica Social, organizada pelo professor Luiz Felipe Pondé, na qual colaboramos com um volume dedicado ao pensamento kirkiano.[45] Mais do que uma obra introdutória ao pensamento de Dalrymple, o texto de Righi contextualiza a obra desse importante autor contemporâneo, ao apresentar as bases culturais e civilizacionais nas quais o pensador inglês está inserido, ao discutir a sua formação intelectual e ao analisar seus escritos e os principais temas abordados neles. Assim como no caso de Dawson, algumas

---

43 Robert G. Hamerton-Kelly (org.), *Política & Apocalipse: Estudos em violência, mímese e cultura*. Posf. João Cezar de Castro Rocha; trad. Maurício G. Righi. São Paulo, É Realizações, 2020.

44 Maurício G. Righi, *Theodore Dalrymple: A ruína mental dos novos bárbaros*. Pref. Luiz Felipe Pondé. São Paulo, É Realizações, 2015.

45 Alex Catharino, *Russell Kirk: O peregrino na terra desolada*. Pref. Luiz Felipe Pondé. São Paulo, É Realizações, 2015.

das traduções de livros de Dalrymple ficaram sob a responsabilidade de Righi, que traduziu *Nossa Cultura... ou o Que Restou Dela*[46] e *Em Defesa do Preconceito*,[47] ambos publicados em 2015, e também *A Nova Síndrome de Vichy*,[48] de 2016.

A trajetória como autor percorrida por Righi foi inversa ao seu percurso de estudos, pois iniciou as pesquisas com Christopher Dawson, seguiu com René Girard e finalmente chegou em Theodore Dalrymple, ao passo que as publicações começaram com o trabalho sobre o psiquiatra inglês, seguiram com os dois livros sobre o pensador francês e, finalmente, presenteiam os leitores com o presente volume sobre o eminente historiador católico galês. Neste quarto livro publicado pelo historiador paulista, ao longo de seis capítulos o leitor terá acesso a uma ampla e profunda análise do pensamento historiográfico dawsoniano. Acreditamos que *O Sábio de Malvern Hills: O espiritualismo histórico de Christopher Dawson* haverá de se tornar referência obrigatória para todos os interessados na temática, pois nem mesmo em língua inglesa existe trabalho similar. Um dos aspectos mais reveladores do estudo de Righi é a tese segundo a qual, mais do que a costumeiramente enfatizada base agostiniana que perpassa os escritos de Dawson, é em uma visão romântica, entretanto distinta

---

46 Theodore Dalrymple, *Nossa Cultura... ou o Que Restou Dela: 26 ensaios sobre a degradação dos valores*. Pref. Rodrigo Constantino; trad. Maurício G. Righi. São Paulo, É Realizações, 2015.

47 Theodore Dalrymple, *Em Defesa do Preconceito: A necessidade de ter ideias preconcebidas*. Pref. Reinaldo Azevedo; trad. Maurício G. Righi. São Paulo, É Realizações, 2015.

48 Theodore Dalrymple, *A Nova Síndrome de Vichy: Por que intelectuais europeus se rendem ao barbarismo*. Trad. Maurício G. Righi. São Paulo, É Realizações, 2016.

da utópica "imaginação idílica" rousseauniana e mais próxima da "imaginação moral" burkeana, que podemos melhor compreender a intuitiva historiografia dawsoniana, caracterizada como derivada de um romantismo cristão, sendo ele uma expressão moderna do humanismo apostólico. Tal qual uma elegante composição musical ou uma peça de teatro, essa obra é dividida em duas partes, tendo a primeira três capítulos e a segunda dois, sendo elas separadas pelo único capítulo do interlúdio. O eixo central dos três capítulos da Parte I é a relação entre Religião e Cultura, que marcou toda a produção intelectual dawsoniana. No único capítulo do Interlúdio, analisam-se as incursões de Christopher Dawson nos estudos medievais. Finalmente, ao longo dos dois capítulos da Parte II, analisa-se a problemática que envolve Ideologia e Revolução, tema recorrente nas reflexões elaboradas pelo historiador católico galês acerca da modernidade.

Excluindo o primeiro capítulo, intitulado "Um Dia faz Declaração a Outro Dia, Uma Noite mostra Sabedoria a Outra Noite", no qual são desvelados alguns traços biográficos de Christopher Dawson, que demonstram o modo como o contexto de sua época, em grande parte, moldou a dramática percepção de nossa atual crise civilizacional, cada um dos demais capítulos do livro, dotados de títulos poéticos, enfatiza uma obra específica. Na condição de especialista nos estudos da pré-história e das chamadas civilizações arcaicas da antiguidade, Maurício G. Righi oferece ao leitor, no segundo capítulo, denominado "Confeccionaram a si Mesmos um Universo Inteiramente de Deuses", uma riquíssima análise do colossal *Era dos Deus*, de 1928, ainda inédito em língua portuguesa, bem como a o diálogo dessa obra com os trabalhos de eminentes arqueólogos e historiadores, tendo como objetivo demonstrar como certas características e perspectivas antropológicas e sociológicas da historiografia dawsoniana emergem nesse primeiro trabalho e deixam uma marca que se manifestará em todos os demais escritos do historiador católico galês, especialmente a constante ênfase na relação intrínseca entre cultura e religião. Com o sugestivo título "E Fez de Minha Letra uma Espada Afiada", o terceiro capítulo acentua a importância do livro *Progresso & Religião*, de 1929, mas de um modo que vai além do comumente acentuado problema da secularização na modernidade, ao conectar essa obra com o trabalho anterior, com a produção posterior e com os escritos de outros analistas que discutem os temas abordados. Tal como ressaltado na primeira parte de *O Sábio de Malvern Hills: O espiritualismo histórico de Christopher Dawson*, o autor discutido na presente obra incorporou em seus trabalhos as intuições de Edmund Burke e dos românticos alemães acerca da natureza orgânica da cultura de um modo que transcende erros inerentes aos particularismos nacionalistas, o que, nas palavras de Christina Scott, possibilita uma abordagem universal que se dirige ao próprio interior, visto que está inclinada à contemplação da "alma do homem, o princípio e o fim de toda a cultura humana".[49]

Nessa busca pela essência de toda a cultura humana, ao tratar especificamente de nossa própria civilização, o percurso de Christopher Dawson o fez perscrutar as raízes medievais da Europa, tal como, no interlúdio "Medievando", o capítulo 4, batizado de "Eis a Igreja de São Cuteberto, Respingada com o Sangue dos Sacerdotes de Deus, Saqueada de seus Ornamentos", é enfatizado com mestria por Maurício G. Righi, ao se voltar, principalmente, para o livro *Criação do Ocidente – A religião e a civilização medieval*, de 1950, do qual, em nossa edição brasileira,

49 Christina Scott, *A Historian and His World*, op. cit., p. 210.

o autor da presente obra foi o tradutor, além de ter escrito o magistral ensaio "Meta-história e História", incluído como texto de apresentação do volume. Finalmente, o leitor será guiado na segunda parte, conforme já ressaltado, nas discussões sobre Ideologia e Revolução, que explicam o panorama moderno de nossas sociedades. Intitulado "O Homem Nasce Livre, e por toda a Parte se Encontra Acorrentado", sentença cunhada por ninguém menos do que Jean-Jacques Rousseau (1712-1778), o quinto capítulo discute, principalmente, o trabalho – ainda inédito em português – *O Movimento de Revolução Mundial*, de 1959, bem como outros escritos, com destaque para *Os Deuses da Revolução*, lançado postumamente em 1972. No sexto e último capítulo, "Tudo se Parte, o Centro não se Sustenta", temos a esperada análise do escatológico *O Julgamento das Nações*, de 1942, que, de acordo com a acertada percepção de Righi, é a obra na qual o pensamento de Dawson se consolidou. Uma citação do livro em questão de Dawson, escolhida por Righi, acentua a profunda dimensão escatológica do pensamento dawsoniano, na qual o "Sábio de Malvern Hills" afirmou que "todos os acontecimentos temporais e todas as mudanças de cultura são, de certo modo relacionados a essa realidade central. Não há nada humano que não seja afetado por essa revolução divina".[50]

Inúmeras outras considerações positivas acerca dos diversos méritos do livro *O Sábio de Malvern Hills: O espiritualismo histórico de Christopher Dawson* poderiam ter sido aqui feitas. Entretanto, preferimos deixar que o próprio leitor percorra o caminho traçado por Righi, sem que os encantadores mistérios da jornada sejam desvelados antes do percurso. Ao realizar a façanha de oferecer, ao mesmo tempo, uma introdução e um

50 Christopher Dawson, *O Julgamento das Nações*, op. cit., p. 180.

aprofundamento à historiografia dawsoniana, o presente trabalho de Righi consegue, com elegância literária e com clareza analítica, iluminar determinados aspectos dos escritos de Christopher Dawnson que não foram percebidos pela maioria de seus estudiosos. Esperamos que o leitor tenha o mesmo prazer e encantamento que tivemos com este belíssimo e profundo trabalho intelectual de síntese acerca do grande historiador católico galês, que, com seu peculiar romantismo cristão, ofereceu-nos uma verdadeira poética da civilização.

Mosteiro de São Bento
São Paulo, SP
11 de julho do *Anno Domini* de 2022
Segunda-feira da Décima Quinta Semana do Tempo Comum
Memória litúrgica de São Bento de Núrsia, patrono da Europa

Alex Catharino

Nasceu em 4 de julho de 1974 no então estado da Guanabara, atual cidade do Rio de Janeiro. É historiador, professor de Filosofia Política e editor tanto de livros quanto de periódicos. Cursou a graduação em História na Universidade Federal do Rio de Janeiro (UFRJ) e fez estudos complementares em áreas distintas em diferentes instituições no Brasil e no exterior. Atualmente faz parte da diretoria do Instituto Brasileiro de Direito e Religião (IBDR), do comitê editorial da *COMMUNIO: Revista Internacional de Teologia, Ciência e Cultura*, e da equipe de especialistas da Fundação da Liberdade Econômica (FLE), além de ser pesquisador do Russell Kirk Center for Cultural Renewal e membro da Edmund Burke Society, da T. S. Eliot Society e da Philadelphia Society. Publicou o livro *Russell Kirk: O peregrino na terra desolada* (É Realizações, 2015), escreveu capítulos para livros e, também, verbetes para obras de referência, além de ser autor de inúmeros artigos publicados em periódicos acadêmicos e de diversos prefácios, textos de apresentações ou posfácios para obras de outros autores, dentre os quais merecem destaque para trabalhos de Christopher Dawson em português o prefácio "Do Julgamento das Nações ao Retorno da Unidade Cristã" para *O Julgamento das Nações* (É Realizações, 2018) e os posfácios "Teologia e História na Reconstrução da Unidade Cristã" e "Em Busca da Cristandade Perdida", respectivamente, para *A Formação da Cristandade* (É Realizações, 2014) e *A Divisão da Cristandade* (É Realizações, 2014).

No tempo estival, de tépido sol,
Vesti-me um vestido, ovelha como era;
Em hábito – ermitão – indigno das obras
Meti-me no mundo a buscar maravilhas;
Mas num dia de maio em *Malvern Hills*,
Passou-se comigo um portento, pensei.
Exausto da estrada dei de descansar
Ao rés de ravina aos pés de um arroio;
E lá distendido entendido nas águas,
Em sono caí, tão doce soavam.
Aí dei de sonhar um sonho fantástico,
Que estava na selva, onde nunca soubera;
E olhando a leste no alto, no sol,
Vi torre num topo, constructo finíssimo.
Embaixo uma várzea, e dentro masmorra,
Com fossos fundíssimos, feios de ver.
Entre eles um campo compacto de povo,
Todo jeito de gente, os pobres, os ricos,
Lidando e ladeando no encalço do mundo.[1]

1 Do poema "Pedro, o Arador" (primeira estrofe). In: William Langland. *Piers Plowman*. New York, Norton & Company, 2006. Tradução para o português de Érico Nogueira.

PARTE 1

religião
&
cultura

1

Um dia faz declaração a outro dia, uma noite mostra sabedoria a outra noite

A Vida no *Shire*

Christopher Henry Dawson (1889-1970) foi um herdeiro deste mundo, e o foi como beneficiário de caminhos desconhecidos, como legatário de carreadouros celestes, definitivamente apartados das multidões sem rosto e alheios ao histerismo cansativo dos opinantes sem cultivo na verdade. Sabe-se lá como, esse galês tornou-se íntimo das presenças sapienciais que se esquivam da cupidez do mundo, desconhecidas por aqueles que se convencem da superioridade de seu tempo; por aqueles que exploram, cortam e derrubam sem nunca agradecer pelo presente disposto e que em geral exigem aos berros novas fontes de riqueza e recursos para explorar; aqueles que exigem gerações para conduzir e nações para invadir, senhores que se cingem açoites de dia, mas que sentados em poltronas de couro ou de veludo assinam aniquilamentos à noite.

Esse historiador intuitivo não somente recebeu tesouros em sua formação, mas soube tratá-los como tal, guardando-os, apascentando-os. Desde a infância, a ele foram confiadas inclinações às humanidades e às artes, saberes que nos revelam e fazeres que nos humanizam. Tudo isso foi notado, acolhido e desenvolvido, despertando em seu interior e em seu semblante uma vigilância sacerdotal, por meio da qual alguns são erguidos e – do alto – contemplam as fissuras do tempo, acessando incontáveis registros de nossa aventura humana. Essas fissuras tornaram-se companheiras de caminhada, revelando ao jovem galês os períodos da História, mostrando-lhe seus subconjuntos, suas multiplicações irregulares, suas convergências e dobraduras, realidades complexas, por meio das quais podemos visualizar os nexos entre os mais variados fenômenos históricos, uma vez que aparecem entrelaçados num campo único como se fossem caminhos de espuma volumosa que se esparramam céleres e reveladores, alinhavando processos cruzados, os nossos rastros sobre o oceano do tempo. Todavia, insistimos, são caminhos ocultados ora em sua própria complexidade, ora em sua simplicidade profunda, fundamentalmente desconcertantes aos medíocres e sempre arredios ao empenho enlouquecido dos que, solstício após solstício, se dedicam ao butim da criação, profanando a nossa herança comum, esquecendo-se da eterna generosidade que os recebe desde o berço. São caminhos que se abrem à mente dos bardos apaixonados pelo saber, entregando-se a esses seres de intimidade lancinante, despindo-se a esses amantes das memórias que precisam ser revisitadas, revelando-lhes então as suas preciosidades – Langland e Proust[1],

1 "O que eu mais sentia em Hay Castle [o palácio tudoriano em que nasceu] era a presença do antigo – a imensa idade de tudo, pois, naquela mansão, havia uma

Homero, Cervantes e Shakespeare, o nosso Rosa e o nosso Freyre, íntimos das ligaduras entre memória, história e identidade, entre arte, ciência e espiritualidade. São listas frondosas que se estendem pelas culturas dos continentes, santificando a terra.

Nesses bardos amantes dos caminhos silenciosos de um saber imenso, o tempo recobra a sua esperança, como fazem as *estelas* ao caminhante de Antonio Machado. Vislumbrá-las é voltar a ter esperança no humano, apaixonando-se pela caminhada. São veios que falam de nós, que permanecem no coração dos justos, impregnando-se em suas mentes. Saberes há muito sedimentados, mas tornados invisíveis, insistimos, aos olhos cegados de um mundo tomado de rivalidades, um mundo sem fé no real. Mas uma vez redescobertos, são "mais desejáveis que ouro fino e mais doces que o mel dos favos".[2] É preciso amealhar certa dedicação amorosa para lhes ganhar a confiança, igualmente, costumam exigir gentileza e fidelidade, diligência e seriedade, antes de serem contemplados

---

continuidade do presente com o passado remoto, um sentimento que era reforçado pelo fato de nada ter realmente mudado, desde a infância de minha mãe, nesse mesmo lugar, e pelo fato de que todas as relações de família existiam em duplicata, de modo que, juntamente com meus pais, a criada, meus tios e minhas tias, eu podia ver os meus avós, a criada deles, seus tios e suas tias. Não creio que Proust tenha mencionado, mas isso se soma à sua ideia central de Tempo, como uma dimensão em que passado e presente coexistem, e da mente humana como um poder titânico capaz de recolher e de reunir os dois, transcendendo o processo de geração e de corrupção. E Proust percebeu que era na mente da infância, em sua memória, que se encontrava a chave para esse milagre". Christopher Dawson, "Memories of a Victorian Childhood". In: Christina Scott, *A Historian and His World – A Life of Christopher Dawson*. New Brunswick, Transaction Publishers, 1992, p. 225.

2 Salmos 19.

detidamente. Alguns poucos conseguem. Desse modo podemos iniciar o nosso estudo dizendo que Christopher Dawson teve participação significativa nesse ministério de bardos apaixonados por saber do homem

***

Franzino e tímido, sereno e introspectivo, arguto e altivo, geralmente recolhido como um pássaro raro, Dawson soube voltar-se em direção às histórias do mundo. Filho de uma terra que se entendia como encantada, pois preservada do assédio do maquinário, uma terra afastada da pressa e do carreirismo e por ora alheia ao ataque inclemente da eficiência mecânica, o galês pôde crescer em paz, desenvolvendo-se em ambiente propício ao humano em constante contemplação dos saberes histórico, teológico, artístico, filosófico e antropológico. Em sua Gales, em seu pequeno *Shire*, o menino Dawson foi um viajante dessas "terras médias",[3] um frequentador obstinado de travessias ermas e de antigos caminhos. Ele os percorreu assiduamente, como fizeram seus antepassados, os súditos, fossem pobres ou ricos, de um próspero reino insular, mas que havia se transformado em poucos séculos em poderosíssimo império ultramarino, transformara-se, sobretudo, em oficina do mundo. Novos tempos que urgiam uma extensa reavaliação, solicitando uma recuperação afetuosa e criteriosa dos passados, sintetizando algo que nos

3 "Os três distritos aos quais pertenço e que se impregnaram, para sempre, em meu coração e em minha mente foram, em primeiro lugar, ao sul, a região de Hereford em Gales, em segundo lugar, o vale de Itchen, logo acima de Winchester, e em terceiro, a região de Yorkshire Dales, da abadia de Bolton, em Wharfedale, até Settle, em Ribblesdale". Christopher Dawson, ibidem, p. 222.

desse sabedoria, caso contrário, desespero e enlouquecimento grassariam sobre a terra – e foi o que aconteceu.

Defendido nesse mundo idílico, o futuro historiador aprendeu a percorrer as trilhas dos elementais invisíveis da História, palmilhando seus rastros entre brumas e clarões, entre escarpas e descampados, identificando os seus habitantes longevos, esses trabalhadores incansáveis dos campos e das charnecas, dos montes e dos mares: agricultores, pastores, lenhadores, mineradores, pescadores, tecelões e artesãos, uma gente incansável que aprendeu com modelos excepcionais a ser livre. Falamos aqui de pessoas que cultivavam a cevada, o trigo e os legumes e que também apascentavam suas ovelhas, teciam e coloriam a lã, pessoas que preenchiam os seus tonéis com boa cerveja e a dispensa com boa comida, gente que se via como guardiã de sua localidade, erguendo vilas e estábulos, igrejas e capelas; são os formadores de um povo sólido, que se estabelecera em meio a uma natureza não somente graciosa, mas também fecunda e proveitosa, que com esse povo se harmonizou numa relação de confiança e respeito permanentes. Não foram acolhidos com indiferença e menos ainda com hostilidade; com efeito, nunca foram tratados como forasteiros – nunca se comportaram como tal – pois se fizeram, historicamente, homens e mulheres daquela terra, tornando-se a sua gente (*folk*), configurando-se em comunidade, moldando-se numa *cultura*.

Esse foi o mundo em que Dawson nasceu e se formou, a sua herança – um pedaço *sui generis* da Grã-Bretanha rural e próspera do final do século XIX –, um verdadeiro jardim secreto comunitário, distintamente preservado de sociedades progressivamente talhadas pelo progresso, ou seja, mais e mais voltadas à exploração da natureza, mais e mais dedicadas ao completo apagamento das culturas em nome de uma linguagem que se vende por trinta moedas. De fato, nessa fase breve de sua vida, ele pôde visitar na infinitude espacial da infância os Édens gaélico-normandos visíveis e sensíveis, desfrutando-os enquanto natureza e cultura, e o fez num momento central ao desenvolvimento de sua inteligência.

Mas sabemos quanto este mundo é perigoso, sabemos quanto seus donos são implacáveis, sempre foram. Próximo dali, quase "do outro lado da cerca", por assim dizer, atrás de vales, riachos e montanhas, um pouco além dos descampados agrestes de um *countryside* encantador, um império naval ambicioso ganhava o mundo para si, colonizando-o em parte. Competente atravessador dos oceanos, dono de embarcações temíveis e de um comércio internacional notadamente agressivo, o império britânico assenhorava-se de parte considerável do mundo,[4] ao mesmo tempo que se industrializava e "progredia", estimulando o mesmo processo em seus antigos rivais continentais. Em alguns desses antigos rivais, era possível ouvir o rufar dos tambores de guerra, porém agora dirigidos não somente à tropa, mas a povos inteiros, convocando-os a uma nova forma de guerrear absolutamente terrível. "Eu não tinha como avaliar que o mundo em que eu nascera se dissolvia como neve às portas da primavera, embora eu não estivesse de todo inconsciente acerca do perigo imenso que se acumulava e que pairava sobre todos."[5] Essa tensão titânica só fez aumentar à medida que o pequeno Dawson foi crescendo em instrução e conhecimento. Ele começou a tomar consciência bem antes

4 Entre 1913 e 1920, em seu ápice, o império britânico compreendia uma área de 35,5 milhões de quilômetros quadrados, na qual vivia um quarto da população do mundo. Jamais houve, na história, um império com essa envergadura geográfica e populacional.

5 Ibidem, p. 228.

da maioria da dimensão colossal dos poderes envolvidos, cujos meios à disposição eram simplesmente avassaladores, cujas forças centrais conjuravam um mundo não somente do maquinário, mas *para* o maquinário, numa imposição ideologicamente articulada e altamente sedutora de ordens futuristas e de seus agregados extremistas e arrogantes, que promoviam uma mentalidade específica – a do homem massa que vocifera e agride, definitivamente uniformizado em seu etos de formigueiro, conforme poeticamente expresso por C. S. Lewis: "como nos insetos, os mecanismos estão expostos. Os *mecanismos* – esse é o problema. Seus membros angulosos, seus movimentos convulsivos, os ruídos secos e metálicos – tudo sugere ou máquinas que ganharam vida, ou vida degenerando em mecanismos".[6] Desse modo, nesse outro lado da cerca, nuvens trevosas eram avistáveis.[7] O desastre viria posteriormente, um pouco adiante, estupidamente disparado em ato tipicamente terrorista, num assassinato político ignóbil e covarde, que levou consigo uma esposa inocente e um herdeiro datado, o prenúncio de um gigantesco enlouquecimento coletivo. Logo no início de sua vida adulta, o galês testemunhava "a perda de um idílico mundo eduardiano, diante das trincheiras mortíferas da Primeira

---

6 C. S. Lewis, *Surpreendido pela Alegria*. São Paulo, Editora Mundo Cristão, 1998, p. 16.

7 "Mas mesmo antes do final da época vitoriana (1901), tornei-me consciente, tanto mental quanto emocionalmente, do poder das novas forças, e do fato de que o mundo que eu tomara como a fundação sólida de minha própria vida, da vida de minha família e da vida da Inglaterra não mais era o mundo dos meus contemporâneos, pois era, na verdade, um fragmento destacado de outro tempo, que de alguma forma sobrevivera às margens entre o presente e o passado". Ibidem, p. 228-29.

Guerra, diante da instalação dos totalitarismos comunistas", para também testemunhar, quando maduro, a criação dos "campos de extermínio nazistas".[8] Certamente Dawson percorreu lúcido, embora temeroso, a época do célebre vaticínio: sangue, labor, suor e lágrimas, incorporando-lhe o sentido de urgência como poucos, quando alguns bravos foram íntegros o suficiente para condenar a coisa ainda em seu berço, criticando essas deformações ao denunciar os seus fundamentos e revelar-lhes a lógica perversa. Mas não bastava ser íntegro. Um real conhecimento fazia-se, igualmente, necessário. O historiador galês o tinha de sobra e fez o que pôde para dividi-lo com seus contemporâneos.

Os Dawson eram *commoners*, especificamente *yeomen*, em suas origens. Eram pequenos proprietários de terra com arraigada tradição de serviço à pátria. O pai de Dawson foi um militar intelectualizado, explorador e um modesto proprietário de terra. Sua mãe também era intelectualizada e apaixonada pela cultura gaélica. Assim, o pequeno Christopher teve pais amorosos e relativamente cultos,[9] moderadamente abastados, generosos e cientificamente abertos, notadamente religiosos e politicamente estabilizados.[10] Ademais, como vimos, foi um

---

8 Bradley Birzer, "Introduction" In: Christopher Dawson, *The Movement of World Revolution*. Washington D.C., The Catholic University of America Press, 2013, p. vii.

9 "Seu primeiro trabalho em prosa foi um ensaio sobre o mais negligenciado de todos os temas literários: *Literatura Gaélica Antiga*, escrito em 1909. Em parte, foi um trabalho feito em colaboração com sua mãe [...] Não foi escrito para ser publicado". Christina Scott. *A Historian and His World*, op. cit., p. 56.

10 "[Onde nasci] grassava uma completa unidade entre as autoridades social, política, econômica e religiosa vigentes, formando uma unidade entre as suas esferas de influência". Ibidem, p. 224.

garoto agraciado pela terra que o recebeu, pela família em que nasceu e pela ancestralidade que herdou, embora em contexto de inegável despedida, visceralmente experimentada. Ele sentiu essas coisas afastarem-se rapidamente, separando-se do mundo "como uma fenda sísmica".[11]

Insistimos nesse ponto de um mundo que desaparecia porque a retenção desse "cenário de ruptura" nos será importantíssima, tanto para a compreensão de seu estilo como de seu pensamento e de sua obra. Dawson não experimentou somente o desaparecimento de *seu* mundo idílico, uma vez que testemunhou o desaparecimento *do* idílico em todo o Ocidente. Viu o apagamento sistemático – ou seja, política e economicamente orientado – de toda e qualquer manifestação realmente refinada de cultura; viu quando foi desmobilizado qualquer entendimento de vidas dedicadas ao bem eterno em comunhão com o belo passageiro, as quais florescem em culturas genuinamente espiritualizadas. Tudo foi carbonizado gradualmente nos fornos concebidos ao homem-massa, com suas novas necessidades repletas de concreto, aço, barulho e ideologia.

A região mesma de Winchester continha uma imensa reserva de memórias da antiga Inglaterra cristã, como o ossuário dos reis de Wessex, indiscriminadamente empilhados nos sarcófagos acima do *jubé* da Catedral.

> [Nesses lugares,] o tempo parecia atuar como o preservador, não como o destruidor: nada parecia perdido ou fora de lugar, e por trás de tudo estava o poder da religião, profundamente enraizado na vida social que eu conhecia – um poder grandioso, objetivo e inquestionável, que imprimia a sua marca tanto

11 Ibidem, p. 239.

no mundo interno quanto no externo, reunindo o passado e o presente num todo vivente.[12]

Havia o contato com as ruínas, com os remanescentes de instituições despedaçadas pelas disputas humanas. Essas instituições haviam sido enterradas pelo tempo, mas não antes de serem perseguidas e, depois, abandonadas, embora nunca realmente esquecidas, uma vez que foram os agentes formadores de uma poderosíssima civilização, modeladora das sociedades europeias. De certo modo havia nessas ruínas, em seus ecos, um passado ainda vivo, criador de uma civilização potencialmente invencível, mesmo quando atacada, sistematicamente, por tiranos brutalizados e ideólogos enlouquecidos. Essa grande base, esse fundamento civilizacional – e nos referimos, especificamente, ao monasticismo medieval – foi violentamente suprimido na Inglaterra tudoriana como bem sabemos, embora certamente não só nesta. Interessa-nos por ora sublinhar, no entanto, bem no início de nosso longo comentário sobre a obra desse historiador galês, que cenários como esse em Winchester causaram um impacto deveras profundo no psiquismo do jovem Dawson: foram remanescentes poderosos que ainda se faziam presentes e sumamente reveladores a quem sabia contemplar as suas fissuras. E o futuro historiador soube escutá-las.

> Em nenhum outro lugar a destruição dos mosteiros foi mais amargamente lamentada do que em Craven. Desde os dias de São Cuteberto e São Vilfredo, excetuando-se o período da conquista *viking* dinamarquesa, as grandes abadias dominaram a vida econômica e espiritual do norte da Inglaterra [...]

12 Ibidem, p. 228.

> Mas as ruínas dos mosteiros desertos permaneceram [...], o que sempre me pareceu a expressão perfeita desse elemento perdido na cultura do norte – uma graça espiritual que, no passado, integrara a nossa tradição social, mas que sobrevivera de algum modo, agora, porém, como um poder fantasmagórico, pairando sobre o rio e sobre as colinas.[13]

Esses excertos expressam, talvez, como nenhum outro, a qualidade muito própria desse homem dedicado ao estudo das culturas em contato orgânico com o seu meio natural e social, dando-nos acesso aos fundamentos de sua sensibilidade histórica e antropológica, revelando-nos os afetos de seu psiquismo e os sedimentos de sua fidelidade. Esse era o seu mundo – sempre foi. Em determinado momento, o futuro historiador das civilizações e das movimentações interculturais, um enamorado persistente de povos os mais variados, ouviu e, importante, acatou o grande chamamento ao exercício de sua vocação, numa espécie de revelação pessoal, sobre a qual sabemos, exatamente, o lugar e a data de ocorrência. Algo semelhante a uma convocação interna lhe foi certamente dirigido,[14] algo que veio de dentro mas destinado para fora, pois dirigido

---

13 Ibidem, p. 235.

14 "Durante uma visita a Roma [quando Dawson tinha 19 anos], no feriado de Páscoa de 1909, veio-lhe 'uma revelação' que lhe abriu os olhos 'para todo um novo mundo de religião e de cultura' [...] Ao se recordar daquele domingo de Páscoa de 1909, Christopher lembrava-se de sua visita à basílica de Santa Maria de Ara Coeli, no Capitólio, no exato local em que Gibbon se sentira inspirado a escrever *Declínio e Queda*. Naquele momento, Dawson decidiu-se por começar a escrever uma história da cultura". Em seu diário, Dawson tomou esse chamamento como um projeto: "um voto feito na Páscoa em Ara Coeli". Ibidem, p. 47, 49.

para o bem dos demais, ou seja, para o nosso bem, para o engrandecimento do saber. Foi o momento em que aceitou sua missão de vida, sempre uma doação e seu apocalipse pessoal,[15] tornando-se testemunha da história e sobretudo de seus juízos, caso nos fiemos na terminologia escatológica, numa doação ao conhecimento que liberta. Isso tomou toda a sua vida, certamente. Com efeito Dawson nos parece, não poucas vezes, um dos que foram chamados à travessia de Emaús, as incontáveis *Hamás* deste mundo. A sua historiografia tem uma assinatura, uma marca inconfundível, nitidamente associada a certa luminosidade misteriosa como a presente nos quadros de Vincent van Gogh, em que se avistam, esplendorosos, os caminhos fugidios, caminhos sobre o mar, sobre os céus e sobre os campos, caminhos que nos revelam rostos humanos.

Olhar romântico

O palavreado evocativo usado, deveras reminiscente, foi proposital, na medida em que Dawson foi um *historiador romântico*, embora relativamente. Dentre seus pares de cepa semelhante na historiografia, ele se situa, provavelmente, entre os mais inspirados e eruditos, e foi um dos mais atualizados conforme pretendemos demonstrar em nosso demorado argumento. Seu romantismo, por outro lado, é um ônus que nos caberá apontar, uma vez que ele próprio não se via abertamente como romântico. Na verdade, foi-lhe um crítico em muitos momentos, embora tenha explicitado, por vezes, reconhecimentos valiosos

15 No sentido exato de *revelação,* que discorre sobre a eterna doação amorosa do Cordeiro de Deus e de seus seguidores, os santos eleitos, para a recriação/renovação do mundo.

em sentido contrário, "o romantismo ainda colore o nosso pensamento mais do que nos damos conta".[16] Esse historiador galês não foi um romântico no domínio dos hábitos, das modas e da estética, absolutamente. Quando nasceu, em 1889, o efeito Werther tornara-se um delírio distante, e o jovem e voluntarioso Byron morrera romanticamente havia décadas, lutando pela libertação de um povo estrangeiro. Foram-se os excessos, conservaram-se as essências.

Seria necessário esclarecer, primeiramente, de que forma esse galês marcadamente introvertido foi um romântico. Pensamos que o tenha sido em seus nexos internos, o que realmente o inseriu nesse movimento intelectual repleto de ambivalências,[17] por vezes vacilante em suas fronteiras imprecisas com o idealismo sistemático (o hegeliano, por exemplo), este sim um inimigo corrente das posições de Dawson. Como romântico orgânico e

16 Christopher Dawson, *Inquéritos sobre Religião e Cultura*. Intr. Robert Royal; trad. Fabio Farias. São Paulo, É Realizações, 2010, p. 308.

17 Como observado por Isaiah Berlin, o *romantismo* incorporou inúmeras definições e características, muitas das quais entre si contraditórias, não obstante, possamos defini-lo como uma revolta interna contra a civilização do Iluminismo, contra o seu filosofismo mecanicista, "[o romantismo] também é o familiar, o sentido da tradição particular de cada um, o júbilo com o aspecto sorridente da natureza de todo dia e as cenas e os sons habituais da gente simples contente do campo, a sabedoria sã e feliz dos filhos da terra com suas faces rosadas. É o antigo, o histórico, são as catedrais góticas, as névoas da Antiguidade, as raízes antigas, suas lealdades profundas [...] Mas também é a busca de novidade, a mudança revolucionária [...] É uma tentativa de demonstrar que existe uma lei natural e que a melhor maneira de a descobrir é no coração singelo, ainda não instruído, do índio ou da criança não corrompidos". Isaiah Berlin, *As Raízes do Romantismo*. São Paulo, Três Estrelas, 2015, p. 43-45.

tardio, Dawson saiu em busca da interioridade profunda (*religiosa* é o termo correto) do ser essencialmente histórico, do humano que constrói, que realiza, que sente e que narra o que faz em inquéritos apaixonados por coisas que o ultrapassam, mas que se expressam na propiciação de um encontro que podemos chamar de místico, incluindo os desvios nos utopismos. O humano inclina-se, indiscutivelmente, para o ser – para ser mais do que é –, o que fatalmente o coloca em busca de algum tipo de transcendência. "Há de fato uma conexão definitiva entre o romantismo e o misticismo, uma vez que o misticismo religioso tende a se expressar na forma de poesia romântica, como ocorre com os poemas de São João da Cruz, ao passo que o romantismo literário, em suas formas mais altas, aspira aos ideais do misticismo religioso, como vemos em Novalis e Blake."[18]

Ocorre que, para esse historiador galês, os melhores historiadores seriam os de alma "poética", pois ele mesmo disse que "o historiador acadêmico está perfeitamente certo em insistir sobre a importância da crítica e da pesquisa históricas. Contudo, o domínio dessas técnicas, por si mesmo, não produzirá grandes estudos em História, não mais que o domínio da métrica produzirá uma grande poesia. Algo mais se faz necessário – entendimento intuitivo, imaginação criativa e, finalmente, uma visão universal".[19] Temos assim um pensamento que se orienta para a análise das mudanças (culturais, históricas, institucionais) na unidade do humano, contemplando os seus

18 Christopher Dawson, *The Gods of Revolution*. Washington D.C., The Catholic University of America Press, 2013, p. 125.

19 Christopher Dawson, *Dinâmicas da História do Mundo*. Ed., pref., intr. e posf. John J. Mulloy; intr. Dermot Quinn; pref. e trad. Maurício G. Righi. São Paulo, É Realizações, 2010, p. 412.

desenvolvimentos específicos, avaliando as mais diversas raízes culturais, incluindo também as longínquas, mas somente para que, em sínteses variadas, possa integrá-las novamente a esse humano. Trata-se de um pensamento desejoso dos ambientes originários e formativos, apreciando-lhes o etos característico enquanto promove uma extensa recuperação do cultural em constante movimentação histórica, pois comunicando-o com o natural, a fim de relacioná-los com as bases do social. Isso se dá segundo uma apreciação das camadas que propiciam cultura e que são, ao mesmo tempo, independentes em suas formas culturais específicas, mas interconectadas em suas dinâmicas históricas. Temos assim um historiador da cultura, um filósofo da História e um meta-historiador, cujo trabalho reflexivo buscou recuperar, na medida do possível, a organicidade constitutiva dos agrupamentos, povos e civilizações, vistos enquanto cultura, resgatando-lhes os conteúdos formadores sobretudo os inconscientes,[20] destacando a sua religiosidade essencial em relação direta com o meio ambiente em que vivem e com o pensamento que desenvolvem, descrevendo-os como campos próprios, descrevendo-os como ser em ação, espontânea e necessariamente abertos às transformações históricas.

---

20 Em sua introdução a *Inquéritos sobre Religião e Cultura*, num de seus momentos mais explicitamente românticos, Dawson afirma: "O homem que se separa da vida orgânica de sua cultura está pouca coisa melhor que a ostra extraída de sua concha. Feliz é o povo sem história, e três vezes mais feliz é o povo sem uma sociologia, pois, desde que tenhamos uma cultura viva, somos inconscientes dela, e somente quando estamos em via de perdê-la ou quando ela já está morta é que começamos a nos dar conta de sua existência e a estudá-la cientificamente". Christopher Dawson, *Inquéritos sobre Religião e Cultura*. Intr. Robert Royal; trad. Fabio Farias. São Paulo, É Realizações, 2017, p. 21.

Em linguagem simplificada, em Dawson as culturas também são seres viventes. Ele adota uma apreciação mais refinada que a mera noção de constructo simbólico, numa perspectiva com inegáveis formulações românticas.

A história do mundo em conotação integradora, balizada no humano como ente cultural, foi *grosso modo* inaugurada em concepções histórico-filosóficas dos séculos XVIII e XIX, vindo à luz com o surgimento da História como ciência. Para que isso ocorresse, houve a necessidade de visualizar a História como processo cultural, como desenvolvimento integrativo entre sociedades múltiplas, como florescimento de saberes que se espalham, superando a mera sucessão de eventos militares, ultrapassando as causalidades políticas, avaliando os conjuntos culturais enquanto agentes propagadores, identificando as suas instituições e as suas ideias, o que incluiu, forçosamente, uma identificação madura do outro em seu valor próprio e único. Esse outro precisou ser realmente conhecido além das atribuições míticas, além dos preconceitos arraigados, além dos ódios imemoriais, pois somente assim seria possível situar a nossa humanidade como vivência comum no oceano do tempo, localizando-nos em relações contíguas, organicamente enredados que estamos. Em suma, hoje sabemos que toda história participa da história do mundo, muito embora isso nos exija uma compreensão até pouco inédita, fatalmente desconhecida alguns séculos atrás. Em grande parte, o romantismo abriu os olhos dos eruditos para essa investigação orgânica do passado, momento em que se "buscou entrar com afeição imaginativa na vida e no pensamento das épocas passadas, de seus povos".[21]

---

21 Christopher Dawson, *Progress & Religion – An Historical Inquiry*. Washington D.C., The Catholic University of the America Press, 2001, p. 30.

Nem todo romantismo se fiou nesse caminho, lamentavelmente, e seu início como pensamento político, marcadamente nacionalista, tem uma provável data inaugural "nos famosos discursos de Fitche ao povo alemão, em 1807, os quais seriam a fundação das teorias nacionalistas".[22] Houve, portanto, duas chaves primeiras no romantismo, estas polarizadas, embora vinculadas: (1) uma adoração pela cultura natal, mas tomando-a radicalmente como ser isolado e autônomo e assim reforçando noções de nação/povo/raça; (2) um respeito profundo pelas culturas do mundo em suas manifestações diversas, tomando-as como realizações únicas e insubstituíveis,[23] mas vendo-as também como partes de um todo que as ultrapassa, o qual pode (e deve) ser conhecido e explorado. Essas duas chaves, uma vez ligadas, formaram um circuito próprio de ações e de ideias, em cuja

22 Ibidem, p. 33.

23 A consciência tipicamente moderna é tributária desse valioso despertar, entre outros acréscimos, os quais foram sendo consolidados. A bem da verdade, foram muitos os desenvolvimentos, culminando no aparecimento da ciência histórica, em meados do século XIX, e isso ocorreu no exato momento em que certo romantismo, menos idealista e mais histórico, alcançava o seu clímax, enquanto movimento estético e sobretudo ético; afinal de contas, seria necessário contrapor-se, tanto pela cultura popular quanto pela academia, aos avanços do conhecido slogan spenceriano, "a sobrevivência do mais forte (do mais apto/do superior)", posteriormente convocado a sugerir conotações visivelmente exploratórias, em cuja base, supostamente científica, os perversos justificariam as suas medidas desumanas. "A aplicação dessa doutrina à vida social pareceu subverter os ideais humanitários de fraternidade e de benevolência social que haviam sido característicos da doutrina de progresso mais antiga, o que levou [a cultura em seu todo], e inevitavelmente, ao egotismo individualista e ao militarismo social". Ibidem, p. 27.

contradição interna, em cujos paradoxos, a história política dos séculos XIX e parte do XX se revelou. Em suma, o outro cultural começou a ser sistematicamente estudado, mas nem sempre para fins nobres.

> Nada é mais difícil para o homem natural que compreender uma cultura ou tradição social diferente da sua própria, uma vez que esse esforço envolve um desligamento quase sobre-humano em relação às formas de pensamento, à educação e às influências inconscientes de seu meio ambiente social. [...] Não podemos transpor essas diferenças somente por meio de um estudo científico dos fatos sociais, por métodos estatísticos e informativos que têm sido usados com tanta frequência pelos sociólogos modernos. Tal abordagem não consegue captar a diferença essencial de qualidade que faz uma cultura ser o que é [...] Uma tradição social é uma unidade viva [...] [cujo acesso] outras culturas podem obter apenas mediante um esforço imenso de imaginação amorosa.[24]

Em razão de seu romantismo cristão, em seu humanismo apostólico moderno, por assim dizer, houve em Dawson um esforço constante de reorientação para a cultura e *não* para o estado, principalmente quando este, o estado e seus ideólogos, buscavam incutir justificativas nacionalistas, o que levou o galês a reforçar, em todos os momentos, a importância de conhecer organicamente os outros, apreciando-os culturalmente. "Para Dawson as intuições de Edmund Burke e dos românticos alemães a respeito da natureza orgânica da cultura viva são fatores de primeira importância em qualquer ordem mundial proposta,

24 Christopher Dawson, *Dinâmicas da História do Mundo*, op. cit., p. 142.

mas desde que os autoenganos dos particularismos nacionalistas não se imponham aos estudos."[25] Isso o levou a conduzir estudos sistemáticos em cultura, antropologicamente rigorosos e orientados ao papel formativo (na religião) e ao destino supercultural (na civilização). Segundo essa perspectiva, a cultura é o elemento fundamental no humano: somos animais sociais, uma apreensão já antecipada pela filosofia clássica, mas essa sociabilidade é potencialmente dirigida ao universal, à coligação intercultural e à formação de conjuntos civilizacionais. Essa virada para a cultura, para os modos de vida com suas rotinas, símbolos, pensamentos e instituições, uma virada para a contextualização do cotidiano, conferiu aos estudos históricos uma abrangência até então desconhecida. Não há humanidade sem cultura, porque não pode haver humanidade sem aprendizado, sem sociabilidade e sem transmissão de conteúdos simbólicos, narrativos e técnicos: pensar, em sentido humano, é captar e transmitir pensamentos culturalmente herdados.

Essa necessária recuperação das raízes tem uma direção na historiografia do galês: o reavivamento reflexivo das identidades culturais, desses núcleos, em toda cultura historicamente caracterizada, sublinhando seus movimentos em conexão com "a luz" do pensamento, o agente trans histórico por excelência, porque universal e construtor de civilização. Temos então um entendimento de cultura como *comunidade de pensamento*, como fonte criativa e potencialmente inesgotável de crescimento (ou de destruição), um poder ou uma capacitação que se dirige potencialmente ao transcendente, à superação contínua de suas tensões na ampliação indefinida dos recursos criadores da mente humana, mas que pode ser historicamente interrompida

25 John J. Mulloy, ibidem, p. 578.

e mesmo destruída. Toda e qualquer cultura humana é uma comunidade de pensamento em busca de realização, comportando fases de longevidade variável. Temos assim uma abordagem voltada à sensibilização intelectual pelo orgânico, pelo regional, pelo tradicional, pelo territorial, todos esses integrados – potencialmente, mas não necessariamente – aos campos maiores da filosofia, da geopolítica, da macroeconomia e das instituições universais, etc., num movimento pendular que, sempre voltando-se às margens e às pequenas coisas, ganha impulso renovado e se dirige ao centro das grandes realizações. Trata-se de uma abordagem dirigida ao interior, pois inclinada à contemplação da "alma do homem, o princípio e o fim de toda a cultura humana".[26] Temos, enfim, uma historiografia para o humano em sua singularidade como ente cultural, que o toma como ente espiritual e mental, como ponto de partida e de chegada (ou seja, o alfa e o ômega da História), compreendendo-o por fim como realidade que se coloca acima dos sistemas políticos e econômicos, acima das personalidades marcantes, acima dos grandes feitos, acima das relações de classe, acima das oligarquias e dos estados nacionais; enfim, acima das categorias usuais que delineiam tanto a historiografia da esquerda como a da direita.

O que temos é um olhar sequioso da alma, identificado com as "seivas" culturais em florescimento histórico, mostrando o seu desenvolvimento com base em fluxos interiores em comunhão ininterrupta com a luz do pensamento, o que pressupõe o desenvolvimento de organismos que fazem (constroem) cultura. Eis uma base metafórica do romantismo. De Rousseau a Herder, de Blake a Wordsworth e a Ruskin, passando por

26 Christina Scott, *A Historian and His World*, op. cit., p. 210.

Goethe, Byron e Nietzsche, temos autores românticos inseridos nessa perspectiva da alma, por assim dizer, semeadores dessa revolta contra o racionalismo da ciência quando voltado ao maquinário e suas burocracias mentais, embora cada um deles tenha expressado essa rebeldia ao seu modo, como não poderia deixar de ser com um movimento identificado com as essências, com o interior e com o campo do ser, numa devida exaltação do psiquismo, ou seja, da alma. Dawson expressou-a a seu modo, sobretudo, ao responder, criticamente, a alguns de seus pares românticos.

Dawson foi romântico, mas, semelhante a seu contemporâneo C. S. Lewis,[27] um romântico tardio, completamente matizado tanto na ciência moderna como na fé cristã. De fato, foi um crítico de alguns aspectos do romantismo, desaprovando, igualmente, os posicionamentos de seus representantes célebres, como em sua crítica contundente ao egoísmo ideologizado e autoritário de um Jean-Jacques Rousseau. Com efeito, o galês sempre detestou a autocomiseração sentimental dos romantismos viciados no *amor sui*.[28] Ele também percebeu,

---

27 Lewis chegou a admitir: "se sou um romântico, meus pais não tiveram responsabilidade nisso". In: C. S. Lewis, *Surpreendido pela Alegria*. São Paulo, Editora Mundo Cristão, 1998, p.15.

28 "Embora nunca tenha existido uma cultura que tenha produzido colheitas autobiográficas tão exuberantes como a nossa, estas vêm se caracterizando por um espírito de introspecção romântica e de individualismo. Rousseau foi o fundador da autobiografia moderna, mas pouco conhecia de sua herança cultural, e menos ainda com ela se importava – tudo o que lhe interessava eram os seus próprios sentimentos e suas próprias experiências. Mas também é verdade que os românticos posteriores, como Wordsworth e Ruskin, expressaram uma profunda e delicada compreensão sobre o significado do lugar e do ambiente

em seu primeiro trabalho, os equívocos dos excessos figurativos de uma historiografia não somente evolucionista e progressista, mas também biologista e marcadamente xenófoba, potencialmente racista, em voga em diversas correntes nacionalistas e progressistas de pensamento da época. Ao sublinhar que uma cultura "não é um sistema fechado, pois não cresce e decai como se fosse um vegetal [...]",[29] salvo em raríssimas exceções de agudíssimo isolamento geográfico, e mesmo assim com ressalvas, o galês sempre foi antípoda dos reacionarismos. Sua consciência cristã, estruturada na solidariedade universal, no zelo religioso e no reconhecimento do outro como irmão, vistos como elementos coligados, afastou-o frequentemente[30] dos piores excessos tanto do cientificismo como do ultrarromantismo, os quais, mal conjugados por fanáticos e canalhas, produziram monstruosidades hoje bem conhecidas.

Podemos arriscar que o historiador galês foi um romântico no espírito restaurador de um Ernst Troeltsch (1865-1923), mas também, em seus momentos apologéticos, foi uma espécie de místico moderno *em diálogo aberto com a ciência*, semelhante a um Friedrich von Hügel (1852-1925). Certamente ele construiu morada epistemológica nos posicionamentos desses dois autores relevantes ao pensamento

---

social na formação da mente e do caráter". Christopher Dawson, "Memories of a Victorian Childhood". Ibidem, p. 222.

29 Christina Scott, "Foreword". In: Christopher Dawson, *Progress & Religion – An Historical Inquiry*. Washington D.C., The Catholic University of America Press, 2001, p. xiv.

30 Entre 1905 e 1908, ele atravessou, bem no início de sua vida adulta, uma breve e esperada fase agnóstica, quando cedeu aos impulsos intelectuais do *mainstream* acadêmico de sua época. Ibidem, p. 37.

cristão moderno em diálogo com a ciência, ambos condicionados à terminologia e à metodologia científicas, ambos defensores de um entendimento complexo e multifacetado da religião, avaliando-a, por conseguinte, como *o* fator cultural decisivo,[31] sem o qual as civilizações desmoronam. Tanto o preceito de Troeltsch sobre a urgência de recuperar a unidade cultural europeia por meio de sua base cristã comum, como a abordagem fenomênica e espiritualmente engajada de Von Hügel estão presentes na obra e no pensamento do galês, que integra, com uma elegância teórica incomum, funcionalismo e fenomenologia.[32] Houve em seu pensamento um compromisso antropológico com o que podemos chamar de herança espiritual, por ele vista como a pedra angular das mais diversas formas de cultura, seiva contínua do processo civilizatório, "a boa tradição" que se herda na colaboração permanente entre gerações – aí também residia o seu conservadorismo, embora relativo e com acentuada tonalidade

---

31 A propósito, em *A Alma Alemã*, livro publicado em 1916, Von Hügel discute diretamente com Troeltsch a questão da chamada moralidade privada versus a moralidade do estado, e sob a perspectiva de uma genuína moralidade cristã. Ver Von Hügel, *The German Soul – Its Attitude Towards Ethics and Christianity*. London, Dent & Sons, 1916.

32 "[Dawson] examinou a religião olhando para o seu passado (o método histórico), a fim de explicar o papel social da religião [*funcionalismo*], mas, ao mesmo tempo, buscando encontrar as suas origens não simplesmente no passado, mas nos fatores psicológicos duradouros (na experiência religiosa), como fez James [*fenomenologia*]. [...] Dawson focou os seus estudos na função da religião, mas rejeitou os reducionismos funcionalistas." Joseph T. Stuart, "Christopher Dawson in Context: A Study in British Intellectual History Between the World Wars". Edinburgh, University of Edinburgh, *Ph.D. Thesis*, 2009, p. 227.

romântico-cristã, é importante ressaltar, em cujos desdobramentos surgem elementos progressistas.

Dawson não foi um adversário do "progresso", certamente. A questão capital em relação a esse ponto, conforme veremos minuciosamente, deu-se na verificação do que ele entendia pelo termo, evidentemente polissêmico. Esmiuçaremos em que medida o seu entendimento se afastava ou se aproximava dos entendimentos correntes. Falamos de um autor complexo, sensivelmente consciente dos múltiplos paradoxos que compreendem a existência.

Em seu caso, essa consciência se encontrava aclimatada numa filosofia da ciência, inserindo os seus trabalhos nos rigores epistemológicos das disciplinas que lhe foram relevantes (e não foram poucas!), mas só raramente presentes nos demais luminares do romantismo. Por fim pensamos que, nesse historiador, o romantismo tenha alcançado uma maturidade realmente auspiciosa, quando o movimento se encontrou, finalmente, temperado em rigores científicos, definitivamente amparado nas disciplinas da razão,[33] embora sem renunciar à livre inspiração criativa do investigador reflexivo e imaginativo, sem renunciar ao *insight* nem se esquivar das questões amplas e existencialmente profundas. Portanto, seria em diálogo constante com esse historiador galês, e falamos de sua obra, que o movimento romântico, cuja importância foi decisiva para a modernidade, ainda teria alguma chance de render bons frutos em nossos dias, tanto para a Filosofia da História como para as ciências humanas.

33 "Quando perguntado quais eram as maiores influências em seu pensamento sociológico, Christopher sempre respondia: 'Troeltsch e Le Play, o primeiro um teólogo/historiador alemão e o segundo um membro da sociologia francesa racionalista". Christina Scott, *A Historian and His World*, op. cit., p. 72.

Um novo mundo surgia

Assim como um rio caudaloso não garante, por si mesmo, a formação de uma civilização, embora possa auxiliar bastante o processo, condições ótimas de crescimento e desenvolvimento também não garantem, em si mesmas, a geração de um pesquisador notável. Como nos diz o próprio Dawson sobre o seu ofício, algo mais se faz necessário: um dom, um empenho extraordinário, uma busca insistente, uma obstinação incurável, por meio dos quais são ultrapassados os condicionamentos impeditivos dos meios familiar, ambiental, econômico, etc. Falamos de um despertar numa pessoa vocacionada à aventura do conhecimento, na qual despontam habilidades e ordenamentos que solicitam a constituição de uma ascese intelectual, por meio da qual (e somente por meio desta) se estabelece uma resiliência, geralmente contrária às inúmeras solicitações do *status quo*, nas quais se incluem, invariavelmente, os constrangimentos sociais de determinada época.

Nessa fundamental e exigente solicitação, muitos sucumbem; alguns poucos a tomam para si. Todavia, um elemento facilitador extraordinário se fez presente no caso do galês, auxiliando-o enormemente: ele nasceu num momento particularmente intenso da história da ciência em sentido investigativo e teórico alto: investigação, teorização e experimentação. Em certo sentido, nasceu ao lado de um "Nilo" do conhecimento: o mundo europeu dos homens de ciência, o mundo das sociedades e das expedições científicas.

Houve em Dawson, como em sua época, uma nítida clivagem cultural. Nascido no outono de 1889, no exato momento em que a ciência e o progresso eram efusivamente celebrados em Paris nas "Exposições Universais", o historiador participava como *insider* de uma geração especialmente agraciada com uma impressionante ampliação de horizontes nos campos do saber. De um lado, festejava-se com máxima empolgação os cem anos do fim do *Ancien Régime*, embora o lema fosse agora "*Liberté*, Égalité, *Électricité*"; por outro lado, vivia-se um fortíssimo impulso de recuperação dos *anciens temps*, no despertar das novas ciências do passado em comunicação aprofundada com épocas remotas, na recuperação de contextos os mais longínquos. Com isso a Torre Eiffel e a antiga Troia compunham, ambas, um único cenário contemporâneo de imensas realizações científicas, com base nas quais se anunciava um novo mundo do saber, cuja primeira geração herdeira, justamente a de Dawson, tornava-se então capaz de olhar mais longe e melhor, tanto para a frente como para trás. Havia um *turning point* em andamento e as pessoas podiam senti-lo.

Isso significa que o galês nasceu numa época particularmente fértil aos estudos históricos, mormente os voltados à arqueologia e à antropologia. Desde pequeno, quando se comunicava com os tempos passados e a sua gente antiga em suas andanças contemplativas, esse futuro historiador inserira-se, ainda que pouco se desse conta, numa sociedade de *scholars* que acumulavam conhecimentos impressionantes sobre o passado do mundo, e nos referimos aos trabalhos de homens como o general Pitt-Rivers e John Lubbock, entre outros inúmeros. Podemos somente imaginar em que medida o futuro historiador foi se integrando a esse universo das ciências em expansão, alinhando-se a essa sociedade que aumentava os seus horizontes temporais, fosse em direção ao passado fosse ao futuro, conjugando o mundo de um Júlio Verne ao de um Flinders Petrie. Esses avanços implicaram, ao mesmo tempo, o surgimento de ameaças igualmente inéditas, absolutamente terríveis. Na medida em que passado e futuro se expandiam, foram reabertos recessos primitivos outrora lacrados, estímulos arcaicos debilmente cobertos em verniz civilizacional, mas agora novamente despertos em posse de altíssima tecnologia futurista. Os hunos se reabilitavam, mas em divisões Panzer, assim como antigos sacerdotes retornavam como senhores da publicidade e da propaganda. E assim foi. Nesse ambiente do período final de sua infância, na virada do século XIX para o séc. XX, percebia-se um fortíssimo deslocamento cultural, uma clivagem, o anúncio de um choque de eras.

O seu pensamento e a sua historiografia terão como princípio fundante a exposição permanente de uma consciência fraturada por um choque de eras, uma consciência igualmente cristã, ademais romântica e marcadamente científica, ligada à singularidade da cultura, incluindo as suas instituições e mentalidades específicas, mas agora em tensão permanente com ideologias totalizadoras em posse de um maquinário que não somente surgia para ficar, mas que liberava forças nunca antes contempladas pela espécie humana: "descobri desde muito cedo que a história não era uma extensão de tempo chapada, uma linha mensurada em datas, mas compreendia uma série de mundos distintos, cada qual com o seu próprio espírito e forma, com suas riquezas únicas, com sua imaginação poética específica".[34] Nada poderia soar mais romântico e, igualmente, humanista, numa contraposição direta ao mundo utilitarista do progresso pelo maquinário, que então se impunha. Temos nessa tensão o horizonte primeiro da obra do historiador galês, do qual participaram diversos luminares de sua geração, de Eliot a Hemingway, a famosa geração de 1914.

> Se a civilização moderna cresceu enormemente em riqueza e poder, ela, ao mesmo tempo, se tornou mais vulnerável. Nossa

34 Ibidem, p. 239.

> civilização se encontra em perigo, por causa do progresso extraordinário que alcançou durante o último século e meio. Por ser mais universal, mais altamente centralizada, mais bem elaborada mecanicamente, ela está exposta a perigos dos quais uma cultura mais rudimentar mal tem consciência [...] As rivalidades nacionais se acirram, e na guerra moderna as nações não lutam, simplesmente, umas com as outras, mas destroçam os nervos e as artérias de sua vida comum.[35]

Seres culturais

Verifica-se, nesse primeiro horizonte de sua obra, a constituição de uma consciência histórica voltada à questão da fragilidade permanente do cosmo cultural, outrora harmonizado em âmbito regional ou inter-regional, um cosmo inicialmente ordenado em bases culturais particulares, fundamentalmente associado ao meio ambiente e ao etos específico de uma ou mais atividades ocupacionais centrais conectadas a esse meio ambiente originário, com sua religiosidade igualmente contígua e integrada, mas que, de repente, se percebe, com grande terror, ameaçado por forças descomunais. Isso é analisado diante do movimento amplo das sociedades e suas religiões por encaminhamentos civilizatórios, desenvolvendo-se intensamente como comunidades de pensamento, o que posteriormente gera universos tipicamente cosmopolitas, nos quais ocorrem desenvolvimentos técnicos e artísticos, e mesmo filosóficos e científicos, agudíssimos. A questão maior será, portanto, saber harmonizar analiticamente esses choques ou essas fraturas entre o regional e o civilizado, entre as

35 Christopher Dawson, *Dinâmicas da História do Mundo*, op. cit., p. 129.

comunidades e o império, por meio dos quais decorrem polarizações inúmeras – entre o cultural e o cosmopolita, entre o campo e a cidade, entre o artesanal e o tecnológico, entre o belo e o útil, entre o templo e o palácio, entre o espiritual e o material –, mesmo que essas oposições não estejam sempre explicitadas dessa forma em sua historiografia.

Essa movimentação histórica em prosseguimento civilizatório promove verdadeiros desenraizamentos e um posterior desordenamento de culturas, revelando-nos processos ininterruptos de absorção, aculturação e reordenação que podem caminhar para ambos os lados do encontro e mesmo, em geral, um pouco para cada lado a depender das circunstâncias, fazendo surgir regimes de hibridismo e composição entre povos e sociedades. Nem sempre um povo derrotado é um povo aculturado, podendo ocorrer o contrário ou mesmo mesclas em graus variados. A questão central passa a ser, portanto, apreender as formas específicas de mudança e de sobrevivência das culturas. Conforme veremos, Dawson inicia sua vida investigativa como autor e teórico das grandes movimentações da história, tratando justamente desse assunto. As culturas ora sobrevivem em seu vigor próprio, ora se sobrepõem e avançam, e ora desaparecem em processos diversos de composição e longevidade, cabendo ao historiador identificar cada um deles, indicar suas especificidades e suas relações com vizinhos próximos e distantes, buscando, na medida do possível, encontrar padrões de assimilação, sobrevivência e desaparecimento. Por que algumas culturas se transformaram historicamente em superculturas, forjando civilizações? Por que os processos civilizatórios tendem a desmobilizar as fontes de cultura, que são sempre regionais? Essas perguntas estão por trás desse *primeiro horizonte* histórico, com o qual o historiador galês iniciou suas investigações.

Um campo social harmônico, geralmente próspero e relativamente ordenado, mesmo que ainda modesto como força expansionista, atrairá contra si mesmo ou contrairá por si mesmo, a depender do caso, forças potencialmente desarmônicas, acolhendo-as ou repelindo-as ao sabor de tensões diversas. Essas tensões respondem, em geral, pelos processos de mudança cultural, o fulcro das investigações dawsonianas, cujos resultados são variados, a depender dos agentes envolvidos: podem acarretar desenvolvimento e crescimento ou definhamento e desaparecimento, o que dá, a essa historiografia, valências frequentemente polarizadas na emergência de dinâmicas de progresso e/ou de regresso, sempre presentes. Há, todavia, um elemento central, e será nele, em sua expansão reflexiva e argumentativa, que o pensamento de Dawson se qualificará como clássico: no estabelecimento de uma associação inseparável entre a vitalidade de uma cultura e a sua vida espiritual (leia-se mental, artística, religiosa e filosófica). Essa visão sempre pressupõe ou um avanço ou um retrocesso, não havendo imobilidade. A própria estagnação implica, objetivamente, retrocesso – perda ou diminuição dos poderes criativos. Portanto, sob esse olhar interpretativo, não adianta falar, indiscriminadamente, de progresso em sentido abertamente positivista, uma vez que é imperioso avaliar os progressos de quem e para quem. Não poucas vezes na história, o progresso/avanço de uma cultura/civilização significa o regresso/destruição de outras, e vemos aqui o surgimento de uma questão moral; vemos, igualmente, a ampliação da primeira tensão para um quadro histórico significativamente mais amplo, criando uma *segunda tensão*, um segundo horizonte importante de sua historiografia.

> A vida implica, necessariamente, mudança, mas isso não significa que a mudança sempre promova a vida. Há sempre um limite à

extensão de mudança que um organismo é capaz de acolher, *e isso vale tanto para o organismo físico quanto o social* [grifo nosso] [...] Da mesma maneira as culturas humanas e suas formas de vida social se desenvolvem e enriquecem por meio de mudanças culturais, mas caso a mudança seja demasiado intensa ou mesmo muito repentina sobre uma cultura muito tradicionalista e fixa, essa mudança trará a morte em vez de promover o progresso.[36]

Historicamente esses campos possuem uma religião como fundamento de sua ordem/harmonia inaugural, como esteio simbólico-narrativo de seu modo de vida comum, formando uma base institucional em geral longeva e educadora, o fundamento primeiro de todo o seu psiquismo coletivo. Trata-se de uma realidade social e psíquica, organicamente articulada com seu meio, como *se fosse* um organismo vivo, um verdadeiro corpo social. Tenhamos em mente que se trata de um entendimento – sobre o cultural – que se desenvolveu agudamente ao longo da geração de 1914 e além. A historiografia de Dawson promove uma espécie de síntese, antropologicamente inspirada, de um (novíssimo) entendimento, à época, sobre cultura, que se articulava em polarizações entre o que se via como tradição e as políticas públicas correntes.

Faz oitenta anos que Matthew Arnold saiu em defesa da cultura contra os filisteus, representados, na época, por John Bright, Frederic Harrison e o *Daily Telegraph*. Na época o próprio termo 'cultura' soava estranho, e quando John Bright o descreveu como 'as banalidades de duas línguas mortas' [o latim e o grego], provavelmente expressava a visão do inglês médio. Hoje

36 Ibidem, p. 596.

> a situação mudou completamente [...] Eliot adotou o conceito moderno e sociológico/antropológico de cultura, significando o modo de vida comum de um povo em particular, baseado numa tradição social [...].[37]

Esse excerto, publicado como artigo para o *The Month*[38] em 1949, compreende uma reflexão sobre um entendimento de cultura, incluindo o seu impacto sobre o conhecimento, considerando suas novas atribuições. Dawson auxilia, então, Eliot, mas não antes de fazer ajustes importantes para a propagação desse novo conceito sumamente antropológico, dentro do qual o binômio religião e cultura se estabelece como unidade formadora de qualquer sociedade humana.

Há, todavia, uma questão mais profunda, singularmente apreendida por Dawson, uma vez que os dois fatores do binômio, o religioso e o cultural, também se distinguem radicalmente, "quanto mais religiosa for uma religião, mais ela tenderá a afirmar a sua identidade outra e a sua transcendência em relação aos limites da cultura. Esse dualismo fundamental é ainda mais fortemente marcado no cristianismo".[39] Se por um lado toda cultura tem uma matriz religiosa com fundamentos arcaicos e perenes no religioso, ambos conectados ao arcabouço simbólico-narrativo fundante, por outro, e não poucas vezes, cultura e religião veem-se com desconfiança e mesmo com hostilidade mútuas, pois tendem a desenvolver interesses distintos ou mesmo, com certa frequência, opostos, o que se

37 Christopher Dawson, *Dinâmicas da História do Mundo*, op. cit., p. 185-86.

38 Christopher Dawson, "The Meaning of Culture in T. S. Eliot". *The Month*, vol. I, 1949.

39 Christopher Dawson, *Dinâmicas da História do Mundo*, op. cit., p. 191.

agravou sensivelmente com o cristianismo: uma "espada flamejante" que separa as pessoas, motivo de discórdia entre o filho e seu pai, conforme anunciado por seu fundador.[40] Temos assim uma *terceira e derradeira tensão*, um terceiro e decisivo horizonte, implicando a possibilidade mesma do estabelecimento permanente de uma civilização cristã.

É essa concepção de intervenção de um princípio transcendente na vida do homem, mas que, entretanto, retém suas raízes na terra e na ordem da natureza, que torna a história da cultura cristã tão difícil de ser investigada, que torna o ideal de cultura cristã tão difícil de ser historicamente realizado. Mas é um problema que não podemos nos dar o luxo de ignorar.[41]

A resolução dessa "equação histórica" compreenderá a espinha dorsal dos seus esforços intelectuais entre as décadas de 1920 e de 1960, percorrendo a sua vida investigativa. *A questão é perceber quanto Dawson tinha consciência de certa diferença fundamental entre cristianismo e ordenamento cultural*, os quais, não obstante, encontraram-se concretamente e alteraram o curso da história, quando fizeram prosperar um elemento central ou mesmo decisivo para a história do mundo: o Ocidente cristão, paulatina, mas sistematicamente, questionado pela modernidade. Há uma luta feroz em curso, mas também há a construção de algo absolutamente definitivo, que, em parte, compreendemos, uma vez que o herdamos, mas que ainda nos escapa em muito, porque a sua história prossegue sem resolução aparente e porque o seu centro revelador nos ultrapassa. Ler detidamente a obra do galês é dar início à compreensão dessa ambivalência abissal, mas que nos forma e nos encaminha.

40 Mateus 10,35

41 Ibidem, p. 191-92.

Esquema
1º Horizonte – o autor percebe a pungente fragilidade de sua cultura, a saber, da cultura local em que nasceu, diante do avanço da civilização do maquinário e, principalmente, de seu esteio filosófico, temendo pela sobrevivência da cultura fundadora, temendo por seu desaparecimento enquanto cultura, percebendo o risco de uma dissolução iminente caso não se reatem os antigos laços com a tradição espiritual: a religião formadora.
2º Horizonte – ele então amplia, historicamente, a questão, dizendo que as culturas, sempre regionais ou inter-regionais em seus fundamentos, sofrem sérios abalos ou mesmo desaparecem diante dos avanços civilizacionais e/ou imperiais, mas que isso pode ser superado ou harmonizado por meio de uma reconexão criativa/reformadora com a religião e com sua visão fundamental, base indispensável de todas as sociedades humanas, o meio em que se desenvolveram organicamente enquanto comunidades de pensamento. As religiões expressam os sonhos, os anseios e os potenciais dos povos, caracterizando-os em sua identidade única.
3º Horizonte – Há tensões entre religião e cultura, na medida em que a religião se desenvolve enquanto pensamento próprio enquanto teologia/cosmologia. Quanto mais arcaico for um cenário social, mais o binômio estará agregado, permanecendo indistinto. Todavia, com o tempo, e falamos do desenvolvimento interno do pensamento religioso, religião e ordenamento social tenderão a priorizar coisas diferentes, gerando divergências constantes, realidade que se tornou especialmente sensível e dramática com a chegada do cristianismo e com o estabelecimento de uma civilização cristã.

A partir daí, essa tensão aumentou enormemente, provocando fraturas profundas na civilização ocidental, cujos resultados históricos se exprimiram na emergência da modernidade enquanto civilização secularizada e dividida em estados-nações.
Logo – O cristianismo *parece* empurrar a cultura para fora do religioso, secularizando-a; por outro lado, a cultura, em seus fundamentos, traz o religioso de volta ao centro do cultural, preservando-o. O genuinamente cultural é arcaico: o genuinamente cristão é antiarcaico.
Os termos da colossal "equação" dawsoniana estão, portanto, explicitados.

Será nesse elemento constitutivo, em sua religião-matriz, que uma cultura saberá preservar o seu direcionamento padrão, salvaguardando sua harmonia interna – o que significa (no fundo) sobreviver enquanto cultura, enquanto campo simbólico-social particular, irrepetível e intransferível. Que o leitor memorize essa elaboração, chave-mestra ao pensamento de Christopher Dawson: há de se amar e conhecer as *mais diversas culturas*, apreciando-as em seus próprios termos, valorizando-as como únicas, o que é a base da sensibilidade romântica. Todavia, essa apreciação do cultural remete à apreciação do religioso, remete à visão de mundo de um povo. Nessa perspectiva, há uma valorização da(s) cultura(s) enquanto seres viventes, enquanto organismos produtores de edifícios semânticos complexos, que solicitam alimento espiritual, filosófico e artístico para se manifestar. Sem esses alimentos, as culturas morrem, independentemente de seu entorno tecnológico-científico. Uma cultura é um corpo social que sintetiza elementos diversos, materiais e mentais, para o florescimento de seus ocupantes humanos.

Há de se notar, todavia, a terminologia eminentemente biológica dessas metáforas sociais, ainda que o historiador galês soubesse separar a realidade histórica de suas metáforas, dissociando-as quando necessário. Por outro lado, essas metáforas são importantes, uma vez que nos auxiliam num entendimento não instrumental nem utilitarista de cultura, a base mesma da historiografia do galês.

Inserido em seu tempo, mas nem tanto

Dawson não foi um ultrarromântico, obviamente, e sua historiografia expressa uma inegável alergia às militâncias nacionalistas e xenófobas, o que não deixa de ser um feito considerável, tendo-se em vista a época em que viveu. O seu conceito de cultura, caso bem compreendido e aplicado, esvazia as teorias raciais, largamente em voga na época. Segundo a apreensão dawsoniana de cultura, não existem raças por trás das culturas, mas ocorre justamente o contrário: são as culturas em arranjos complexos, por vezes imensamente longevos, que produzem a ilusão das raças, moldando assim não somente os aspectos externos dos agrupamentos humanos, mas também o seu corpo, a sua face e a sua mente. O que temos sempre é o humano em condicionamentos geográficos e culturais específicos e complexos e, por vezes, longuíssimos, os quais produzem/geram características adaptativas marcantes, inclusive no aspecto físico de populações inteiras. Sua crítica devastadora ao pensamento culturalista e marcadamente imobilista de um Oswald Spengler, por exemplo, notadamente irracionalista, isolacionista e circular, herdeiro de teorias ligadas a uma "mística do sangue", fez de Dawson um antípoda dos reacionarismos idealistas e nacionalistas dos séculos XIX e início do XX, bem como do progressismo eugenista.[42]

Mas será preciso contemplar o outro lado dessa moeda, percebendo que esse conceito de cultura como *o* agente humanizador tende a gerar um entendimento dogmático sobre "a unidade vital do movimento individual de uma cultura".[43] Ao perder ou afastar-se de uma cultura qualquer, o humano terá de se encaixar em outra, porque não lhe é possível viver fora desse meio, somos irremediavelmente culturais. Consequentemente a cultura se torna *o* ponto de partida dos estudos históricos que se pretendem robustos. Em Dawson, isso é feito na perspectiva de uma altíssima dinamicidade das relações sociais, tanto internas quanto externas: a cultura é um fenômeno tanto regional como inter-regional, não havendo a proposição de isolacionismos fantasiosos e mórbidos, tão típicos dos reacionarismos racistas. O que temos é uma constante avaliação das interações entre povos e sociedades, em enredamentos ora criativos, ora destrutivos. Mais significativo: trata-se de um ponto de vista que contempla os enxertos transculturais, os quais podem gerar processos mutuamente profícuos na criação de algo sensivelmente novo, durante o encontro entre culturas e povos – *e é exatamente assim que Dawson avaliará a constituição da cristandade.* Isso nos mostra que há progressos reais sendo encaminhados na história, mas desde que ressaltemos que esses avanços não estão determinados somente pela técnica e, ainda menos, por ideologias utópicas. Verificam-se no avanço

42 "Se aceitarmos a teoria do isolamento cultural de Spengler, pela qual cada cultura possui um ciclo de vida determinado, então, realmente, não iremos sobreviver". Ibidem, p. 134.

43 Ibidem, p. 134.

integral, historicamente real, dos povos afetados. Conclui-se assim que se trata de uma historiografia que dialoga com a sua época, participando intimamente de seu tempo, mas que também dele se distancia, oferecendo-nos os contornos de um historiador *sui generis*, uma espécie de elemento desgarrado do universo acadêmico padrão.

O pensamento de Dawson não se expressou, em seu conjunto, nos termos de um profeta hebreu ou nos termos de um padre patrístico, nada disso. Tampouco se expressou nos termos de um filósofo estoico ou nos termos de um escolástico medieval, e muito menos nos termos de um letrado renascentista ou iluminista, embora todos esses elementos lhe fossem heranças significativas. Por exemplo, embora sua reflexão preste recorrente testemunho à sabedoria teológica e sociológica de Agostinho, Dawson não faz as suas análises em bases semelhantes. Sua mentalidade, embora profundamente cristã e patrística em sua herança mais fundamental, comunicou-se, não obstante, nos marcos temporais de um romantismo-humanista pinçado no cientificismo, na erudição *scholar* europeia e no ecumenismo católico do século XX: uma mentalidade inegavelmente imersa tanto no romantismo como no historicismo de sua época, ainda que lhes fosse crítica em diversos momentos. Dawson nunca se pretendeu filósofo, líder religioso ou pregador. Ele se via como cientista da história. Essa imersão nos debates e nas ideias de sua época lhe rendeu certa popularidade, além de uma aproximação direta tanto com os grandes dilemas contemporâneos como com o estado da questão das disciplinas que estudava, o que não fez dele um "generalista" (seja lá o que isso signifique, exatamente). Nesse sentido, ele foi um representante especial da maciça erudição dos homens de estudo de sua época, foi um "tigre do conhecimento", como alguns admiradores e conhecidos o chamavam em segredo. Seus estudos foram, em geral, muito bem recebidos e mesmo, por vezes, efusivamente aclamados, mas isso foi possível porque esse historiador sabia comunicar-se nos termos próprios ao seu *zeitgeist* intelectual e estético, para ficarmos com outro conceito romântico.

A sua diferença maior, acreditamos, foi a abertura espontânea ou mesmo romântica que tinha pelas mais diversas escolas de pensamento, acolhendo distintas tradições filosóficas e religiosas, integrando-as em seus estudos. Dawson se impôs uma erudição real enquanto historiador da cultura, esforçando-se metodicamente na arte de incorporar o outro, a fim de obter aproximações intelectuais em frentes diversas, cioso por absorver os traços estéticos, éticos e espirituais de culturas e povos outros, o que confirma uma identidade intelectual ao mesmo tempo ecumênica e romântica. O seu pensamento não se prendeu a autores britânicos nem a uma única escola sociológica ou histórica, mas se abriu aos franceses, aos alemães, aos italianos, aos ibéricos, aos norte-americanos, árabes e asiáticos. Por conseguinte, seus leitores, incluindo os seus adversários, sempre o entenderam com facilidade, ainda que ficassem assombrados com a qualidade das elaborações com as quais se obrigavam a discordar.

Dawson esteve no avesso de parte expressiva do pensamento político e ideológico de sua geração. Ele nunca se interessou por analisar as sociedades pelo prisma exclusivo dos interesses nacionais, tampouco pelo prisma, igualmente restrito, das diferenças entre as classes sociais, mas, sim, fundamentalmente, como adiantamos, pelo prisma do binômio cultura e religião, esse composto ao mesmo tempo indissolúvel e antagônico, a base de sua equação histórica, pelo qual a história se movimenta e se transforma. Seus reversos, revolução e ideologia, aos quais também dedicou boa parte de suas reflexões, não atendem ao movimento orgânico da vida e, portanto, não representam um progresso genuíno, uma vez que estruturalmente contaminados pela mentira, pela falsificação e pela violência.

A sua geração de 1914 viveu esse embate entre cultura e revolução como nenhuma outra, num assalto que pareceu ser definitivo. Dawson foi talvez o seu mais qualificado escriba. Esse posicionamento de uma só vez ético e teórico, embora não sistematizado, levou-o a impasses constantes, uma vez que a sua historiografia não é, nem de longe, fundamentalmente descritiva, mas, abertamente, vinculada a uma sabedoria que se apresenta como tal. Portanto, aqui e ali, surgem, em seus escritos, certos impasses. Por exemplo, em que medida o aumento do poderio humano é uma ameaça universal à cultura? Em que medida esse poder destrói sistematicamente mundos regionalmente estabelecidos? Se é verdade que a civilização integra culturas variadas, ampliando o saber humano, em boa medida é igualmente verdadeiro que a civilização também as destrói, suprimindo por completo modos de vida milenares. A historiografia do galês viveu esse drama como poucas. Dawson nunca disse que os selvagens fossem bons, é verdade; mas disse, certamente, que eram um povo "*fit and fine as has ever existed*".

> Os indígenas peles-vermelhas formaram um tipo humano adaptado e refinado como, talvez, jamais tenha existido, mas a sua cultura não podia competir com a civilização dos colonos, altamente organizada. Assim ela desapareceu juntamente com os búfalos e com a pradaria selvagem, diante do arado, do rifle e da estrada de ferro.[44]

44 Christopher Dawson, *Dinâmicas da História do Mundo*, op. cit., p. 597.

Não há nesse excerto traço aparente de condescendência sentimental, como alguém pode vir a pensar, como se o galês distribuísse prêmios de consolação a povos derrotados pelo suposto progresso ocidental, confortando culturas que foram violentadas e, por vezes, aniquiladas pelo modo de vida moderno. O que o excerto parece dizer é que o "tremendo esforço de disciplina social e de domínio sobre o meio ambiente" que as culturas dos indígenas das grandes planícies norte-americanas aplicaram ao longo de inúmeras gerações, na consolidação de sociedades exuberantes, produtoras de tipos humanos admiráveis, foi brutalmente desfeito por um poderio estrangeiro, contra o qual essas culturas lutaram vigorosamente, mas que não puderam vencer, um poderio ao qual não queriam se submeter. O resultado histórico foi o desaparecimento de tipos humanos singularmente refinados em sua exuberância física, marcial e espiritual. E para que o leitor não fique com dúvida, tomemos outro excerto alocado em contexto cultural próximo, no qual, ao discorrer sobre o xamanismo desses indígenas, Dawson afirma: "o que poderia ser mais profundamente religioso que a canção do guerreiro *pawnee*?". Novamente, ele está dizendo que – do seu ponto de vista cultural – a expressão religiosa desse *pawnee*, no caso o seu cântico devocional, não deve em nada no quesito profundidade e espiritualidade em relação à religiosidade de qualquer outro crente igualmente profundo, embora vivendo em contexto mais civilizado.

Parece haver, portanto, uma encruzilhada em sua historiografia: alguém poderá antecipar, mas não no sentido de "esperar o Maligno e fazer o pacto", conforme se convenceu o nosso Riobaldo, quando exausto e dominado pela sede de poder. O desenvolvimento das argumentações dawsonianas compreende, não poucas vezes, uma dialética constitutiva às mudanças culturais. Acreditamos que, desde muito cedo, o historiador galês tenha apreendido e até mesmo concatenado inúmeros movimentos dialéticos da história, notando a sua interface no que costumeiramente chamamos de desenvolvimentos ou mesmo de progresso. As suas análises são recheadas de pontos e contrapontos, prós e contras, consolidando uma marca habitual, gerando dinâmicas em que a história prossegue inabalável, propiciando novas épocas e períodos, em cujas interfaces ocorrem transformações significativas, donde o despertar de mundos e civilizações na concomitante obliteração de tantos outros. A bem da verdade, o seu pensamento parece estar mais voltado à análise dialética ou contrapontística das *incessantes mudanças culturais*, durante o estabelecimento dos períodos/eras, em sua complexidade naturalmente relacional e integrativa, em que compostos geraram compostos, do que de fato voltado à análise linear de ascensões e quedas, apogeus e decadências, ainda que estes também componham a sua narrativa, embora nunca em perspectiva linear. Por exemplo, quando Dawson diz "a época de Dante" – por um lado, terrível no prenúncio da dissolução da cristandade – "foi", por outro, esplendorosa na geração "de grandes escritores",[45] gênios das sínteses espirituais. Temos dialética, mas não relativismo, uma vez que existe *um padrão de avaliação*: a vitalidade (ou não) da cultura em questão, seu

45 "Não obstante, é desse período de decadência social que procede a ideia de cultura medieval da maioria das pessoas, talvez, graças à maior familiaridade com a literatura do período, pois, apesar de tudo, foi uma era de grandes escritores – Dante Alighieri, Francesco Petrarca (1304-1374) e Giovanni Boccacio (1313-1375) na Itália, Geoffrey Chaucer e William Langland (1330-1400) na Inglaterra, Jean Froissart (1337-1405) na França." In: Christopher Dawson, *A Formação da Cristandade: Das origens na tradição Judaico-cristã à ascensão e queda da unidade medieval*. Trad. Márcia Xavier de Brito. São Paulo, É Realizações, 2014, p. 378.

caminho ou descaminho em relação ao seu projeto fundador. A questão é que Dawson foi realmente rigoroso em suas análises, o que o fez expor, de maneira implacável, as perigosas contradições dos diversos mundos que de fato pereceram de inanição cultural, sobretudo, do mundo em que viveu, e nos referimos à nossa civilização, revelando assim as inaptidões mentais de alguns de seus credos hoje centrais, mostrando um arrastado descarrilamento cultural e expondo, enfim, seu insistente afastamento em relação às fontes imemoriais de sua base/fundação cultural-espiritual.

Peguemos, pois, um exemplo particularmente ilustrativo sobre esse ponto, entre inúmeros outros possíveis:

> A crise que a chamada civilização científica atravessa é ocasionada pela combinação de um elaborado instrumental tecnológico com uma completa falta de direcionamento social. As sociedades passadas possuíam seus próprios órgãos de direcionamento social [...] Nossa sociedade moderna se baseia nos dogmas políticos e morais dos filósofos do século XVIII. As doutrinas da democracia moderna não são uma teoria científica, mas um credo moral e semirreligioso, o qual deriva, mais do que geralmente nos damos conta, das inspirações pessoais de Rousseau, dificilmente separáveis de um deísmo místico com o qual estavam, originalmente, associadas. Essa doutrina se encontra, na realidade, muito mais longe de uma sociologia científica do que, por exemplo, a velha política filosófica aristotélica, a qual estava, ainda que dentro de seus limites, firmemente enraizada numa base de fatos observados e numa teoria racional de desenvolvimento e da vida social.[46]

46 Christopher Dawson, *Dinâmicas da História do Mundo*, op. cit., p. 78.

Nesse ensaio, publicado em 1934, temos uma ilustração precisa de consciência histórica orientada para a preservação da cultura em sua relação orgânica com a vida espiritual do povo ou dos povos que a representam, que a encarnam historicamente. Ao desligar-se pouco a pouco de sua base simbólico-narrativa fundante, ao afastar-se de sua religião-matriz, uma cultura perderá, provavelmente, parte essencial de seus atributos constituintes, ou seja, perderá a sua identidade enquanto cultura – no apagamento gradual de suas características, pois não será mais aquela cultura, transformando-se em outra coisa, integrando-se a outra identidade social, uma vez que "a mudança de cultura não é, simplesmente, uma mudança de pensamento, mas, sobretudo, uma mudança de vida".[47]

Voltando ao caso dos indígenas das grandes planícies: ao subtrair-lhes o modo de vida ancestral, associado à territorialidade, subsistência e religiosidade muito próprias, o Ocidente lhes destruiu a cultura, destruindo assim uma humanidade específica, mesmo que alguns adornos tenham permanecido. A cultura desapareceu quando um modo de vida foi apagado. Todavia ela não morre totalmente, subsistindo, por vezes, numa religiosidade de fundo, pela qual é possível resgatar toda uma memória, toda uma história comum. A religião é o alfa e o ômega das culturas.

Mas o que ocorre quando uma cultura se desenvolve a ponto de se transformar numa supercultura[48], tornando-se apta

---

47 Ibidem, p. 523.

48 Termo aqui compreendido como amálgama institucional, econômico, técnico e simbólico suficientemente desenvolvido e poderoso, universalista em sua projeção integradora, capaz de absorver e de organizar povos diversos em seu seio ético-religioso-ideológico-estético. A civilização helenística foi um exemplo de

a percorrer períodos extensos, sobrepondo-se a civilizações e se tornando fortemente cosmopolita e integradora de diversidades? Aí alcançamos a referida encruzilhada dawsoniana, e o galês nela habitou e nela meditou longa e profundamente. Uma supercultura não se decompõe facilmente, sobretudo se dispuser, em suas fundações, de uma "religião mundial". Uma supercultura tende a gestar civilizações notadamente duradouras e universalistas, inaugurando movimentos ampliados, notadamente integrativos, ambientes produtores de realizações expressivas em todos os campos: no artístico, no filosófico, no científico e no tecnológico. Mesmo que a civilização pereça, esse substrato culturalmente poderoso permanece, uma vez que "religião e ciência não perecem, necessariamente, com a sociedade da qual participavam originalmente. São passadas de povo para povo, dando suporte, como forças criativas de primeira ordem, à formação de novos organismos culturais".[49] Vemos assim Dawson ser obrigado a ceder em seu culturalismo, leia-se, em seu regionalismo, abrindo espaços maiores para as volumosas dinâmicas de uma história (a do mundo) que enreda progressivamente todos os agentes da terra. Ele não viu outra opção em sua encruzilhada histórica, exceto sugerir que o cultural se constituiria ou como profundamente religioso ou como completamente científico, havendo a possibilidade, absolutamente incerta, de um composto.

---

supercultura, como também a civilização moderna, entre outras. Nas palavras de Dawson: "Mas, ao mesmo tempo, a civilização sempre tende a se tornar uma supercultura, uma área de comunicação social estendida que abarca, domina e absorve outras culturas menos avançadas e menos poderosas, unindo-as em torno de uma *oecumene*, uma sociedade internacional e intercultural". Ibidem, p. 552.

49 Ibidem, p. 524.

Mas seria possível manter viva uma supercultura, sem a matriz religiosa e regional do cultural? Ou seja, sem o seu fundamento orgânico na territorialidade e na sacralidade, sem os modos de vida originalmente conjugados a essa matriz, sem os pensamentos associados a essa base?

O helenismo não morreu com a derrocada da Grécia, entre outros tantos exemplos históricos, mas foi incorporado, não obstante os desastres políticos entre gregos, num substrato mais poderoso, formador da supercultura helenística, base cultural da civilização romana. Com efeito, as superculturas são complexos inegavelmente cosmopolitas e tendem a solapar os regionalismos em nome de seu universalismo urbano. Seguindo em nosso exemplo, a supercultura helenística sempre foi hostil à cultura hebraica, vice-versa, ameaçando-a de extinção por inúmeras vezes, mas foi nesta, e não na supercultura, que se gestou a fé que se tornaria uma "religião mundial", a matriz espiritual da cristandade. Uma supercultura, por mais extensa que seja, supõe um sistema simbólico-religioso de base, ou seja, supõe uma cultura fundadora, como se dá em nossa corrente supercultura ocidental, em cuja base se encontra a fé cristã. Como então se combina a manutenção da cultura fundadora com o seu desenvolvimento agudo? Eis a questão sociológica que Dawson nos lança.

Haveria momentos em que as partes que compõem uma civilização ou um império experimentariam a necessidade visceral de reintegrar-se à sua cultura original, reconectando-se às raízes simbólico-espirituais que a originaram, mas agora sob o domínio de desenvolvimentos mais altos e universais, envolvendo uma *comunidade de pensamento* conhecedora de processos sociais complexos, ou seja, envolvendo uma vanguarda filosófica, científica e técnica.

Mas foi exatamente uma vanguarda desse tipo, sob o tacão facínora de agentes revolucionários, que pôs tudo a perder na história recente do mundo! Isso significa que entre o religioso e o tecnológico parece haver uma única saída, uma única ponte capaz de ligar os dois lados desse abismo, cujo nome, na falta de outro melhor, seria *espiritualidade*. É aí que alcançamos o ponto zero da historiografia dawsoniana, que longe de ser idealista foi, no entanto, espiritualista, num contraponto abertamente subversivo ao materialismo histórico de Marx; subversivo porque, conforme veremos, Dawson iniciou a sua reflexão histórica valendo-se de categorias que podemos chamar, inequivocamente, de materialistas e ambientalistas, as quais ele subverte em sua orientação primeira, num processo reflexivo que se intensificou ao longo de sua obra, por meio do qual percebemos um peso cada vez maior dos elementos espirituais.

A historiografia do galês propõe, cremos, um *espiritualismo histórico*. Dawson nunca se fez de engenheiro social, muito menos gostaríamos de lhe colocar tão injusta pecha. Trata-se, portanto, de uma elaboração feita para a história (não para a sociologia). Ele a esmiuçou ao longo de sua obra em pequenos *insights* aqui e acolá, sempre retrospectivamente. Seguiremos esses passos, alinhavando, adiante, um pensamento mais alto acerca do assunto.

> Na realidade uma cultura não é um processo meramente físico, nem é uma construção ideal. É um todo vivo, com suas raízes fincadas no solo e na simples vida instintiva do pastor, do pescador, do pai [e da mãe] de família, até atingir o seu desenvolvimento máximo nas realizações mais elevadas do artista e do filósofo, da mesma maneira que o indivíduo combina na *unidade substancial de sua personalidade* [grifo nosso] a

vida animal de nutrição e de reprodução com as atividades mais altas da razão e do intelecto.[50]

Trata-se de um trecho particularmente iluminador ao pensamento do galês. Ao afirmar a "unidade *substancial* da personalidade" de um indivíduo, ele realmente se insere, assim pensamos, nos quadros do romantismo. O seu "todo vivo" cultural repercute certa visão holística, na qual se busca integrar um corpo territorial e um corpo simbólico a uma mesma unidade orgânica, interligando-os, tornando-os partícipes indissociáveis de um processo existencial, uma realidade válida tanto para o indivíduo como para a sociedade.[51]

Nessa perspectiva uma cultura é um repositório comum e regional (ou inter-regional) dessa realidade primeira. Alguém há de dizer por certo que, bem antes de ser uma elaboração romântica, trata-se de uma construção cristã, baseada no entendimento sobre o que é uma pessoa. Certamente que sim, mas não haveria romantismo possível sem antes haver a

---

50 Ibidem, p. 523.

51 "Dawson ultrapassa Le Play, dando sua contribuição específica à teoria cultural, quando apresenta sua concepção de cultura como uma unidade orgânica composta por elementos *espirituais* [grifo meu] e biológicos, dentro da qual o fator intelectual não é algo que não esteja integrado ao modo de vida organizado de um povo; pelo contrário, estão indissoluvelmente ligados. Com efeito, para Dawson o elemento intelectual compreende a 'alma e o princípio formador da cultura' e 'é consubstancial com seu substrato material'. Seu posicionamento em relação à cultura pode ser mais bem compreendido se ela for vista como uma unidade físico-psíquica comparável ao próprio homem." John J. Mulloy, "Posfácio – Continuidade e Desenvolvimento no Pensamento de Christopher Dawson". In: *Dinâmicas da História do Mundo*, op. cit., p. 572.

presença de certas bases cristãs bem sedimentadas no Ocidente, onde, afinal de contas, o romantismo nasceu e prosperou. O espiritualismo historiográfico de Dawson tem, portanto, em seu romantismo cristão, a sua identidade única.

A geração que quiseram perdida

Há que contemplar a outra face, pois, conforme discorrido, Dawson foi um representante da geração de 1914, a geração da Grande Guerra, a geração de Hitler, de Chaplin e de Toynbee[52] (os três também nasceram em 1889). Uma época marcada pelo êxito do maquinário e pela completa consagração do método científico, marcada pela adoção de sua terminologia nas universidades, nas escolas e na imprensa. O galês se via como alguém vocacionado ao conhecimento, como já falamos. Boa parte de seu pensamento altamente qualificado foi constituída com leituras exaustivas, seguidas de meditações e de diálogos internos com autores e investigadores de ciência, sujeitos que também pensavam a humanidade em suas relações e desenvolvimentos como algo racionalmente acessível e apreensível, como realidade inteligível e traduzível em termos científicos.

Por integrar essa geração, Dawson foi, igualmente, uma testemunha atenta do caos. Afinal de contas, testemunhava-se o colapso da autoridade moral da autoproclamada sociedade

52 Ele mesmo chegou a escreveu, em seu diário, "pertenço à geração de 1914". In: Christopher Dawson, "Manuscript Notes: Tradition and Inheritance" [1940], Caixa 4, Pasta 94 UST/CDC; apud. Bradley J. Birzer, *Sanctifying the World – The Augustinian Life and Mind of Christopher Dawson*. Front Royal, Virginia, Christendom Press, 2007.

científica e positiva com seu progressismo vaidoso e ingênuo, quando, num morticínio absolutamente indecente, consumado por metralhadoras, lança-chamas e gases venenosos, percebeu-se que a Ciência (com "C" maiúsculo) fora sequestrada pela tecnologia e pela ideologia, as quais servem sobretudo ao poder, prosperando na violência, pois colocadas sob a tutela dos senhores da política e da indústria, senhores acorrentados ao sabor de teorias mecanicistas e deterministas, o que gerou uma profunda e disseminada decepção social, ao menos entre os letrados e pensantes. O galês fez parte dessa "geração perdida",[53] ainda que muito pouco ou mesmo quase nada tenha absorvido de sua aparência e menos ainda de sua estética,[54] embora participasse expressivamente de sua crítica, mas totalmente ao seu modo.

---

53 O conceito de geração perdida, *une génération perdue*, foi imortalizado nas duas epígrafes contraditórias de *O Sol Também se Levanta* (1926). Ernest Hemingway – primeiro e mais representativo alvo da advertência "Vocês são, todos, uma geração perdida", lançado contra ele por ninguém menos que sua *patronnesse*, Gertrude Stein – fez com que, mais tarde, a outrora estimada *patronnesse* sofresse, na epígrafe de *O Sol Também se Levanta*, uma resposta em juízo de troça. No paralelismo traçado entre a reprimenda de sua amiga e protetora e o que diz o *Eclesiastes*, Hemingway defende sua geração, supostamente perdida, de uma acusação injusta, mostrando que a denúncia de Stein poderia ser aplicada, igualmente, a qualquer outra geração, desconsiderando-se época e lugar. Em suas próprias palavras: "Às favas como essa conversa mole de 'geração perdida' e seus rótulos sujos e fáceis".

54 Ao caracterizar Hemingway e a sua geração como "perdida", Stein mirou um galo e acertou um tigre, abatendo, pois, a si mesma, pois denunciando, involuntariamente, a hipocrisia de seu próprio universo ético, essencialmente livresco e boêmio, do qual ela foi uma espécie de fada-madrinha.

Na década de 1920, floresceu em solo europeu, semelhantemente a campos de alfazemas sob o sol provençal, uma vasta literatura de desencanto, da qual o galês fez parte, e que fora anunciada por T. S. Eliot no início dessa década, precisamente em 1922, mas que agora entrava – e definitivamente – no gosto dos tempos. À sua maneira, Dawson soube aproveitar esse momento, entregando-lhe as melhores reflexões. Como nos diz o professor Joseph Stuart em sua tese,[55] o historiador galês, em *Progresso & Religião*, seu segundo livro publicado em 1929, já se inseria nessa (nova) literatura, colocando sua pena a serviço de um amplo movimento de autocrítica cultural e política, pelo qual se expressavam reprovações diversas ao utilitarismo corporativista das lideranças europeias, criticando a clave predatória das orquestrações políticas correntes.

Em suma com o término da Grande Guerra, a ordem liberal oitocentista, capitalista e colonialista tornou-se alvo de críticas intensas. Desde o início o galês se contrapôs "aos nacionalismos chauvinistas" e à "filosofia utilitária",[56] com suas práticas eminentemente exploratórias, e sabemos como o horror ao utilitarismo[57] e à lógica da exploração do homem pelo

---

55 Ver Joseph T. Stuart, "Christopher Dawson in Context: A Study in British Intellectual History Between the World Wars". Edinburgh, University of Edinburgh, *Ph.D. Thesis*, 2009.

56 Christopher Dawson, "Memories of a Victorian Childhood". In: Christina Scott, *A Historian and His World*, op. cit., p. 227.

57 Em sentido fundamental, o arcaico pode ser definido como um irrestrito compromisso entre o tecnológico (incluindo a feitiçaria) e os resultados pragmáticos/úteis, tanto para o aumento do poder como do conforto-padrão da coletividade, desconsiderando-se terceiros (os outros) fora do sistema. A permanência desse modelo, aliás sua agudização na modernidade dos últimos dois séculos,

homem foi uma característica da revolta romântica britânica, principalmente a partir de William Blake (1757-1827) e sobretudo depois de Charles Dickens (1812- 1870),[58] este um "realista" fundamentalmente romântico[59] em sua herança literária principal.

A Grande Guerra (1914-1918) não derrubou a ciência, tampouco arranhou a crença em suas proezas, mas fez o homem europeu perder certa inocência que tinha a respeito de si mesmo enquanto agente auto-ungido do progresso, enquanto agente civilizador por excelência, pois "de todas as mudanças que o século XX nos trouxe, nenhuma foi mais profunda que o desaparecimento daquela fé inquestionável no futuro e no valor de nossa civilização europeia, que foi a nota dominante do século XIX"[60]. Com efeito, a Europa abrira as portas do inferno a si mesma, e os homens e as mulheres dessa civilização, tida como modelo a ser seguido pelos cidadãos do mundo, não tiveram saída exceto adotar um posicionamento fundamentado e de fato decidido, uma vez que ou se tornavam agentes do inferno ou lutavam contra o seu anunciado retorno, e nós bem sabemos o que aconteceu vinte anos depois em algumas nações. Certamente

---

fez com fez com que muitos (talvez, milhões) se comportassem, orgulhosamente, como predadores arregimentados, na glorificação do animalesco, fossem como agentes de estado, fossem como agentes do capital. Ver René Girard, *Eu Via Satanás Cair do Céu como um Raio*. Lisboa, Piaget, 2003.

58 Ver Stefan Collin, Richard Whatmore e Brian Young (eds), *Economy, Polity, and Society – British Intellectual History 1750-1950*. Cambridge University Press, 2000.

59 Ver Peter Cook, "Charles Dickens: The Romantic Legacy", *Doctorate Thesis*. Anglia Ruskin University, 2017.

60 Christopher Dawson, *Dinâmicas da História do Mundo*, op. cit., p. 143.

havia outras tantas sutilezas nesse cenário, divisões e subdivisões políticas entre os europeus, mas fosse o sujeito um imperialista nacionalista, um liberal, um socialista fabiano, um conservador, um comunista ou um democrata cristão – para ficarmos somente com as principais correntes –, ele teria de se posicionar concretamente, nem que fosse em seu íntimo, diante do assalto brutal ao que podemos chamar de campo médio e maior da sociedade civil, uma esfera até então tipicamente desmilitarizada.

A guerra – outrora algo a ser resolvido entre guerreiros e associados – tornava-se mais e mais uma mobilização total da sociedade civil e, consequentemente, *contra* esta. No entanto essa rápida militarização das sociedades europeias não teve exclusivamente em Napoleão e no prussianismo os seus grandes culpados. Suas causas eram mais profundas, uma vez que essa militarização se moldara e crescera nas entranhas de uma cultura que se deixava levar insensatamente pela extrema secularização do espaço público, enamorada das mais espiritualmente desamparadas ideias liberais, as quais foram decididamente constituídas no final do século XVII (desde pelos menos John Locke), numa persistente erradicação de toda e qualquer manifestação de cunho "espiritual/religioso" que ousasse interferir na vida pública, erradicando, consequentemente, a questão do ser humano e de seu destino do imaginário popular.

O que agora importava eram a segurança, o conforto e a propriedade. Tratou-se de violentíssimo processo de eliminação de um segmento social fundamental, um verdadeiro apagamento cultural. Não nos esqueçamos de que, em 1902, ocorreu na França uma segunda expulsão das congregações religiosas e, em 1904, suas instituições de ensino foram interditadas, numa explícita e vexaminosa onda de perseguição, mas que se deu sob os aplausos insistentes dos intelectuais materialistas.[61] Criavam-se assim as condições para a formação do ateísmo de Estado, que de fato prosperaria nos regimes comunistas e fascistas. A moral pública ocidental não mais se modelava, ao menos em seu grosso, nas autoridades espirituais constituídas em sua herança milenar, mas na "moral" do Estado amparado em ideologias dominantes, à esquerda e à direita, estando assim condicionada ora pelos ditames de um individualismo concorrencial fragmentador das relações humanas, ora pelos ditames de uma tecnocracia amparada em tiranos, havendo um campo imenso em que as duas formas se interligam. Em suma, tratava-se de uma moral deixada aos caprichos de Mamon e de Baal. Era esse o cenário em que Dawson vivia ao entrar na vida adulta. Conhecê-lo é fundamental para bem compreender a sua obra.

Em meados de 1914, quando o galês tinha 24 anos, momento em que alcançava a maturidade do corpo e da mente, ingressando em definitivo na vida adulta, iniciava-se o grande conflito.

> É fácil compreender hoje as causas imediatas dessa mudança [em relação à outrora fé inquestionável no progresso social da humanidade]. O sofrimento e a agonia acumulados em quatro anos de guerra terminaram ou em derrota e revolução ou em vitória e desilusão, e, sob essas circunstâncias seria absolutamente natural que houvesse uma tendência de desespero

61 O vexame foi tão grande que até hoje, passados mais de cem anos, ainda temos poucos estudos históricos específicos sobre esses eventos. Ver Patrick Cabanel, "Le grand exil des congrégations enseignantes au début du XX siècle – Le exemple des Jésuites", *Revue d'Histoire de l'Église de France*, LXXXI, n. 206, 1995.

acerca do futuro europeu, fazendo com que as pessoas se refugiassem em teorias fatalistas sobre a inevitabilidade do declínio cultural. Mas por trás desse movimento temporário de desencorajamento há sinais de uma mudança mais profunda, marcando a passagem não somente de uma era, mas de toda uma tradição intelectual.[62]

Poucos se dão conta, mas, de um ponto de vista conceitual, a Guerra de 1914 não terminou em 11 novembro de 1918 num vagão blindado na floresta de Compiègne. O que lá se deu foi um armistício, uma interrupção das hostilidades entre os principais participantes, ainda que um armistício depositário de vantagens indiscutíveis aos aliados. Todavia, não houve nenhuma rendição formal dos alemães. Para o bem e para o mal, esse armistício foi manipulado e, finalmente, usado unilateralmente, e a Alemanha teve de aceitar – com todas as letras – uma derrota acachapante. O Estado alemão aceitou, mas o povo, bem menos. É claro que os inteirados sabiam ou intuíam o que se orquestrava – falamos das pessoas relativamente bem-informadas e reflexivas[63] –, e o medo do retorno

62 Christopher Dawson, *Progress & Religion – An Historical Inquiry*. Washington D.C., The Catholic University of America Press, 2001, p. 3.

63 "Nos países aliados houve uma alegria geral pela vitória. Acreditava-se que o conflito tinha sido a guerra que daria fim a todas as guerras. Quem estava por dentro das coisas não tinha tanta certeza. No dia da assinatura do armistício, a filha do líder francês Georges Clemenceau disse a ele: 'Papai, me diga que o senhor está feliz', 'Não posso dizer isso', respondeu Clemenceau, 'porque não estou. Isto tudo será inútil.' E assim foi". Richard J. Evans, *Terceiro Reich – Na História e na Memória*. São Paulo, Crítica, 2018, p. 46-47. Ademais, é sempre bom lembrar que até meados de 1918, Ludendorff ainda apostava numa vitória total da

do inferno abateu-se sobre muitos, especialmente os mais sensíveis. Estava igualmente claro que os extremistas nacionalistas e a aristocracia *junker*, entre outras facções pangermânicas animadas pelo mais rasteiro racismo, insufladas no ódio permanente, tirariam proveito político desse cenário "de traição", de "esfaqueamento pelas costas"[64], reavivando as fornalhas de sangue e lançando a Europa, uma vez mais, no abismo sem fundo das mutilações, dos incêndios, dos ruídos insuportáveis, dos gemidos abafados, durante a matança indiscriminada entre irmãos. Tudo isso já podia ser sentido na década de 1920, mesmo que por uns poucos, com o detalhe assombroso de que foi bem pior do que imaginavam os mais aflitos.

Dawson era ultrassensível, informadíssimo e um poço inesgotável de reflexões, sobretudo históricas, mas também sociológicas, teológicas e antropológicas. Para ele não haveria outra coisa a fazer exceto escrever sobre essa ameaça, a fim de elucidar certas questões prementes, ainda que fossem universais. Ele sabia – desde o seu olhar profundamente cultural – que a Europa se desencaminhara havia séculos, e que os poderes que agora a governavam só reproduziriam o modelo

---

Alemanha, cujo revés momentâneo o levou a conceber uma jogada política que conduzisse a Alemanha ao armistício. Nesse cenário real, a Alemanha ainda estava longe de ser militarmente derrotada.

64 "A forma como as pessoas sentiram na pele a guerra foi de vital importância. Enquanto Hitler jazia numa cama de hospital, esforçando-se para encontrar uma explicação para a derrota da Alemanha – de acordo com o seu relato em *Mein Kampf* [Minha Luta] –, ele teve uma ofuscante revelação: a Alemanha não tinha sido derrotada de forma alguma. Pelo contrário, seus vitoriosos exércitos haviam sido esfaqueados pelas costas por revolucionários judeus no front doméstico". Ibidem, p. 47.

falido (materialista, hedonista e exploratório) que a levara ao desastre de 1914. Seria necessário operar uma mudança significativa de prioridades, tanto no nível pessoal quanto no coletivo, tanto na esfera civil quanto na militar.[65] A sua obra caracterizou-se como esforço intelectual nesse sentido, apresentando reflexões sobre outro paradigma para a Europa (e para o Ocidente), recuperando-a dos abismos ideológicos, confeccionando-lhe uma roupagem moderna e científica, porém, essencialmente cristã. Ao contrário do que possamos pensar, ele teve êxito, ainda que relativo, nessa empreitada digna de um Quixote (e falamos aqui no sentido alto dessa personagem grandiosa e absolutamente inspiradora). Houve, certamente, êxitos palpáveis, e alguns de seus melhores comentadores encontraram bons ecos de seu pensamento na composição da Comunidade Europeia,[66] em algumas deliberações ecumênicas do Concílio Vaticano II, no ressurgimento avassalador de uma sensibilidade popular inclinada aos contos e épicos medievais, e ele foi contemporâneo e intelectualmente próximo aos dois gigantes do gênero em língua inglesa, J. R. R. Tolkien e C. S. Lewis, hoje amplamente expressos na literatura e no cinema, entre outras safras menores, mas igualmente

65 "No que se refere ao sofrimento humano, nenhuma outra guerra causou um sofrimento tão profundo na mente dos homens do que a Grande Guerra de 1914-1918, mas a experiência do sofrimento não cria, por si mesma, uma tradição social; em vez disso e por si mesma, opera como uma força dissipadora. E entre as coisas que essas duas Grandes Guerras destruíram estão os antigos exércitos europeus com seu imenso *esprit de corps* e suas tradições profissionais altamente especializadas." Christopher Dawson, "Memories of a Victorian Childhood". In: Christina Scott, *A Historian and His World*, op. cit., p. 225.

66 Uma ideia cujas sementes estavam plantadas nos escritos de Ernst Troeltsch.

importantes, as quais podem ser creditadas na conta desse semeador de saberes históricos.

Aqui no Brasil, neste ano de 2022, a sua obra é vorazmente lida e alguns de seus livros, recentemente publicados em nossa língua, receberam novas impressões. Dawson sobreviveu ao seu tempo, passando no teste dificílimo da universalidade. É coisa para poucos, sobretudo, numa área tão inclemente quanto a historiografia, na qual centenas de livros chegam datados às prateleiras.

A organização técnico-burocrática da sociedade tornara-se o mais tenebroso dos pesadelos aos homens reflexivos. Isso foi se agravando e a trajetória intelectual do galês nos mostra esse recrudescimento. A terra prometida da ciência tornava-se uma terra desolada, caracteristicamente dominada pelas técnicas de propaganda, pela imposição do maquinário e pela submissão da linguagem filosófica e sociológica à lógica econômico-industrial, um mundo com tendências totalizantes. Mas, por outro lado, tratou-se igualmente de uma época fascinante em relação às comodidades, ao conforto e divertimentos que produzia em escala nunca vista; um mundo tecnologicamente formidável, cuja força industrial, tecnológica, organizacional e publicitária pôde levar ao cidadão médio e, sobretudo, às classes emergentes um padrão material de vida até então inimaginável.[67]

---

67 Nesse sentido, a rebeldia negativa, eufórica e colorida retratada *O Sol Também se Levanta* se deu, penso, como compensação imatura diante de uma imposição estrutural, uma *impostura* estrutural da sociedade de massas, abertamente obcecada pelo enriquecimento econômico a qualquer custo. Portanto, não era o caso de *uma* geração perdida, a de 1914, mas de toda uma juventude que nascia e crescia num mundo feito para os ricos e arrogantes, mas que se perdia a passos

> Ainda assim, a nova cultura material desperta a mesma atração no homem europeu e no homem americano. Nenhuma denúncia literária será suficiente para impedir o avanço tentacular da civilização do cinema, do automóvel e dos apartamentos. A nova civilização pode ser, como pensa o conde Keyserling, a civilização do motorista de táxi; entretanto, ela oferece, ao homem comum, oportunidades de uma vida mais rica e mais prazerosa do que jamais conheceu.[68]

Ainda vivemos sob esse domínio, ao mesmo tempo sombrio e fascinante, o que torna a historiografia de Dawson não somente pertinente, mas necessária. Sabemos que um novo mundo precisa nascer, e poderíamos mesmo arriscar que muitos o sentem agora nas entranhas, declarando-se como novos intendentes da terra, reivindicando passagem numa nova aurora do homem, que percorrerá como um herói o seu caminho, "pois um dia faz declaração a outro dia".[69]

Nosso argumento

Escrever um livro sobre a obra e o pensamento de Christopher Dawson é tarefa ao mesmo tempo gratificante e perigosa, e por motivos diversos. Em primeiro lugar muitos acadêmicos de nível altíssimo já escreveram sobre Dawson, sobre a sua obra e pensamento, e há mesmo, numa última edição de 1992, uma belíssima biografia escrita por sua filha, Christina

---

largos, entregando-se aos processos totalizantes que mal conseguia compreender e muito menos conter.

68 Christopher Dawson, *Dinâmicas da História do Mundo*, op. cit.

69 Salmos 19.

Scott,[70] originalmente publicada em 1984 pela Sheed & Ward e republicada pela Transaction. Em segundo lugar autoridades públicas, acadêmicos e estudiosos como John J. Mulloy, Bradley J. Birzer, Russell Kirk, David Knowles, James Oliver, Gerald Russello, Dermot Quinn, Rembert Weakland, John F. Boyle, Joseph T. Stuart, Alex Catharino, Mary Douglas, Fernando Cervantes, entre tantos outros, já lecionaram, apresentaram, comentaram ou mesmo escreveram longamente sobre o historiador galês. Destacam-se, contudo, três autores, cujas elaborações sobre o pensamento de Dawson nos oferecem subsídios realmente preciosos: a publicação *Sanctifying the World – The Augustinian Life and Mind of Christopher Dawson*, de Bradley J. Birzer, a tese de doutorado "Christopher Dawson in Context – A Study in British Intellectual History Between the World Wars", de Joseph T. Stuart, a ser publicada pela The Catholic University of America Press, e o extenso posfácio "Comunidade e Desenvolvimento no Pensamento de Christopher Dawson", escrito por John J. Mulloy, na composição de uma antologia intitulada *Dinâmicas da História do Mundo*, organizada pelo próprio Mulloy. Esses três escritos, juntamente com a biografia de Christina Scott, serão usados e referendados neste trabalho, destacando-se o posfácio de J. J. Mulloy, com o qual este trabalho mais se aproxima em seu objetivo temático como longo comentário e *problematização* do pensamento do historiador galês. Finalmente e em terceiro lugar, não faremos resumo ou introdução ao seu pensamento histórico; este não é um livro introdutório à obra de Dawson, mas um livro que a problematiza à luz de conhecimentos recentes, tendo em vista questões sobre cultura, religião e

70 Christina Scott, *A Historian and His World*, op. cit., p. 225.

civilização, às quais ele se dedicou extensivamente por quase toda a sua obra. Faremos, então, um esforço de dar continuidade ao seu pensamento, aproximando-o de determinadas discussões ainda hoje entabuladas e pensadas. Portanto, não se trata somente de um trabalho de recuperação, ainda que isso seja feito, mas de um empenho investigativo que problematiza um autor clássico, esmiuçando sua obra e pensamento, atualizando-os diante de questões vivas. Isso, porém, só pode ser feito caso a obra a ser discutida ainda renda frutos.

Temos assim dois trabalhos relativamente recentes que recuperam e contextualizam obra e pensamento de Christopher Dawson, o livro de Bradley J. Birzer e a tese de doutorado de Joseph T. Stuart. Há outros livros, teses e escritos que também tratam de Dawson, mas foram esses dois autores que realizaram um trabalho minucioso (e rigoroso) sobre a extensa produção intelectual do galês, discutindo-a em seus pontos principais, caracterizando-a em sua diferença, sem esquecer de contextualizá-la na época e na vida do autor.

O livro de Birzer, *Santificando o Mundo – A Mente Agostiniana de Christopher Dawson*, é uma investigação não somente do pensamento de Dawson, mas sobretudo de "sua missão, que ele próprio considerava concedida por Deus e conduzida pelo Espírito Santo", formando uma biografia intelectual e espiritual.[71] Nesse seu livro caracteristicamente apologético, o professor Birzer, conhecedor do pensamento dawsoniano, empenha-se por apresentar o conjunto da obra do galês num longo argumento elucidativo, mostrando que o propósito de sua "missão" foi encaminhar uma operação intelectual restauradora de nossa

71 Bradley J. Birzer, *Sanctifying the World – The Augustinian Life and Mind of Christopher Dawson*, op. cit., p. ix.

civilização ocidental, por meio de uma sofisticada exposição histórica em defesa de sua *base* cultural-institucional: a cristandade. O livro de Birzer parece funcionar como complemento intelectual e acadêmico à biografia de Dawson, escrita por sua filha, Christina Scott, e nele vemos um relato progressivo, organizado segundo as décadas da carreira intelectual do historiador, em capítulos ensaísticos repletos de informação biográfica e de análises intelectuais, morais e conjunturais, na exposição de uma obra, cujo propósito central foi resgatar historicamente o valor único do que chamamos de cristandade, base cultural do Ocidente. Nessa perspectiva, o historiador galês aparece como uma espécie de campeão intelectual da cristandade em combate acirrado contra as heresias modernas,[72] e o livro de Birzer é permeado por um acentuado sentido de cruzada moral e religiosa, elegendo Dawson como seu representante mais qualificado. Uma "cruzada" insistentemente conduzida por esse historiador *sui generis* e reconhecidamente brilhante, reforçando sua missão apostólico-intelectual, pois armado em sua ciência contra os descaminhos de uma modernidade secularista, totalitária e materialista, largamente distanciada de suas bases espirituais. Podemos dizer que o livro de Birzer cumpre satisfatoriamente esse seu objetivo.

72 "Dawson atacou os ideólogos, tanto à esquerda como à direita, revelando como nada mais eram que falsos profetas a promover falsas religiões e falsas divindades: e, a fim de reviver o mundo por meio da imaginação, promoveu uma nova e vigorosa compreensão das artes liberais. Apesar de suas inseguranças pessoais, de sua saúde frágil e de seu fracasso em apreciar tudo o que oferecera ao mundo, Christopher Dawson se empenhou por viver como Sir Galahad, desejando santificar o mundo, por meio da graça, abraçando a verdade, a beleza e o bem". Ibidem, p. 271.

A tese de doutorado de Joseph T. Stuart, "Christopher Dawson em Contexto – Um Estudo do Cenário Intelectual Britânico no Período Entreguerras", de 2009,[73] tem traços mais acadêmicos que o livro de Birzer, e vemos nesse trabalho um esforço de elucidação de alguns pontos centrais ao pensamento do historiador galês, pontos igualmente caros aos vários interlocutores com os quais o galês dialogou no transcorrer de suas atividades, ora se alinhando a esses notáveis, ora deles se distanciando, uma vez que "Dawson teve como seu método intelectual integrar várias áreas do conhecimento, na direção de uma visão mais abrangente dos problemas sociais, reconhecendo as suas fundações culturais".[74] Como não poderia deixar de ser, houve um cenário científico-intelectual particularmente complexo por trás dos temas e das elaborações do historiador galês, e Stuart não nos restringe ao cenário, à sua mera exposição, pois também discute, com propriedade, os seus aspectos relevantes diante da historiografia de Dawson.[75] Trata-se de um

73 Joseph T. Stuart, Christopher Dawson in Context: "A Study in British Intellectual History Between the World Wars". University of Edinburgh, *Ph.D. Thesis*, 2009.

74 Ibidem, p. 9

75 "Existe uma carência fundamental de perspectiva histórica real a respeito de Dawson, conectando-o ao seu próprio ambiente intelectual. Esta tese se propõe a remediar essa carência, demonstrando que os anos fundamentais para compreender o desenvolvimento intelectual de Dawson compreenderam *grosso modo* o período entreguerras (1918-1939). Durante esses anos, ele não participou somente de trabalho acadêmico, mas também escreveu profusamente acerca dos problemas sociais e políticos que o seu mundo atravessava. Esta tese usa a vida e os escritos de Dawson como uma janela para o período entreguerras – logo se trata de 'um estudo do cenário intelectual britânico no período entreguerras'", ibidem, p. 10.

estudo bem menos biográfico, pois pronunciadamente analítico, completamente focado em recuperar os embates nevrálgicos da historiografia do galês com os luminares do momento, na contextualização intelectual de uma época. Stuart mostra ter preparo e erudição suficientes para conduzir essa recuperação abrangente e bem contextualizada.

No longo posfácio intitulado "Continuidade e Desenvolvimento no Pensamento de Christopher Dawson", que John J. Mulloy escreveu para a coletânea *Dinâmicas da História do Mundo*, vemos outro tipo de aproximação à obra do historiador galês, num tom pouco acima tanto ao trabalho de Birzer quanto ao de Stuart. Em diálogo póstumo com Dawson, o autor faz uma exposição mais ou menos sistematizada e deveras elegante dos pontos *críticos* da obra de seu colega e amigo, sugerindo-nos os seus calcanhares de aquiles e revelando quanto Dawson esteve ciente disso, buscando, incessantemente, afinar conceitos e teorias, segundo as exigências da interpretação histórica e documentais. Esses pontos críticos nos interessam sobremaneira; é principalmente por meio deles que o pensamento do galês poderá avançar e render outros e maiores frutos.

Em ensaio em que discute criticamente a obra, a metodologia e o pensamento de Eric Voegelin, o cientista político Stefan Rossbach diz que o acesso crítico à obra de um autor complexo e erudito, como foi o caso de Voegelin, implica a descoberta de "suas digitais" nas lacunas de sua obra e sobretudo em seus *pontos desconexos*, uma vez que "todo pensador tem uma configuração característica desses pontos desconexos, e tal configuração é o índice-chave para a obra desse pensador".[76]

76 Stefan Rossbach, "Entendimento em Busca da Fé: O Problema Central na Filosofia de Eric Voegelin". In: Robert Hamerton-Kelly (org.), *Política & Apocalipse*

Compartilhando o mesmo entendimento, rastrearemos o índice-chave na obra de Dawson, mas não antes de apresentá-la, o que não significa necessariamente encontrar erros nem mesmo incongruências, mas verificar os limites internos de sua capacidade explicativa/elucidativa. Aliás, em parte, isso já foi feito, em modo livre, nas páginas anteriores, quando apresentamos o nosso autor e seus temas centrais. Todo autor tem limites (uma obviedade), mas há, entre os grandes autores, uma variação na compreensão que tiveram sobre as próprias lacunas. No posfácio de John Mulloy, quando este nos presenteia com excertos preciosos de suas correspondências com o nosso autor, há passagens em que podemos realmente vislumbrar quanto o historiador galês esteve comprometido com uma elaboração histórica sempre mais fidedigna, sempre mais desenvolvida em sua capacidade de elucidar as dinâmicas da história, uma vez que ciente dos problemas internos, ciente das lacunas em seu próprio pensamento.

Por meio dessa correspondência, mas não somente dela, percebe-se como Dawson, em suas críticas aos sistemas explicativos de Spengler e de Toynbee, estava, ao mesmo tempo, revendo as próprias posições, reelaborando-as com base em entendimentos mais finos sobre as realidades culturais que estudava. Dawson nunca parou de reelaborar os próprios pontos desconexos.

> Em seu todo não acredito que as civilizações tenham *ciclos de vida* [grifo nosso – uma crítica dirigida a Toynbee]. Os povos têm, e caso uma cultura esteja ligada somente a um povo, ela

– *Estudos em violência, mímese e cultura*. Posf. João Cezar de Castro Rocha; trad. Maurício G. Righi. São Paulo, É Realizações, 2020, p. 318.

> sofrerá o mesmo destino. Todavia, à medida que uma civilização se transforma numa supercultura, sendo retransmitida a um número indefinido de outros povos, o seu desenvolvimento pode transcender esse ciclo.[77]

Trata-se de uma carta de Dawson a Mulloy, datada em 1º de janeiro de 1955. No caso, Dawson critica abertamente o esquema explicativo do historiador Arnold J. Toynbee, para o qual os ciclos das civilizações compreenderiam os campos últimos de inteligibilidade histórica, uma posição que o próprio Toynbee posteriormente reconsiderou. No entanto, o que mais nos importa é saber que ao escrever *A Era dos Deuses*, livro publicado em 1928, sua primeira obra, o historiador galês concebia lançar, como projeto intelectual de sua vida, uma grande História da Cultura em vários volumes, cujo título seria *A Vida das Civilizações*.[78] Os livros *A Era dos Deuses*, *Progresso & Religião* e *Criação da Europa* foram os três primeiros volumes do que compreenderia esse projeto. Posteriormente, ele escreveu outros livros, mas jamais concluiu esse projeto, inicialmente concebido como um tratado sobre a vida das civilizações. Certamente, alguns pontos desconexos começaram a exigir reajustes e reconsiderações.

Mas, diferentemente de um Voegelin e de um Toynbee, o galês nunca precisou reconsiderar a espinha dorsal de seu

---

77 John J. Mulloy, "Continuidade e Desenvolvimento no Pensamento de Christopher Dawson" (Posfácio). In: Christopher Dawson, *Dinâmicas da História do Mundo*, op. cit., p. 556.

78 Ver Christina Scott, "Foreword". In: Christopher Dawson, *Progress & Religion – An Historical Inquiry*. Washington D.C., The Catholic University of America Press, p. xiv.

conjunto explicativo, nunca substituiu as suas fundações,[79] como assinala Mulloy logo no início de seu posfácio ao dizer, "impressiona a notável continuidade com que ele manteve as suas concepções fundamentais".[80] Isso nos indicaria que, em Dawson, esses pontos desconexos não configurariam problemas realmente estruturais, mas somente questões laterais ou mesmo marginais. Mas será isso mesmo? Em parte Mulloy está certo, mas, por outro lado, isso pode significar uma insistência em forçar a validade de pontos problemáticos ao próprio autor. Efetivamente, ainda que o posfácio de Mulloy tenha o mérito de fazer emergir alguns nódulos na obra do galês, isso é trabalhado de maneira suave, como simples menção a pontos que mereciam futuros desenvolvimentos, mas que não recebem tratamento. Assim, semelhantemente a Birzer e Stuart, Mulloy também circunscreve *grosso modo* suas reflexões a uma belíssima exaltação do pensamento e obra do historiador galês. Também o exaltaremos aqui, não há como não o fazer, mas elegeremos, em alguns momentos, uma abordagem um pouco mais crítica, ainda que na mesma linha dawsoniana desses três autores, com os quais prosseguiremos em nosso diálogo ao longo deste trabalho, e a eles recorreremos sempre que for necessário.

Novamente não se trata de identificar potenciais falhas no que seria o "sistema de Dawson", mesmo porque teríamos de apontar com base em qual ponto de vista ou premissa essas

79 Voegelin o fez por duas vezes: a primeira ao abandonar o seu projeto de uma *História das Ideias Políticas*; a segunda, ao lançar o IV volume de *Ordem e História*. Toynbee a partir da segunda metade de seu monumental *Um Estudo da História*.

80 John J. Mulloy, "Continuidade e Desenvolvimento no Pensamento de Christopher Dawson" (Posfácio): In: *Dinâmicas da História do Mundo*, op. cit., p. 551.

falhas foram identificadas. Trata-se, na verdade, de entrar no diálogo interno à própria obra, compreendendo com a devida intimidade o seu processo de amadurecimento, o que nos possibilitará reavivar esse pensamento, embora nos termos e discussões próprias do nosso tempo. Não seria preciso dizer, mas é bom reforçar, que somente os grandes autores merecem esse tipo de revisitação – um clássico genuíno solicita reavaliações, pois ressuscita dos mortos, continuamente, para conversar na linguagem dos vivos.

Este livro, um longo comentário crítico ao pensamento do historiador galês, tem como objetivo primeiro explicitar as cargas teóricas e metateóricas de sua historiografia. Com efeito, é um empenho que se verifica desde a primeira página deste trabalho, mas que será aprofundado. Dawson é um autor particularmente complexo, e sua forma de fazer ciência nos sugere encaminhamentos frutíferos. Todavia, ele não desenvolveu e nem mesmo concebeu um corpo teórico unificado; não sistematizou formalmente uma *teoria da história*. As suas "pequenas teorias" brotam da própria história como espigas viçosas, carregadas de síntese e de reflexão. É preciso, também, considerar as heranças, e ele as teve em profusão, em verdadeira abundância, tanto do lado da ciência como do lado da espiritualidade. O ponto de encontro possível entre elas, considerando-se a época em que viveu, foi o romantismo, conforme aqui defendemos. A obra de Dawson se aloca solidamente num expressivo humanismo cristão, formando um arcabouço explicativo único no âmbito da historiografia moderna, singularmente voltado à apreciação da cultura e religião (um binômio) como *o* dado definidor do humano e do mundo que este constrói e experimenta, historicamente.

Iniciaremos pelo princípio, ou seja, abriremos o nosso trabalho analítico com seu livro inaugural, *A Era dos Deuses*, publicado em 1928. Finalizaremos com seu livro derradeiro,

Os Deuses da Revolução, publicado postumamente em 1972, mas sobretudo com *O Julgamento das Nações*, sua obra escatológica e mais impactante espiritualmente. Entre as duas pontas, usaremos a extensa bibliografia do autor, incluindo artigos, ensaios e coletâneas, como no caso de *Dinâmicas da História do Mundo*. Sua obra, relativamente vasta, compreende algo em torno de vinte livros, e seria realmente impraticável, tanto para nós como para o leitor, passar detidamente por cada um deles. Assim sendo, entre *A Era dos Deuses* e *O Julgamento das Nações*, apresentaremos o conjunto de sua obra em três seções: a primeira aplicada à discussão sobre religião e cultura, incluindo os livros que destacam esse tema central, e na qual nos encontramos; a segunda, aplicada à discussão da cristandade; e a terceira, em que discutiremos o tema revolução e ideologia, tomando os textos em que o galês aborda esse assunto. Com efeito, são os deuses que iniciam e encerram o pensamento de Dawson; no meio, porém, há um Deus, a respeito do qual cantamos e louvamos que "está no meio de nós".

Em defesa da civilização

Essas três grandes seções ou partes – *Religião & cultura*, *Medievando* e *Ideologia & revolução* – integram-se prontamente numa discussão-chave, reunindo-se tematicamente num guarda-chuva epistêmico, num inquérito sobre ordem e espiritualidade na história do mundo, resultado de uma vida dedicada à pesquisa e ao pensamento sobre a formação (*the making*) e o avanço (*the development*) das civilizações herdeiras do que Dawson chamava de religiões mundiais. Estas, por sua vez, perpassam o campo civilizacional ainda vigente. Cristianismo, islamismo, judaísmo, budismo, vedantismo, incluindo as suas derivações internas e seus hibridismos com outras religiosidades, sustentam e tensionam o que podemos chamar *grosso modo* de ordem civilizacional. Sistemas filosóficos e/ou disciplinas espirituais como o pitagorismo, o confucionismo, o taoismo e a filosofia clássica compõem esse quadro. Juntamente, é importantíssimo sublinhar, com os modos específicos das mais variadas formas de religiosidade autóctone e popular, esteio primeiro de todas as culturas religiosas.

Quando Dawson sai em defesa da civilização, a sua salvaguarda carrega esse sentido mais amplo de uma imensa espiritualidade humana, em quase todos os momentos. O seu pensamento é fortemente ecumênico, mais do que certas correntes conservadoras apreciariam. Importam as civilizações amparadas por sistemas religiosos milenares, largamente universalistas, e falamos de algo mais amplo que os sistemas construtores de civilização: falamos de universos simbólicos que encerram eras inteiras, cuja riqueza não pode ser desprezada. Nesse sentido, em seu reverso, em seu negativo, ele também foi um historiador da secularização, avaliando os seus rebentos nas ideologias modernas, com suas religiões políticas ou pseudorreligiões, buscando elucidar os antecedentes históricos de seus descaminhos e das tragédias sociais que produziram. Sua historiografia não é isenta (haveria alguma?), mas trata da secularização com o mesmo rigor e atenção dedicados ao estudo das religiões e da cultura. Parte importante de sua obra foi um reflexo direto desse tratamento equânime. O leitor há de notar, com certa facilidade, cremos, como essas três seções, *Religião & cultura*, *Medievando* e *Ideologia & revolução*, integram-se ao tema mais amplo, complementando-se na obra de nosso autor.

Esse esquema tripartido pode indicar um tom de agravamento histórico, e bem sabemos, os leitores de Dawson, quanto ele suspeitava do culto ao progresso enquanto doutrina social, embora em geral considerasse de modo favorável os avanços materiais da modernidade. Como historiador da cultura, ele avaliava o progressismo em seu contexto, vendo-o como um movimento inserido em época e sociedade específicas, propagador de ideias esposadas com o seu tempo. Ocorre que o galês foi se conscientizando, não sem certa amargura, de que esse adversário espiritual da cultura, adotado pela modernidade como filho pródigo, era muitíssimo mais forte e resistente do que, de início, se imaginava. Nesse quadro mais profundo, a questão das civilizações – de sua permanência histórica – passava, e de modo incontornável, pelo juízo da civilização do progresso, a nossa, diante da qual todas as outras deveriam ajoelhar-se, reconhecendo-lhe a supremacia política, tecnológica e moral, pagando-lhe o devido tributo ao custo da própria sobrevivência. Ele viu que não somente as culturas, mas que também os antigos conjuntos civilizacionais sucumbiriam, que perderiam a sua razão de ser, uma vez que definitivamente esvaziados de sua identidade espiritual pelo vagalhão apocalíptico da modernidade, viu que todos seriam remanejados no campo comum de uma supercultura secularista com fortíssimas tendências centralizadoras e uniformizantes.

O galês antecipou desfechos, e não nos custa lembrar que Orwell e Huxley foram seus contemporâneos. A Grande Guerra de 1914 e a Revolução Bolchevique geraram, ambas, os primeiros cenários visivelmente decadentes aos ocidentais, situando-os nos termos de uma humanidade que se desumanizava, apontando para futuros igualmente distópicos, caso não fossem reatados os laços das civilizações com as suas religiosidades/espiritualidades fundadoras ou cofundadoras. Haveria a necessidade de uma reintegração em mais alto nível, na qual *todos* os participantes seriam levados em conta, e não podemos nos esquecer de que alguns dos piores horrores que o europeu começou a presenciar no início do século XX eram velhos conhecidos dos povos colonizados, como foi o caso com os campos de concentração.[81]

Essa integração não se valeria das engenharias sociais, mas se expressaria como reavivamento espiritual das culturas em processo orgânico, genuinamente histórico, de reavaliação do passado, de reavaliação das heranças. Somente assim seria possível falar, verdadeiramente, de *progresso* em sentido amplo, em sentido histórico, uma vez que "o fator essencial do progresso corresponde a um processo de integração, corresponde a uma união crescente entre o espírito de toda a civilização com a personalidade da sociedade local, uma síntese na qual cada região leve a sua contribuição para o todo sem perder a sua própria alma, sob a pressão da mão morta do imperialismo mundial".[82]

Trata-se de questão atual, e a vivemos hoje agudamente. Alguém até poderia dizer que as praças gourmet de nossos centros comerciais expressam, ainda que de modo necessariamente débil, esse desejo de integração intercultural. Seria tudo o que temos? Comete-se aqui certo exagero retórico, mas é fundamental notar como as pessoas querem *consumir* o que o outro tem a oferecer, base de todo o comércio inter-regional e internacional, cuja história é muitíssimo antiga e remonta aos períodos pré-históricos. A questão é perceber que o comércio de bens e serviços, embora importantíssimo e presente, não resolve por si mesmo os dramas associados a essa extensa integração em tensão permanente (e crescente). Aí está o problema de uma civilização que se pretende universal, mas que se encontra, na

---

81 Os alemães já haviam instalado verdadeiros campos de concentração para aprisionar populações nativas no início dos anos 1900, na África Ocidental, onde hoje é a Namíbia.

82 Christopher Dawson, *Dinâmicas da História do Mundo*, op. cit., p. 114.

verdade, fortemente cristalizada na esfera do consumo, na esfera das demandas industriais e financeiras, as quais se tornaram o termo avalizador universal. A bem da verdade, não nos integramos, apenas nos aproximamos o bastante para explorar, de modo eficiente, o outro a ser consumido. Nesse rebaixamento espiritual da vida, devidamente disseminado pela chamada cultura *pop* e suas demandas vulgares, uma integração pacífica e criativa do outro só poderia ocorrer no baixo ventre, ou seja, nas aspirações do estômago e nas deliberações do intestino.

O que nos interessa é começar a avistar um pensamento orientado ao que podemos chamar de dimensão espiritual da vida, na qual se agregam outras dimensões, principalmente a ética, a artística e a teórica, então alocadas num meio sumamente facilitador, uma vez que este funciona como condutor ótimo de propagação cultural. Todo estudo ou realização séria e aprofundada de qualquer coisa pressupõe uma forma ou outra de ascese espiritual, de uma teoria a uma obra de arte. As duas pontas do espiritual, as dimensões mística e institucional, são desse modo importantíssimas, mas é necessário tomar todo o cuidado com ambas. A obra de Dawson se destinou a reatar ou a religar a nossa história comum, que podemos chamar de civilizacional, com essas duas pontas, e o fez com o devido cuidado, deixando-as, portanto, suspensas, uma de cada lado. Sem essa intervenção, não somos apenas órfãos, um eufemismo, somos verdadeiramente escravos.

A necessidade de reatar os laços da civilização (leia-se, da criação como ecúmeno) é expressão do que podemos chamar de misticismo hebraico em clave apocalíptica.[83] Em sua inclinação

83 Ver Margaret Barker, *Introdução ao Misticismo do Templo*. Trad. Maurício G. Righi. São Paulo, Filocalia, 2017.

ao misticismo cristão, Dawson teve no romantismo um índice ao mesmo tempo impeditivo e liberador, suspendendo a sua obra entre o escatológico e o cultural, erguendo-a numa encruzilhada, na qual a porta do cultural se manteve aberta, constantemente reanimada nos modelos fundadores e/ou criativos, sempre reativada na autoridade fundacional das ancestralidades e de seus mais profícuos herdeiros, a base comum para o florescimento da vida cultural. Por outro lado, o seu romantismo nunca foi suficientemente forte para impedi-lo de se aproximar da hermenêutica apocalíptica, tocando-lhe as franjas na revelação. Dessa forma, parte de sua historiografia, a cultural, caminhou dos deuses dos antepassados para os deuses da revolução, numa conscientização gradual e historicamente incompleta de um processo em andamento que parece nos dirigir ao universal. No fim, adoraremos os mesmos deuses, os ecos prolongados de nós mesmos. Todavia, a outra parte, a escatológica, contemplou sabiamente esse choque entre o religioso e o técnico como um arrastado desmoronamento das ordens culturalmente montadas, prefigurando a crise sem fim da modernidade. Dawson percebeu, com o tempo, que a revelação cristã, suspensa entre os deuses do passado e do presente, fundamentalmente estranha tanto ao arcaísmo quanto ao futurismo, aqui não se estabeleceu, exatamente, como mais uma ordem no mundo, pois aqui não se fez, mas somente aqui se revelou, estabelecendo-se, não obstante, como uma explicação definitiva do mundo, o que implica uma potencial redenção da humanidade. A sua historiografia tem, por conseguinte, ambas as coisas em mãos, ordenamento humano e escatologia, empunhando simultaneamente um cetro e um livro aberto, eis o seu índice-chave.

> Assim, como sugeri, o progresso da civilização ocidental pela ciência e pelo poder parece conduzir a um estado de

> secularização total em que tanto a religião quanto a liberdade desaparecem simultaneamente. A disciplina que a máquina impõe ao homem é tão estrita que a própria natureza humana está em perigo de ser mecanizada e absorvida no processo material. Onde isso é aceito como necessidade histórica inelutável, obtemos uma sociedade em estrito espírito científico, que, no entanto, será, estática e sem vida. [...] Por outro lado, se uma sociedade rejeita esse determinismo científico e busca preservar e desenvolver a vitalidade humana dentro do arcabouço de um Estado totalitário, é forçada, como na Alemanha nazista a explorar os elementos irracionais da sociedade e da natureza humana de modo que as forças da violência e da agressividade, que todas as culturas do passado buscaram disciplinar e controlar, irrompam para dominar e destruir o mundo.[84]

Trata-se de uma descrição sóbria em relação às realidades que descreve. Tanto o bolchevismo quanto o nazifascismo produziram e estabeleceram cenários sociais sórdidos, sem saída para as sociedades submetidas, quando consideradas em sua humanidade, pois sistematicamente esmagadas pela brutalidade de tecnocracias ideologicamente fundamentadas. Não se tratou, nesse excerto, de "jogar a toalha" por parte do galês, pelo contrário: o texto caracteriza um problema que podia ser política e militarmente superado, e os meios para isso existiam, mas que, no fundo, *permaneceriam latentes* à civilização moderna, e assim foi.

84 Christopher Dawson, *O Julgamento das Nações*. Pref. Alex Catharino; intr. Michael J. Keating; trad. Márcia Xavier de Brito. São Paulo, É Realizações, 2018, p. 159-60.

Esse texto, escrito um pouco antes da metade da Segunda Guerra Mundial, caracteriza um momento em que o nazismo triunfava ou, melhor, parecia triunfar. Tratou-se de período crítico na história do mundo, mas foi quando Dawson e a sua geração puderam ver de muito perto as forças terríveis dos novos poderes centralizadores, tomando consciência de suas sementes, das quais brotaram deformidades apavorantes, quando viram a colheita do medo aterrorizar os mais vulneráveis, quando sentiram o horror sistematizado dos homens de ciência, incutido em tiranias violentíssimas, contra as quais o galês sempre se opôs. Foi nesse embate, tanto contra o progressismo radical, ateísta e materialista como contra o nacionalismo esotérico, racista e genocida, que a sua historiografia tomou forma própria, enquanto reflexão abrangente sobre a sociedade.

> Se a cultura não for dinamizada em sua base pela exploração das forças animais e sub-racionais da natureza humana, deve ser ativada a partir do topo, ao ser posta novamente em comunhão com as forças do poder divino, da sabedoria e do amor. A fé na possibilidade da ação divina no mundo é o fundamento do pensamento cristão.[85]

A sua expressão se torna, nesse excerto, fortemente apocalíptica, e temos então um autor que se dirige ao apocalipse, um posicionamento que ganha contornos absolutamente claros na seguinte passagem de *Religião e o Estado Moderno*: "As únicas políticas reais e especificamente cristãs são as do mundo vindouro, por meio das quais a vida social é transformada,

85 Ibidem, p. 176.

mas não por meio da competição com as políticas seculares, intervindo em seu território específico de atuação, mas, sim, na alteração do foco do pensamento humano, que há de abrir a fortaleza fechada da cultura secular, para que nela entrem então a luz eterna e o sopro libertador de um mundo muito mais amplo e real".[86]

Formalizamos assim, neste capítulo, uma apresentação geral do pensamento e obra de Dawson, cabendo-nos, agora, ingressar nos detalhes, percorrendo, conforme determinado, a extensa obra do galês, para, em sua companhia e auxílio, interpretar uma história do mundo.

86 Christopher Dawson, *Religion and the Modern State*. New York, Sheed & Ward, 1938, p. 123.

2

Confeccionaram a si mesmos um universo inteiramente de deuses

As camadas

Pensar a história nos conduz às antessalas do tempo, aos labirintos de períodos potencialmente inesgotáveis em suas abordagens. Quando em busca de esclarecimentos históricos, temos de passar – e isso ocorrerá de modo inevitável – por incursões nos pretéritos, cujo ingresso determinará, necessariamente, um regresso. Mas é preferível regressar com mais (e não com menos) discernimento e esclarecimento, pois ninguém deveria se dedicar ao estudo do passado para se tornar mais confuso, o que nos sugere um acesso criterioso, sempre atento, enquanto investigadores desses tempos, enquanto visitantes de momentos que pertenceram a outros. Isso nos coloca sob a orientação de um aprendizado incontornável: no ingresso à história, em sua infinitude constitutiva, será preciso distinguir os tempos acessados, diferenciando-os, discriminando-os e fixando, ao menos em suas principais camadas, o que exatamente se está acessando. Podemos estabelecer, em linhas gerais e relativamente seguras, três tempos decisivos, ou seja, três camadas principais.

Tomemos alguém que se proponha a pensar reflexivamente a história, como no caso de um historiador, de um filósofo da história ou de um investigador das humanidades. Há, para ele, *uma primeira camada* temporal sumamente determinante que corresponde à sua vida enquanto sujeito que vive numa época específica, alguém que decidiu, em determinado momento de sua existência, pensar a história em suas movimentações, debruçando-se sobre os passados coextensivos ao seu presente, engatando-se reflexivamente nesses passados. Essa primeira camada da consciência viva sempre será o ponto de partida: os mortos não podem mais pensar a história refletida no presente. Mas, engatado a esse primeiro tempo ou camada, temos *um segundo*, no qual se acomodam as obras dos mestres, pensadores e pesquisadores que precederam esse nosso historiador; é nesse momento em que os mortos começam a se engatar como pessoas que contribuíram na formação desse conhecimento, seja com publicações, seja com exposições orais. Em geral, a formação de um historiador pressupõe o acesso aos clássicos de sua área; pressupõe igualmente o contato com mestres e professores que o estimularam a seguir esse caminho investigativo, requisitando, portanto, certa intimidade com o que chamamos *grosso modo* de historiografia, e esta corresponde, fielmente, à segunda camada, podendo atingir os mais variados tempos, desde um professor ainda vivo e atuante até alguém que morreu há milênios. O encontro entre esses dois tempos, entre essas duas camadas, a do historiador com a historiografia que o formou, responde *grosso modo* ao que chamamos de *status quaestionis*. Mas ainda nos falta uma terceira camada, um *terceiro tempo*, este correspondente aos documentos ou às fontes primárias, por meio dos quais o passado é devidamente recuperado, o meio em que se realiza o ingresso no passado. Não há historiador sem historiografia, por certo, mas, igualmente, não há historiografia sem documentação. Três camadas indissociáveis, mas autônomas: ao contemplarmos a história, é sempre recomendável saber em qual camada estamos imersos. Por que falamos disso?

A exposição sistemática das três camadas, em suas diferenças, é oportuna. Por vezes, o estudante ou mesmo o leitor casual ou o sujeito "interessado" em história tende a tomar uma camada pela outra, avaliando uma interpretação histórica sobre um tema ou período, ou seja, avaliando um livro de história, como *a* verdade histórica, ignorando o nível documental, ao qual não teve acesso, tomando-o como idêntico à interpretação, à qual tem acesso. Portanto, todo e qualquer livro de história *é uma interpretação*, é um olhar ou uma avaliação entre inúmeras possíveis, uma síntese, cujas abordagens são potencialmente diversas: descritiva, analítica, abrangente, pontual, etc. Desse modo, quando lemos um "livro de história", acessamos determinada interpretação, cuja documentação, cujas fontes podem ser infinitamente revistas e ampliadas, pois o que realmente conhecemos, enquanto leitores de livros, artigos e ensaios, são interpretações baseadas em documentação: é assim que apreendemos os conteúdos/estruturas/ocorrências/padrões do passado. Trata-se de um esclarecimento importante, pois nos ensina que o passado não é a história, "mas o seu objeto de estudo",[1] ou seja, a história é, necessária e irrevogavelmente, uma atividade reflexiva – é pensamento e não mera coleção de fatos, pois estes permanecem somente como realidades impressas em

---

1 Jacques Le Goff, *História e Memória (1º volume)*. Lisboa, Edições 70, p. 46.

documentação e memória, cujo acesso é mediado, reflexivamente, por uma consciência.

Ler atentamente a obra de um historiador, em busca de uma apreensão realmente distinta de seu pensamento, requer um controle minucioso dessas três camadas, desses três tempos, para que tenhamos uma identificação precisa das perguntas e dos diálogos que estabeleceu, mas que nos chegam por vezes em veios implícitos, difusos ou mesmo invisíveis. Em nosso caso, o que para esse historiador constituía a primeira camada, a sua própria voz interna, a sua consciência investigativa, constitui, para nós, a terceira, o nosso objeto, do qual buscaremos extrair reflexivamente a seiva de um conhecimento. A obra e os escritos de Christopher Dawson compreenderão nossa documentação primeira, serão a nossa fonte primária. O objetivo maior é apreender, em parte, obviamente, o espírito de sua obra, ingressando na mentalidade por trás dessa documentação, como faz um historiador que estuda uma época e local, buscando apreender o seu *zeitgeist*, valendo-se sobretudo do que a documentação pertinente deixou à disposição. O resultado será, inevitavelmente, a nossa interpretação da obra e do pensamento desse autor.

Com isso, não se afiança um relativismo radical do saber, nada disso, apenas se esclarece que um bom estudo histórico se faz no trânsito qualificado entre essas camadas, uma vez que toda historiografia é uma interpretação realizada por meio não somente de documentos/fontes, mas também por meio de influências bibliográficas herdadas, porém alocadas em questionamentos próprios,[2] e temos assim as três camadas.

---

2 Há de se atentar que, nesse caso, o termo documento compreende todo e qualquer remanescente cultural humano: de um pedaço de vaso a um códice, de

Há de se lhes aplicar certo rigor, verificando o nível de excelência em que foram incorporadas, verificando assim tanto o âmbito da escolha e da manipulação documental como o da capacidade de responder aos clássicos ou aos autores com os quais se dialoga, sem, contudo, se esvaziar como projeto autoral, pois é nele que se oferece uma contribuição única: a do autor que resolveu pensar a história.

Considerando esses aspectos, esses três tempos em articulação, podemos dizer que Christopher Dawson, cuja obra será recuperada e parcialmente problematizada, foi um historiador profundo, um pensador notável. Sua historiografia alcançou níveis altíssimos nos três tempos associados: (1) na capacidade de problematizar os temas, mostrando novos ângulos, (2) em sua sólida erudição, estabelecida numa conversação contínua com uma pletora de autores e de escolas, e (3) na pertinência das fontes que usou, a sensibilidade documental com que acessou os temas que lhe eram expressivos, oferecendo novas elucidações. Isso significa que um estudo aprofundado de sua obra solicitará a reavaliação de sua perspectiva, cujas elucidações mais promissoras precisam ser discutidas.

Apreciar o valor atual de sua obra, considerando seus *insights* centrais diante dos avanços e dos questionamentos que lhe podem ser relacionados: eis o que buscaremos fazer. Podemos adiantar que a obra do galês não somente permanece atual, mas pensamos que esteja, em algumas contribuições potencialmente decisivas, à frente de nosso tempo, portanto, à espera de futuras estações mentais e de ambientes mais favoráveis

---

uma coluna a uma lei impressa em papel, de um artefato de guerra a inscrições cerimoniais, de uma edição de jornal a restos mortuários. Todo e qualquer remanescente cultural é – potencialmente – um documento histórico.

para que realmente frutifique em todo o seu potencial. É claro que há informações datadas ou mesmo incorretas, como não poderia deixar de ser em obra tão vasta, mas isso ocorre no nível informativo, facilmente retificável, e não no nível do pensamento, da elaboração explicativa. Nesse nível superior, o da argumentação histórica, o historiador galês surge como um gigante. A questão é que os gigantes têm, invariavelmente, um largo e bem visível calcanhar de aquiles.

Temos assim, como nossa primeira antessala, a camada espaço-temporal em que esse historiador viveu, do que resultam questionamentos sobre como viveu, com quem conviveu (em sua mente) e o que buscou, enquanto produzia. Isso nos importa porque, ao acessar os textos que escreveu, a nossa documentação, precisamos dar conta dessa camada coextensiva ao seu mundo. Logo, antes de apreciarmos o que ele nos disse sobre os processos passados que o seu pensamento analisou, devemos nos familiarizar com as questões que lhe foram próprias *em sua época*, na época em que viveu. A história é sempre reconhecida por um sujeito igualmente histórico,[3] alocado num presente qualquer. Desse modo, avaliemos, ainda que brevemente, como esse historiador veio a eleger determinadas questões, não em sentido genérico, mas no de saber quais as suas principais áreas de interesse e quais eram – na época – os grandes interlocutores dessas áreas, aos quais ele "respondeu" ao longo de sua obra. O que Dawson buscava elucidar, afinal de contas?

3 "Toda história é contemporânea, na medida em que o passado é apreendido no presente e responde, portanto, aos seus interesses; isso não é só inevitável, mas também legítimo. Dado que a história é duração, o passado é ao mesmo tempo passado e presente. Compete ao historiador fazer um estudo "objetivo" do passado sob a sua forma dupla". In: Ibidem, p. 50.

Uma pergunta temerosa, dada a abrangência de seu interesse historiográfico (pois lhe interessava a própria história do mundo),[4] o que não deixa de ser um tema. A sua busca enquanto historiador "generalista", e já criticamos aqui essa categorização, ou "filósofo da história"[5] teve um sentido único, um projeto definido desde o início? O salão a ser visitado, em nosso mergulho analítico, será aquele em que se encontram o que podemos chamar de *as grandes contribuições* de Dawson para o pensamento histórico. Estamos convencidos de que esse historiador realmente se esforçou por oferecer uma contribuição nesse nível, de que reconhecia o potencial explicativo de seu pensamento singular, reconhecendo, igualmente, a sua diferença perante as correntes dominantes.

Com quem conversava

Neste primeiro mergulho no pensamento do galês, buscaremos uma resposta a uma pergunta simples: Quando Dawson

---

4 Um objetivo postumamente confirmado com a publicação de *Dynamics of World History*, uma coletânea brilhantemente organizada por John J. Mulloy, sobre a qual discorreremos neste trabalho. Em português, *Dinâmicas da História do Mundo*. Ed., pref., intr. e posf. John J. Mulloy; intr. Dermot Quinn; pref. e trad. Maurício G. Righi. São Paulo, É Realizações Editora, 2010.

5 Dois termos frequentemente associados a Christopher Dawson, mas que, no fundo, são deficientes para uma devida apreciação de um historiador vocacionado a pensar as grandes movimentações históricas. Dawson não foi um generalista, porque se aprofundava nas miudezas e nos detalhes de um recorte histórico qualquer. Por outro lado, há sim a possibilidade de dizer que foi também um filósofo da história, desde que se tenha o cuidado de perceber que a sua "filosofia" se fundamenta completamente na história, na documentação histórica. É a história que sempre determina a sua "filosofia".

publicou a *Era dos Deuses* em 1928, seu primeiro livro, um trabalho fundamental na constituição de seu pensamento, *com quem a sua historiografia conversava?* Que tese se defendia em sua exposição histórica? Em primeiríssimo lugar, o próprio título do livro, "A Era dos Deuses", indica-nos uma homenagem explícita ao pensamento histórico de Giambasttista Vico, à sua teoria da história exposta em *Nova Ciência* de 1725, uma visão eminentemente heterodoxa. Nessa homenagem, o galês anuncia, ao bom entendedor, que estará do lado dos culturalistas e dos historiadores da cultura, e não dos contratualistas e dos filósofos idealistas. A apreensão dessa diferença é meio caminho andado. Em segundo lugar, o galês explicita nesse seu primeiro livro, com todas as letras, o seu posicionamento tanto na antropologia como na história. Podemos assim acessar os primeiros *insights* que formaram o seu pensamento.[6] Insistimos, porém, que num primeiro momento devemos identificar com quem conversava, além de si mesmo, enquanto escrevia esse primeiro livro; a quem estava respondendo ou se contrapondo intelectualmente, mas também, e igualmente importante, com quem se alinhava e a quem sucedia. Tudo isso se presentifica em *A Era dos Deuses*.

Dawson viveu numa época de maravilhamento histórico, num período de notável efervescência desse saber, como também dos saberes contíguos à história, intimamente associados a esse campo. Viveu sob um expressivo maravilhamento intelectual, e no sentido dado por Aristóteles, quando este discorreu

6 A própria figura de Dawson em sua compleição vertical e elegante, ao mesmo tempo tímida, marcadamente reservada, mas coroada por um olhar deveras penetrante, convida-nos ao enigma, às aspirações intelectuais imaginadas nos sonhos das crianças.

sobre os motivos que levaram os homens a filosofar.[7] Esse êxtase intelectual se perdeu quase que por completo em nossos dias, uma vez que "naturalizamos" campos do saber que, para a geração de Dawson, eram novidades fascinantes ou mesmo desconcertantes, dado o alargamento de visão que propiciavam. Referimo-nos especificamente tanto à geração de Dawson como às duas gerações anteriores, compreendendo *grosso modo* um período de oitenta anos, de 1850 a 1930.

No quesito saber histórico compartilhado entre os povos, a diferença entre essas três gerações, as de 1850 a 1930, e as anteriores, principalmente as que viveram de meados do século XVIII para trás, foi descomunal. Até meados desse século, o que se sabia sobre a Antiguidade Oriental resumia-se ao que fora escrito por um punhado de cronistas gregos, persas, helenísticos e romanos, entre outros tipos híbridos, como no caso de Flávio Josefo. Havia também o material bíblico, os escritores cristãos dos primeiros séculos de nossa era e o material ligado ao universo hebraico. Havia uma arqueologia incipiente, a bem da verdade um antiquarianismo pujante mais ou menos organizado por colecionadores de tesouros, geralmente dedicado às ruínas do mundo clássico. E a pré-história? Não havia nem sequer conceitos e periodizações que dessem conta do que passamos a chamar de pré-história.[8] Fontes primárias ligadas às civilizações do Oriente Antigo? Pouquíssima coisa, quase nada. Conhecimento das línguas antigas extintas? Ainda engatinhava. Técnicas arqueológicas realmente eficientes

---

7 Aristóteles, *Metafísica*, 982 b12.

8 Foi John Lubbock (1834-1913), entre outros, que começou a estabelecer conceitos duradouros ligados às periodizações, segundo critérios técnicos de desenvolvimento no manuseio de materiais como pedra, cerâmica, ossuário, etc.

na recuperação e devida recomposição da cultura material? Ainda por desenvolver. Teorias mais sólidas sobre a extrema antiguidade da terra, de seus habitantes biológicos e mesmo do que entendemos por cultura humana? Bom, foi aí, nessa reviravolta teórica, que o grande quadro do conhecimento histórico começou a ser drasticamente alterado em seus contornos até então conhecidos.

> [...] Previamente à nossa própria era difícil ter consciência disso [ter uma compreensão satisfatória da história em seu todo]. As pessoas eram obrigadas a se contentar com a história de alguns poucos povos favorecidos e de períodos excepcionais – como o da Grécia Clássica e de Roma, ou com o nosso passado imediato – que eram ilhas de luz num mar de escuridão histórica. Mas agora, graças não somente às descobertas sensacionais das grandes civilizações do Oriente Antigo, mas, até mais, graças à investigação meticulosa de ossuários e de ferramentas pela arqueologia – ossos, fragmentos de cerâmica e implementos grosseiros –, uma visão geral de passado civilizacional em seu todo tornou-se possível.[9]

Tomemos assim cinco homens de ciência ligados a esse universo intelectual em franca emergência, e nos referimos a estudiosos dedicados à ampliação desses novos saberes históricos, cujas obras impulsionaram compreensões e interpretações as mais decisivas. Temos, portanto, como parte desse primeiro fio condutor, as obras de cinco autores clássicos, aqui tomados

---

9 Christopher Dawson, *The Age of Gods – A Study in the Origins of Culture in Pre-historic Europe and the Ancient Near East.* Washington D.C., The Catholic University of American Press, 2001, p. xxiii.

como representantes paradigmáticos dessa historiografia em expansão de seus horizontes temporais, espaciais e temáticos. Falamos de Sir Austen Henry Layard (1817-1894), Fustel de Coulanges (1830-1889), James Henry Breasted (1865-1935), Sir James George Frazer (1854-1941) e Vere Gordon Childe (1892-1957). Esses autores constituem uma ilustração, entre outras possíveis, desse período de expressivo alargamento dos saberes histórico-antropológicos, abrangendo três gerações em sequência, e com os quais Dawson esteve em diálogo aberto e frequente tanto em *A Era dos Deuses* como em *Progresso & Religião*, pautando essa lista específica. A bem da verdade, o galês pôde enxergar o passado com lentes cognitivas poderosas porque Layard, Coulanges, Breasted e Childe, entre tantos outros,[10] lhe emprestaram saberes até então desconhecidos, inacessíveis às gerações anteriores, mas que, a partir da década de 1920, se alargaram em definitivo. Não somente Dawson, mas seu contemporâneo e colega em Oxford, Arnold J. Toynbee, e mesmo Oswald Spengler, um jornalista erudito, cuja obra influenciou a muitos, valeram-se desses novos conhecimentos no intuito de

10 Seria uma tarefa disparatada estabelecer uma lista extensa dos acadêmicos, pesquisadores e teóricos que encaminharam esse salto gigantesco no conhecimento histórico sobre a Antiguidade, mas, a título ilustrativo, falamos dos esforços de *scholars* como Paul Émile Botta, Sir Henry Rawlinson, Flinders Petrie, Sir Arthur John Evans (suas equipes, associados, colegas e patrocinadores), entre tantos outros, célebres ou não. É fundamental dizer que, não poucas vezes, foram as pessoas comuns e os desconhecidos, os quais vivam nas proximidades das escavações, que indicaram aos arqueólogos onde se encontravam os montes com remanescentes realmente significativos, os verdadeiros tesouros arqueológicos levados aos museus da Europa, pessoas de cujo nome não lembramos ou mesmo ignoramos.

realizar reflexões históricas muitíssimo abrangentes, propondo, como no caso desses dois últimos, novas teorias da história.

Sir Austen Layard, o descobridor da Biblioteca de Assurbanipal,[11] pesquisador-desbravador, diplomata, um estudioso da mesma geração de Karl Marx (1818-1883), um homem do colonialismo britânico, publicou o seu primeiro trabalho expressivo em 1849, na ponta de descobertas arqueológicas importantíssimas, uma obra intitulada *Nínive e seus Remanescentes*, publicada em dois volumes. Tratou-se de um estudo singular, no qual praticamente se lançavam as bases para um segmento de pesquisa conhecido como assiriologia, ao par e ao passo com os trabalhos de outro orientalista célebre, Sir Henry Rawlinson (1810-1865). Layard teve a sua obra publicada entre 1849 e 1887, em plena era vitoriana,[12] ricamente ilustrada em

11 Na verdade, a chamada "Biblioteca de Assurbanipal", organizada por esse rei assírio, cujo reinado se deu entre 668 e 627 a.C., um rei-escriba, um enamorado dos altos saberes, compreende cerca de 30 mil tabletes em escrita cuneiforme que foram coletados em quatro localidades distintas de Nínive: no Palácio Sudoeste, no Palácio Norte e nas adjacências de dois templos, dedicados a Ishtar e Nabu. Somente os tabletes do Palácio Sudoeste corresponderiam – de fato – à Biblioteca de Assurbanipal, mas foram misturados com os demais em seu trânsito à Europa. Portanto a "Biblioteca de Assurbanipal" passou a abrigar um grande conjunto de escritos de Nínive.

12 Mais recentemente Layard foi incluído no rol de autores representantes do imperialismo vitoriano, alguém na iminência de ser "cancelado", um agente dos interesses políticos do império britânico, o que em nada retira sua importância como pesquisador-desbravador. (Ver Shawn Malley, *Layard Enterprise: Victorian Archaeology and Informal Imperialism in Mesopotamia*, Cambridge University Press). Por outro lado, também temos a apresentação de Layard como um dos heróis da arqueologia em seu período "romântico", um sujeito obsessivamente dedicado ao

livros didáticos que ganharam repercussão longeva entre os interessados no assunto, como se deu com *Aventuras em Persia, Susa e Babilônia*, de 1887, desde então lido e estudado por várias gerações. Temos, portanto, essa primeira geração, em cuja idade madura, entre os anos de 1850 e 1880, foram produzidos trabalhos que tratavam de recuperar um passado praticamente desconhecido, até então perdido, o que fertilizou um novíssimo terreno de estudo, um campo absolutamente extenso, rigorosamente investigado pelas gerações seguintes. Foi um momento em que esses campos foram colocados sob os rigores metodológicos das ciências nascentes, em que houve, igualmente, avanços expressivos no campo da filologia e das técnicas de estratigrafia.[13] Dawson, como aluno em Oxford, herdou diretamente, em primeira mão, esses avanços.

James Henry Breasted, egiptólogo e fundador do Oriental Institute de Chicago, em 1919, já aparece como fonte divulgadora qualificada em a *Era dos Deuses*. O historiador galês toma Breasted como um de seus interlocutores e mentores, citando-o algumas vezes e utilizando algumas fontes expostas nos livros desse orientalista norte-americano. Isso nos dá uma pista valiosa, cabendo-nos perguntar sobre as teses de Breasted, sobre os sentidos de sua obra. Uma primeira leitura de *Tempos Antigos – Uma História da Antiguidade*, obra que marcou uma geração

---

conhecimento, um colecionador de aventuras. (Ver Jeff Pearce, *Winged Bull: The Extraordinary Life of Henry Layard*. New York, Prometheus Books, 2021).

13 Como nos trabalhos notáveis do egiptólogo Sir Williams M. Flinders Petrie (1853-1942), sobretudo a partir de suas escavações em Tell el-Hesi, em 1890, e nos trabalhos do general Augustus Pitt-Rivers (1827-1900) ao conceber sequências tipológicas da cultura material, tratando-as de modo extensivo e minucioso, em fases sucessivas de desenvolvimento, aplicando-as nas escavações dos sítios.

inteira e um *best-seller*, oferece-nos uma primeira chave. Nesse livro, publicado em 1916, mas que foi ampliado e reeditado em 1935, Breasted se propõe a discursar sobre o mundo antigo, da pré-história à queda do Império Romano, e inicia o seu texto (num livro de quase 900 páginas) com um relato da Europa em sua pré-história.[14] Importa-nos constatar que Dawson faz a mesmíssima coisa em seu *A Era dos Deuses*, publicado em 1928, livro em que conversa com Breasted, mas o faz com diferenças significativas, por meio das quais identificaremos as singularidades de seu pensamento histórico, as suas contribuições únicas.

Em seu livro, *Tempos Antigos*, Breasted divide a primeira seção, chamada de parte I, que trata da pré-história europeia, em quatro segmentos pequenos, compreendendo trinta e quatro páginas, num livro de quase novecentas. Fica claro que o egiptólogo pretende realizar um rapidíssimo apanhado dos períodos pré-históricos conhecidos, dos paleolíticos ao neolítico, extrapolando-o, de modo notadamente breve, ao contexto europeu. A bem da verdade, ele inicia sua exposição com a cultura extremamente primitiva dos tasmanianos, passando, rapidamente, por ameríndios e esquimós, para então enfatizar as nas distintas fases líticas, nas distintas idades das pedras, concernentes às populações de caçadores-coletores europeus, indicando também, em sua exposição, as eras glaciais que compreenderam o período, com suas oscilações periódicas e sua importância capital para compreendermos alterações no estilo de vida e nas práticas do caçador-coletor, até chegar, finalmente, às culturas do agricultor, do domesticador e do produtor de cerâmica do neolítico. Há nesse livro referências pontuais às

14 Ver James H. Breasted, *Ancient Times – A History of the Ancient World*. Boston, Ginn and Company, 1916.

cavernas franco-cantabrianas do auraciano, às tecnologias específicas da pré-história, às estruturas megalíticas do neolítico europeu e a determinadas populações, como a dos habitantes dos lagos suíços.[15] Breasted encerra a sua exposição sobre "Os Primeiros Europeus" da seguinte forma:

> Após cinquenta mil anos de progresso levado adiante por seus próprios esforços, os homens da Idade da Pedra da Europa pareciam agora (c. 3.000 a.C.) ter alcançado um ponto [um limite] de onde não tinham mais como avançar. Ainda não tinham escrita para registrar suas transações comerciais, governo e tradição; ainda não tinham os metais com os quais pudessem fabricar ferramentas e desenvolver indústrias e manufaturas; não tinham também veleiros para fazer comércio. Sem essas coisas não podiam ir mais longe. Todas essas e muitas outras coisas que estão em posse da *civilização* [grifo nosso] chegaram à Europa primitiva por meio do Oriente Próximo [...] A fim de compreender o curso posterior da história europeia, devemos nos virar para o Oriente, de onde vieram essas coisas indispensáveis, as quais possibilitaram aos nossos ancestrais europeus adquirir a civilização que herdamos.[16]

15 Estudos posteriores mostraram que os pré-históricos "habitantes de palafitas" dos lagos suíços, conforme defendido pelo arqueólogo Ferdinand Keller, em 1854, não correspondiam à realidade material encontrada, agora interpretada com mais acuidade – essas populações não habitavam em palafitas no meio dos lagos, mas fora o avanço dos lagos que, posteriormente, submergiu os restos de residência encontrados pelos arqueólogos. Ver Hansjürgen Müller-Beck, "Pre-Historic Swiss Lake Dwellers", *Scientific American*, 1961.

16 James H. Breasted, *Ancient Times – A History of the Ancient World*. Boston, Ginn and Company, 1916, p. 32-33.

Desse modo Breasted inicia o seu livro com uma brevíssima exposição dessa "Europa"[17] pré-histórica, no intuito de indicar ao seu leitor que a civilização teve as suas origens no Oriente Próximo, donde foi, posteriormente, transferida para a Europa. Ele está narrando uma extensa "história da civilização" – dos barbarismos pré-históricos à civilização, onde a Europa é o destino e o Oriente Próximo a origem –, seu livro é uma extensa narrativa sobre esse trânsito.

Sabemos que Dawson está em diálogo[18] com Breasted, está respondendo, em *A Era dos Deuses* de 1928, às interpretações lançadas pelo arqueólogo norte-americano em 1916, em *Tempos Antigos,* e podemos assim analisar algumas características do pensamento do galês. Com efeito, Dawson parece utilizar o livro do egiptólogo como uma de suas referências capitais, mas no intuito de encaminhar os seus próprios *insights* sobre o mesmo processo histórico, a saber: o desenvolvimento das bases materiais e institucionais que levaram – historicamente – à formação dos primeiros centros de civilização, compreendendo a sua disseminação no contexto asiático-europeu. Importante salientar que Dawson não oculta que tem *Tempos Antigos* como espécie de fio condutor de seu livro. Logo no início do primeiro capítulo de *A Era dos Deuses*, o galês também faz menção à cultura dos tasmanianos, mas, no caso, dando um recado muito próprio, marcadamente crítico ao que se fez com os tasmanianos – uma cultura que foi destruída pela

---

17 Não havia "Europa" do ponto de vista cultural, obviamente, mas Breasted faz essa referência na consideração de aspectos eminentemente geográficos, no intuito de situar o seu leitor para aquela porção da grande massa continental euroasiática.

18 Em seu livro, Dawson cita Breasted cinco vezes, em nota e no corpo do livro.

autoproclamada "civilização".[19, 20] – Temos aqui, nessas primeiríssimas páginas de seu primeiro livro, um princípio bem característico de dawsonianismo.

Há de se notar que no título de A *Era dos Deuses* vemos a indicação de um enfoque inédito, de uma abordagem temática na proposição de um pensamento de vanguarda, no qual se revela o que se busca realmente compreender: as "matérias-primas" culturalmente formadoras desses "Tempos Antigos", esmiuçando seus agentes simbólicos decisivos. Há uma questão sobre as origens,[21] sobre as forças que condicionam o desenvolvimento histórico, indicando-nos outras e mais amplas influências na formação de Dawson.

Todavia, não há, em *A Era dos Deuses*, o compromisso de expor uma história do Mundo Antigo sob a pauta cronológica de uma história das civilizações, geralmente apresentada como exposição dos sucessivos impérios e dinastias em contexto asiático-europeu, num desenrolar que, após um preâmbulo brevíssimo na pré-história, se principia no Reino Antigo do Egito faraônico e/ou na Suméria e Mesopotâmia, para percorrer os

19 Christopher Dawson, *The Age of the Gods: A Study in the Origins of Culture in Prehistoric Europe and Ancient Egypt*. Intr. Dermot Quinn. Washington, D.C., The Catholic University of America Press, 2012, p. I.

20 Do mesmo modo, ao seguir fielmente a exposição inicial de Breasted, Dawson discorre, no primeiro capítulo de seu *A Era dos Deuses*, sobre as oscilações do Período Glacial, mas, diferentemente de Breasted, a sua exposição é sempre acompanhada de teorizações sobre os efeitos dessas mudanças na cultura humana, como também na composição dos grupos étnicos e das características físicas. *Ibidem*, p. 3-4.

21 O subtítulo de *The Age of Gods* é: "A Study in the (Origins) of Culture in Prehistoric Europe and the Ancient Near East".

diversos núcleos civilizacionais-imperiais concorrentes e sucessivos: os acádios, os babilônicos, os cassitas, os ramessidas, os hititas, os hebreus, os assírios, os caldeus, os persas, os gregos, os ptolomeus, etc. A bem da verdade, o livro de Breasted é uma espécie de modelo máximo desse tipo de exposição histórica, que se tornou posteriormente parâmetro à maioria dos livros escolares e didáticos sobre o assunto. Todavia, essa configuração é subvertida em *A Era dos Deuses*, pois o galês toma o que fora preâmbulo no livro de Breasted, mero vestíbulo temático em suas considerações sobre a pré-história, para transformá-lo em argumento central, *vislumbrando um estudo minucioso sobre a pré-história em seu arsenal cultural e religioso fundador*, assim criando um grande salão para receber o tema, o que nos indica que o historiador galês estava conversando com outras consciências.

Realmente interessava ao galês uma reflexão mais aprofundada sobre os temas de origem, dos quais Breasted toca somente a superfície. O livro desse egiptólogo foi concebido sobretudo como material didático, visando a formação de um grande público em história antiga, uma espécie de grande introdução ao tema, embora escrita por um pesquisador de ponta, algo que fica claramente evidenciado ao final dos capítulos, quando Breasted faz perguntas didáticas ao seu leitor, como num livro escolar.[22] *A Era dos Deuses*, diferentemente, aponta para discussões mais altas, embora o faça em linguagem relativamente acessível ao público, e Dawson sempre quis atingir o grande público, muito embora a sofisticação de seus argumentos em sua exposição marcadamente erudita nem

22 É também digno de nota a extrema beleza ilustrativa do livro de Breasted, repleto de desenhos primorosos, que ajudam o leitor a visualizar esses mundos antigos outrora esquecidos e recém-descobertos.

sempre facilitasse esse alcance. Temos nesse livro inaugural de Christopher Dawson um estudo histórico aprofundado (e erudito)[23] acerca dos fundamentos institucionais e técnicos que impulsionaram o processo civilizatório, mas, nesse caso, desde uma perspectiva culturalmente abrangente sobre o ser humano, uma perspectiva antropológica. Ele abre o seu livro com uma questão eminentemente antropológica: quais seriam as origens da mudança cultural? Quais seriam as suas forças determinantes?

Entre 1890 e 1915, o antropólogo britânico James George Frazer publicou, em doze volumes, o seu monumental *O Ramo de Ouro*, provavelmente umas das obras de maior impacto intelectual e científico, durante a passagem do século XIX para o século XX.[24] O trabalho de Frazer, uma investigação extensiva sobre as origens do pensamento religioso, conduz o leitor ao interior do que se chamava, à época, de mundo primitivo, conduzindo-o à religiosidade arcaica. Estimulado pelos trabalhos de Edward B. Tyler e de Robertson Smith, Frazer, em seu darwinismo social, buscava encontrar as matrizes do religioso para então discernir as suas fases de evolução – um pensamento dominante na época.

> O evolucionismo, enquanto escola do pensamento antropológico, estabeleceu-se por volta da década de 1870. A partir daí, a ideia de uma suposta seleção e evolução natural das culturas humanas tomou vulto. Aplicando Darwin, as culturas "evoluiriam" naturalmente de formas

23 A erudição será uma característica permanente em sua historiografia.

24 É abertamente conhecida a influência que *O Ramo de Ouro* teve sobre o pensamento de Freud, sobretudo, na composição de *Totem e Tabu*, publicado em 1913.

> originalmente mais simples para outras progressivamente mais complexas [...] É claro que a religião, enquanto instituição cabalmente duradoura e antiga, não se furtou às especulações dos evolucionistas, e passou a ter destaque nos estudos sobre as formas elementares da cultura em suas estruturas formadoras.[25]

Tivemos o surgimento de uma nova disciplina: a antropologia religiosa, dominada, em sua primeira fase, pelo darwinismo social. Investigadores como Tylor, Frazer, Durkheim, os ritualistas de Cambridge, [26] entre outros notáveis, tiveram à época uma influência colossal nos estudos em religião e formação cultural, propondo horizontes teóricos e abrindo interpretações. Em *A Era dos Deuses*, temos um diálogo visceral com esses autores, e se trata de um livro que domina largamente esses novos modelos interpretativos, ora os criticando, ora os aprovando. Nesse seu trabalho, o galês pretendeu, fundamentando uma reflexão histórica abrangente e amparada em avanços à época recentes em história antiga e pré-história, reconduzir a religião, enquanto matriz do pensamento humano, enquanto arcabouço simbólico e institucional de primeira ordem, para o berço e para o trono do ordenamento cultural, reabilitando-a como conteúdo e estrutura não somente formativos de nossa humanidade, mas sobretudo definidores – e realmente o seu livro argumenta contra titãs, mostrando-lhes as deficiências visíveis, ao mesmo tempo que encaminha um argumento em defesa

25 Maurício G. Righi, *Pré-História & História – As instituições e as ideias em seus fundamentos religiosos*. São Paulo, É Realizações Editora, 2017, p. 203.

26 Dawson faz referências e citações diversas aos três, em *A Era dos Deuses*.

das matrizes religiosas como fundamento cultural decisivo, embora não único.

Como disse René Girard décadas mais tarde, e com a astúcia característica de uma raposa que se fazia de ouriço,[27] a complicação fatal e mesmo o impedimento cognitivo para um Tylor, um Frazer, um Freud, entre outros menos célebres – e o francês se refere aos fundadores da antropologia religiosa – foi terem se dedicado a estudar um objeto complexo, polissêmico e altamente inter-relacional e subjetivo, como é a religião, mas pelo qual tinham desprezo ou mesmo nutriam ódio. Esses pais da antropologia religiosa trataram a religião como algo a ser intelectualmente superado pelo progresso científico. *Interessavam-se por ela em razão dessa expectativa*, tratavam-na como um constructo a ser desvendado e, de fato, investiram recursos mentais significativos para que pudessem decifrá-la, decodificando-a em supostos componentes formativos, conhecendo as suas estruturas menores, cercando-a por todos os lados, até supostamente alcançar o seu impulso básico e fundamental, o seu primeiro determinante, para então, em posse desse elemento, desmistificà-la. Sabemos quanto fracassaram, e quanto, por outro lado, o êxito antropológico, ainda que relativo, coube a Girard;[28] mas, em 1928, época em que Dawson lhes lançava

---

27 René Girard, Pierpaolo Antonello e João Cézar de Castro Rocha, *Evolução e Conversão – Diálogos sobre a origem da cultura*. São Paulo, É Realizações, 2011.

28 O leitor não precisará concordar conosco, não obstante a teoria mimética é muito difícil de ser batida não somente em seus próprios termos, mas também diante de inúmeros experimentos e estudos em primatologia, para não falarmos das corroborações arqueológicas, que somente crescem. Ver Ian Hodder, (ed.), *Religion in the Emergence of Civilization: Çatal Höyük as a Case Study*. New York, Cambridge University Press, 2010.

contra-argumentos historicamente fundamentados, esse fracasso ainda estava bem longe de se tornar patente, pelo contrário: respirava-se o ar triunfante dos utilitarismos, dos positivismos, dos funcionalismos, e assim por diante.

Na posição de um contra-argumentador, o galês se vale do conhecimento desses autores, das informações antropológicas que disponibilizaram, para defender posições teoricamente contrárias. Trata-se, de início, em *A Era dos Deuses*, de uma "guerra fria", com emboscadas laterais e pontuais, e não de um confronto aberto. Todavia, desde esse início, o pensamento do galês não se abstém de desautorizar, sempre que pode, os adversários teóricos da religião.

> Uma [função] mágica puramente utilitarista é incapaz de produzir uma grande arte [religiosa] – de fato, entre as comunidades primitivas, e de maneira ainda mais intensa que em outros contextos, uma grande arte requer um fortíssimo impulso religioso, para que possa realmente existir. Logo a grande era da "arte paleolítica" [a arte parietal franco-cantabriana] pode muito bem representar o período formativo de um novo tipo de cultura religiosa, que sobreviveu entre os povos caçadores da América do Norte.[29]

Temos nesse excerto o que podemos chamar de posição dawsoniana em típico modo de ataque às elaborações de Frazer, por meio da qual se defende, na religião e religiosidade humanas, um dos impulsos fundamentais (ou o impulso fundamental) na formação das identidades culturais, mas no sentido de perceber, nessa religiosidade, uma força fundamentalmente

29 Christopher Dawson, *The Age of the Gods*, op. cit., p. 28.

criadora, eminentemente criativa, tomando-a como expressão básica de um ser vivente e inteligente, um ser que se encontra religiosamente vocacionado enquanto espécie. O livro se abre com a questão capital sobre as origens das mudanças culturais, num inquérito histórico por suas forças determinantes. Após discorrer sobre a importância decisiva das variações climáticas, incluindo também as condições geográficas, fatores extrínsecos ao humano, o livro se propõe então a eleger um fator interno capital, tanto de mudança como de permanência: a religião.

Conforme adiantado, o excerto em destaque expressa uma contraposição direta às conclusões de Frazer, em cuja teoria antropológica, exposta em *O Ramo de Ouro*, fundamentava-se a origem da religião no que se conceituava como pensamento mágico, a saber: a religião seria uma evolução desse pensamento/comportamento, um estágio intermediário entre a mais crassa "ignorância", o pensamento mágico, e o verdadeiro exercício da razão, o pensamento científico. As deficiências e as incorreções – não as relacionadas ao pensamento mágico, exatamente, mas ao pensamento de Frazer – tornaram-se conhecidas, e não nos cabe aqui explorá-las em detalhe;[30] todavia, conforme explicitado no excerto, Dawson argumentava que a religiosidade humana não poderia ser reduzida em suas manifestações pré-históricas ao que seria um utilitarismo mágico, não poderia daí derivar, historicamente, uma vez que a cultura religiosa das comunidades pré-históricas do paleolítico superior europeu legara, em produções sublimes, expressões artístico-religiosas que em muito ultrapassavam qualquer mentalidade ou propósito "utilitarista". Esse desejo de comunicação com o além se

30 Para uma crítica devastadora às conclusões teóricas de Frazer, ver E. E. Evans-Pritchard, "The Intellectualist (English) Interpretation of Magic", 1933.

expressava, artisticamente, em realizações que demandaram esforços imensos de comunidades inteiras, ou seja, tratava-se de algo contrário a uma empreitada tipicamente utilitarista, uma vez que ali se empregavam os mais altos talentos e se doavam horas incontáveis de trabalho duríssimo. De um ponto de vista estritamente pragmático, o passivo era imensamente superior ao ativo, nesse tipo de empreitada coletiva: o assim denominado "pensamento mágico" não se compunha como ordem pragmática, mas sim como ordem explicitamente devocional. O vitoriano Frazer projetava-se a si mesmo, adotando a mentalidade utilitarista de sua época, sobre culturas que avaliava como "primitivas".

Entre outros exemplos significativos e igualmente arcaicos, como as inumações, havia um inequívoco *impulso devocional* por trás dessas realizações, expressando a implantação, a manutenção e a ampliação de uma linguagem religiosa que percorrera milhares de agrupamentos, durante milhares de anos. A arte parietal franco-cantabriana expressava um imaginário absolutamente envolvido com um mundo que podemos chamar de onírico-visionário, um mundo para dentro e além, onde a realidade seria mais exuberante, pujante e eterna, ao qual se pediam favorecimentos, auxílio e poderes, certamente, pois ali estava *a fonte* da vida, do poder e da abundância – mas, antes de pedir o favorecimento, era preciso ter fé, esperança e amor em suas fontes. Não era algo que se *utilizava* como mera ferramenta, usando-se para fins meramente práticos, como um empresário do século XIX utilizava as suas máquinas para ganhar dinheiro, mas algo com o qual se ansiava uma integração ampliada e mesmo completa. Homens como Frazer projetaram o utilitarismo de sua época nas práticas e concepções da cultura pré-histórica e de outras, que eram vistas como "primitivas". Isso não quer dizer que não houvesse o que podemos denominar de "práticas mágicas" e "feitiçaria", mas que essas coisas seriam derivações e prolongamentos, não a origem, da religiosidade. A bem da verdade, a funcionalidade da religião teria sim uma realidade fundamental bem mais estruturante e oculta, mas Frazer não tinha olhos para enxergá-la, como notaria Girard.

Desse modo, muito além dos procedimentos mágicos para fins mundanos, haveria uma linguagem simbólico-ritual a percorrer a vida social dessas comunidades, perpassando igualmente os tais procedimentos mágicos, meros desdobramentos técnicos – uma tecnologia – de realidades existenciais amplas e profundas. A religiosidade é constitutiva ao ser humano, é uma característica de sua própria inteligência reflexiva, flexível e projetiva, que abstrai, nas coisas que lhe chamam a atenção, realidades de fundo, prolongamentos e transcendências, ou seja, uma inteligência que *intui*. Em *A Era dos Deuses* temos esse olhar acadêmico heterodoxo, no qual se endossa a inclinação/disposição espiritual do *sapiens*, vendo-a como elemento constitutivo de seu ser: há um desejo de comunicabilidade com o divino, com o que se intui que está além, um prolongamento da vida que é fonte da vida, e nos referimos, em contexto pré-histórico, ao mundo dos espíritos dos animais e dos ancestrais, um mundo que é antes e depois.

É claro que essa comunicabilidade enseja troca de favores, acesso a poderes, reparações e ganhos, mas a sua composição *ritual* demonstra origens eminentemente reverenciais, mostra o reconhecimento de um Poder que ultrapassa o próprio corpo social. Assim sendo, o tal do "pensamento mágico" está contido no rito, não o contrário; é uma ramificação, uma técnica de um tronco maior, caso insistamos no conceito e em sua terminologia. Igualmente, essa "arte" parietal paleolítica era ritual, compreendia ritos simbolicamente riquíssimos, era pura liturgia arcaica, e não exatamente arte. Portanto, antes de ser mágica, a religiosidade é litúrgica.

> Podemos ter certeza de que o caçador primitivo não criou essas obras de arte na escuridão total dos recessos de cavernas profundas por mero passatempo estético. Sua origem é indiscutivelmente *mágica* [grifo nosso] ou religiosa, e só pode ser compreendida por meio de crenças concernentes aos espíritos dos animais [...] As pinturas paleolíticas dos animais eram na verdade os meios *mágicos* [grifo nosso] pelos quais os homens adquiriam poder sobre as feras. Era somente por meio do espírito do animal que o homem podia superar o animal [uma superação ritualmente vivida].[31]

Apesar de seus contrapontos, vemos, não obstante, uma historiografia evidentemente influenciada pela antropologia religiosa de sua época. Dawson combate as teses de Frazer, mas sem se libertar do vocabulário fraziano, gerando certas ambiguidades em sua argumentação, o que por vezes tende a tornar o seu pensamento cativo de uma argumentação que não é a sua. Há, em seu caso, um esforço que pretende alçar a religiosidade ao andar de cima da cultura, no qual a religião deixaria de ser compreendida como algo a ser superado, passando a ser avaliada como realidade não somente formativa mas significadora de nossa humanidade, organicamente vinculada aos processos históricos em seus desenvolvimentos mais agudos. Não é somente o caso de haver uma formidável arte paleolítica ao nosso dispor estético e analítico, mas o caso de podermos identificar, por meio dela (e somente por meio dela), uma

31 Christopher Dawson, *The Age of the Gods*, op. cit., p. 24.

ordem cultural plenamente humana, simbolicamente refinada, que atravessou os milênios na formação de um imaginário religioso muitíssimo longevo, o esteio das incontáveis sociedades nele absorvidas, cuja expressão cultural máxima foi essa arte ritual, por meio da qual conseguimos conferir uma identidade própria a um período imenso, única ponte de acesso a mundos absolutamente distantes, pois "o elemento mais significativo é a maravilhosa arte parietal das cavernas, que representa a glória peculiar da cultura do magdalenense".[32] A cultura do magdalenense é a religião do magdalenense.

É visível que o nosso pretende explicar, em *A Era dos Deuses*, *"o lugar da religião na cultura primitiva"*, subtítulo do segundo capítulo desse livro. Recapitulando, o livro se modela em Breasted, no sentido de expor uma narrativa histórica sobre a origem das civilizações (a superação dos barbarismos), embora ultrapasse substancialmente as parcas considerações sobre pré-história feitas pelo historiador norte-americano. A exposição bem mais aprofundada do historiador galês, antropologicamente direcionada, coloca o *homo religiosus* no centro temático do relato, destacando o seu interesse em discutir as origens e os sentidos dessa cultura humana impregnada no religioso, avaliando suas estruturas formadoras, debatendo com a antropologia religiosa, mas a partir de considerações fortemente históricas. Isso coloca o livro de Dawson em direta discussão com Tylor, Frazer e Durkheim, *e aqui defendemos a ideia de que foi de fato pensado com essa atribuição.*

Conforme estamos vendo, ainda que Dawson adote parte da terminologia e do enfoque conceitual da antropologia religiosa de sua época, as conclusões dessa antropologia são

32 Ibidem, p. 12.

imprecisas em seus aspectos centrais, ou mesmo antagônicas. Diferentemente desses luminares com os quais discutia, o galês enxergava a religiosidade e a religião como fatores determinantes para o avanço contínuo das culturas, quase nunca como impedimento. Há, no caso, uma diferença expressiva de apreciação cultural. Ao contrário desses teóricos, Dawson recolhia os dados sobre o religioso, em suas fontes recuperáveis, tomando-os como elementos de sabedoria e principalmente de realização cultural, tomando-os como elementos potencialmente criadores, ou seja: como elementos que ensejam o *progresso* cultural, vendo-os muito raramente como elementos de ignorância e alienação. Em sua reflexão, não há cultura primitiva sem o fator "religioso", este a compreende em absoluto, uma vez que "o estudo da cultura primitiva está intimamente ligado com o da religião primitiva".[33]

> Durante toda a história humana, o impulso religioso sempre compreendeu, em todos os lugares, uma das grandes forças permanentes que forjam e alteram o destino humano, e quanto mais mergulhamos no passado, mais evidente se torna quanto o instinto religioso é inseparável da vida humana e da sociedade.[34]

Dos dezesseis capítulos que compõem *A Era dos Deuses*, sete tratam diretamente da religiosidade pré-histórica em contextos marcadamente arcaicos; nos demais, em contextos civilizacionais ou protocivilizacionais, também se discute sobretudo as características institucionais de povos marcados pelo religioso, dominados pelo temor/louvor reverencial.

33 Ibidem, p. 16.

34 Ibidem, p. 16.

Trata-se de um livro que propõe uma série de hipóteses sobre as concepções religiosas das culturas arcaicas, buscando interligá-las sempre que possível com as concepções religiosas das primeiras civilizações. Por exemplo, haveria *a religião do caçador-coletor*, destacadamente dependente dos animais de grande porte, associada a um clima específico e a uma extensa geografia, contendo características bem próprias: um sentimento de extrema dependência perante os *poderes* que controlam a abundância dos animais de caça e seus ritmos,[35] um sentimento culturalmente disseminado, visivelmente presente em suas manifestações "artísticas" e em seus ritos, "pois esses povos de cultura caçadora sempre percebem esse poder cósmico vago sobretudo manifestado e encarnado nos animais [que evocam poder e potência]".[36]

Duas forças medulares movimentariam a história nesse nível formativo, uma extrínseca e a outra intrínseca. A primeira responderia pelas alterações climáticas e mesmo geológicas, os elementos condicionantes da flora, da fauna e dos territórios em seus ciclos e transformações ao longo das eras; a segunda responderia pela estrutura psíquica do humano, pela mente humana, inclinada à comunicação com o que intui por alteridade, ou seja, com o que podemos chamar de sagrado/divino. Nesse sentido, a mente humana orienta-se à construção de edifícios semânticos que expressam essas alteridades – uma mente que personifica o cosmos, ou seja, uma mente que povoa o universo com deuses. Na confluência entre essas duas forças colossais, teríamos os contornos característicos dos sistemas religiosos que percorreram eras

35 Ibidem, p. 19-31.

36 Ibidem, p. 22.

e continentes, os quais, por sua vez, responderam pelos grandes conjuntos culturais.

> Agora a origem da crença em espíritos guardiões entre um povo caçador é simples. Essa surge diretamente de seu *ambiente psíquico* [grifo nosso], formando, conforme demonstrado, parte essencial da cultura caçadora.[37]

Esse *ambiente psíquico* é o meio (clima, topografia, fauna e flora) em comunhão indissolúvel com o psiquismo, ensejando uma inventividade tipicamente humana, ensejando a construção de universos simbólicos. Um psiquismo que faz uso desse meio não somente para sobreviver, mas sobretudo *para se expressar*, realizando-se enquanto agente construtor, inventor e criador, gerando ambientes culturais notadamente característicos. Isso se nota, historicamente, na religião e cultura do caçador-coletor e na religião e cultura do pastor-agricultor, em construção tipicamente dawsoniana, considerando seus momentos de transição e, consequentemente, suas fases intermediárias. Ambientes psíquicos formadores de extensas tapeçarias culturais, sobre as quais muitos povos habitam, costurando mundos específicos – a própria tapeçaria cósmica dos grandes conteúdos mitológicos. A tapeçaria do caçador-coletor será uma, a do pastor-criador será outra.

Temos em *A Era dos Deuses* esboços de uma teoria da história e da religião. Ainda não temos uma teoria em sentido estrito, mas a proposição de uma interpretação abrangente das ordens culturais, em grandes conjuntos inter-regionais, segundo suas linguagens e concepções religiosas. Consequentemente,

37 Ibidem, p. 29.

para o historiador galês – contrapondo-se a Durkheim, outro interlocutor importantíssimo em seu livro – *não* podemos dar exclusividade ao coletivo oculto como a voz unanime da sociedade, insinuando-se por trás da religião e da religiosidade, tomando-o como a face "verdadeira", embora disfarçada, da religião. Por outro lado, diferentemente de Tylor, Frazer e Freud, tampouco podemos avaliar essa reverência aos seres divinos e aos poderes sobrenaturais associados como um sistema bárbaro de crenças, como deficiência tácita de uma razão em seu despertar, como ignorância ou compensação psíquica de povos atrasados. Isso é importantíssimo, porque Dawson está praticamente impugnando todas as teorias à época vigentes sobre religião, as quais eram extremamente populares. Nem Tylor nem Durkheim estariam certos: a religiosidade humana não pode ser reduzida nem a uma manobra do psiquismo nem a um ardil da sociedade. Ela integra o nosso ambiente psíquico humano, desde as suas fundações, delineando-o.

Na perspectiva oferecida em *A Era dos Deuses*, a religiosidade universal das sociedades torna-se a fundação comum do próprio processo de hominização. Em caráter formativo ou originário, não há humanidade possível sem religião, ponto. Em seu primeiro livro, o pensamento do galês surge em sua diferença exuberante em contraposição aguda às teorias vigentes, mas ao mesmo tempo preserva parte da linguagem e dos conceitos à época consagrados, a fim de se fazer ouvir.

Em 1928 foi publicada, em *Antiquity*, uma breve resenha de *A Era dos Deuses*, assinada por ninguém menos que Vere Gordon Childe, arqueólogo e historiador da mesma geração de Dawson, um pesquisador realmente de ponta, o qual se tornaria, nas décadas seguintes, um dos mais célebres e respeitados expoentes nos estudos em pré-história e mundo antigo. O lado surpreendente dessa resenha está em sua composição abertamente favorável e mesmo enfaticamente elogiosa ao livro de Dawson, endossando as argumentações e as elaborações de *A Era dos Deuses*. Quem conhece os posteriores trabalhos de Childe, considerando sua orientação filosófico-ideológica preponderante em fundamentação darwinista, funcionalista e, finalmente, marxista-materialista, não esperaria, num primeiro momento, tamanhas convergências entre ele e Dawson,[38] embora ambos estivessem em início de carreira.

Alcançamos um ponto importante em nossa reflexão. Em primeiro lugar, temos a questão das camadas de acesso, com a qual iniciamos este capítulo, quando falamos dos três tempos fundamentais, com base nos quais pensamos uma pesquisa em história. Em 1928, ano tanto da publicação de *A Era dos Deuses* quanto da resenha de Childe, o galês tinha de 38 para 39 anos e o arqueólogo australiano de 35 para 36, ou seja, ambos, embora intelectualmente maduros, iniciavam suas carreiras como escritores-pesquisadores de ponta.[39] Ainda não tinham obra, embora tivessem uma formação sólida e já dispusessem de larguíssima erudição. Seus alinhamentos teóricos mais característicos estavam em gestação, desenvolviam-se, destacando-se nesse momento os pontos em comum, e não as diferenças. Realmente, esse encontro textual entre Dawson e

---

38 Dawson faz referência às pesquisas de Childe em *A Era dos Deuses*, citando-o diversas vezes.

39 Em seu estudo sobre o pensamento de Dawson, em que destaca o cenário intelectual do período entreguerras, período em que o pensamento de Dawson se formou, Joseph T. Stuart nos informa que Childe estudou em Oxford "logo após Dawson, sob a orientação do arqueólogo e historiador John Linton Myres". In: Joseph T. Stuart, "Christopher Dawson in Context: A Study in British Intellectual History Between the World Wars". *PhD Thesis*, University of Edinburgh, 2009, p. 56.

Childe ocorreu no momento certo, dando ao primeiro a oportunidade de ser apreciado em seu *début* pelas correntes intelectuais dominantes, recebendo importante chancela, apesar de sua flagrante heterodoxia. Mas é preciso sublinhar que o historiador galês fez uso corrente das pesquisas do arqueólogo australiano em *A Era dos Deuses*, citando-o diversas vezes, ou seja: a aproximação *primeira* veio do próprio galês.

Em *A Era dos Deuses* temos convergências significativas entre as visões de Dawson e de Childe sobre o processo civilizatório, com base em repertórios culturais diversos, encontrando a sua síntese numa frase que Childe aprecia e cita: "O que é cultura? Cultura é um modo de vida comum – um ajuste particular do homem ao meio ambiente que o cerca e às suas necessidades econômicas".[40] De fato, nesse ponto, Dawson e Childe dividem o mesmíssimo olhar antropológico, por meio do qual se superava, na época, o enfoque surrado das histórias nacionais, com a adoção de uma perspectiva verdadeiramente estrutural sobre os processos de transformação cultural, sobretudo, aos que se debruçavam em estudos sobre as origens, como é o caso de *A Era dos Deuses*.

> Como cada região natural possui suas próprias formas características de vida animal e vegetal, ela também abrigará o seu próprio tipo de sociedade humana. Isso não quer dizer que o homem seja plastificado sob a influência do meio ambiente do qual faz parte, uma vez que também o molda, assim como

40 Christopher Dawson, *The Age of the Gods*, op. cit., p. xxiv. Posteriormente, na coletânea organizada por John J. Mulloy, intitulada *Dynamics of World History*, essa introdução em *The Age of Gods* compreenderá o ensaio introdutório, o primeiro capítulo dessa coletânea, chamado de "As Fontes de Mudança Cultural."

> é moldado por ele. Quanto mais baixa for uma cultura, mais passiva será em relação ao meio que a envolve. Uma alta cultura, todavia, irá se expressar por meio de sua região de forma magistral ou mesmo excepcional, como faz um grande artista utilizando os meios que o seu material permite.[41]

Constatamos, assim, a influência do evolucionismo sobre o pensamento de Dawson, colocando-o lado a lado com Childe, embora, na sequência, surjam diferenças entre a perspectiva do galês e a do evolucionismo padrão de sua época, com seus desdobramentos no materialismo padrão, principalmente nos determinismos econômico e climático. *Um alinhamento básico, todavia, se mantém*. A atenção fundamental concedida à cultura, compreendida como *modo de vida comum e inscrito numa região*, com base numa comunidade de seres humanos, expressa uma escolha fundamentalmente antropológica e definitivamente orientada aos processos formadores como também às suas instituições de base. Temos no primeiro Dawson um autor dedicado a investigar as questões de origem e de formação cultural, integrando-as ao pensamento histórico.

Forma-se então uma primeira proposta: a de que as grandes movimentações históricas não estariam condicionadas por uma única e irredutível infraestrutura, não refletindo, de modo esquemático, as demandas internas dessa infraestrutura, fossem elas de ordem econômica, climática ou genética, mas se constituiriam no amálgama flexível e criativo desses condicionantes, numa *comunidade de pensamento* humana – o próprio significado de cultura. A cultura seria o alfa e o ômega da história social, o elemento coordenador entre os dados naturais (fauna, flora,

41 Ibidem, p. xxiv.

topografia e clima) com o pensamento caracteristicamente humano, com a mente humana. Trata-se de um *processo de interação* potencialmente criativo entre esses elementos condicionantes e a mente humana, pondo em destaque a resposta do pensamento humano aos estímulos e aos impedimentos que este encontra em seu meio, o diretor cativo das movimentações históricas. Esse seria o nível formativo fundamental do ordenamento cultural, não obstante, sempre relacional, uma vez que o homem transita e se comunica. O contato entre as culturas seria outro fator fundamental, subentendendo a história em seus processos transformadores, pois integradores. Vejam como o historiador galês não submete o seu pensamento histórico ao domínio exclusivo de uma infraestrutura, assim evitando os determinismos históricos, muito embora não invalide, em sua obra, a ação dos elementos estruturantes, mas que são articulados ao domínio decisivo de um fator endógeno: a mente humana.

Certamente que Childe notou esse passo em *A Era dos Deuses*: um movimento deliberado para fora do cânone evolucionista e materialista, mas de maneira surpreendente não se contrapõe aos argumentos do galês em resenha abertamente elogiosa. Em determinada passagem, o arqueólogo australiano até mesmo contempla e endossa a abordagem fundamentalmente religiosa que Dawson propõe acerca dos elementos formadores da *cultura auraciana* (paleolítico-superior europeu). Childe afirma: "O seu relato do período paleolítico é refrescantemente breve, pondo sua atenção [antropológica] nos representantes modernos dos antigos caçadores-coletores, nas inferências que podem ser licitamente retiradas de um estudo da vida espiritual desses povos".[42] Childe está dizendo que Dawson, ao avaliar criteriosamente

42 Vere Gordon Childe, Review *The Age of Gods*, *Antiquity II*, 1928, p. 485-86.

a vida espiritual das culturas ameríndias, tanto as do Canadá como as do norte dos EUA, conseguiu acessar, embora imaginativamente, o provável universo simbólico, religioso e cultural dos povos que percorreram o paleolítico superior europeu. Seria impossível realizar essa recuperação histórica sem antes levar em conta a vida espiritual dessas comunidades, porque o grosso (ou mesmo o todo) de suas realizações culturais se expressava nessa esfera. Todavia, sabemos que a historiografia de Childe seguiria outros caminhos, bem distintos dos de Dawson. Em trabalhos posteriores, Childe trataria as religiões como ideologias alienantes, tipificando-as como elementos constitutivamente retrógrados ao progresso e ao desenvolvimento da cultura,[43] embora isso não apareça nessa sua resenha. Como dissemos, o australiano parece endossar a análise ostensivamente religiosa que se faz em *A Era dos Deuses* sobre as bases da cultura, vista como *obra de arte*, como superação criativa da mente humana, caracteristicamente religiosa e em comunhão/desafio com o meio em que vive, em comunidades religiosamente orientadas, inclinadas à contemplação do que intuem, concebem e atualizam como divino.

> Ainda assim, sua cultura [a do ser humano] não pode ser vista como simples resultado de um determinismo climático ou econômico, pois é, na realidade, uma *obra de arte* [grifo nosso], um triunfo da inventividade e da resistência humanas; é também fruto cultural de uma tradição muito mais antiga, a qual se estende muito para trás no tempo, até as profundezas da era glacial das culturas do magdalenense.[44]

43 Ver Vere Gordon Childe, *New Light on the Most Ancient Near East*. New York, The Norton Library, 1969.

44 Christopher Dawson, *The Age of the Gods*, op. cit., p. xxvi.

Temos uma primeira composição/reação do pensamento de Dawson diante dos trabalhos dos quatro luminares relacionados, Layard, Breasted, Frazer e Childe, entre outros, como Tylor e Durkheim, oferecendo-nos um princípio de compreensão acerca do sentido maior de sua obra. Propositadamente, não falamos ainda de Coulanges, pois, diferentemente dos demais, ele representa, em Dawson, um alinhamento quase completo – em certa medida, o galês foi um coulangiano. Parece realmente haver um equilíbrio dinâmico em sua historiografia. Dawson nunca tomou a religião como *deus ex machina* do drama humano, e menos ainda com os condicionantes econômicos, climáticos e étnicos/genéticos. Todavia, a sua historiografia é, sim, portadora de um olhar inequivocamente *espiritual*, porém organicamente interligado aos fatores materiais: corpo e alma visceralmente articulados na vida cultural de um ser histórico – o humano.

As dinâmicas

Nessa visão relacional que o seu pensamento estabelece entre as forças determinantes ao desenvolvimento da uma cultura, há uma *triangulação basilar* no nível material, a qual se constitui entre os vetores concernentes ao meio ambiente, à etnia e à ocupação. O espaço geográfico e sua natureza específica, incluindo os regimes relativos ao clima, à fauna, à flora, ao terreno e à configuração fluvial e marítima, são determinantes tanto à constituição dos tipos físicos como também de suas ocupações centrais. Dawson toma o esquimó como caso ilustrativo, descrevendo seu tipo físico específico, sumamente adaptado a um meio ambiente próprio, em cuja ocupação principal, a caça, vinculam-se os elementos culturais.

> O homem esquimó não pertence menos ao Ártico do que os animais que lá vivem, como a foca e o alce, para os quais ele é um parasita. Em cada detalhe – no uso que faz das peles para a construção de barcos, confecção de abrigos e vestuário, no uso dos ossos para fabricar armas e ferramentas, da gordura para se aquecer e produzir energia – ele está preso a uma dependência absoluta do pouco que a natureza lhe deu. Todavia, a sua cultura não pode ser vista como mero resultado de um determinismo climático ou econômico, pois é, na realidade, *uma obra de arte* [grifo nosso], um triunfo da inventividade e da resistência humanas.[45]

Uma exposição sintética de cultura, embora a simples articulação entre esses vetores não possa, por si mesma, expressá-la. Se uma cultura se manifesta, em sua base, como obra de arte, ela tem de ser, sobretudo, uma expressão singular do espírito ou da mente, e não pode ser avaliada segundo a simples conjunção de seus vetores fundamentais: o meio ambiente, a etnia e a ocupação. O esquimó não é somente mais um animal caçador que vive em determinadas regiões do Círculo Ártico, fielmente adaptado ao clima polar; ele não é exatamente um igual diante de ursos, lobos e focas, pois com estes não divide – nem de longe – a mesma capacidade de sobreviver, naturalmente. Ao contrário desses demais caçadores que compõem o mesmo hábitat, estes sim sumamente adaptados, o esquimó precisa conceber, desenvolver e construir intensamente para sobreviver, ou seja, precisa agir continuamente como ser pensante. Sem realizações culturais contínuas, mantidas e retomadas geração após geração, transmitidas

45 Ibidem, p. xxvi.

dos mais velhos aos mais jovens, o esquimó não sobrevive, nem individual nem comunitariamente. Sua sobrevivência depende inteiramente de sua cultura. Trata-se, portanto, de um produtor de cultura, de um construtor de ferramentas e de recipientes, de armadilhas e de moradias, de armas e de tambores, um confeccionador de vestuário, um preparador de alimentos, um domesticador de cães, um navegador e um contador de histórias.

Esse caçador contempla as estrelas e o regime dos ventos, tem dezenas de lexemas específicos aos tipos de neve, reverencia os seus mortos e os espíritos dos animais, é um ser dotado de linguagem reflexiva, criador de regras e de símbolos; um ser que não somente pensa e soluciona, mas que comunica esse pensamento ao seu semelhante, ensinando-o, criando processos altamente eficientes de transmissão de conhecimento. Ele está, ao mesmo tempo, abaixo e acima da natureza que o compreende.[46]

Intuímos então, numa cultura qualquer, algo que ultrapassa a simples combinação entre os três vetores clássicos ao materialismo: meio ambiente, etnia e subsistência, na ação contínua e cumulativa de uma realidade mental (ou psíquica) que interage com esse triângulo, mas que não se restringe a nenhum de seus vetores, utilizando-os, não obstante, na construção de mundos específicos.

---

46 Isso não significa que os animais não pensem, pois pensam, e o fazem em faixas distintas, algumas impressionantes, segundo a espécie e mesmo o gênero; no entanto são incapazes de criar, como nós humanos, *comunidades de pensamento*, mostram-se incapazes de refletir sobre o próprio pensar. O nosso pensamento, por outro lado, dobra-se em si mesmo, o que lhe confere uma flexibilidade praticamente infinita: pensamos em tudo e acerca de tudo, potencialmente.

Dawson chama essa diferença qualitativa e sumamente ativa de "campo do pensamento", afirmando que somos e formamos sobretudo uma *comunidade de pensamento.* A questão em *A Era dos Deuses* é avaliar como esse campo, atributo decisivo de nossa diferença, enquanto habitantes deste mundo e enquanto espécie, exprimiu-se culturalmente em contextos tipicamente pré-históricos. A resposta é inequívoca: exprimiu-se invariavelmente por meio de realizações vinculadas ao que chamamos de comportamento religioso, em empreendimentos destinados ao âmbito devocional – esse domínio caracterizava essas culturas em seu sentido mais íntimo e criativo, caracterizando-as em sua singularidade, conferindo-lhes, portanto, uma identidade única em seu legado. Os casos são múltiplos e as pinturas e esculturas parietais do cenário franco-cantabriano compreendem um patrimônio universal tão precioso quanto as pirâmides no Vale de Gizé, a abadia do Monte Saint-Michel na Normandia ou mesmo as ruínas de Machu Picchu no Peru.

O leitor familiarizado com discussões em teoria da história questionará quais seriam os principais elementos constitutivos desse pensamento, uma vez que há de se reconhecer o seu caráter herdado: os aprendizados pelos quais passamos, os quais nos formam, as ideias que absorvemos. Pensamos o que outros pensaram muito antes de nós, falamos línguas há muito faladas, com seus conjuntos semânticos estabelecidos, enfim, usamos símbolos e conceitos há muito usados, embora essas coisas não esgotem o pensamento, obviamente. É forçoso perceber a altitude exata em que Dawson coloca essa categoria. Em *A Era dos Deuses*, vemos um esforço teórico que não condiciona, inteiramente, o ato reflexivo de imaginar, de abstrair, de compor e de sintetizar às estruturas naturais e sociais pré-existentes, e aqui vemos os primeiros lampejos do que será o seu "espiritualismo histórico". Como dissemos há pouco, em Dawson o pensamento "não se reduz a nenhum dos vetores" da base material da vida, embora se expresse por meio deles. Ademais, embora essas estruturas sejam de fato ativas e condicionantes, elas não *explicam* por si mesmas o pensamento, nem respondem por sua origem.

Com isso Dawson não está propondo a inexistência ou a inaplicabilidade de categorias consagradas como "pensamento burguês", "moral burguesa", "mentalidade liberal", entre demais configurações do tipo. Com efeito, ele dirá que são conceituações que, *a depender do caso*, se tornaram historicamente apropriadas como categorias de análise. No entanto, a sua historiografia parece desaprovar desde o seu início que se aplique indiscriminadamente esse raciocínio aos campos mais profundos do ordenamento cultural, condicionando-os a fatores meramente econômicos. Em sociedades capitalistas, o fator econômico exerce determinado peso sobre o pensamento; em outras sociedades (não capitalistas/pré-capitalistas, etc.) esse peso será completamente diferente, já que não foram psiquicamente coordenadas pelas chamadas "demandas" do capital, não foram *pensadas* segundo essas "demandas", mas edificadas em aparato mental distinto. O pensamento burguês foi deveras influenciado por condicionantes do pensamento econômico, mas se tratou (e ainda se trata) de movimentação histórica circunscrita a desenvolvimentos próprios, sumamente concretizada com o aparecimento de teorias economicistas e utilitaristas da vida social. E aqui a historiografia do galês nos liberta de certos condicionamentos teóricos, fazendo-nos pensar se realmente não seria o contrário: o caso de sermos prisioneiros epocais de imensos blocos de pensamento – filosofias, doutrinas e simbologias – que nos fazem crer que a "realidade" social funcione desta ou daquela maneira.

A historiografia do galês também nos ensina que essa ordem do pensamento ilumina tanto a cultura como a si mesma, refletindo sobretudo suas conquistas, a fim de consagrar uma identidade coletiva e simbólica autorreferente. Ou seja, uma cultura do capital tenderá a afirmar o capital como realidade última e primeira. É o elemento notadamente reflexivo, o pensamento, que se constitui como aspecto decisivo, tanto para construir como para destruir, tanto para afirmar como para negar. O pensamento que eleva também derruba.

Em sociedades pré-históricas, os significados coletivamente apreendidos, geradores de conjuntos simbólicos específicos, alocavam-se em território mental bem característico, bastante afastado, por exemplo, de uma simbologia do capital com sua mentalidade própria. Não se tratou de uma "Era do Capital", mas sim de uma era divulgadora de outras divindades - uma era dos deuses. Seria realmente contraproducente forçar interpretações economicistas sobre as instituições e as ideias pré-históricas, as quais foram geradas sob outras movimentações (e motivações) do pensamento. Isso nos mostra que o tal do *homo economicus* também compreende um aspecto historicamente variável, cuja gravidade varia a depender das movimentações históricas, pois consoante ao contexto. Uma "Era do Capital" avaliará todas as coisas sob os desígnios da entidade "Capital", ao passo que uma Era dos *Deuses* fará formalmente (quase) o mesmo, mas sob outras orientações psíquicas: sob os desígnios de entidades mentais e simbólicas outras.

Essa categoria dawsoniana, comunidade de pensamento, não se vincula a conteúdos específicos, não se prende a um determinante em seu fundo interpretativo, libertando-se de condicionantes preestabelecido, os quais costumam ser vendidos - doutrinariamente - como elementos invariáveis. Essa categoria se estabelece como comunidade de *leitores do universo*, e no sentido dos nexos criadores de uma consciência, a nossa, radicalmente aberta ao ser e ao saber, orientada a investigar, a interpretar, a conhecer, a desbravar e a construir. É nessa altitude que transita, em Dawson, essa categoria, indelevelmente marcada pelo deslumbramento.

É verdade que os homens lutam para sobreviver, sempre foi assim; essa luta, no entanto, ocorre sobretudo como "arte" de pensamento, concebendo e construindo novas formas de se impor como comunidade de pensamento e de ação, sob a orientação de uma inclinação que deseja ser, impondo-se culturalmente. Parece haver, no caso, um forte sentido de maravilhamento diante do desconhecido, o qual se deixa conhecer, uma vez que admitido e integrado à comunidade de pensamento. Nesse sentido, a cultura humana não somente constrói, mas incorpora coisas – a natureza é incorporada, tanto simbólica como tecnicamente, o outro também é incorporado e, por vezes, consumido. Quando os antigos diziam que os deuses criaram o céu e o calendário, que criaram os canais e a agricultura, insistiam exatamente nisso: a super-realidade em que cultura e natureza estão costuradas, mental e espiritualmente atadas num cosmos que passou a ser descrito.

Conforme estamos vendo, o historiador galês se esforçou na composição de narrativas explicativas que revelassem a complexidade relacional dessas forças interdependentes, sabendo que poderiam ser reunidas numa unidade primeira como campo de estudo fundamental: a cultura em sua unidade social básica. Com efeito, vemos em *A Era dos Deuses* uma série de estudos em direção à pequena comunidade, a comunidade de aldeia, o repositório primeiro de cultura, relacionando-a com comunidades contíguas e assim avaliando os sistemas inter-regionais em suas relações com outros conjuntos inter-regionais, para uma investigação das dinâmicas mais amplas. Temos, assim, uma metodologia em história cultural, largamente aplicada em *A Era dos Deuses*.

Independentemente de seu tamanho, essas unidades de aldeia e demais agregados inter-regionais, constituídos como comunidades de trabalho, como etnia e como habitantes de um meio ambiente característico, dispõem de um universo psíquico-simbólico invariavelmente religioso, uma comunidade de pensamento, o espaço da consciência. Esse espaço não se reduz a nenhuma infraestrutura, ao mesmo tempo que se aloca em todas as áreas da vida social, de modo que sua pujança depende de sua amplitude e qualificação relacional, de sua capacidade integrativa e reprodutiva. Em contexto arcaico, os polos de atração cultural são, invariavelmente, polos do pensamento religioso. Quanto mais sólida for essa rede de relações simbólico-religiosas, mais consolidada estará uma cultura sob a sua influência, o que se corrobora na longevidade expressiva de sua simbologia. Com o tempo, uma comunidade de pensamento sólida poderá desenvolver, a depender de outros fatores (técnicos, políticos, econômicos e militares), amplas potencialidades, podendo se transformar numa *supercultura*.[47] Mas perceba o leitor que esse caminho de desenvolvimento solicita, antes de mais nada, um *fortalecimento interno constante*, inclusive para uma absorção positiva e criativa de influências externas: o contato entre culturas pode gerar avanços (ou não) para as partes.

47 Conceito este assim definido por Dawson, "Mas ao mesmo tempo, a civilização sempre tende a se tornar uma *supercultura*, uma área de comunicação social estendida que abarca, domina e absorve outras culturas menos avançadas e menos poderosas, unindo-as em torno de uma *oecumene*, uma sociedade internacional e intercultural". In: Christopher Dawson, *Dinâmicas da História do Mundo*, op. cit., p. 552.

Uma vez que as culturas, em suas unidades próprias, tendem ao ensimesmamento, buscando a estabilização de sua ordem social fundante, preservando um modo de vida consagrado, surge a pergunta acerca das fontes de mudança e de progresso culturais. Uma vez harmonizada em sua unidade fundamental, quando fortemente enraizada em seu meio natural, uma cultura tende à continuidade de sua ordem estabelecida, buscando "fixar-se em tipos sociais imutáveis"[48], assim preservando modos de vida específicos. Portanto, "o processo de fusão de povos e culturas"[49] torna-se aspecto central aos estudos relacionados aos primeiros eixos civilizacionais. Uma cultura em avançado processo interativo (uma cultura em expansão por conta de suas qualidades internas) tende a transformar, e com muita rapidez, o cenário social e cultural tanto das comunidades que a integram como o de povos vizinhos.

Dawson estabelece um guia com cinco tópicos, no qual são apresentados os principais modelos de transformação social, incluindo seus agentes. A nós importa ressaltar a comunicação entre os fatores internos (autóctones) e os externos (conquista/assimilação). Como um investigador das histórias dos inúmeros povos assimilados aos grandes eixos civilizacionais, o galês pôde reconhecer, nos processos de *conquista-integração*, a causa mais importante de mudança social: "esta é, de todas as causas de mudança social, a mais típica e importante, pois determina um processo orgânico de fusão e de mudança, transformando tanto o povo como a cultura, assim produzindo uma nova entidade cultural, num período comparativamente curto".[50]

48 Christopher Dawson, *The Age of the Gods*, op. cit., p. xxvi.

49 Ibidem, p. xxvii.

50 Ibidem, p. xxvii.

Todavia, na sequência ele afirma: "frequentemente, a fim de haver progresso social real, este tem de vir de dentro",[51] porque seu pensamento entende as bases culturais de uma civilização como produto singular de uma sociedade original, como resultado ampliado dos esforços e superações de um povo específico. Há mais por dizer, no entanto. Como notou John J. Mulloy, em seu posfácio para *Dinâmicas da História* do Mundo, Dawson

> [...] vê o fenômeno da expansão externa como uma combinação entre progresso abstrato e superficial, tomando-o com um declínio vital na qualidade de uma cultura, [culturalmente expresso nos cosmopolitismos].[52]

Prefigura-se o diálogo de Dawson, de seu pensamento, com o de Oswald Spengler, cuja obra *A Decadência do Ocidente*, publicada em 1918,[53] impactou a intelectualidade ocidental, sobretudo a europeia e a norte-americana. Conforme vemos, *A Era dos Deuses* compreende uma coleção de ensaios teóricos e sintéticos em pré-história e história antiga, da qual são retiradas elucidações sobre o crescimento orgânico das culturas, estas formadas em comunhão com o seu meio ambiente e portadoras de uma religiosidade característica, organicamente integrada ao modo de vida que esse meio estimula. Por sua vez, algumas dessas unidades culturais puderam principiar a formação de estruturas mais sofisticadas – de agregados

51 Ibidem, p. xxviii.

52 Christopher Dawson, *Dinâmicas da História do Mundo*, op. cit., p. 555.

53 *Der Untergang des Abendlandes* foi traduzido para o inglês em 1926, mas Dawson lia em alemão e teve acesso ao original, o que se confirma em sua resenha sobre a obra de Spengler, publicada em 1922.

institucionais e técnicos mais sofisticados – na consolidação dos primeiros eixos civilizacionais conhecidos. Dawson investigava os modos específicos desses avanços, mas para reunir, a partir dos casos conhecidos, um provável padrão de transformação, o que confere ao seu trabalho, e desde o seu primeiro livro, ambições *teóricas* pronunciadas, embora pontuadas. Os aspectos formativos das civilizações são esmiuçados, buscando as suas fundações não somente na cultura material, no meio ambiente, nas formas específicas de trabalho, mas também em seu universo psicológico-religioso, para ele a pedra-angular de seu desenvolvimento interno.

Em *A Era dos Deuses*, as civilizações são avaliadas como unidades culturais abrangentes, como centros articuladores frequentemente expansionistas, nos quais se consagram "contribuições advindas de vários povos".[54] As contribuições advindas das *pequenas* teorias de Dawson, que são realmente pontuais, pois sua obra não propõe qualquer sistema teórico formal, vêm justamente dessas articulações possíveis entre território e clima, ocupação e etos, psiquismo e religiosidade, em cujos desenvolvimentos internos foram formados tipos humanos e culturas deveras específicos, com visões de mundo típicas. As mulheres e os homens trabalham, discutem, comerciam, transportam e guerreiam, durante o dia, mas, durante a noite, sonham com seus deuses e rememoram, poeticamente, os feitos dos ancestrais, quando também pensam as estrelas e recordam experiências. Todavia, os distintos campos culturais realizam essas coisas de modo notadamente próprio – não são as mesmas ocupações, nem as mesmas mercadorias, tampouco as mesmas formas de lutar; não são

54 Ibidem, p. 558.

os mesmos deuses, tampouco os mesmos antepassados, embora essa estrutura se apresente, universalmente, como dado antropológico não poucas vezes análogo.

Temos culturas distintas, e falamos de identidades culturais colossais, de agregados imensos que respondem por sistemas simbólico-narrativos estendidos por milênios, os quais percorrem os continentes; são sistemas de longuíssima duração, conectados a religiosidades específicas. (Temos assim): a religiosidade do caçador dos animais de grande porte, a religiosidade do agricultor neolítico, a do guerreiro-pastor, a do nômade do deserto, etc.,[55] cada qual articulável a etos específicos, ligada a modos de vida determinados, inclusive por fatores climáticos e topográficos. Esse todo primeiro da vida social humana, a cultura em sua conformação comunitária e regional, é o que responde pelo conceito de *cultura*: a experiência regional de um povo, base primeira de toda e qualquer civilização.

Nesse momento de nossa investigação, considerando esse "arcabouço teórico" dawsoniano já estabelecido, seria bom colocar em destaque o peso que se dá, em a *Era dos Deuses*, ao relacionamento do humano com a sua base natural, com a natureza, o clima e a topografia que o cercam, com sua fauna e flora, seus recursos e carências naturais, com os regimes das chuvas e das estações etc. O modo de vida enraizado dessas comunidades regionais, as quais vivem sob a autoridade suprema dos elementos naturais que as cercam, é o que realmente determina uma cultura em sua identidade típica, estabilizando seus

55 "[...] e uma das tarefas primordiais que Dawson assumiu em *The Age of Gods* foi a de mostrar como a diferença entre os estilos de vida do camponês [do agricultor] e do pastor nômade promovia efeitos correspondentes em sua abordagem do sobrenatural". Ibidem, p. 561.

costumes primeiros e fundamentais, com suas rotinas específicas de trabalho e de descanso, com seus deuses característicos. Temos aqui uma consequência lógica, uma vez afastada desse regionalismo embrionário, uma sociedade tende a se desligar de suas raízes, afastando-se assim de seu tronco formador, esvaziando-se, portanto, enquanto cultura ao perder a substância de sua vitalidade no afrouxamento de seus vínculos com a cultura de base.

Esse tema percorrerá o pensamento de Dawson; mais importante: dele surgirão impasses, na afirmação do que nos parece ser uma expressiva dialética entre cultura e civilização. O refinamento dessa questão ocorrerá em etapas, dentro de sua obra, na proposição de uma visão sobre o significado profundo de *comunidade de pensamento*, somente por meio do qual o impasse se resolve. Em clave civilizacional, uma comunidade de pensamento tenderá, dependendo de sua visão espiritual, a um ecumenismo robusto e criativo, recolhendo amorosa e reflexivamente o seu passado, para reintegrá-lo ao eterno presente no desenvolvimento de uma consciência ao mesmo tempo universal e regional, fortemente amparada no transcendente. Mas não pulemos etapas. Quando uma cultura se expande, agregando outras comunidades, influenciando e recebendo influências, ela tende a perder, em face de seu desenvolvimento e alargamento de horizontes, o vínculo com suas raízes, distanciando-se de sua origem natural. Do ponto de vista institucional, ou seja, no plano concreto da vida diária, isso responde por uma urbanização crescente, quando surge um contraponto, caracteristicamente romântico, entre o que seria a vida "artificial e desvitalizada" da cidade em contraposição com a vida "natural e vitalizada" do campo.

Dawson tem plena consciência disso e está se fiando, igualmente, nos autores clássicos, quando estes pensavam a decadência social do Império Romano, tornado rapidamente cosmopolita, em face do vigor moral do período republicano, essencialmente vinculado aos valores da aristocracia ligada à terra e à guerra.

É claro que o galês tomará essas coisas relativamente, e saberá o que fazer com elas em outras reflexões, mas, por ora, o importante é notar que ele as toma como válidas, dando-lhes destaque e, como faz ao longo de sua obra, criando uma oposição fundamental.

Nesse sentido, crescer significa, em algum momento, morrer. Trata-se de uma visão romântica, em parte herdeira de um Oswald Spengler, entre outros, mas que será expressamente superada tanto na resposta direta que Dawson deu ao jornalista e erudito alemão[56] como em seu livro seguinte, *Progresso e Religião*, sobre o qual falaremos na sequência. Com efeito, o galês jamais tomou as civilizações – em si mesmas – como sinal de decadência cultural, *muito pelo contrário*. O que fazia constantemente era avaliar a manutenção criativa (ou não) de sua religiosidade/espiritualidade formadora, geralmente associada à cultura base. Por outro lado, todos sabemos que crescer significa correr riscos, o que também vale para a esfera da cultura.

Há uma pluralidade de elementos em jogo, e o assunto é realmente penoso, bem mais difícil do que possa parecer num primeiro momento. Precisamos identificar como uma cultura se insinua sobre a outra (ou sobre outras), à medida que se fortalece como comunidade de ação, geralmente em modo expansionista, mas sempre com base num pensamento socialmente compartilhado, fortalecendo a sua "razão de ser"

---

56 Ver "Oswald Spengler e a Vida das Civilizações". In: Christopher Dawson, *Dinâmicas da História do Mundo*, op. cit., p. 507-24.

e a sua "expressividade" diante de seu entorno, o que inclui, frequentemente, ações de ordem bélica, mas não somente isso. Em alguns casos históricos significativos, uma comunidade de ação (leia-se, militarmente dominante) foi absorvida por uma comunidade de pensamento, mesmo que politicamente submetida. Será preciso avaliar esses fluxos de influência e de contra-influência. Seja na paz, seja na guerra, as comunidades humanas inter-relacionam-se em graus e tamanhos diversos, formando sistemas culturais complexos.

> A cultura neolítica da Europa Central compreendia a tradição mais verdadeiramente europeia, uma vez que influenciou todo o desenvolvimento continental, mas não possuía em si mesma as sementes do progresso. Foi no Mediterrâneo oriental, na fronteira mesma entre a Europa e o Oriente, onde primeiramente surgiu uma civilização do tipo mais alto, caracterizada pelo uso de metais, pelo desenvolvimento de uma escrita e de uma vida urbana articulada em cidades-estados. Tratou-se da fundação daquela grande tradição cultural mediterrânea, diante da qual a Europa, como um fato social e não somente como mera expressão geográfica, deve a sua própria existência.[57]

Entramos aqui numa discussão realmente árdua e complexa. A referência civilizacional desse excerto é o contexto minoico-micênico da Era do Bronze, onde surgiram, em Creta, nas Cíclades e no Peloponeso, as mais antigas sociedades "europeias", suficientemente desenvolvidas e urbanizadas. Trata-se de um cenário histórico vizinho, de fato contíguo, ao contexto altamente civilizado do Oriente Próximo, portanto, seu herdeiro

---

57 Christopher Dawson, *The Age of Gods*, p. 123.

natural, e que em sua origem "foi uma extensão marítima da própria Civilização Arcaica do Oriente Próximo, ainda que não lhe tenha faltado, de maneira nenhuma, originalidade".[58] Temos aqui uma avaliação (uma construção) própria de Dawson: o seu ponto de partida é o que nos diz a documentação histórica, tanto escrita como não escrita (arqueológica), absorvendo ao máximo os elementos disponíveis, valorizando todos os remanescentes.[59] Todavia uma exposição fria e sistemática desse material, uma exposição simplesmente técnica dos achados, não se encaixaria na historiografia reflexiva do galês, em cuja interpretação intuitiva são "reunidos os ossos secos" servidos nos relatórios e artigos arqueológicos, como assinalou Childe em seu elogio aberto ao ensaísmo de Dawson. Essa documentação e seus divulgadores são ingeridos e digeridos num pensamento histórico eminentemente universalista. Dawson parece querer divisar, em *A Era dos Deuses*, os movimentos históricos para a origem da civilização, o que implica uma compreensão aguda de seus relacionamentos internos e externos. Buscava

58 Ibidem, p. 123.

59 Como exemplo magnífico dessa aproximação, citamos Lucien Febvre: "A história faz-se, sem dúvida, com documentos escritos. Quando existem. Mas pode e deve fazer-se sem documentos escritos, se não existirem. Faz-se com tudo o que a engenhosidade do historiador permite utilizar para fabricar o seu mel, quando faltam as flores habituais: faz-se com palavras, sinais, paisagens e telhas; com formas de campo e com erva daninhas; com eclipses da lua e arreios; com peritagens de pedras, feitas por geólogos, e análises de espadas de metal, feitas por químicos. Em suma, com tudo o que, sendo próprio do homem, dele depende, serve o homem, exprime o homem, torna significante a sua presença, atividade, gostos e maneiras de ser". In: Jacques Le Goff, *História e Memória – 1 º Volume*, p. 101-02.

apreender como essas realidades sociais primárias, as culturas, relacionam-se com o meio, como se transformam e crescem com o passar do tempo.

No caso dessa fase do neolítico europeu, deu-se um longuíssimo processo de transferências culturais, no desenvolvimento próprio das comunidades neolíticas da Europa, sedimentando características duradouras. Esse desenvolvimento, porém, encontrou o seu limite histórico no contato com um contexto imensamente mais desenvolvido, o do Oriente Próximo da Era do Bronze. Desse contato, dessa interpenetração, nasceram os frutos criadores dos primeiros centros urbanos em contexto europeu, num real florescimento das instituições, das formas arquitetônicas, das atividades econômicas e da vida ritual e simbólica.

Em Creta esses elementos foram característicos de uma cultura realmente singular e poderosa, uma *cultura de exportação*: uma sociedade voltada para o mar, para o comércio de artigos de luxo, para o cultivo da vinha, da azeitona e da figueira, voltada ao poderio marítimo-comercial, voltada ao comércio de produtos e de matérias-primas, uma sociedade arquitetonicamente sofisticada, letrada e urbana, herdeira de influências egípcias, siríacas e anatólicas. Nesse âmbito de esplendor civilizatório, há quase sempre, na historiografia do galês, a marca de um estilo reverencial diante das culturas, um olhar de maravilhamento para com os desenvolvimentos estudados, uma apreciação profunda de suas realizações em todos os níveis, uma saudação que se manifesta, nesse caso, para com a civilização minoica, "não somente em Cnossos, onde Evans descobriu o grande palácio de reis cretenses pré-históricos, mas por toda a parte central e oriental da ilha, foram encontrados os remanescentes de uma cultura rica, possuidora de uma tradição artística brilhante e original, possuidora, igualmente, de comércio e indústria altamente desenvolvidos".[60] Assim se estabelecem os primeiros vínculos entre uma gestação neolítica europeia difícil e arrastada e o despertar de uma civilização – por transferência cultural.

Temos uma historiografia voltada ao processo civilizatório, aos seus avanços e aos seus limites, que não se baseia nos materialismos correntes, que não se fia em perspectivas progressistas típicas derivadas de abstracionismos ligados ao enciclopedismo autodenominado esclarecido. Realmente o galês levou a sério a sua crítica, sempre fundamentada, à falta de compromisso histórico dos *philosophes*, revelando o seu (desinteresse-padrão) por todo e qualquer passado que não lhes servisse de espelho, que não refletisse seus ideais, resultado de um movimento intelectual envolvido exclusivamente com o futuro, com utopias e com a idealização da sociedade. Dawson terá nessa visão anti-histórica sobre a história, representada nas historiografias de um John B. Bury ou de um H. G. Wells, um adversário recorrente e insistente, embora seu alvo maior, de fato bem mais significativo, fosse o marxismo, conforme constataremos. Não obstante, a sua historiografia se organiza, por vezes, como resposta metódica e contrária ao progressismo radical de John B. Bury[61], entre outros da mesma escola.

60 Ibidem, p. 127.

61 "Para Dawson, coisas como ideias abstratas e a razão *não* compreendiam, em si mesmas, determinantes históricos universais; para ele, *o pensamento* sempre se dava dentro de contextos, um discurso específico a uma época, no qual se expressavam determinados entendimentos sobre a realidade. Para Dawson, a história não era simplesmente uma história das ideias; era a história da cultura, das ideias em contexto, da razão compreendida em ambientes específicos, de seres humanos em interação com o mundo e entre si, por meio de suas crenças

Dawson não foi antiprogressista, muito menos reacionário, pois também tinha, em fronteira oposta de combate, o pensamento imobilista de um Oswald Spengler, conforme já destacado. Em *A Era dos Deuses*, verifica-se um ambicioso empreendimento de esclarecimento científico, nitidamente afastado tanto do progressismo quanto do reacionarismo. O apreço que a sua historiografia tem pelo processo civilizatório vinculado aos patrimônios e valores herdados pela gente da terra, em clara acepção burkeana, desenvolvimentos que nos deram condição de expressar a nossa humanidade culturalmente plural, não obstante, comum, incorpora um olhar diametralmente oposto ao dos chamados filósofos da suspeita,[62] muito em voga em sua época. Em sua generosidade própria, Dawson tampouco os colocou sob suspeita, enquanto homens que buscavam uma interpretação científica da vida social, tratando-os com apreço e reverência semelhante ao tratamento que direcionava aos períodos, sociedades e instituições passadas, salientando, sempre que possível, as suas contribuições. Mesmo em suas discordâncias com Spengler, com Marx, com Frazer, entre tantos outros, ele sempre lhes reconhecia os méritos e as boas características herdadas. Embora fosse um leitor de Nietzsche e mesmo um admirador do filósofo alemão, Dawson nunca avaliou o pensamento com um martelo.

Nessa constituição da vida em civilização, em que foram gestados os primeiros centros urbanos da história (cidades-estados e impérios), consolidou-se em bases neolíticas, e depois

e valores fundamentais". In: Joseph Stuart, "Christopher Dawson in Context – A Study in British Intellectual History Between the World Wars". *Ph. D. Thesis*: University of Edinburgh, 2009, p. 141.

62 Como Marx, Freud e Durkheim, para ficarmos com os mais célebres.

calcolíticas, certa uniformidade cultural em sentido amplo, formando-se um imenso campo histórico conectado não somente ao Crescente Fértil, mas também à Anatólia, ao Mediterrâneo Oriental e ao Vale do Nilo. Esse foi o contexto no qual emergiu uma alta cultura tipicamente associada a comunidades de construtores de cidade, construtores de *domus*, posteriores construtores de templos e de palácios, de canais de irrigação e de muralhas, em cuja matriz, e falamos de uma religiosidade amplamente difundida, desenvolveram-se as primeiras instituições tipicamente civilizadas: a cidade-estado centralizadora, a burocracia palaciana, os sacerdotes e escribas dos templos e os reis-sacerdotes associados ao comando militar, à expansão de territórios e aos excedentes agrícolas. Todo esse composto histórico, a base mesma do que veio a se entender por civilização, *dispunha de um quadro cosmológico fundamentalmente comum*, e com base no qual Dawson elabora um campo histórico imenso – e de mais alta importância – por ele chamado de "Civilização Arcaica", cujas variações locais, embora múltiplas e, por vezes, complexas, apenas reforçavam essa imensa unidade simbólico-cosmológica formada em etapas.

> Essa grande área realmente formava uma única região cultural, e durante o terceiro milênio AEC, existiu uma civilização asiática ocidental comum de origem mesopotâmica, da qual as culturas específicas posteriores do império hitita, do norte da Síria e da Assíria desenvolveram-se por um processo de diferenciação. Em certa medida, essa comunidade cultural foi, sem dúvida, o resultado das conquistas e do comércio mesopotâmico ao longo do terceiro milênio. [Antes disso, porém] o norte siríaco tornara-se um grande centro secundário de cultura, do qual influências civilizadoras se irradiaram para todas as direções [...] Além do mais, é impossível separar esse

> movimento de expansão da grande onda de atividade civilizatória que se disseminou ao longo de todo o Mediterrâneo oriental, entrando na região do Mar Egeu, durante a aurora da época dos metais [calcolítico e bronze antigo].[63]
>
> Observamos o mesmo tipo de cultura na raiz dos desenvolvimentos de todas as grandes civilizações asiáticas – na Índia e na Pérsia, na Mesopotâmia e no norte da Síria, no Turquestão e norte da China, igualmente, em partes da Europa, no Baixo Danúbio e na Grécia – *desempenhando um papel fundamental no surgimento da civilização ocidental* [grifo nosso][64].

Essa percepção de haver um gigantesco bloco cultural e institucional responsável pelos fundamentos civilizacionais do Oriente Próximo não foi, obviamente, uma exclusividade da historiografia de Dawson. James Breasted o intuíra ao criar o termo Crescente Fértil, em 1916, entrevendo o seu papel formativo, o responsável primeiro, embora não o único, pelas bases civilizacionais na Europa. Alguns anos depois, na publicação de *Man Makes Himself* (1936), fundamentando-se em conhecimentos ainda mais amplos, Childe cunharia outra expressão sintética e consagrada – "Revolução Neolítica" –, a fim de propor um processo unificado e disseminado de desenvolvimentos neolíticos, os quais prepararam um enorme e sofisticado terreno cultural, antecipando, assim, o aparecimento dos primeiros eixos civilizacionais.

Em nosso caso, importa destacar a orientação específica do pensamento de Dawson, do qual tomava parte como *scholar* de ponta. Na base dessas civilizações, nas fundações desse bloco

63 Christopher Dawson, *The Age of the Gods*, op. cit., p. 54-55.

64 Ibidem, p. 63.

cultural imenso, que o galês chama de *Cultura da Cerâmica Pintada*,[65] desenvolveu-se um sistema religioso característico, uma expressão própria, não obstante, derivada da vida social desses agrupamentos neolíticos asiáticos. Dawson afirma haver [nesse contexto] "indícios de um tipo semelhante de religião e uma organização social correspondente, os quais estabeleceram as fundações morais e intelectuais de um novo modo de vida".[66] Portanto, ao seu modo, antecipando Childe, o galês também se referia, em linhas gerais, a uma "revolução neolítica", ainda que o conceito de revolução se faça aqui escorregadio, quando considerarmos processos envolvendo milhares de anos.[67]

O que temos é a descrição de uma primeira e colossal integração humana à ordem civilizacional. Na verdade, a possibilidade de sua criação com a evolução de suas bases neolíticas, verificada num extensíssimo território, com climas diversos, com economias diversas, característicos às regiões, mas que foram reunidos em seus contornos para a formação de um disseminado sistema simbólico-religioso comum, *no exato fundamento do que avaliamos por comunidade de pensamento*. No neolítico do Crescente Fértil, sedimentou-se uma espessa camada simbólico-espiritual, da qual brotaram sistemas encaminhadores de civilização. Nesse momento, a historiografia do galês aponta, completamente à frente de sua época, para certa conclusão inescapável: a antiguidade marcante e a anterioridade relativa dos aspectos culturais tipicamente carregados de religiosidade sobre as demais instituições. Dawson parece intuir que essas

65 Ibidem, p. 63.

66 Ibidem, p. 63.

67 Ver Maurício G. Righi, *Pré-História & História – As instituições e as ideias em seus fundamentos religiosos*. São Paulo, É Realizações, 2017.

sociedades sempre foram dominadas pelo rito, em cujos avanços mais expressivos podemos observar, igualmente, solicitações, demandas e transformações relativas à esfera do religioso. Nesse contexto o religioso é normalmente o *mais* antigo, o *mais* tradicional, o modelo primeiro, o repositório mesmo do que entendemos por cultura, indicando-nos que é largamente formativo e também diretivo: os modelos máximos estão dados, invariavelmente, nos antepassados, em cujo acesso, mitológico e ritual, a sociedade se orientava em seu todo.

Seguindo esse raciocínio – e aqui extrapolamos um pouco a historiografia do galês, embora no sentido de aproximá-la dos estudos mais recentes –, podemos dizer que o neolítico colocou em andamento, em processos invariavelmente extensos, transcorrendo milênios,[68] um esvaziamento gradual do etos caçador-coletor. Houve de modo paulatino, embora irreversível, uma inflexão na ordem do pensamento, sumamente expressa no nascimento e amadurecimento de uma nova simbologia religiosa, indicando novas formas de relacionamento com as divindades, novas caracterizações do sagrado, novas interações rituais, etc., no fortalecimento gradativo dos primeiros sistemas religiosos realmente doutrinais,[69] e o pensamento de Dawson antecipa esse entendimento.

É importante reter o compromisso dessa historiografia, conforme desenvolvida em *A Era dos Deuses*, com o que podemos chamar de vida espiritual das comunidades humanas, no sentido de sociedades dedicadas à devoção e à comunicação

---

68 Por exemplo, o processo *completo* de domesticação de plantas e de animais (do caçador-coletor para o agricultor/pastor) durou por volta de 4.000 anos.

69 Ver Ian Hodder (ed.). *Religion in the Emergence of Civilization: Çatal Höyük as a Case Study*. New York, Cambridge University Press, 2010.

com os campos do sagrado, com suas divindades e ancestralidades. Seria quase desnecessário dizer, embora seja prudente reforçar, que não se faz teologia em a *Era dos Deuses*, logo não se questiona o estatuto ontológico dessas entidades, não aceitando nem rejeitando sua "existência independente", segundo critérios filosóficos de outros sistemas. O que se faz é discutir, antropológica e historicamente, uma vasta documentação arqueológica, a fim de propor uma reflexão abrangente em história cultural. Esses estudos nos revelam um universo simbólico-ritual colossal, nos termos de uma historiografia que escuta o que os documentos dizem em seus próprios termos, recuperando imaginários perdidos.

Felizmente a religiosidade nunca está sob suspeita em Dawson, menos ainda sob ataque. O que temos é o contrário: destaca-se o seu evidente caráter formativo em nossa humanidade. Tomando de empréstimo um jargão atual e brutal, não haveria "religiofobia" nas reflexões dawsonianas, uma irônica concessão à novilíngua dos atuais caçadores de bruxas, "canceladores" autoungidos, os neocensores de uma época dominada pelo sacerdócio da ignorância. O que se faz é atestar o óbvio, mediante documentação pertinente: o contexto cultural arcaico vinculava-se à religiosidade de tal modo que é somente por meio da investigação sistemática dessa religiosidade que podemos apreender e depois compreender, mesmo que sempre parcialmente, a cultura desses povos. A documentação e fonte textual, epigráfica e arquitetônica é implacável em seu veredito: o imenso contexto pré-histórico e antigo constituiu-se, material e simbolicamente, como uma longuíssima "era dos deuses", caracterizada pela devoção permanente e intensa de coletividades as mais diversas.

O galês identifica/caracteriza em sua obra um etos caçador (leia-se: a religião dos caçadores), avaliando sua durabilidade e abrangência, mas também o seu esvaziamento em contextos posteriores, com o surgimento e a consolidação do agricultor, ao longo de mudanças que foram pautadas por um processo *grosso modo* irreversível de sedentarização, cujas causas ainda eram, na época de Dawson, muitíssimo difusas.[70] Todavia, conforme já discutido, o galês adota em sua armação explicativa uma perspectiva integradora dos vários elementos que compreendem uma cultura (clima, terreno, subsistência, pensamento), considerando essa "alteração de vida [...] uma revolução".[71] Tratou-se, todavia, de uma grande "revolução" articulada em dinâmicas religiosas, conectada a alterações nas demandas rituais, e de fato a *religião do agricultor* será o *leitmotiv* de toda a cultura neolítica, e compreenderá a base institucional, simbólica e técnica dos primeiros eixos civilizacionais.

O que temos é o encadeamento de um modelo macro histórico articulado, altamente integrativo e dinâmico, cujo princípio (a articulação multifacetada entre meio ambiente, ocupação e pensamento) *é relacional*, pelo qual as estruturas em seus conteúdos específicos, em mobiliário próprio, são formadas mediante processos contínuos de adaptação, de criação e de ressignificação. Nessa perspectiva a história, enquanto processo contínuo, avança sobretudo nos movimentos criadores do pensamento partilhado, com o qual compartilhamos saberes e intenções, regras e condicionamentos, pensamento esse religiosamente conduzido em sua base. Ademais, o pensamento não se reduz a nenhuma estrutura em particular

70 Conforme comentado, nem sequer o conceito de "pacote neolítico" ou de "revolução neolítica", o qual seria elaborado posteriormente por Childe, estava à disposição da historiografia enquanto Dawson escrevia *A Era dos Deuses*.

71 Christopher Dawson, *The Age of the Gods*, op. cit., p. 64.

(meio ambiente, subsistência, clima, território), embora se relacionando com elas, dedicando-se a elas, para elaborar a construção de seu próprio mundo – a constituição de uma civilização e principalmente de uma supercultura é um ponto bem alto desse processo, ainda que não o mais alto. Assim, em nível formativo, essas dinâmicas subentendem não somente as imposições do meio natural, o nosso pensamento não apenas reage, mas *reflete*, vinculando-se criativamente com os meios dos quais participa, de um jeito que ultrapassa as meras exigências adaptativas. *Mais do que sobrevivência, a cultura humana é canal de prosperidade.* Isso significa que, em nosso caso, a vida social não se faz como eco surdo às exigências materiais do meio e do corpo físico, não se reduz à adaptação em sentido estrito, embora esta se faça presente. Do ponto de vista estritamente físico, somos sensivelmente menos adaptados que os lobos e os tubarões, todavia, em nossa faculdade distinta, o pensamento reflexivo, ultrapassamos as exigências da sobrevivência: vivemos para os mundos que criamos.

Essa faculdade é especialíssima, com a qual o humano foi avançando em seu domínio sobre o meio, e a história é, de certa forma, a descrição irreversível desse avanço, tendo no pensamento reflexivo, necessariamente compartilhado, o seu maior diferencial.

Habitar no tempo litúrgico, fundamentalmente operacionalizado nos recessos escuros das cavernas, nos fez descobrir/intuir o tempo, quando pudemos domesticá-lo – e essa foi a primeira e mais fundamental de todas as domesticações humanas; um próximo passo de gigante se deu quando começamos então a construir os nossos próprios espaços litúrgicos, e assim descobrimos o lugar, domesticando-o também; finalizado esse trabalho simplesmente basilar: a descoberta do tempo e do espaço, quando nos consolidamos como seres edificadores de extensos vocabulários simbólicos, passamos então a domesticar as coisas do mundo: as plantas, os animais, os minérios e outros, passamos a abrir canais de irrigação, a erguer torres e cidades, a navegar e a cavalgar, confeccionando roupas, fabricando vasos e ferramentas, legislando e administrando, viabilizando o nosso modo de estar no mundo. Somos construtores de coisas, porque construímos linguagens, porque produzimos símbolos e derivados Essa riquíssima vida simbólica, esse trânsito sumamente aberto ao mundo da imaginação e da apreensão de símbolos, de ideias e de conceitos, desde os recessos paleolíticos, *essa vida espiritual*, permitiu-nos manobrar a natureza. A questão, no entanto, é perceber que, historicamente, essa vida simbólica, única e inventiva, expressou-se, desde as origens e muito além, como simbologia religiosa, e aí temos o "pulo do gato" na teoria cultural de Dawson, que nos direciona ao *fator psicológico*, à comunidade de pensamento em sua posição central, libertando-nos de uma interpretação exclusivamente materialista.

Os agentes de mudança

A religiosidade exuberante do homem "primitivo" é um dado amparado em quase todos os aspectos da cultura material que este nos legou, presente nos enterramentos, nas pinturas e esculturas, nos ritos herdados e nos tabus. O acesso às culturas paleolíticas e neolíticas passa, inevitavelmente, por simbologias e práticas religiosas; são estas que nos falam, afinal de contas, sobre essas culturas[72]. Durante o neolítico, entrando no mun-

72 Ver Ian Hodder, *The Leopard's Tale – Revealing the Mysteries of Çatalhöyük*. London, Thames & Hudson, 2006.

do antigo, e na esteira de avanços técnico-institucionais bem expressivos, "a religião" (conforme hoje a conceituamos – mas à época um conceito inexistente) prosseguiu como marco e dínamo das culturas. Uma visita mesmo que breve ao Vale de Gizé, ao Vale dos Reis, a Jerusalém, aos remanescentes de Eridu e de Uruk, ao Partenon, às estelas nos museus, às ruínas de Petra, para ficarmos somente com alguns exemplos notadamente célebres, oferece-nos indicativos convincentes de que eram sociedades dominadas pelo imaginário religioso – o elemento cultural decisivo era o pensamento em clave religiosa, a esfera por onde passavam as grandes transformações.

> [...] A importância do fator psicológico não está confinada ao conhecimento puramente intelectual, pois se encontra igualmente manifestada na situação religiosa, a qual domina até as culturas mais primitivas. Toda religião incorpora certa atitude de vida e uma concepção da realidade, e qualquer mudança relacionada a ela acarreta uma mudança em todo o caráter da cultura. [...] Portanto, o profeta e o reformador religioso, nos quais uma nova visão de vida – uma nova revelação – se torna explícita, são, talvez, os maiores de todos os agentes de mudança social, apesar de serem, também, o produto de causas sociais e o veículo de uma antiga tradição cultural. Dessa forma, os grandes estágios da cultura do mundo estão ligados às mudanças na visão [religiosa] que o ser humano tem da Realidade.[73]

Nessa perspectiva, a religião se torna via de acesso às instituições, refletindo-lhe a centralidade social/cultural. Henri

73 Christopher Dawson, *The Age of the Gods*, op. cit., p. xxx.

Frankfort,[74] *scholar* renomado e citado em *A Era dos Deuses*, disse que o mundo antigo do Oriente Próximo, um berço esplêndido de civilizações, fora organizado como "comunidades de templo",[75] endossando a interpretação histórica de Dawson. Com efeito, temos aí, caracteristicamente, os mais variados patrimônios culturais, os quais se deram a conhecer à posteridade por meio de sua realização marcante: a cidade-estado e seu templo-palácio. O templo-palácio integrava-se a uma urbe fortemente murada, em cuja área externa, em cujos territórios adjacentes e controlados, com seus portos, canais, vilas, granjas e demais extensões agrícolas, delimitava-se uma *polity*, na formação de uma soberania econômica e militar. Essa foi a instituição central do mundo antigo.

A questão relevante é perceber que essa entidade política, essa soberania, tinha em sua divindade tutelar um dos fundamentos centrais de sua identidade política e cultural. Toda a cidade-estado pertencia a um deus ou a uma deusa específicos, tratava-se da cidade de uma divindade, sua criação e sua morada.[76] O governante da cidade, um *ensi* em contexto mesopotâmico, que poderia ser um rei ou

---

74 Ver Henri Frankfort, *Kingship and the Gods – A Study of Ancient Near East Religion as the Integration of Society and Nation*. Chicago, The University of Chicago Press, 2012.

75 Ibidem, p. 210.

76 Certa vez, durante conversa sobre o assunto, meu amigo, o teólogo e filósofo André Gomes Quirino, chamava-me a atenção ao fato de Javé, apesar de ser uma divindade igualmente inserida nesse contexto arcaico, apresentar-se, teologicamente, como um deus que não precisa de um lugar para ser cultuado, mas que se deixa cultuar, num lugar, por amor aos homens. Essa alteridade radical de Javé representaria, portanto, em nossa clave dawsoniana,

um representante ou agente do rei, via-se e se justificava, enquanto liderança, como comissário de seu deus ou deusa, como elemento intermediário entre o mundo dos deuses e dos homens. Por exemplo, a cidade-estado de Lagaš, na Suméria, era tida, tanto pelo rei como pelos súditos, como a cidade do deus Ningirsu, não obstante haver outros deuses ali cultuados, compreendendo um amplo território politicamente independente, capaz de formar um reino ou mesmo um pequeno império. Ocorria o mesmo com as demais cidades mesopotâmicas, praticamente gêmeas nesse aspecto estruturante, cujas ascensões e quedas representavam a ascensão e a queda de impérios homônimos.

É possível, tomando-se os cuidados necessários, traçar um esquema que reduza a cidade-estado ao seu componente simbolicamente nuclear, o *templo* conjugado ao palácio (notar que em hebraico bíblico o termo *hekal* "(הֵיכָל)" equivale a templo e palácio). Como realmente nos indica o caso de Eridu, uma das primeiras cidades da história, considerada sumamente sagrada pelos mesopotâmicos, a qual parece ter se desenvolvido em etapas hoje arqueologicamente visíveis como desdobramentos sucessivos e ampliados do que fora, originariamente, uma pequenina câmara de oferendas.[77] É de fato possível verificar as etapas sucessivas de edificação que transformaram essa câmara em Eridu num templo gigantesco, em torno do qual a cidade se desenvolveu,[78]

---

uma elaboração teológica tipicamente avançada da comunidade de pensamento hebraica.

77 Ver Maurício G. Righi, *Pré-História & História – As instituições e as ideias em seus fundamentos religiosos*. São Paulo, É Realizações, 2017.

78 Ibidem.

dando-nos assim uma ilustração absolutamente literal do cultural como expressão do religioso.

De qualquer forma sabemos, com base em Henri Frankfort e em Adam Falkenstein,[79] que esses templos das cidades-estados mesopotâmicas correspondiam *grosso modo* aos centros econômico, financeiro, jurídico, industrial, intelectual e ritual dessas primeiras sociedades urbanas, compreendendo as mais diversas atividades: da escrita de leis à confecção de calendários, das oficinas ao armazenamento de grãos, dos empréstimos aos pagamentos, das pesagens às normas de escoamento, dos ritos pontuais às grandes celebrações festivas. Essas coisas se inseriam, de algum modo, nas atividades do templo, nele se dando ou por ele passando. "Mais tarde, o templo se tornou a base do desenvolvimento econômico, pois só ele possuía os recursos e a autoridade necessários à formação de uma organização econômica altamente desenvolvida.[80]

> O templo como o "templo de Estado" respondeu pela fundação de toda a cultura arcaica [...] Foi o germe da cidade, que era essencialmente uma cidade sagrada, residência e trono de um deus. Foi o germe do Estado, o que explica o caráter sagrado e teocrático da autoridade política, uma vez que o rei era um rei-sacerdote, o vice do deus da cidade, com o qual veio a ser finalmente identificado, de modo que o seu poder não se fundava no direito do conquistador tampouco no da escolha popular, mas no direito divino, o

79 Ver Adam Falkenstein, *La Cité Temple Sumérienne*. Paris, Cahiers d'Histoire Mondiale, 1954.

80 Christopher Dawson, *The Age of the Gods*, op. cit., p. 82.

escolhido do deus, uma concepção com consequências gigantescas para a história.[81]

Essa instituição, o templo-palácio, gestou, consequentemente, um agente principal, o rei-sacerdote ou ungido (מָשִׁיחַ), sobre o qual recaíam expectativas sociais relacionadas e esse campo do imaginário religioso. Antes de assumir quaisquer outras atribuições, o rei era o intermediário entre o céu e a terra, ou seja, antes de ser chefe militar, legislador, promotor da ordem e da segurança do povo, reformador de canais e construtor de edifícios, antes de ser chefe militar, administrador e juiz, o rei era o oficiante dos principais ritos associados à divindade de seu povo: era o *favorecido dos deuses*, "a estrela da manhã", condição central à manutenção de seu poder. Sua residência era próxima ou mesmo contígua à residência do deus/deusa, que lhe emprestavam a sacralidade para reinar, assim configurando, no âmbito do templo-palácio, uma unidade devocional fundamental, para a qual a unidade política da cidade-estado de algum modo convergia, agregando clãs, tribos e famílias distintas, contingentes urbanos e rurais, atividades econômicas e intelectuais, uma unidade absolutamente poderosa na criação de excedentes econômicos formidáveis, na edificação de obras monumentais, na arregimentação de exércitos, na alocação e distribuição de recursos imensos; enfim, na criação da superinstituição chamada por nós de civilização.

Para o historiador galês, o desenvolvimento dessa superestrutura, uma das pedras-angulares da história, deu-se como produto ou como clímax institucional do crescimento interno

81 Ibidem, p. 82.

do que ele chama de *Cidade Sagrada*,[82] a cidade-estado padrão, residência de um rei-sacerdote, uma cidade-templo, largamente uniforme em sua configuração básica por todo o Crescente Fértil, e mesmo muito além. "Por todo o Oriente, de Creta e do Egito à Pérsia, alcançando a Índia, a *Cidade Sagrada* aparece na aurora da história como órgão essencial para o desenvolvimento da alta civilização."[83]

Essa cidade que cria o Estado tinha em geral, como divindade protetora ou padroeira, um casal divino & heroico constitutivo, em cuja configuração basicamente universal, na relação disseminada entre uma deusa e um deus consorte (marido ou filho), vinculava-se a exaltação do sistema monárquico em modulação teocrática. O primeiro monarca, o rei fundador mítico, filho, esposo ou amante de uma deusa, era visto como o elo geracional primeiro entre o mundo dos deuses e a humanidade. Dawson nomeia genericamente essa configuração de *religião da deusa-mãe*, uma vez que o elemento feminino, em seus atributos próprios, parece incorporar características invariáveis e universais, as mesmas características fundamentais, independentemente da cidade-estado, ao passo que o elemento masculino é específico em seus atributos, incorporando "características claramente definidas",[84] variando de uma cidade-estado para outra, mas de cujo fundo é possível extrair uma unidade na figura do rei-sacerdote, pastor e salvador de seu povo.

Havia, portanto, desde o topo da ordenação social, uma inequívoca estrutura teocrática, por meio da qual essas culturas urbanas, agora inseridas num sistema civilizacional,

82 Ibidem, p. 83.

83 Ibidem, p. 83.

84 Ibidem, p. 90.

se manifestam e se reproduziam. Um dos grandes méritos de *A Era dos Deuses* é revelar como esse ambiente cultural sofisticado (responsável por coisas como criação da moeda, desenvolvimento da geometria e da astronomia, criação de códices de lei) foi tributário desse fundo religioso largamente comum, vinculado à religião da deusa-mãe, mas cujas origens apontam para as muitas transformações do neolítico, conforme vimos. O próprio desenvolvimento do que conceituamos por Estado, em sentido pleno, essa grande estrutura administrativa, tornou-se, com base nesse contexto, discernível. Isso se deu, porém, por meio de seu engendramento no religioso. Por exemplo, os "seguidores de Hórus" que unificaram o Egito, um agrupamento que criou o que podemos chamar de Estado faraônico, um Estado imperial e teocrático altamente sofisticado, mobilizavam-se militar e politicamente enquanto adoradores de divindades específicas. Os seus líderes eram essas divindades, pois os seus reis eram "os sucessores e a incorporação divina do deus-falcão".[85] Esse Estado faraônico nasceu, cresceu e prosperou enquanto entidade unificadora de cunho teocrático, organicamente associado a divindades, sobretudo, à letalidade do "Falcão". Ao unificar os reinos ao longo desse extenso rio, Ka, Narmer e Hor-Aha instalaram, sobre uma área imensa, uma teocracia absolutista, fundamentada num Estado militarizado que abarcava parte expressiva do Rio Nilo, formando, na sequência, dinastias militarmente poderosas e teologicamente justificadas na superioridade marcial de deuses conquistadores, deuses invencíveis – temos aqui um padrão para o Antigo Oriente em seu todo.

85 Ibidem, p. 109.

Essa unificação político-religiosa de uma área significativa, geograficamente uniforme, porém deveras extensa, deu-lhes a condição de forjar uma civilização única e mesmo formidável, não obstante herdeira do patrimônio neolítico de toda a região. A união das duas coroas, a branca e a vermelha, na fronte de um único líder espiritual e político, funcionou como elemento catalizador de toda uma sociedade civilizada, durante milhares de anos.

> O bem-estar do Egito, de sua sociedade, e mesmo o curso da natureza dependiam [na manutenção de um bom funcionamento] de seu ministério sagrado [do faraó/rei]. Ele estava atrelado a uma série de obrigações rituais [...] sua função primeira não se destinava a gerir assuntos práticos de governo, pois se destinava a cumprir rigorosamente os ritos sagrados, dos quais a vida na terra dependia.[86]

Civilização Arcaica x Civilização Clássica

Essa supercultura do rei-sacerdote e da deusa-mãe é denominada na historiografia do galês de *Civilização Arcaica*, em cujo substrato religioso encontramos uma imensa comunidade de pensamento: o sedimento simbólico de um conjunto civilizacional realmente extenso, formalmente consolidado nas eras do cobre e do bronze, na constituição de um pensamento característico, toda uma cosmovisão, incluindo seus conjuntos e subconjuntos, todos participantes dessa "Civilização-Hidráulica", que também compreendia extensões marítimo-comerciais, como foi o caso do universo cretense-micênico. Esse campo

86 Ibidem, p. 114.

começou a sofrer os seus primeiros reveses abrangentes já nos séculos XXII e XXI AEC,[87] mas que se tornaram realmente catastróficos somente muito mais tarde, a partir do século XIII AEC, intensificando-se nos séculos seguintes, e assim reconfigurando parte considerável desse cenário histórico. Essa "Civilização Arcaica" em seu poder descomunal foi perdendo a sua força somente muito aos poucos, subsistindo durante *toda* a Antiguidade, absorvendo em si mesma a Civilização Clássica e indo mesmo além em alguns cenários.

Esse universo fundador de civilizações, o receptáculo da primeira supercultura conhecida e cenário inaugural do ordenamento civilizacional, sofreu um primeiro e considerável abalo com o ataque sistemático de forças hostis durante os séculos XXII e XXI AEC, tanto na Suméria, com o desmoronamento da dinastia semita de Agade, como no Egito faraônico,[88] com a falência generalizada do Reino Antigo, sobretudo a partir da oitava dinastia no início do chamado Primeiro Período Intermediário,[89] momento em que "[...] a civilização do mundo an-

87 Dawson trabalha, em *A Era dos Deuses*, com outra datação, mais recuada (hoje superada). Por razões didáticas, resolvemos colocar, desde já, uma datação atualizada, hoje largamente aceita e utilizada pelos acadêmicos da área.

88 Realmente, tanto no contexto sumério, com a invasão dos cuti ou gútios, quanto no contexto egípcio, com o enfraquecimento do poder central e o concomitante processo de feudalização do reino, na consolidação de monarcas progressivamente poderosos e independentes, houve um recuo da civilização arcaica frente a modelos mais primitivos de organização social e política, cuja duração também foi largamente semelhante: aproximadamente 125 anos no Egito, até o despontar da XII Dinastia, e 110 anos na Suméria, até a vitória de Utu-Hengal e a fundação da III Dinastia de Ur, a partir de Ur-Nammu.

89 Designação cunhada por Henri Frankfort e Georg Steindorff, em 1926.

tigo chegou bem perto da destruição total – quão perto nunca saberemos. Foi salva pelo trabalho de grandes governantes e organizadores que apareceram no final do terceiro milênio, homens como Hamurabi em Babilônia e os monarcas da Décima Segunda Dinastia no Egito [...]".[90] O pensamento histórico do galês parece preparar o leitor para que perceba o nascimento de um subconjunto importantíssimo, um ramo significativo desse sistema agora visto em sua unidade. Contíguos à civilização arcaica, de suas franjas e de suas vizinhanças agrestes, irremediavelmente fascinados pela riqueza que emanava desses centros civilizados, formavam-se os elementos que seriam decisivos ao surgimento de uma nova era, "a dos heróis", a qual se incorporava a religiosidades específicas, a um novo etos: o do guerreiro nômade, o produtor de uma nova comunidade de pensamento.

Aqui Dawson nos deixa entrever, considerando-se uma leitura fina de seu pensamento, quanto esteve determinado a seguir o *insight* central de Giambattista Vico: a formulação de uma teoria da história multifacetada, não obstante teoricamente unificada, mas que tivesse tanto na cultura quanto no pensamento o seu elemento eminentemente articulador – religião e cultura como forças de base. O galês escreveu conscientemente como um seguidor de Vico e como um seguidor de Coulanges.

Vejamos esse caso ilustrativo. As incursões e posteriores invasões dos povos nômades sobre os primeiros polos de civilização reforçaram um movimento de crescente militarização da sociedade. A apreensão que se tem desse movimento, baseada em farta documentação e em estudos exaustivos de outros historiadores, oferece ao galês um substrato convincente, base empírica para que pense esse cenário em dois movimentos

90 Christopher Dawson, *The Age of the Gods*, op. cit., p. 119.

principais, o do agricultor e o do guerreiro, com suas respectivas religiões dominantes, alinhavados em sucessão cronológica. Trata-se de uma movimentação em que essas categorias se relacionaram e se sobrepuseram, criando outro amálgama cultural, uma nova síntese responsável pelo nascimento de uma era distinta. É assim que vamos entrando no pensamento histórico do galês, vislumbrando a sua lógica interna.

> [Esses nômades guerreiros] possuíam uma aptidão natural para assimilar a alta cultura dos povos conquistados, e a vigorosa vida das tribos guerreiras (re)fertilizou as civilizações antigas e gerou com o tempo um brilhante desenvolvimento da cultura. No entanto, a civilização do guerreiro sempre foi, de certo modo, parasita das que eram representadas pela Deusa-Mãe [...] Primeiro tivemos a Era dos Deuses, para usar uma frase de Vico, só depois tivemos a Era dos Heróis.[91]

Isso significa que em sua historiografia a civilização do guerreiro foi tributária de um modelo fundamental: o do agricultor. De fato, o nômade surge na história do Crescente Fértil como grupo dependente desse cenário civilizado havia muito montado, uma vez que suas atividades econômicas se orientavam segundo rotas e mercados abundantes, dependiam dessas transações em seus eixos consagrados: repertório dos grandes produtores de riqueza, articulados a centros urbanos e comerciais pujantes. O nômade *não* é um caçador-coletor, como infelizmente equivocam-se certos autores, há diferenças gigantescas entre ambos. Como bem esclarece Dawson, o nômade foi um *produto* histórico do sistema civilizacional arcaico, devendo-lhe

91 Ibidem, p. 120.

não somente a existência, mas a relevância, foi nesse sistema estabelecido que o nômade encontrou as atividades e os serviços que o tornaram uma força histórica de peso e até mesmo decisiva, conforme atestado, por exemplo, no caso clássico dos *medjay* em sua relação duradoura com a civilização egípcia.

Em linguagem e sabedoria bíblicas, primeiro temos Caim, o construtor de cidades; Abraão, o nômade, surge muito depois. Do pastoreio ao empréstimo de guerreiros, do comércio caravaneiro ao saque, do serviço policial contratado ao banditismo, o nômade começou a trocar bens e serviços crescentes, como também hostilidades, com os centros urbanos de poder e suas monarquias sagradas. Tratou-se de uma relação fascinante e complexa, imiscuída nas rivalidades não somente entre as cidades-estados, mas também dentro delas, tomando facções dinásticas e disputas internas, com seus litígios entre príncipes e governantes ciosos de mão de obra miliciana de qualidade. Por vezes eram grupos contratados; por outras, perseguidos. A questão é que foram se tornando, enquanto organização tribal divida em clãs, relativamente à margem dos centros de civilização, progressivamente poderosos em capacitação bélica, passando a ameaçar e de modo crescente esses centros de poder e seus monarcas. Importante: a religiosidade nômade sempre preservou elementos autóctones fundamentalmente conectados à ancestralidade dos clãs, ou seja, ainda estavam *grosso modo* no neolítico, por assim dizer – não se associavam e não se submetiam à religiosidade burocratizada do templo-palácio. Havia, portanto, outra cultura e, concomitantemente, outra religião em jogo, ao mesmo tempo mais nova e mais antiga.

> A existência dessas sociedades de pastores, com sua ética intensamente guerreira e masculina, a mobilidade e o alto grau de eficiência física que sua vida de deslocamentos proporcionava,

> apresentou-se como um grande e potencial perigo aos agricultores assentados [e seus centros urbanos]. [...] É provável que os primeiros agressores tenham sido, de fato, os povos civilizados. Foi por meio deles que esses povos bárbaros aprenderam a tirar proveito, pela primeira vez, das possibilidades que a guerra organizada gerava, como também aprenderam [com a civilização] a usar armas de metal.[92]

Nesse trecho aproveitamos a visão orgânica do galês, iluminando a integração dessas duas cosmovisões no cenário das grandes movimentações históricas. Dawson está dizendo que o subconjunto nômade-guerreiro, tributário do conjunto mais estruturante, o do agricultor construtor de cidades e de canais, conseguiu, em determinado momento, sobrepor-se politicamente aos antigos senhores da civilização, apropriando-se de seus recursos técnicos e principalmente bélicos, para assaltar esses centros de civilização, num processo que percorreu séculos. Tratou-se de um movimento que acabou por integrar esses povos nômades aos centros da civilização arcaica, e nesta de fato estabeleceram suas próprias dinastias. Temos então uma proposição de integração histórica em sentido inequivocamente amplo. Conforme veremos ao longo deste trabalho, a historiografia de Dawson parece realmente sugerir, em seus principais momentos, uma aproximação crescente da humanidade, em dinâmicas que foram fortalecendo a criação de agregados culturais mais amplos, interligando povos e sociedades até a formação de superculturas ligadas aos conjuntos civilizacionais com suas religiões mundiais. Esses blocos, ainda que aos poucos, mas irreversivelmente, foram se assenhorando culturalmente

92 Ibidem, p. 180-81.

do mundo, o que vale dizer – em sentido dawsoniano – que foram ensinando esse mundo a pensar e a sentir.

Essa virada nas relações de poder entre o nômade e o agricultor, recheada de idas e vindas e de acomodações diversas, deu ao primeiro a condição de firmar, dentro do campo civilizacional, o seu etos religioso, assim introduzindo na ordem civilizacional a sua própria comunidade de pensamento, que passou então a integrar o campo político e simbólico da civilização arcaica. Isso transformou a ordem civilizacional, redimensionando-a, e temos aqui uma expressão típica de uma das dinâmicas da história do mundo. Com efeito, dinastias de pastores-guerreiros se estabeleceram como monarcas no final do terceiro milênio AEC, ainda que por um breve período, tornando-se os novos senhores desses centros de civilização, levando consigo o seu imaginário próprio, seus valores e condicionamentos característicos, suas próprias narrativas e patrimônio simbólico. Tratou-se de uma movimentação caracterizada por contrastes imensos entre o antigo sistema arcaico, o "sistema da Deusa-Mãe", e o novo "sistema do Pastor-Guerreiro", com sua cosmologia própria, associada aos "Poderes Celestes" e a um "um Deus forte e justo", que está no céu,[93] "criador e governante supremo do universo".[94]

Segundo a óptica da antiga ordem, literalmente destronada, esse rearranjo cosmológico com nômades se tornando reis de impérios foi interpretado como recaída no caos, como

93 "Com o avanço da cultura do pastor e o desenvolvimento das tribos guerreiras, o Deus Céu tende a se personificar na figura do herói celeste, um senhor de hostes, contudo, na fase final de seu desenvolvimento, durante o período clássico, o homem ainda podia falar do Deus Céu na sua antiga concepção não diferenciada [...]". Ibidem, p. 179.

94 Ibidem, p. 179.

punição por descaminhos, como reparação aos deuses, uma vez que estavam insatisfeitos com os seus representantes, os quais se tornaram fracos e corrompidos. *Foi essa a leitura que fez a comunidade de pensamento arcaica civilizada, numa primeiríssima expressão de crítica social na história do mundo.*

Havia uma compreensão geral acerca do funcionamento do cosmos segundo a qual os deuses, geralmente reunidos em assembleia, puniam a costumeira húbris e o descaso não somente de seus intermediários primeiros no mundo, os reis-sacerdotes, como também da hierarquia que os sustentava, propiciando a queda de todo um segmento. Segundo essa visão, o correto ordenamento das coisas fora fatalmente corrompido; por conseguinte, a catástrofe seria ampla e recairia sobre todos. O livro do galês nos chama a atenção para que avaliemos quanto a literatura dessa época de crise refletiu um estado de perplexidade e descontentamento generalizados, afetando uma comunidade de pensamento solidamente estabelecida, que passou a se ver dominada pelas incertezas de uma nova época, principiando questionamentos muito sérios (provavelmente, pela primeira vez na história) sobre os poderes estabelecidos, até então inquestionáveis, tantos os terrestres quanto os celestes.

Isso significa que o assalto nômade à civilização arcaica provocou um inédito e importantíssimo movimento interno de autorreflexão desse imenso conjunto, no bojo do qual nasceram novas formas interpretativas, definitivamente alocadas em linguagem religiosa sumamente reflexiva.

Essa primeira crise foi superada e a antiga ordem restabelecida, mas isso significou, igualmente, o despertar de elementos na consciência social, teológica, religiosa e histórica da civilização arcaica, primorosamente expressos num novo tipo de literatura sapiencial que então surgiu no Crescente Fértil (o *Livro de Jó* apresenta-se como expressão caracteristicamente tardia não obstante magnífica desse tipo de literatura). Ao se restabelecer após essa primeira crise profunda, a civilização arcaica não foi exatamente a mesma, na medida em que obrigada a incorporar elementos estrangeiros e a realizar reformas drásticas, abrindo-se para uma cultura outrora marginalizada, num processo em que essa civilização, culturamente dominante, "fertilizou-se" no vigor marcial de uma cultura invasora. Esse processo *fortaleceu a civilização arcaica*; mas, ao mesmo tempo, começou também por descaracterizá-la. Aqui temos uma típica reflexão dawsoniana: a cada nova crise, um novo recomeço, um passo além das bases constitutivas da cultura matriz.

> Essa concepção do autor [o autor de "Diálogo de um Homem com a sua Alma/seu Ba", um texto do Reino Médio visto como literatura de sabedoria] sobre a vida após a morte é muito mais espiritualizada que a concepção encontrada nos textos do Reino Antigo [..] Trata-se de uma declaração absolutamente pessoal, o caso mais antigo de uma crítica existencial independente, elaborada por um indivíduo intelectualmente independente, o primeiro apelo que se conhece de uma vida pós-morte entendida como uma libertação das injustiças e das misérias da existência terrestre.[95]

O galês buscará então, por meio desses textos e por meio dessa riquíssima documentação histórica,[96] defender uma tese ambiciosa: as sucessivas eras do mundo refletem encontros críticos e mesmo decisivos entre sistemas culturais distintos,

95 Christopher Dawson, *The Age of the Gods*, op. cit., p. 185.

96 Ele se vale de alguns textos, mas, principalmente, de dois, conhecidos como "Admoestações de Ipwer" e "Diálogo/Debate de um Homem com a sua Alma".

conectados a psiquismos coletivos específicos. Trata-se de uma apreensão indispensável para uma devida compreensão dos arranjos culturais de longo alcance, arranjos que expressam/geram superculturas, concomitantes às acomodações entre sistemas que encarnam não somente estilos diferenciados, mas sobretudo religiosidades diversas. Os frutos desses encontros são variados. Houve, no Crescente Fértil e entorno, uma instalação continuada de sínteses: entre o agricultor e o guerreiro, entre a cidade murada e a tribo nômade, entre o templo de pedra e o santuário agreste, entre a fertilidade da deusa-mãe e a justiça do deus-pai, assim por diante, na produção de sincretismos diversos em combinações culturalmente fecundas, que foram capazes de impulsionar, sucessivamente, a comunidade de pensamento do construtor & agricultor geradora da civilização arcaica. Isso ocorreu na esteira de crises agudas, no cerne de tensões fortíssimas entre forças rivais institucionalmente estabelecidas, em cujo pensamento angustiado surgiram respostas a esses desafios, o que em termos arcaicos expõe o surgimento de outros símbolos e narrativas, no despertar de um relacionamento renovado entre os deuses e os homens.

Esse domínio do pastor-guerreiro sobre os centros de poder do Oriente Próximo antigo, essa onda de ataques externos, foi, todavia, marcadamente breve, tanto no Egito como na Mesopotâmia. Em pouco tempo as realezas sumérias e faraônicas se reorganizaram, retomando os seus assentos de poder, expulsando os grupos invasores, vistos como bárbaros: os gútios na Mesopotâmia e asiáticos/estrangeiros no Egito.[97] Todavia isso mais pareceu ter sido, nesse primeiro contexto de colapso dos

97 *ʿꜣm(w)*, geralmente traduzido por "asiático" ou "semita". "Essas [primeiras levas de] asiáticos foram atraídas para o Egito, provavelmente, em busca de

poderes centrais e de fortalecimento dos poderes tribais (regionais), um desequilíbrio propriamente interno aos regimes, em razão do enfraquecimento momentâneo de suas linhas sucessórias.[98] No Egito, por exemplo, os nomarcas e seus clãs, que se haviam feito senhores absolutos de suas regiões, de seus distritos, tornando-se praticamente independentes do poder faraônico, viram-se novamente obrigados a se submeter ao poder unificado dos faraós, submetendo-se à fortíssima dinastia tebana, que passou a dominar o Egito, iniciando o Reino Médio.

Ao restituir os antigos poderes, esses reis, representantes da ordem civilizacional arcaica (uma ordem teocrático-monárquica), não puderam ser mais os mesmos, porque a cultura não era, exatamente, mais a mesma: fora alterada durante a presença politicamente dominante, por um século, de um etos tribal, regional e descentralizado. Houve um esforço bem-sucedido de expurgar alguns desses elementos, vistos como bárbaros. Ao mesmo tempo, deu-se também a adoção de novos elementos, criando-se uma acomodação; a bem da verdade, os pastores-guerreiros foram largamente assimilados pela supercultura que dominaram temporariamente; porém, e em sentido contrário, também deixaram influências permanentes, sobretudo, em relação às questões militares, as quais nunca deixam de ser decisivas. Mas, até que ponto foi uma real influência direta, e até que ponto uma reação, um redimensionamento interno? Há uma tendência na historiografia do galês de contemporizar o militarismo simplesmente atroz da civilização arcaica, tomada

---

alimentos (leia-se pastagens, água e terras férteis)." In: James K. Hoffmeier, *Israel in Egypt*. Oxford, Oxford University Press, 1999.

98 Ver Peter F. Bang e Walter Scheidel (eds), *The Oxford Handbook of the State in the Ancient Near East and Mediterranean*. Oxford, Oxford University Press, 2013.

genericamente como pacífica, para reforçá-lo então no universo nômade, assim caracterizando a sua especificidade guerreira. Isso se dá porque, em linhas gerais, a sua historiografia também pacifica, embora não completamente, a pré-história.

A impressão que se tem – e discutiremos isso ao longo de nossa análise – é que, em seu romantismo, o galês buscasse associar a questão do militarismo e, consequentemente, da violência, *com culturas específicas*, com um etos e uma religiosidade específicos, particularizando o tema bem no sentido de pacificar a nossa humanidade comum: algumas culturas seriam extremamente violentas, mas a humanidade não necessariamente. Isso pode ser uma verdade ou não, a depender de como se caracteriza essa humanidade antropológica ou teologicamente. Dawson esclarecerá esse ponto somente mais adiante em sua obra, quando, por conta dos horrores políticos vividos a partir da segunda metade da década de 1930, começou a avaliar com muita seriedade as forças "animalescas" que comandam o antropos primitivo e que subjazem, como enormes placas tectônicas, em nossa humanidade comum. Todavia, temos, aqui, um ponto desconexo, com o qual a sua historiografia irá se debater longamente, mas com certo êxito final. O galês nunca pretendeu pacificar a história, longe disso, mas buscou, enquanto pôde, pacificar as culturas em seus nascedouros. O seu pacifismo não era ingênuo e menos ainda desatento, era, no entanto, *deliberado*, pautado num sentido teologicamente humanizador: num retorno humanizado à cultura. Mas Dawson foi se dando conta, seus livros revelam essa conscientização crescente, da alteridade radical da mensagem cristã diante dos ordenamentos imemoriais das culturas humanas.

O militarismo dos chamados Reino Médio e Reino Novo do antigo Egito, em cuja organização interna criou-se um ímpeto nitidamente expansionista (atacar para não ser atacado), nunca representou, exatamente, uma novidade na história do Egito, mas um aprimoramento. Desde o período pré-dinástico, os "seguidores do falcão" unificaram as populações do Nilo por meio de guerras sucessivas, escravização dos inimigos, deportações e massacres, conforme nos mostra o material iconográfico à disposição. Ademais, sabemos que um faraó como o rei Unas, por exemplo, um governante do Reino Antigo, teve um ânimo guerreiro, conforme depreendido de inscrições suas, tão feroz e belicoso quanto o de um Thutmosis III ou de um Ramsés II, e o mesmo raciocínio se aplica às demais regiões do Crescente Fértil. Antes dos acádios, dos gútios, dos hicsos, dos amoritas, dos hapiru e dos cassistas, as cidades-estados sumérias guerreavam endemicamente entre si havia séculos, formando séries de breves hegemonias inter-regionais. A bem da verdade, a cidade-estado se constituiu nesse processo, como parece hoje nos confirmar de modo explícito o sítio neolítico de Tell Brak, posterior cidade do período Uruk. Para sermos justos com Dawson, ele de fato diz que a civilização arcaica foi, muito provavelmente, o primeiro agressor, sugerindo-nos que os nômades emularam um modelo de poder. A sua caracterização-padrão entre um agricultor-pacífico vs. um nômade guerreiro expõe, no entanto, um desejo de pacificar algumas culturas *em sua base*.

Após as constantes intervenções militares do elemento nômade sobre as sociedades urbanas da civilização arcaica houve realmente uma aguda militarização dos governos restabelecidos, quando fortíssimos impulsos imperialistas começaram a pulular com a criação de dinastias absolutamente absorvidas no exercício da conquista e do butim. Tomando-se esse contraste em específico, deu-se de fato, conforme defendido por

Dawson, uma agudização sensível das atividades bélicas com a entrada dos nômades na história.

> Mas o espírito da nova monarquia era diferente daquele que havia dominado a antiga teocracia. De fato esses reis, em cujas veias talvez corresse o sangue de invasores estrangeiros, eram guerreiros e não sacerdotes, de modo que o ideal de realeza perdeu seu exclusivo caráter religioso, que predominara durante o Reino Antigo [...] O espírito heroico e solitário que inspirou esses governantes da Décima Segunda Dinastia ainda reverbera para nós a arte monumental do Reino Médio – nas faces viris e ferozes de Senusret III e Amenemhet III, tão diferentes da majestade plácida dos reis divinos do Reino Antigo.[99]

A obra do galês aponta no caso para uma mudança macro na esfera cultural – a antiga religiosidade dos reis fundadores perde terreno para um militarismo crescentemente marcante, na transformação de uma imensa unidade cultural-civilizacional. Como sempre ocorre, Dawson propõe um vínculo orgânico entre as culturas e seus meios característicos, o meio primário de desenvolvimento. À medida que determinada cultura se desenvolve e se sofistica, ampliando o seu raio de ação, integrando culturas vizinhas, ela poderá se tornar, conforme já dissemos, uma supercultura. Para o galês, essa supercultura do Oriente Próximo, geradora e mantenedora da civilização arcaica, alcançou o seu desenvolvimento máximo em meados do segundo milênio AEC. A partir desse momento, uma vez instalada em todo o Crescente Fértil e além, essa supercultura largamente hegemônica em suas instituições, riqueza e poder

---

99 Christopher Dawson, *The Age of the Gods*, op. cit., p. 187.

sofreu uma acomodação institucionalmente expressa em políticas de manutenção e de supervisão em grande escala, na preservação desse estilo de vida e de sua simbologia sagrada. Essa acomodação teve a marca de um *aparente* pacifismo, sofrendo, na sequência, inúmeros ataques, passando por desequilíbrios internos, reagindo a pressões externas e crises agudas, os quais foram didaticamente resumidos no cenário egípcio em três momentos de instabilidade generalizada: um primeiro no término do Reino Antigo, um segundo, no término do Reino Médio, e um terceiro e derradeiro com a chamada invasão dos povos do mar.

O texto nos diz que a civilização arcaica não somente resistiu mas se reinventou ao término das duas primeiras ondas, absorvendo os invasores, incorporando-lhes práticas e táticas, militarizando-se mais e mais, universalizando suas políticas de domínio, tornando-se progressivamente imperialista na formação de uma "Era dos Impérios",[100] "em cada um dos casos, o contato entre a sociedade guerreira primitiva e uma civilização antiga configurou um processo de mudança, afetando tanto a cultura conquistada como aquela dos conquistadores, produzindo um tipo transitório de sociedade, cuja emergência preparou o caminho para uma nova época".[101]

Ocorre que o surgimento dessa "nova época" anuncia o destino de *A Era dos Deuses*, proclamando assim a sua última parada, expressando, enfim, o seu propósito. Eis um resumo bem esquemático: das pré-histórias (europeias e asiáticas) à civilização arcaica, desta ao mundo dos nômades-guerreiros, com sua reintegração contraditória ao mesmo tempo criativa no seio

100 Ibidem, p. 213.

101 Ibidem, p. 260.

desse sistema civilizacional imenso, gerando uma militarização expressiva desse universo, donde a constituição dos principais impérios do Oriente (egípcio, babilônico, assírio, persa, etc.). O desabamento parcial desse universo civilizacional, sobretudo em contexto mediterrâneo e anatólico na sequência do desenvolvimento minoico-micênico (ou seja, protoeuropeu), gerou uma "idade das trevas", mas que, no fundo, anunciava outro renascimento da civilização arcaica, mas agora como *civilização clássica*. É esse o destino do livro: *da Civilização Arcaica à Civilização Clássica*, da Ásia à Europa. É esse o movimento histórico que se descreve em *A Era dos Deuses*, exposto em dinâmicas em característico avanço pendular. Percebam bem o sentido que se dá à obra: a base é a civilização arcaica, uma herdeira direta do arcabouço neolítico-calcolítico, mas o destino é a civilização clássica, um destino que se compõe a cada investida agressiva de culturas marginais, não obstante, em crescente aproximação. É nesse cadinho histórico que surgiu um novo modelo cultural, sumamente encarnado na sociedade helênica, expressão de um composto histórico altamente integrativo em sua vocação marítimo comercial, mas, e ao mesmo tempo, fortemente regionalista em sua identidade tribal agrícola, compondo um etos caracteristicamente guerreiro, fortemente inclinado a formar e dissolver confederações e ligas, enfim, um modelo que entrou em tensão e, posteriormente, em conflito aberto com o modelo arcaico oriental teocrático e imperialista, do qual nasceu e com o qual soube se acomodar na geração de uma segunda supercultura, a helenística – produto híbrido entre o arcaico e o clássico.

> Seria um erro considerar os gregos meros bárbaros, cujos avanços culturais foram todos adquiridos de civilizações mais avançadas [das civilizações orientais]. Se a cidade grega

> foi antiga e oriental, a sua cidadania foi nova e europeia. A *pólis*, a mais importante e original criação do gênio grego, deve a sua existência ao casamento entre a cidade sagrada oriental e a tribo guerreira indo-europeia. De um lado, o sentimento religioso; do outro, o senso de dever cívico e seu parentesco comum, dando origem a um tipo único e dinâmico de lealdade civil [...][102]

Tivemos uma primeira supercultura na história: a oriental arcaica, um berçário de civilizações múltiplas e esplendorosas, celeiro de avanços civilizacionais indispensáveis, mas seio também – é preciso dizer – das formas mais brutais de tirania e de opressão. Foi esse o contexto em que foram geradas as instituições associadas ao nascimento de outra ordem civilizacional, a clássica, que veio a ser o fundamento da civilização europeia. Como explica Dawson, essa segunda ordem civilizacional, a clássica, teve tanto no modelo de cidade-estado oriental, derivado da civilização arcaica Oriental, um modelo em fase imperialista, quanto no modelo tribal e aristocrata egresso do neolítico (embora dominassem os metais e construíssem fortificações), derivado das sociedades guerreiras europeias, o seu amálgama cultural na geração do princípio ativo de um novo "modelo de vida comum, a cultura clássica, distinto de qualquer outro que até então existira",[103] de modo que o início da Era do Ferro, precursor e depois coincidente ao início da civilização clássica, "testemunhou uma fusão completa entre a cultura dos povos guerreiros [sobreposta a uma extensa cultura agrícola neolítico] e a cultura da

102 Ibidem, p. 266.

103 Ibidem, p. 282.

cidade-estado [também sobreposta a um substrato agrícola anterior, igualmente neolítico]".[104]

Onde houvera sobretudo tensão, principiava-se uma extensa integração e cooperação entre forças. Poderíamos dizer que há mesmo certa dramaticidade lírica nessa "dança heroica" entre culturas irmãs, dessemelhantes em aspectos vitais, que ora se agrediam, ora se emulavam e ora se integravam, mas que terminaram por firmar um matrimônio duradouro no período romano.

Uma base da Era Axial

Perceba o leitor como esse diálogo é ininterrupto, exprimindo um pensamento que se volta criticamente aos descaminhos ideológicos, tanto ao entendimento reacionário da história, propagado por um Oswald Spengler,[105] para o qual as culturas nasceriam e findariam como se fossem plantas, um modelo herdado sobretudo do romantismo alemão, como também se volta ao entendimento progressista de um J. B. Bury,[106] para

104 Ibidem, p. 283.

105 Ver Oswald Spengler, *The Decline of the West* (1923) – Ainda que Dawson também tenha herdado *parte* desse entendimento romântico e idealista e que o tenha usado, por vezes, como *metáfora* da vida social, na ilustração de seus ciclos e florescimentos. Todavia, isso sempre ocorre num sentido deveras apartado das conclusões de Spengler.

106 Ver J. B. Bury, *The Idea of Progress* (1920) – Dawson nunca foi hostil à concepção de progresso, muitíssimo pelo contrário. Conforme ainda veremos, o problema central não foi, obviamente, "o progresso", mas sim a ideologia progressista, em cujo dogma dominante propunha-se um radical desenraizamento religioso da cultura moderna.

o qual as denominadas "evoluções sociais" ocorreriam basicamente por meio de ideias capazes de gerar rompimentos unilaterais, *progressivamente racionais* (seja lá o que isso signifique, exatamente), numa superação das instituições e dos comportamentos vistos como ultrapassados pelo progressismo, mas que de fato representam a adoção irrestrita de princípios mecanicistas herdados do enciclopedismo. A historiografia do galês, bem na contramão desses dois modelos dominantes, buscou outras interpretações, integrando elementos crescentemente correlacionados na formação de enredamentos complexos, nos quais se refletem inúmeras interações.

Em sentido fundamental, a história não se desenrolaria nem como reino da decadência nem como reino da ruptura, ambos os reinos sob a batuta da morte, mas se desenrolaria como universo cultural integrante em transformação contínua, operado por agentes – e falamos aqui de nós, da humanidade – que tendem a se relacionar e a criar agregados ampliados. Parte considerável do esforço historiográfico do galês teve no combate a esses dois posicionamentos-padrão um estímulo constante, confrontando esses dois extremos, ambos materialistas e idealistas em seus princípios: o anseio mitológico do sangue puro (o ideal de vitalidade) e do pensamento puro (o ideal de autoridade), respectivamente.

A Era dos Deuses nos esclarece que as movimentações históricas nunca estiveram sob o domínio exclusivo desses agentes, que não são tributárias primeiras nem dos instintos nem da razão, mas respondem sobretudo aos desenvolvimentos ora internos, ora externos de cadências correlacionantes entre agentes históricos implicados, os quais, em correlação máxima, respondem pela humanidade. A questão penosa é saber que, em muitos casos, são cadeias insondáveis e notadamente complexas, mas que estão lá, resultado de encontros os mais variados entre os agentes de cultura (por isso, uma boa dose de talento pessoal se faz necessária num grande historiador). O que temos aqui, portanto, é a asserção de interpenetrações e modelações constantes na história; temos mesmo a proposição de um *absoluto relacional*, em típico paradoxo que é a própria história, um dínamo parcialmente sondável das relações entre agentes criadores os mais diversos, em cuja engrenagem agregam-se elementos naturais e culturais, apetites e pensamentos, subsistência e necessidade, em modelações potencialmente infinitas.

Essa dança histórica, ora divina, ora heroica, conforme descrita em *A Era dos Deuses*, deu-se como processo formador do campo clássico e helenístico, causando uma mudança de era, e isso ocorreu por meio de movimentações críticas à ordem estabelecida, promovendo, com o passar do tempo, uma aguda militarização e centralização imperial desse cenário civilizacional. O mundo clássico herdou a civilização do mundo arcaico, e o fez num momento de agudíssima elevação dos saberes, num momento em que as instituições dominantes haviam se tornado muito sofisticadas. Foi esse o momento em que a civilização, em seu conjunto, atingiu um brilho, um lustro, potencialmente catalizador de todo ecúmeno. Nesse cenário os impérios se tornaram agregadores desmesurados, passando a controlar povos incontáveis, num processo exemplarmente iniciado, no Oriente, com os impérios neoassírio, neobabilônico e persa; posteriormente refinado, no Ocidente, nos impérios macedônico e romano, na criação de uma ordem mais e mais representativa das estruturas imperiais – as "bestas" do Livro de Daniel.

Por outro lado, foi também um período de desenvolvimentos intelectuais determinantes (arte, filosofia e religião incluídos), compreendendo em sua fase mais avançada a "Era Axial – *Achsenzeit*", conforme intuído por Karl Jaspers, e que parece ter marcado o início de intercâmbios mais fecundos entre esferas culturais distintas,[107] enfim, um período de hibridismos, em cuja colheita abundante foram recolhidos os elementos para a fixação de um novo ciclo – o helenístico cristão, matriz cultural da cristandade.

Por enquanto basta que vislumbremos esse contorno significativo do mapa teórico de Dawson, articulador de um entendimento altamente dinâmico e relacional sobre a história do mundo, em que os campos culturais são reintegrados em modelos renovados, gerando períodos e eras. A bem da verdade, o desenvolvimento desse entendimento percorre a obra inteira de Dawson, aprimorando-se com o passar do tempo como nos esclarece John J. Mulloy: "precisamente pelo fato de ser capaz de ser transmitida a outros povos, que não eram gregos em sua

---

107 Em seu prefácio à nova edição de *Progress & Religion* (2001), Christina Scott, filha de Dawson, discorre acerca do que veio a ser a teoria das *mudanças cíclicas na cultura*, uma teoria que, embora formalmente apresentada somente em *Progresso e Religião*, subentende-se em *A Era dos Deuses*, "Mencionava há pouco que Dawson foi visto como o historiador da mudança, e foi em *Progresso & Religião* que ele apresentou a sua teoria das *mudanças cíclicas na história das civilizações*, uma conclusão que havia alcançado em *A Era dos Deuses*, a saber, que uma cultura não é um sistema fechado, não cresce e depois decai como um vegetal, mas é algo que é transformado/sofre transformações, e que podem ser de ordem material [...], mas sobretudo por meio de mudanças e alterações no campo das crenças religiosas e dos ideais [...], como ocorreu durante a profunda mudança no campo do pensamento e no concomitante despertar espiritual, abarcando boa parte do mundo, com o surgimento das religiões mundiais nos séculos VI e V a.C. – a era dos profetas hebreus e dos filósofos gregos, de Buda e de Confúcio – marcando o início de uma novo mundo." In: Christina Scott, "Foreword", *Progress & Religion*, 2001, p. xvi.

origem, a supercultura helenística possuía uma vida interna própria, o que lhe permitiu transcender o destino particular de declínio ou dissolução que se abateu sobre as cidades-estados regionais, onde o helenismo se originara".[108]

Há no caso uma reflexão que supera o debate – tão caro à época – sobre a decadência da cultura (leia-se, a suposta decadência do Ocidente via modernidade e pós-modernidade). Isso não quer dizer, todavia, que a sua historiografia descartasse julgamentos sobre os "afastamentos" do Ocidente, pois de fato se dedicava a compreendê-los, mas, em vez de encerrá-los nos moldes ultrarromânticos de um Nietzsche ou de um Spengler, dedicou-se a problematizar essas crises com base em realidades históricas e antropológicas bem mais sólidas, definitivamente universais, considerando a modelação e/ou emulação contínua entre as culturas na formação de modos de vida variados e em intercâmbio incessante. A catolicidade de Dawson o protegeu das investidas vigorosas tanto do ultrarromantismo como do ultraprogressismo. No caso específico do período ligado à supercultura helenística, o campo civilizacional em que o cristianismo nasceu e prosperou, houve um verdadeiro *boom* urbanístico, quando um punhado de cidades (como Roma, Corinto, Éfeso, Alexandria, Selêucia, etc.) pôde, talvez pela primeira vez na história do mundo, abrigar contingentes culturais realmente diversos e múltiplos, criando espaços inéditos de articulação política e de liberdade intelectual.

Nesse contexto culturalmente efervescente, por meio de processos de aproximação e de emulação bastante disseminados

---

108 John J. Mulloy, "Continuidade e Desenvolvimento no Pensamento de Christopher Dawson". In: Christopher Dawson, *Dinâmicas da História do Mundo*, op. cit., p. 555.

em núcleos cosmopolitas – agora sedimentados numa base intercultural fortíssima, herdeira tanto da civilização arcaica quanto da civilização clássica –, a decadência específica de um povo ou de uma sociedade não mais deflagrava, necessariamente, a decadência concomitante de uma cultura, e Dawson identificou, astutamente, essa criação histórica. Nesse caso, a supercultura sobreviveria ao povo e à sociedade que a criaram, sobrepondo-se em latitudes diversas. Temos, então, uma proposição de uma teoria em história visivelmente integrativa, voltada à apreciação e à descrição desses conjuntos universais, que o galês chamará de civilizações mundiais.

> Em seu todo, não acredito que as civilizações tenham ciclos de vida. Os povos têm, e caso uma cultura esteja somente ligada a um povo, ela então deve sofrer o mesmo destino. Todavia, à medida que uma civilização se transforma numa supercultura, sendo retransmitida a um número indefinido de outros povos, seu desenvolvimento pode transcender esse ciclo [...] Uma supercultura que tenha se transformado numa civilização mundial, como foi o caso do cristianismo e do islã, é potencialmente universal e eterna.[109]

A supercultura helenística em sua vitalidade transcivilizacional, em sua condição de integrar Oriente e Ocidente num campo civilizacional comum, realmente cosmopolita e universal, teria gerado não somente uma "nova era", mas também um novíssimo campo histórico No entanto e por outro lado, estaríamos falando, e o galês faz questão de discutir esse aspecto, de uma época muitíssimo menos estável que a anterior,

109 Ibidem, p. 556.

na qual as sociedades mantiveram os seus modos de vida por milênios. Esse antiquíssimo modelo de civilização, o arcaico, centro formativo dos demais modelos civilizacionais, tanto do Oriente Próximo quanto do Extremo Oriente e do posterior cenário europeu, permaneceu atuante, mas, progressivamente como sedimento, como infraestrutura oculta, não obstante, poderosíssimo. "O surgimento da cidade-estado clássica, da pólis, não se deu como desenvolvimento espontâneo da sociedade tribal europeia, mas se deu como herança direta da cultura do Oriente Próximo via cultura minoica e egeia, formada na Era do Bronze",[110] um fruto da civilização arcaica, que nunca desapareceu por completo.

A bem da verdade, durante os primeiros séculos de mudança, o mundo arcaico entrou em conflito/concorrência e posterior acomodação com a cultura clássica – as guerras entre persas e gregos e o posterior aparecimento do império macedônico representaram esse ponto, ou seja, guerra e acomodação. *Grosso modo* a supercultura helenística será o resultado ora perverso, ora esplendoroso dessa acomodação. Isso nos oferece uma visão ampliada sobre as dinâmicas da história do mundo, e Dawson parece ter sido o historiador que, acima de qualquer outro, nos faz pensá-las em real profundidade. Portanto bem mais significativo do que descrever os ciclos de crescimento e de decadência da civilização arcaica, dos impérios orientais, do mundo helênico, etc., temos uma historiografia que nos exorta a perceber a contínua absorção e integração entre campos culturais distintos, na criação de distinções civilizacionais mais completas, ainda que, nesses processos de formação dos conjuntos civilizacionais, tenhamos

110 Ibidem, p. 282.

eventuais períodos de retrocesso cultural e civilizacional, no entanto, pontuais. No longo prazo prevalecem os processos emulativos.

> Para Spengler, cada cultura se configura como organismo fixo, que termina em si mesmo. Adotando-se essa perspectiva, não seria possível conceber a cultura helênica e a da Europa moderna como fases sucessivas que participaram *de um mesmo* processo histórico de progresso da humanidade. [...] Se isso fosse verdade, é evidente que a cultura seria o resultado exclusivo do crescimento racial, que não herdou da razão ou de qualquer outra tradição os limites da experiência de um único povo, onde cada cultura seria um mundo fechado, hermeticamente selado contra qualquer influência externa, impenetrável aos olhos do resto do mundo.[111]

O mais importante, por enquanto, é notar como em *A Era dos Deuses* o galês "puxa" os fios históricos do Oriente Próximo, avaliando-lhe a tapeçaria modelo, a fim de costurá-los, posteriormente, no desenvolvimento interno das culturas europeias, desde o paleolítico, passando pelas múltiplas fases do neolítico até entrar nas eras dos metais: calcolítico, bronze e ferro, respectivamente. Dawson parece querer mostrar ao seu leitor majoritariamente europeu que tanto a cultura clássica quanto a civilização greco-romana tiveram um caráter único na história, expresso numa supercultura absolutamente criativa e pujante; quer mostrar também que essa civilização foi largamente tributária de um sistema mais antigo e mais formativo,

---

111 Christopher Dawson, "Oswald Spengler e a Vida das Civilizações". In: *Dinâmicas da História do Mundo*, op. cit., p. 515.

inicialmente desenvolvido no Crescente Fértil e adjacências. Temos assim, a partir desse quadro, uma argumentação que dá conta – ao mesmo tempo – desses dois blocos em fases de modelação, o arcaico e o helênico na criação do helenístico. De fato há certo equilíbrio característico em *A Era dos Deuses*, num balanceamento constante que se faz entre o Oriente Próximo e a Europa, mas cujo destino é a própria Europa – o galês quer reabilitá-la, cultural e espiritualmente. Foi esse o esforço de sua vida – um caso inequívoco de amor.

Nas escuridões da Europa ancestral

O contexto neolítico europeu (c. 8.000 a 1.700 AEC), imiscuindo-se pelas Eras do Bronze e do Ferro, até o despertar da chamada civilização clássica (c. 750 AEC), cujo nascedouro foi jônico e anatólico, portanto *geograficamente* asiático, é do ponto de vista documental bem fragmentado e deveras obscuro. Com base no conhecimento que tinha na época, expressivamente menor do que hoje se conhece, o galês discorre sobre o que chama de cultura megalítica, cultura alpina e cultura danubiana (tomando de empréstimo as denominações estabelecidas por Childe), tratando-as como os grandes agentes culturais do neolítico europeu, os quais teriam instalado no continente e em fases pré-civilizacionais uma fortíssima e arraigada tradição de comunidades de agricultores e criadores de rebanhos, num extenso movimento de "colonização de camponeses, o qual se voltou a oeste e a norte do continente, espraiando-se e assim disseminando a *religião do camponês*. Temos aí a fundação de desenvolvimentos subsequentes da cultura europeia".[112] Embora

112 Christopher Dawson, *The Age of the Gods*, op. cit., p. 44.

o conhecimento sobre o longuíssimo processo de "expansão neolítica" europeu tenha avançado significativamente nas últimas décadas, mostrando o gradual avanço das práticas agrícolas e pecuárias sobre o continente europeu com base em dois ramos orientais principais, o da cultura cerâmica *cardial* e o da cultura cerâmica *linear*, a análise que nos traz Dawson, em *A Era dos Deuses*, é surpreendentemente acertada em suas alegações centrais, principalmente, ao propor que houve "duas novas culturas que entraram na Europa ao longo do neolítico e do aeneolítico, formando duas linhas centrais de difusão: houve um movimento ao longo do Mediterrâneo, chegando à costa Atlântica, e um movimento interiorano, que, entrando pelo leste europeu, gradualmente se expandiu pela Europa Central".[113] Mesmo escrevendo na década de 1920, a sua análise nos afirma que o neolítico europeu, enquanto cultura propriamente neolítica, veio do Oriente, ou seja, teve origem nessa base técnica e cultural, e hoje sabemos que assim o fez num avanço médio entre 0,5 e 1,6 km por ano.

É indispensável notar que essa análise em *A Era dos Deuses* tem como objetivo mostrar o quanto esse neolítico, no qual se estabeleceram culturas de camponeses agricultores e de criadores de rebanhos,[114] consequentemente imersos em

113 Ibidem, p. 37.

114 "É importante termos em mente que o aspecto decisivo das grandes inovações no contexto pré-histórico neolítico europeu – domesticação das plantas e animais, cerâmica, escrita, entre outros – veio, inicialmente, da Ásia. Está claro que as lavouras e os rebanhos do neolítico europeu, trigo e cevada, sementes e linhaça, juntamente com bovinos, caprinos e suínos, foram originalmente domesticados no Oriente Próximo por volta de 8.500 AEC. Essas plantas e animais se espalharam pela Europa à medida que as práticas agrícolas começaram a ultrapassar as

"religiosidade camponesa", assemelhou-se, em sua configuração simbólica, ao neolítico do Oriente Próximo, precursor do primeiro desenvolvimento civilizatório da humanidade, conforme vimos à exaustão. Em linhas gerais, sua análise aponta para a criação de um contexto asiático-europeu na exposição de uma base cultural neolítica mais ou menos universal → a cultura da *Religião da Deusa Mãe*, da mesma forma que, antes desta, também se impusera de modo uniforme sobre o mesmo contexto e mesmo além, uma vez que integrando também o cenário geográfico da América do Norte, a *cultura e religião paleolítica do caçador dos grandes animais*, com sua religiosidade igualmente específica.

Houve, no entanto, diferenças significativas entre esses dois neolíticos, o do Oriente Próximo e o Europeu, tanto na ordem do tempo como na dos desenvolvimentos internos. O neolítico europeu foi comparativamente tardio; nele não foram gestadas, interna e organicamente, as inúmeras etapas institucionais e técnicas que criaram no contexto específico do Oriente Próximo e Crescente Fértil os meios para o surgimento sustentado de um sistema civilizatório absolutamente sofisticado do ponto de vista econômico, artístico, religioso e militar. Por que essa diferença? Não sabemos. Com efeito, na Europa, o Rio Danúbio não desempenhou o mesmo papel que os rios Tigres, Eufrates e Nilo tiveram no Oriente Próximo, tampouco a outrora "cultura megalítica", pois assim denominada na

fronteiras da Ásia ocidental, entrando no continente europeu. A expansão da agricultura pela Europa foi relativamente rápida, tomando um período de aproximadamente 3.000 anos [...]. As primeiras comunidades agrícolas europeias surgiram na área do Mar Egeu por volta de 7.000 AEC". In: Douglas T. Price (ed.), *Europe's First Farmers*. Madison, Edinburgh, University Press, 2000, p. 3.

época de Dawson,[115] fomentou um desenvolvimento progressivo de sociedades de construtores e de edificadores, um que fosse arquitetonicamente deveras sofisticado,[116] como ocorreu – e de modo magnífico – no Oriente Próximo desde os períodos acerâmicos do neolítico.

A civilização arcaica chegou à Europa, certamente, pela região do Mar Egeu (talvez também, mas em menor medida, através do Estreito de Gibraltar e adjacências). Todavia o contexto civilizacional minoico-micênico não foi exatamente europeu, mas um universo lateral integrado às fronteiras mediterrânicas dessa civilização arcaica, definitivamente associado ao contexto egípcio, cipriota, anatólico e siríaco. A civilização de fato europeia surgirá bem mais tarde, posteriormente designada de "civilização clássica", adotando-se a terminologia de Dawson. O importante é ressaltar que, desde bases neolíticas autóctones europeias à emergência do mundo clássico, houve um trânsito longuíssimo, porém sensivelmente integrado: o Ocidente recriou a civilização do Oriente em seu próprio meio cultural, cujos fundamentos eram neolíticos. Ocorre que essa segunda civilização também foi decisiva na

---

115 Hoje reavaliada em *culturas distintas*, mas que assimilaram e adotaram um padrão semelhante de construção tumular/cerimonial por toda a Europa. Isso representa um problema conceitual evidente para a historiografia de Dawson, que tenderia a sublinhar essa *assimilação*, tomando-a como um fator cultural decisivo e mesmo indicador de uma simbologia que se impôs, transculturalmente, sobrevivendo à sua cultura originária.

116 Ver Trevor Watkins, "Changing People, Changing Environments: How Hunter-Gatherers Became Communities that Changed the World". In: Bill Finlayson; Graeme Warren (eds.), *Landscapes in Transition*. Oxford, Oxbow Books, 2010, p. 106-14.

história do mundo. Mas quais teriam sido os seus elementos diferenciadores? A resposta a essa pergunta compreende ingredientes explicativos que tornam a historiografia de Dawson de certa forma imortal, uma vez que as suas elaborações teóricas, não poucas vezes desconcertantes ao padrão da época, conduzem-nos a apreciar determinados elementos marginais, tradicionalmente depreciados, mas que são então elevados a constituinte indispensável e mesmo decisivo na formação de um composto cultural maior.

Em contexto europeu foi exatamente esse o caso do integrante *bárbaro autóctone*, aos poucos atualizado nos recursos civilizacionais e em contato progressivo com esse campo, que teria possibilitado a criação de um novíssimo modelo de sociedade, um composto inédito, gestando uma cultura criadora de outro sistema civilizacional. A civilização clássica surgiu em contexto helênico, mas o fez com base em elementos herdados tanto da civilização arcaica como também do universo europeu da Idade do Ferro, parcialmente neolítico. Em seu desenvolvimento interno, essa civilização gerou estruturas sociais inéditas, vindo a formar posteriormente a supercultura helenística – e no contexto de um novo sistema civilizacional greco-romano. A Europa teve nesse desenvolvimento em etapas o seu nascimento, dando à luz a civilização greco-latina ou clássica.

Por trás dessa base europeia autóctone, e nos referimos à aristocracia guerreira europeia das Idades do Bronze e do Ferro, havia um sedimento cultural ainda mais fundamental, cuja invisibilidade histórica sempre recorrente, não obstante o seu caráter decisivo, na composição desse novo cenário civilizacional. A historiografia do galês está sempre pronta para recuperar os elementos culturais originários, realmente vinculados aos hábitos e às rotinas de trabalho muito antigos: "Frequentemente, a história considera somente os povos guerreiros e as aristocracias, mas as realizações destes só se tornaram possíveis em razão de uma base anterior, a do camponês súdito, da qual raramente ouvimos falar".[117] Ele nos diz que essa base que lavra a terra, que constrói, que dita os ritmos de uma cultura, mas que, em geral, é invisível, permaneceu sólida, percorrendo os tempos como sedimento de um extenso campo cultural – o sedimento neolítico europeu com seus tipos específicos. Ocorre que esse sedimento sofreu o domínio político-militar de uma segunda base – uma cultura de guerreiros, o que ecoa o processo análogo, e somente análogo, entre os nômades guerreiros no Oriente e a civilização arcaica.

O pensamento do galês nos traz esses paralelos macro, revelando a indiscutível afinidade que tem com a investigação do cultural originário em relação orgânica com suas bases naturais. Nesse fundamento primeiro de toda e qualquer ordem civilizacional, da Grécia à China, da Mesopotâmia ao contexto maia, do Egito ao Sudeste Asiático, parece sempre haver, segundo o pensamento do galês, uma base trabalhadora da terra essencialmente pacífica, organicamente ligada aos ritmos de trabalho que esse território e clima propiciam, fundamentalmente piedosa e associada tanto aos deuses tutelares como aos antepassados dos clãs, totalmente dependente dos ritmos de produção das lavouras e dos rebanhos, junto aos quais instalam-se como culturas. A questão é que esse substrato também subentende historicamente – seja por processo interno de desenvolvimento, seja por processo externo de assimilação, ou mesmo em composições entre ambos – a formação de culturas guerreiras, as quais tendem a compor a elite político-militar

117 Ibidem, p. 44.

desse substrato, formando suas aristocracias.[118] Essas elites guerreiras podem ser forjadas de modos diversos, mas há meios e circunstâncias sensivelmente facilitadores – a dureza natural das regiões montanhosas, agrestes, desérticas e semidesérticas facilitaria a criação desse etos guerreiro.

> A transformação guerreira da cultura camponesa [neolítica] prosseguiu por toda a Idade do Bronze, alcançando o seu clímax na Idade do Ferro, quando as tribos celtas, com suas espadas largas, com seus carros de guerra e com seus campeões projetaram-se sobre a Europa Ocidental e Central, tornando-se assim os chefes das antigas populações locais, fixando suas fortalezas em cumes entrincheirados em cada topo de colina, da Irlanda à Boêmia.[119]

A diferença é que, no Crescente Fértil, esse tipo de movimentação teve de se submeter a um sistema civilizacional gigantesco e havia muito implantado, podendo, quando muito, parasitá-lo e ocasionalmente tomando-lhe temporariamente o poder político, conforme já vimos. Esses grupos guerreiros outrora marginais, os quais, não obstante, conquistaram os centros imperiais do Oriente Próximo, como se deu, por exemplo, com amoritas e cassitas[120] na Mesopotâmia, foram,

---

118 "É preciso afirmar o seguinte fato: todos os vikings eram nórdicos, mas nem todos os nórdicos eram vikings. De fato, a maioria dos nórdicos compreendia populações de agricultores, num padrão que se assemelhava por todo o continente europeu". In: Njord Kane, *The Viking Stone Age – Birth of the Axe Culture*. Spangenhelm Publishing, 2016, p. 23.

119 Christopher Dawson, *The Age of the Gods*, op. cit., p. 208.

120 "Os reis cassitas honravam os antigos deuses babilônicos como se fossem seus. Semelhantemente ao que ocorrera anteriormente com os amoritas, os

via de regra, completamente absorvidos pela cultura que conquistaram, tornando-se não raras vezes seus representantes mais fiéis e tradicionalistas, ao mesmo tempo que reinseriam parte do complexo urbano da civilização arcaica nos moldes das relações tribais de comando e deliberação, num jogo de duas mãos, mas cuja via principal, sensivelmente mais larga, operava no sentido da civilização arcaica, esvaziando a cultura nômade. Algo bem semelhante ocorreu no Egito faraônico sob o domínio da dinastia Kush, proveniente da Núbia. Antigos atores marginais, vassalos recorrentes do Estado faraônico, esse povo, uma vez integrado à civilização arcaica como um povo de guerreiros, tornou-se um de seus mais zelosos defensores, reinstalando práticas, símbolos e tradições que haviam sido esquecidos. Essa civilização arcaica em contexto egípcio mostrou-se suficientemente poderosa para aculturar até mesmo a elite guerreira macedônica, relativamente civilizada, assimilando toda uma dinastia que tinha, originalmente, o helenismo como pressuposto cultural, e falamos dos ptolomeus no Egito.

No contexto proto-helênico, o universo minoico-micênico (leia-se civilização arcaica em sua porção mediterrânea) foi largamente devastado nos séculos XII e XI AEC, ainda que não suprimido por completo. Trezentos anos depois, no chamado "renascimento" dos séculos VIII e VII AEC, essa memória civilizacional voltou a ser incentivada sob a mediação

---

cassitas obtiveram o poder político, mas sem exercer um impacto cultural mais significativo. Todavia, eles provavelmente alteraram as estruturas da vida social de Babilônia, uma vez que se organizavam em unidades tribais e familiares, e continuaram a se reportar a essas unidades, mesmo depois de assumirem o controle das cidades." In: Marc Van de Mieroop, *A History of the Ancient Near East – ca. 3.000 to 323 BC*. Wiley Blackwell, 2016, p. 185.

primeira desses dois elementos autóctones – o neolítico-agrícola, a imensa comunidade de camponeses, e a aristocracia--militar-comerciante, tradicionalmente vinculada aos grupos indo-europeus do "machado de batalha",[121] os quais tinham sido paulatinamente integrados em culturas que podemos chamar de europeias em caráter tipicamente composto, compondo assim dois sedimentos autóctones, o neolítico agrário e o indo-europeu guerreiro, segundo a apreciação de Dawson. No caso da Grécia, a chegada de uma segunda onda de povos guerreiros, provavelmente desde o século XI AEC, obliterou a antiga base micênica (também fundamentalmente guerreira) e seu verniz civilizacional. A civilização arcaica tinha presença nesse contexto, mas o fazia de forma periférica, pois ainda em estado de formação, daí o colapso fatal do mundo micênico diante de invasores culturalmente atrasados. Essa fragilidade inicial foi revertida trezentos anos mais tarde, por meio da disseminação de uma força cultural absolutamente impressionante, e falamos da emergência do poderio das cidades-estados gregas, no aparecimento da pólis como comunidade de servidores eleitos e militarmente ativos de uma politeia.

> A vinda deles [desses grupos guerreiros] marcou a vitória completa da sociedade tribal guerreira com o desaparecimento temporário da alta cultura [no mundo micênico]. O mundo

121 Tradicionalmente denominada, pela arqueologia do período, de *Battle--Axe Culture*. "Deve ser observado que, apesar de já termos muitas de referências aos primeiros indo-europeus como povos 'guerreiros do machado de batalha', não há um termo que reconstrua claramente o sentido exato desse 'machado de batalha". In: J. P. Mallory e D. Q. Adams (eds.), *Encyclopedia of Indo-European Culture*. London, Fitzroy Dearborn Publishers, 1997, p. 39.

egeu foi salvo da completa barbárie somente por meio da sobrevivência da antiga tradição civilizacional em localidades na costa da Ásia Menor, na Eólia e sobretudo na Jônia, onde a influência oriental sobre a cultura grega era mais forte [...] De modo que o surgimento da civilização clássica foi, em grande medida, o renascimento da antiga cultura egeia.[122]

Esse renascimento foi mediado, sobretudo, na Ática e no Peloponeso, pela base autóctone, organicamente ligada aos sistemas tribais de confederação, estes associados não somente à terra, mas igualmente ao comércio. Eram sociedades altamente aguerridas em sua soberania local, uma vez que "se a cidade grega foi, por um lado, antiga e oriental, *a sua cidadania* foi, por outro, uma novidade europeia. A pólis, a maior e mais original criação do gênio grego, deve a sua existência ao casamento da sociedade oriental sagrada com a tribo guerreira indo-europeia". [123] Mais tarde o mundo romano, embora dotado de especificidades ao seu desenvolvimento interno, seguiu em linhas gerais o mesmo processo, participando, de modo coextensivo ao universo helênico, de um extenso despertar cultural que podemos chamar de europeu em seus fundamentos, cuja base civilizacional, a base arcaica, foi reintegrada segundo as necessidades, os hábitos, as rotinas e o imaginário *de fontes propriamente europeias*, estas promotoras de um sentido de sociedade desconhecido pela Antiguidade Oriental. O ideal preponderante em Roma, durante o início do período republicano, esteve ligado à simplicidade do estilo de vida do camponês aliado à severidade de uma disciplina militar [...] Do mesmo modo, tanto na Grécia quanto na Itália, podemos

122 Christopher Dawson, *The Age of the Gods*, op. cit., p. 266.

123 Ibidem, p. 267.

traçar, a um só tempo, *uma tensão e uma comunhão* entre uma cultura urbana relativamente avançada e uma cultura tribal camponesa e guerreira, da qual surgiu um novo tipo de sociedade, diferente de tudo o que existira."[124]

Temos então contexto e dinâmica que proporcionaram o aparecimento de uma supercultura universalizante, síntese de expressivas movimentações envolvendo Ásia e Europa, cujas origens são pré-históricas, agregando os dois continentes. A supercultura helenística encerrou a Antiguidade, revelando os seus avanços e as suas deficiências insuperáveis. É digno de nota que essa supercultura híbrida tenha sobrevivido à própria Antiguidade, tanto no Ocidente quanto no Oriente, embora de modo mais acentuado no último. Ademais foi nessa supercultura, em meio ao seu espaço cultural transcontinental, que se instalaram duas religiões mundiais, as quais se tornaram centrais na conformação da era seguinte. Consequentemente, devemos anotar que se tratou da constituição de um abrangente pano de fundo civilizacional incorporador de ecossistemas culturais, das fronteiras orientais da Pérsia à Irlanda, da Escandinávia à Península Arábica, em cujo interior tanto o cristianismo quanto o islamismo[125] nasceram, desenvolveram-se e se expandiram. Esse é o quadro maior

---

124 Ibidem, p. 282.

125 A bem da verdade, o islamismo também teve, como fundo cultural significativo, a cultura persa, cujas influências vindas do helenismo, embora existentes e atuantes, não foram assim tão determinantes; não obstante, a mesma cultura persa, também sofisticada, foi deveras influenciada pela civilização arcaica via Mesopotâmia, o que a fez preservar, mais acentuadamente, certos traços que poderíamos chamar de babilônico-elamitas.

que *A Era dos Deuses* nos antecipa: das pré-histórias ao contexto helenístico asiático-europeu.

Embora a formação da cultura compreenda elementos climáticos, geográficos, biológicos e psíquicos, e embora as suas bases sejam regionais, encarnadas em pequenas comunidades, o estudo comparativo das civilizações e superculturas engendradas, uma investigação analítica das eras ou dos períodos da história, requer uma apreensão absolutamente decisiva de suas fases intelectuais, investigando seu progresso como comunidade de pensamento. O fator intelectual é decisivo, da linguagem à religião, da arte à ciência, das técnicas às leis, etc. "Apesar da importância do meio ambiente, culturas são maleáveis pelo pensamento e pela invenção [...] Cada cultura possui uma visão distintiva da vida, sua alma e princípio formativo".[126] Encaminhava-se em Dawson, desde o seu primeiro livro, um entendimento próprio tanto de cultura quanto de civilização, as quais serão compreendidas como esferas menores ou maiores, restritas ou amplas, de *comunidades espirituais*.

É esse o aspecto que faz diferença no médio e no longo prazo, podendo sobreviver ao seu lugar de origem e ao seu povo de origem, como se deu no caso da cultura helênica. As superculturas ultrapassam não somente os povos que as germinam, mas também civilizações ou mesmo eras. A supercultura arcaica, também chamada de sistema civilizacional, sobreviveu aos sumérios, egípcios e babilônios; a supercultura helenística, aos gregos, macedônios e romanos. Num encontro formidável, o conjunto cultural, político e administrativo chamado de Bizâncio, por exemplo, não era exatamente helênico, tampouco latino e oriental, mas helenístico. Não por acaso, foi o centro

126 Christopher Dawson, *Progress and Religion*, p. 282.

cultural do mundo na passagem da Antiguidade Tardia para a Idade Média, e mesmo um pouco antes e um pouco depois. Todavia, *estamos lidando com conceitos* que encerram arranjos seletivos de categorias, períodos e características, como se dá com qualquer pensamento teórico com ambições semelhantes. Temos aqui uma teorização altamente elucidativa, quando aplicada a esse campo complexo, compreendendo extensos emaranhados de sociedades que se interconectam e se sobrepõem ao longo dos períodos.

Tendo em mãos essas elaborações dispostas em *A Era dos Deuses*, poderíamos entabular uma problematização em sua interpretação histórica. Não nos esqueçamos de que o galês percorre, nesse seu primeiro livro, nada menos do que noventa e nove por cento da história humana – dos confins da pré-história ao surgimento da civilização clássica. Um trabalho de fôlego e erudição, em cujos nexos apreendemos os sentidos marcantes de sua obra, vislumbrando entendimentos sobre as dinâmicas inerentes à cultura, à civilização e à própria história. Encerremos esta seção com as linhas finais de *A Era dos Deuses*.

> Desse modo, o início da Idade do Ferro testemunhou uma fusão completa entre a cultura dos povos guerreiros e a da cidade antiga. Na Ásia, o império assírio representa a completa militarização da monarquia sagrada arcaica, ao passo que, na Europa, a união entre cidade sagrada e a tribo guerreira fez nascer o tipo de cidade-Estado do período clássico [...] Essas novas culturas representam, de fato, um estágio intermediário e transitório entre duas formas mais permanentes de religião e cultura, entre o sistema civilizacional arcaico do Oriente Antigo e as novas "Religiões Mundiais", que já se desenvolviam e tomavam existência, durante esse período.

Sem reducionismos

O sentido maior de *A Era dos Deuses* é bem explícito, prontamente revelado em seu subtítulo: um estudo das origens da cultura na Europa pré-histórica e no Antigo Oriente. Com efeito, estudos sobre as origens marcaram a época intelectual em que Dawson nasceu e cresceu, cujos participantes foram influenciados tanto pelo evolucionismo como pelo historicismo,[127] sobretudo nas décadas entre 1850 e 1945, momento em que as (novas) ciências humanas firmaram-se como campos epistemológicos defensáveis. Obra e pensamento de Dawson estiveram completamente imersos nesse contexto ao pautarem-se no evolucionismo darwinista da época, supondo que as estruturas culturais originais e primitivas fossem, inevitavelmente, simples ou mesmo rudimentares, determináveis em suas funções primeiras, em sua constituição originária. Conforme abordado em trabalho recente,[128] a questão principal estaria no desenvolvimento de metodologias, técnicas e estudos apropriados que pudessem isolar ou reduzir essas células sociais em seus determinantes primeiros, revelando-lhes os propósitos recônditos, revelando-lhes as funções originárias, reduzindo uma instituição ou uma estrutura social posteriormente complexa em suas fases históricas avançadas aos princípios formadores/originários de sua fase inicial. De Edward Tylor aos ritualistas de Cambridge, de Émile Durkheim a Marcel Mauss, de

---

127 Aqui entendido como "a ideia de que a razão governa o mundo e, por conseguinte, de que a história universal se desenvolve racionalmente", um entendimento que teve em Hegel o seu provável pai fundador. In: Jacques Le Goff, *História e Memória – 1º Volume*, p. 89.

128 Ver Maurício G. Righi, *Pré-História & História – As instituições e as ideias em seus fundamentos religiosos*. São Paulo, É Realizações, 2017.

James Frazer a Sigmund Freud, de Pierre Frédéric Le Play a Patrick Geddes, entre outros, todos buscaram encontrar, em seus respectivos campos de estudo, essas supostas estruturas formativas *elementares*, fundamento de instituições e de modos de vida antiquíssimos.

Tratou-se de uma corrida para decifrar a cultura e o psiquismo humanos, no esforço de mapear e de dissecar as suas origens. Essa ideia de uma evolução universal das culturas humanas, em cujo percurso supostamente linear pudéssemos descrever um avanço contínuo e igualmente linear, prosseguindo das formas mais simples ou atrasadas para as mais complexas ou desenvolvidas, chancelando a ideia moderna de progresso, era vista como cientificamente inerente tanto ao campo orgânico-biológico quanto ao orgânico-social. Nesse entendimento, as sociedades progrediriam, ininterruptamente, fosse no âmbito técnico, fosse no moral, fosse no institucional e político, em processos continuamente refinados pela modernidade. Embora já houvesse um entendimento mais ou menos generalizado acerca do evidente descompasso entre o âmbito técnico e o moral, acreditava-se na ciência como o saber destinado a erradicar esse descompasso, uma vez que talhada pela Razão para a superação de atrasos e de misérias arraigados, na remoção de injustiças e ignorâncias as mais resistentes. *Isso significava propor a superação definitiva da religião*, compreendendo seus pontos de vista doutrinal e institucional. De fato, as chamadas ciências sociais nasceram sob a expectativa de anunciar uma filosofia moral universal de base científica e cunho racionalista, numa perspectiva compartilhada por liberais, positivistas e marxistas. Como primeiro passo seria fundamental identificar e categorizar, cientificamente, as fases de desenvolvimento das instituições humanas, principalmente da religião, vista por essa comunidade de pensamento moderna como a instituição retrógrada por excelência, dissecando e assim identificando, laboratorialmente, suas características fundamentais em cada uma das etapas de seu processo evolutivo. Em suma, seria preciso provar, cientificamente, que a religião se formava como ilusão projetiva das coletividades humanas, cuja base real ou material seria tanto a voz oculta do próprio coletivo (a sociedade e suas demandas – Durkheim) como a voz oculta dos traumas e das neuroses dos indivíduos (o psiquismo e suas demandas – Freud), vozes identificadas como realidades autônomas por sociedades não científicas.

Sem uma apreensão dessa mentalidade dominante, em que se forjou e se constitui o caráter autodescrito como racionalista das ciências humanas modernas, inequivocamente expresso na máxima saint-simoniana de fé na ciência, suposto baluarte do progresso e da regeneração social, fonte inesgotável de saber e de poder, torna-se muito difícil compreender o empenho intelectual-científico de Christopher Dawson. Realmente, a sua historiografia, particularmente destemida em muitos de seus pontos centrais, refletiu, não obstante, essa enorme ambição intelectual dessa época. A questão seria identificar em *A Era dos Deuses* de que modo as reflexões históricas do galês contribuíram para oferecer outras (e melhores) chaves de entendimento. Vimos que, nesse caso, a sua contribuição foi única e preciosa. Seria preciso sublinhar, além de seus auxílios específicos, os seus antagonismos, o que também estamos fazendo.

Tanto em *A Era dos Deuses* como no livro seguinte, *Progresso & Religião*, o tema da cultura, de sua origem e de suas fontes de mudanças forma o terreno argumentativo dessa primeira fase do pensamento de Dawson, constituindo um objeto que possui fortíssimo caráter antropológico-sociológico. Isso nos é significativo, porque, embora poucos tenham notado,[129] o galês propunha com essas análises, em plena década de 1920, uma integração radical entre estudos históricos e análises sociológico-antropológicas, sublinhando o alto valor científico de uma cooperação interdisciplinar equilibrada com a antropologia e a sociologia em estudos históricos complexos e abrangentes. Quase na mesma época, mas um pouquinho depois,[130] esse entendimento formou as bases de uma das escolas historiográficas mais importantes do século XX: a *École des Annales* (*Les Annales d'Histoire Économique et Sociale*), de Marc Bloch e Lucien Febvre. Nela, também se notava a proposição de uma antropologia e de uma sociologia da história dedicadas ao estudo abrangente dos modos de vida de comunidades historicamente examinadas, avaliando assim o seu cotidiano, as suas instituições e suas forças produtivas, acessando os seus hábitos e seus signos sociais, as suas ferramentas e seu imaginário, os quais compreendem uma sociedade viva e historicamente situável, detectando sobretudo o movimento tectônico das mentalidades e seu envolvimento próprio com temporalidades ou durações distintas.

Isso caracterizou uma "revolução" no pensamento histórico, porém silenciosamente antecipada na historiografia do galês. Nessa visão, a exposição de uma história meramente política ou nacional se tornava insuficiente, absolutamente datada, pois seria preciso conhecer sobretudo as instituições e, por trás destas, as mentalidades que as forjaram, ampliando enormemente o escopo do que tomamos por conhecimento

---

129 John Mulloy percebeu esse avanço radical da historiografia do galês perante a sua época.

130 A revista "Annales" foi fundada em 1929 e ampliada em 1945.

histórico. Ao nosso propósito, seria proveitoso notar que esse é o campo que o galês chamou de *comunidade de pensamento*, o âmbito das mentalidades em suas temporalidades próprias, pedra angular de sua teoria da cultura. Em 1934, Dawson escrevia os seguintes parágrafos:

> Portanto, um estudo sociológico da cultura grega estaria preocupado, em primeiro lugar, com a estrutura orgânica da sociedade grega – com a cidade-estado e sua organização, a família grega e suas fundações econômicas, a diferenciação funcional da sociedade grega, o lugar da escravidão na ordem social, e assim por diante, mas todos esses elementos têm de ser estudados geneticamente e em relação ao desenvolvimento geral da cultura grega, com base no material fornecido pelo historiador [...][131]
>
> Não conseguimos entender uma ideia, a menos que entendamos suas fundações sociais e históricas. Não podemos entender a instituição grega de cidadania, a menos que estudemos suas fundações espirituais na religião da cidade e da família [...][132]

Aqui o galês expõe, e com todas as letras, a influência direta de Fustel de Coulanges em sua historiografia, e o texto nos dá uma perspectiva abrangente sobre os processos de recuperação da história, quando os elementos culturais que formam uma sociedade são esmiuçados pelo cientista social em seus componentes atuantes, em suas instituições

131 Christopher Dawson, *Dinâmicas da História do Mundo*, op. cit., p. 566-67.

132 Ibidem, p. 99.

fundamentais, em suas problemáticas, em suas características duradouras, enquanto rotinas de uma comunidade de pensamento. Ao falar sobre o "o lugar da escravidão na ordem social [da sociedade helênica] ", indicando um tema fundamental para compreender aquele universo, o historiador galês se aproxima muitíssimo da terminologia e da conceituação presentes nos trabalhos dos *Analles*, tanto em seus tópicos institucionais quanto em suas abordagens estruturais, nos quais a narrativa político-biográfica, geralmente engessada em concepções nacionalistas de história,[133] foi suplantada por uma outra perspectiva sobre o pensar histórico, por meio da qual era solicitada uma constante "colaboração com as outras ciências sociais".[134] Portanto seria importante salientar como essa nova perspectiva oferecida aos estudos históricos, internacionalmente consagrada na escola dos *Analles* e adotada por diversos historiadores mundo afora, uma perspectiva complexa, relacional, integrativa e multidisciplinar acerca dos processos históricos, também se fazia presente, embora do outro lado do Canal, no pensamento do historiador galês. Antes dos *Analles*, ele soube incorporar com mestria os avanços da sociologia francesa e o gênio histórico de Coulanges.

---

133 "Durante seus últimos duzentos anos, a história da Europa recebeu uma interpretação quase que exclusivamente nacional. Porém, na medida em que tal unidade é de natureza política, o método de interpretação tende a ser, também, de natureza política. Assim, a história tem frequentemente se rebaixado ao nível da mera propaganda política e, portanto, mesmo entre os maiores historiadores do século XX – como Macaulay, Froude, Treitschke, até um Mommsen – encontramos, vergonhosamente, uma militância política". "As Fontes de Mudança Cultural". In: Christopher Dawson, *Dinâmicas da História do Mundo*, op. cit., p. 68.

134 Jacques Le Goff, *Memória e História*, p. 122.

> Não conseguimos entender uma ideia, a menos que entendamos as suas fundações sociais e históricas. Não podemos entender a instituição grega de cidadania, a menos que entendamos suas fundações espirituais na religião da cidade e da família. Mas, além disso, não podemos entender o ideal filosófico grego de liberdade política e seu ideal ético de "magnanimidade", sem um conhecimento da vida política e da estrutura social do Estado grego.[135]

Nesse caso fica claríssimo quanto a sua historiografia estava à procura dos antecedentes formadores inscritos na ordem cultural, os quais fundamentam as instituições e as leis sociais, sejam as da pólis, sejam as de um império, mas cujo acesso depende de uma história capacitada aos objetos e temas da antropologia/sociologia. A investigação sistemática dos hábitos e rotinas de uma sociedade, quando colocada num passado longínquo, depende dos recursos investigativos em posse dessas disciplinas, exigindo, necessariamente, uma aproximação da história com essas ciências. O próprio conceito de cultura empregado – como um modo vida comum – advém da antropologia, e não da historiografia do século XIX, que o usava para falar da tradição clássica e de seu patrimônio intelectual.[136] Nessa perspectiva, o desenvolvimento da cultura, conforme manifestado em suas instituições, normas, organismos, hábitos,

---

135 Christopher Dawson, *Dinâmicas da História do Mundo*, op. cit., p. 99.

136 "Além de tudo ela [a história moderna] aceita um novo conceito de cultura que foi trazido pelos antropólogos. Esse novo conceito reconhece que o Estado não é, como os historiadores do século XIX acreditavam, a unidade social mais importante e o ponto-final do estudo histórico". "A Sociologia como Ciência". In: Christopher Dawson, *Dinâmicas da História do Mundo*, op. cit., p. 86.

técnicas, ferramentas, ocupações, imaginários, *passava a ser o foco mesmo dos estudos históricos*, numa recuperação abrangente do passado institucional e simbólico das sociedades humanas, de seus hábitos e práticas, enfim, de suas mentalidades. Realmente, o que Dawson se propõe a pensar, na década de 1930, é uma versão sua, uma síntese própria, do que se sistematizaria em terras francas acerca de estudos históricos mais complexos, voltados à compreensão das mentalidades por trás das ações humanas. Assim como os historiadores dos *Analles*, ele também pensava que "a sociologia e a história são partes complementares de uma única ciência – a ciência da vida social",[137] cujo conceito básico e elementar seria o conceito antropológico de cultura.

Sua obra ensaiava um estudo histórico voltado à análise dessas relações primárias em sociedades diversas, relações realmente constitutivas de uma cultura, relacionando ambientações pré-históricas e históricas em longuíssimos encadeamentos criativos, "com o seu meio ambiente natural e sua adaptação funcional aos fins econômicos".[138] Isso não caracteriza a sua obra como marxista;[139] todavia, a sua historiografia afiançava um

137 Ibidem, p. 87.

138 Ibidem, p. 88.

139 De fato, o seu pensamento histórico pode ser considerado (a)marxista, caso tenhamos o materialismo histórico como parâmetro, e sob inúmeros aspectos, mas sobretudo em sua inegável visão do ser humano como um animal "espiritual", direcionado ao espiritual, pressupondo assim uma realidade própria ao mundo transcendente: "Mas uma cultura não é, simplesmente, uma comunidade de trabalho e uma comunidade de lugar, pois é também, e acima de tudo, uma comunidade de pensamento, que pode ser mais bem percebida e conhecida com base em suas atividades *espirituais superiores* [meu grifo], para as quais o nome *cultura* foi, originalmente, aplicado. É impossível entender ou explicar a

"materialismo legítimo":[140] estudar a fundações da cultura em seus termos concretamente constitutivos, estabelecendo associações com o meio ambiente e com as ocupações específicas de uma comunidade, desenvolvidos nesse meio, com tecnologias e instituições próprias, mas integrando-as com a vida simbólica de uma *comunidade de pensamento* dotada de linguagem, imaginação e vida simbólica, ou seja, com um psiquismo que, em termos históricos concretos, em termos institucionais e sociais, traduz-se por *comunidade religiosa/religiosidade.*

Essa sua sociologia aplicada ao estudo sistemático da formação das culturas teve, como referencial primeiro, as investigações de Frédéric Le Play (1806-1882), sociólogo francês que sistematizou, em seu *Les Ouvriers Européens* (1855), quais seriam as ocupações primárias em contexto europeu: a do caçador-coletor, a do nômade-pastor, a do agricultor, a do minerador, do pescador e o do silvicultor/lenhador, relacionando-os com certo tipo de família adaptada ao seu meio ambiente natural, "em volta desses tipos familiares é que brotam os ideais religiosos, morais e éticos".[141] Foi essa a base teórica para o sistema apresentado logo na introdução de *A Era dos Deuses* – comunidade de trabalho, comunidade de sangue e comunidade de lugar, mas com a inserção

sociedade somente por meio de seus fatores materiais, sem considerar as influências religiosas, intelectuais e artísticas, as quais determinam a forma de sua vida cultural interior", ibidem, p. 90. Essa passagem é absolutamente incompatível com o pensamento histórico tipicamente associado ao marxismo.

140 Ibidem, p. 88.

141 Joseph T. Stuart, "Christopher Dawson in Context – A Study in British Intellectual History Between the World Wars". Edinburgh, University of Edinburgh, *Ph.D. Thesis*, 2009, p. 76.

tipicamente dawsoniana de um quarto e decisivo fator, pedra angular de seu pensamento: a *comunidade de pensamento*. É importante que o leitor perceba que, embora se valesse do pensamento sociológico de Le Play-Geddes, fielmente sumarizado na fórmula FWP, qual seja, *Folk*, *Work and Place*, o galês foi primeiramente e acima de tudo um historiador da cultura e das civilizações, o que tornava o seu campo de aplicação teórica potencialmente muitíssimo extenso, tanto espacial quanto temporalmente. Ainda mais importante, o seu ponto de partida analítico sempre foi o histórico, não o sociológico; portanto de nada adiantaria aplicar a teoria de Le Play-Geddes sem antes analisar as realidades históricas do contexto estudado, deixando-as falar pela documentação. Primeiramente, haveria uma abordagem histórica, eminentemente descritiva, principalmente em contextos dominados pela recuperação arqueológica, e somente depois, caso fosse relevante, teríamos a adoção dessa ou daquela teoria sociológica/antropológica. É provável que tenha percebido, em seus estudos durante a década de 1920, a complexidade maior das realidades culturais que estudava diante da fórmula FWP, ainda que nesta percebesse uma força explicativa realmente poderosa em contextos sociais primários. O que fazer, então? De algum modo, mas cujos caminhos internos em seu pensamento nos escapam, o galês soube intuir/apreender uma solução ao criar uma "quarta" categoria, a *comunidade de pensamento* ou o *fator psicológico*. Isso não se deu por mero artifício em razão da necessidade de ter uma teoria, mas por meio de uma fiel constatação antropológica: as comunidades humanas são e sempre foram imensos repositórios simbólicos, imensos constructos calcados em linguagem sobretudo religiosa.

Dawson se deu conta disso ao estudar detidamente os remanescentes culturais tanto do mundo pré-histórico e antigo, esteio temático de *A Era dos Deuses*, quanto ao estudar, concomitantemente, os mais variados relatos antropológicos, os quais foi recolhendo ao longo de suas pesquisas. Podemos dizer que a sua erudição salvou o dia, uma vez que o seu pensamento não se prendeu a nenhum reducionismo sociológico padrão, fosse este de ordem climática, econômica ou étnica. Mas, ao mesmo tempo, a sua historiografia se orientou, desde o início, para a adoção de um sistema explicativo em que os modos de vida fossem avaliados enquanto estruturas socialmente herdadas, na perspectiva de que, sem uma firme e constante comunicação com a sociologia e com a antropologia, a história não poderia alçar real estatura de ciência, tornando-se mera crônica de fatos e assim perdendo o seu lastro acadêmico.

Fica claríssimo, em *A Era dos Deuses*, que Dawson busca o tempo todo estabelecer um pensamento sociológico e antropológico para a sua historiografia, mas o faz de modo *sui generis* ao *não* "considerar o elemento espiritual de uma cultura como secundário e derivativo".[142] Pelo contrário, ele o coloca no centro da vida pensante (símbolos, narrativas e imaginários) dos povos e das culturas, assim invertendo quase que por completo a relação que a sociologia estabelecia (e ainda estabelece) entre causas e consequências, sobretudo nas áreas com forte inspiração marxista. Apesar de buscar um equilíbrio na interação entre forças materiais e espirituais em sua equação antropológica, evitando ao máximo os reducionismos e determinismos, é fato que ao acolher a religião como elemento-base do ordenamento cultural, o seu pensamento – caracteristicamente histórico – enfatiza a voz documental das pessoas e das

142 Ibidem, p. 92.

comunidades historicamente acessadas, enfatizando o discurso da primeira pessoa (singular ou plural), concedendo-lhe a palavra. Não há suspeita a priori, e isso é por demais relevante para compreendermos com fineza o seu pensamento, apreendendo seu embate de fundo.

> Todas as atividades culturais que aparecem na cultura – a religião, a filosofia e a ciência – possuem seu próprio princípio formal. Não são meras funções da sociedade, mas têm seus próprios fins, os quais, *num sentido real* [grifo nosso], transcendem a categoria social.[143]

Assim como fizemos com a escola dos *Analles*, seria proveitoso avaliar até que ponto o seu pensamento ingressou na fenomenologia ou dela participou, como o excerto parece nos indicar. Propomos, anteriormente, que a sua historiografia esteve na vanguarda da chamada história-problema, dedicando-se ao estudo sistemático das morfologias sociais, antecipando-se, em sua temática e multidisciplinariedade, aos *Analles*. Mas até que ponto esse empenho investigativo se envolveu também com a perspectiva fenomenológica? Trata-se de uma pergunta difícil, uma vez que, fora indicações bem pontuais a Rudolf Otto e a William James, não temos, em sua obra, referências diretas nem ao movimento nem aos seus principais autores. Com efeito, Dawson parece quase sempre propor que os estudos sobre religião somente se tornam realmente proveitosos no momento em que o investigador admite, finalmente, a autonomia do conhecimento religioso que estuda, ainda que não o adote em

143 Ibidem, p. 97.

seu sistema de crença pessoal. Realmente fenomenologia e agnosticismo não se contradizem; a bem da verdade, são complementares no campo da ciência.

O galês parece consagrar a abordagem fenomenológica, uma vez aplicada aos estudos sobre religião e cultura, endossando um de seus princípios fundamentais, quando afirma certa inviolabilidade da primeira pessoa, tanto no singular quanto no plural, defendendo o seu ponto de vista – o de alguém ou de uma comunidade que experienciou/viveu algo que tem valor ou mesmo origem espiritual, discorrendo sobre essa experiência, atualizando-a num sistema de crença qualquer, o que significa proteger o ponto de vista do religioso e assim descrever, sem preconceito nem suspeita, suas relações com o que podemos chamar *grosso modo* de domínios do sagrado. Peguemos então dois exemplos absolutamente ilustrativos de sua perspectiva fenomenológica, os quais se inserem, por completo, no imenso campo de estudo contemplado em *A Era dos Deuses*:

> Todas as grandes realizações da cultura egípcia – sua arte, astronomia, matemática e engenharia – se desenvolveram a serviço dessa ideia central religiosa [associado aos grandiosos ritos funerários e seus monumentos]; e quando, na era de sua decadência final, potências estrangeiras assumiram o controle do reino sagrado [do Egito faraônico], os líbios, persas, gregos e romanos acharam necessário "prestar homenagem ao deus Hórus" disfarçar o seu imperialismo arrivista sob as formas da teocracia solar antiga, para que a máquina da civilização egípcia pudesse continuar funcionando.[144]

144 Christopher Dawson, *Inquéritos Sobre Religião e Cultura*. Intr. Robert Royal; trad. Fabio Farias. São Paulo, É Realizações, 2017, p. 122.

Dawson não põe sob suspeita a religião dos antigos egípcios, descontruindo sua constituição própria, sua análise não faz uso de caracterizações do tipo "instrumento ideológico", "narrativas de poder", entre outras expressões típicas de sociologias que interpretariam esse imenso repertório simbólico como ecos ideológicos de uma elite dominante. Tampouco a sua análise despreza a religiosidade egípcia, vendo-a como fator desimportante ou como conjunto de superstições e de formulações irracionais típicas de mundos "atrasados", nada disso. Ao mesmo tempo e por outro lado, ele reconhece – e o texto explicita esse ponto – que esse conjunto religioso era, frequentemente, manipulado para fins políticos os mais rasteiros. Ou seja, não há ingenuidade em sua historiografia, mas também não há malícia, e tampouco cinismo. Em sua abordagem característica, ao mesmo tempo sistêmica e fenomenológica, a teocracia faraônica não tinha como ser nem a causa nem o destino oculto da religião egípcia, era uma expressão institucional entre outras, embora central, conectada a algo formativo, algo bem mais amplo e profundo.

A bem da verdade, o seu pensamento se opõe a essa sociologia em constante modo acusativo/denunciatório. Para o galês, a base fundadora das mais variadas instituições egípcias, incluindo a teocracia faraônica, era a sua profunda religiosidade compartilhada, era essa religiosidade em suas narrativas centrais, em seus ritos, em seus tabus e prescrições e em sua cosmologia que oferecia os parâmetros para a vida política e cultural, e os senhores estrangeiros que depois dominaram politicamente o Egito (persas, gregos e romanos) perceberam muito bem essa realidade de base, adotando, astutamente, a velha religião para serem vistos como governantes legítimos.

Seria impossível reconstituir o mundo antigo sem, antes, colocar a religiosidade no centro da vida social, no centro da cultura, e não se trata de o estudioso ser ou não ser uma pessoa religiosa; trata-se de sua maior ou menor inserção no campo fenomenológico. Um bom historiador da cultura fará uso de uma documentação pertinente, buscando acessar os imaginários estruturantes da sociedade que estuda, identificando o que os seus símbolos, ideias e narrativas representavam para aquelas pessoas, acessando seus usos e propósitos específicos. Nesse sentido, trocar o termo "religião" por "ideologia" pode implicar, caso não se tomem alguns cuidados, uma subversão contraproducente, afastando o investigador de seu objeto. O termo "ideologia" esvazia drasticamente os elementos devocionais associados ao religioso, obstruindo uma compreensão histórica minimamente séria. Desse modo, não seria o caso de identificar uma ideologia, ainda que ideologias sempre possam ser subentendidas, mas seria o caso de acessar algo mais profundo e decisivo à ordem cultural: o imaginário religioso, este sim o condicionante potencial das doutrinas e mesmo das ideologias. Vejamos então o que nos diz outro grande historiador da cultura sobre esse assunto, mas, no caso, aplicado ao seu campo de estudo particular: o mundo medieval.

> Estudar o imaginário de uma sociedade é alcançar o coração de sua consciência e de sua evolução histórica. É ir à origem da questão e encontrar a natureza profunda do homem, criado "à imagem de Deus". A crescente consciência do homem sobre a sua natureza humana, no século XII, animou o surgimento do humanismo medieval, *que influenciou todos os aspectos da sociedade medieval* [grifo nosso], do desempenho econômico às mais elevadas realizações culturais e espirituais. Todas as

grandes "imagens" da Idade Média – o homem como microcosmo, o "espelho", a Igreja como corpo místico, a sociedade como organismo, danças macabras, os símbolos de ranking social: do vestuário e das peles às armaduras, e símbolos de poder como bandeiras, brasões e flâmulas, investiduras reais e desfiles –, esse corpo inteiro de imagens, simplesmente reproduzem, externamente e em sinais visíveis, profundas imagens mentais dos homens e das mulheres do medievo, de modo mais ou menos sofisticado, segundo o seu nível de cultura e a sua condição social.[145]

Apesar de haver diferenças expressivas e mesmo gritantes entre ambos, Dawson e Le Goff estão dizendo praticamente a mesma coisa: por trás dos poderes, de sua heráldica, de seu domínio ideológico, há um substrato simbólico/imagético/litúrgico fundamental, que engloba toda a cultura. Esse grande repositório simbólico tem na religião – em sentido largo – a sua contrapartida institucional intestina na formação de verdadeiros canais difusores de ideias, de modas, de conceitos, de signos, de narrativas, etc. Toda a cultura passa por aí – das classes mais baixas às mais altas, do ignorante ao sábio, do mendigo ao rei. Poderíamos até pensar, em que medida o conceito dawsoniano de comunidade de pensamento encontra, na concepção de imaginário de Le Goff, uma contrapartida relativamente próxima. De qualquer forma, temos, em ambos, uma indicação clara sobre a autoridade do mundo simbólico da consciência, coletivamente compartilhado, o fundamento das mais variadas relações sociais, incluindo as relações econômicas. Novamente,

---

145 Jacques Le Goff, *The Medieval Imagination*. Chicago, The University of Chicago Press, 1998, p. 6-7.

vemos a comunidade de pensamento, o meio pelo qual circulam os imaginários, como pedra angular das mudanças culturais.

Voltando ao contexto de *A Era dos Deuses*, lemos o seguinte:

> O primeiro desenvolvimento de uma cultura mais elevada no Oriente Próximo, os primórdios da agricultura e da irrigação e a ascensão da vida urbana foram profundamente religiosos em sua concepção [em seu imaginário]. Ao controlar as forças da natureza, ao tornar a terra dadivosa e ao criar rebanhos e manadas como uma tarefa prática da organização econômica, da qual dependiam para a consecução de seus próprios empreendimentos e do trabalho ativo, os homens encaravam essas atividades como um ritual religioso, no qual cooperavam como sacerdotes ou hierofantes no grande mistério cósmico da fertilização e do florescimento da natureza [...].[146]
>
> É até possível que a agricultura e a domesticação de animais tenham sido exclusivamente religiosos em seus primórdios e tido as suas origens na observação ritual e na imitação dos processos da natureza tão característicos desse tipo de religião.[147]

Temos o galês em sua melhor forma reflexiva, quando mostra ser capaz de antecipar conclusões arqueológicas que, à época, não se faziam disponíveis, uma vez que os dados necessários ainda estavam por ser desenterrados e analisados. O que nos interessa é constatar a presença de uma análise que busca acessar a mentalidade, o imaginário e o pensamento dos

---

146 Christopher Dawson, *Inquéritos sobre Religião e Cultura*, op. cit., p. 119, com adaptações.

147 Ibidem, p. 120.

povos, para assim poder apreender, a partir de dentro, a base mesma da vida institucional desses povos e das civilizações que estes criaram. Pensamos que o galês teve principalmente em Fustel de Coulanges (1830-1889) um modelo significativo de aproximação teórico-temática aos estudos históricos. De certo modo, foi um continuador direto do trabalho do francês, ultrapassando-o em abrangência.

Como nos diz Joseph Stuart, "no ano [e no dia!] em que falecia Fustel de Coulanges, nascia em Gales um futuro historiador, o qual estenderia a tese do francês para além de gregos e romanos, incorporando-a a toda a Europa". [148] De fato, hoje sabemos quanto Fustel de Coulanges foi decisivo ao pensamento sociológico de Émile Durkheim, que fora seu aluno. Durkheim realmente herdou de seu mestre os veios teóricos para o desenvolvimento de sua morfologia social, na qual se revelava a significância nada menos que matricial da religião ao longo dos desenvolvimentos institucionais, ao mesmo tempo que se fazia uma crítica feroz às circularidades do pensamento utilitarista. Dawson colocará a sua canoa do saber nessa mesma torrente teórica, mas aí descobrindo novos meios de navegar, novas formas de compreender o percurso.

Podemos até dizer que existe uma aproximação natural entre a fenomenologia e as metodologias da ciência histórica,

---

148 Joseph T. Stuart, "Christopher Dawson in Context – A Study in British Intellectual History Between the World Wars". Edinburgh, University of Edinburgh, *ph.D. Thesis*, 2009, p. 8. Coulanges faleceu a 12 de setembro de 1889 em Seine-et-Oise, nos subúrbios de Paris, exatamente um mês antes do nascimento de Christopher Dawson em Hay Castle, no País de Gales. Por sua vez, o galês faleceu em 25 de maio de 1970, Dia de São Beda, doutor da Igreja e patrono dos historiadores ingleses.

sobretudo no modo de reivindicar voz aos documentos acessados, para que possam ser apresentados em seus próprios termos, conferindo-lhes autonomia semântica. Um texto sagrado só poderá ser historicamente situado segundo os sentidos próprios à sua elaboração, os quais lhe foram atribuídos em fases, épocas ou períodos de confecção, recuperando-se a semântica própria aos tempos específicos em que foi pensado e elaborado, avaliando-se, sobretudo, as mentalidades e os símbolos vigentes. Afinal de contas, esse também deveria ser o ponto de partida metodológico de qualquer estudo exegético digno do nome. É preciso respeitar a historicidade documental. As pessoas não só acreditavam no que escreviam como também escreviam sobre aquilo que vivenciavam, assim se referindo a fenômenos observados, incorporados e sentidos, fosse durante sonhos, transes, aparições ou demais experiências extáticas ou mesmo diárias. Essa é a base da fenomenologia: a autoridade única da consciência que experimenta/vive algo. A historiografia do galês parece endossar essa abordagem e realmente a aplica em seus estudos.

Uma abordagem documental crítica há de problematizar, não obstante, as vozes que se pronunciam nos documentos, analisando seus interesses, forças e sentidos nem sempre expressos ou mesmo percebidos: pois ver não é necessariamente crer. Não poucas vezes, uma experiência pessoal em sua subjetividade própria pode de fato indicar, avaliada conjunta e comparativamente com experiências do mesmo tipo, questões de ordem estrutural ou sistêmica, cujos sentidos e significados podem ser, por vezes, anteriores e distintos aos significados expressos pelos sujeitos individualmente, quando isolados em suas subjetividades, quando confinados à primeira pessoa. Na condição de pensador do campo social, o historiador galês também adotou a metodologia crítica, perscrutando, por trás de uma forma ou estrutura, potenciais funções ocultas, nem sempre expressas ou mesmo identificadas na consciência da primeira pessoa. De modo crescente em seu pensamento, conforme observado por Joseph Stuart, o galês direcionou suas investigações ao "estudo da *função* da religião na história",[149] concentrando-se sobretudo na função social da religião, absolutamente fundamental para o estabelecimento de uma comunidade de pensamento associada a uma cultura ou a uma civilização. Vejamos então um momento de sua discussão com o pensamento de Durkheim, um dos representantes máximos da perspectiva funcionalista:

> Agora fica claro que esse crescimento elaborado de cerimonial e de crença [dos nativos da região central da Austrália] não pode ser deduzido simplesmente a partir das influências do meio ambiente australiano e das necessidades materiais da vida selvagem. Ele é condicionado por elas, mas tem uma origem independente e uma história que pode ter seguido um curso diferente, ainda que as condições raciais e geográficas tenham permanecido inalteradas. Nem podemos crer que esse desenlace foi, como Durkheim mantinha, puramente coletivo, em que a consciência individual estava inteiramente fundida com a da multidão. É impossível excluir o fator do pensamento individual e da liderança de qualquer estágio do desenvolvimento religioso. A influência do homem excepcional – podemos até dizer do gênio – como organizador,

149 Joseph T. Stuart, Christopher Dawson in Context: "A Study in British Intellectual History Between the World Wars". Edinburgh, University of Edinburgh, *Ph.D. Thesis*, 2009, p. 227.

professor ou oráculo pode ser constatada entre os selvagens tanto quanto nas civilizações.[150]

Da mesma forma que Durkheim, Dawson foi um seguidor de Coulanges em seu empenho histórico-documental característico de recuperar as bases institucionais e, sobretudo, os hábitos, os costumes e as leis dos antigos, segundo suas fundações religiosas. Seguindo essa tese, é na religião antiga que encontramos os elementos estruturantes da cidade antiga,[151] base das instituições da Antiguidade greco-romana e meio definitivo para os estudos sociológicos, tomando a cidade como o meio ótimo à sociologia. Todavia, diferentemente do que pensava o sociólogo francês, o historiador galês argumenta que essa voz aparentemente unânime e condicionante da sociedade por trás das religiões arcaicas, tida como o elemento organizador de modos de vida e de sistemas crenças, nunca foi totalizante em relação à cultura, pois esta também se apresenta como comunidade de pensamento, estando sujeita às regras desse campo, a saber: sujeitando-se à interioridade reflexiva desse campo sumamente mental, à sua individualidade potencial, o que pode realmente levar um sujeito excepcional qualquer a intuir/pensar/refletir/apreender outras categorias e/ou princípios, levando todo um conjunto social, com o passar do tempo, a um estágio superior do pensamento religioso ou mesmo filosófico.

Ao incluir com veemência *o pensamento individual* como força ativa de mudança cultural ao longo da história, Dawson

---

150 Christopher Dawson, *Progresso e Religião – Uma investigação histórica*. São Paulo, É Realizações, p. 122-23

151 Ver Fustel de. Coulanges, *A Cidade Antiga – Estudos sobre o Culto, o Direito e as Instituições da Grécia e de Roma*. São Paulo, Edipro, 1996.

não só encontra uma saída antropológica às circularidades do funcionalismo, principalmente em seus vínculos com o pensamento utilitarista, como também reafirma as bases essencialmente românticas de sua historiografia – o indivíduo de gênio pode (e deve) superar o coletivo.

Em sua tese de doutorado, Joseph T. Stuart enfatiza que Dawson sempre buscou compreender a religião e o fenômeno religioso "de um ponto de vista sociológico, ao mesmo tempo que evitava as explicações unilaterais, frequentemente concebidas com base numa única causa, sobre as origens e as funções da religião".[152] Tomando esse empenho intelectual como busca-chave, é importantíssimo notar como o pensamento sociológico do galês realmente almejava compreender os elementos funcionais da religião, bem no sentido de acessar as suas funções vitais em relação à ordem cultural. Mas ele o fazia olhando para dentro da religião, na contemplação do religioso como elemento anterior – para haver religião deve haver, antes, uma religiosidade latente do ser, que então se inclina a um tipo especial de comunicação, que podemos chamar de adoração religiosa, assombramento religioso, temor, maravilhamento, etc. Essa inclinação se faz presente em todo e qualquer cenário designado como arcaico ou primitivo, suas fundações são tão profundas que se torna realmente difícil, ao menos historicamente, reduzi-la a um único aspecto ou elemento da vida social. O contrário parece ser mais razoável: a vida social como articulação coletiva – propriamente humana – dessa inclinação.

---

152 Joseph T. Stuart, Christopher Dawson in Context: "A Study in British Intellectual History Between the World Wars". Edinburgh, University of Edinburgh, *Ph.D. Thesis*, 2009, p. 254.

Do lado da redução, fiquemos com os quatro exemplos conhecidos: Frazer reduziu a religião ao desejo de controlar a natureza por meios mágicos, reduziu-a à feitiçaria; Durkheim a reduziu à sociedade, à voz ordenadora e oculta de base, avaliando-a como projeção do coletivo social; Freud, influenciado por ambos, psicologizou as suas origens na neurose, comparando-a às obsessões e aos traumas infantis com suas resoluções mágicas e ao comportamento ritual (obsessivo); antes desses, porém, houve Marx,[153] o modelo primeiro dos teóricos da suspeita, que, apropriando-se de Darwin e de toda a sua escola,[154] tomava-a, a religião, como instrumento ideológico de controle, tomava-a como consciência falsa ou mesmo invertida, ainda que datada, uma consciência que alienava as massas em relação à história em suas tensões de classe. Assim, cada um ao seu modo, todos reduziram a religião e a religiosidade a condicionantes externos, propondo suas "origens" em forças diversas, reduzindo a religião a elementos substancialmente exógenos,[155] quais sejam, a tecnologia, a sociedade, a psicologia e a economia, respectivamente,

---

153 Ver John Raines (ed.), *Marx on Religion*. Philadelphia, Temple University Press, 2002.

154 "Dizendo isso, Marx nos mostra com quem também está em conversação direta, e é com Charles Darwin. Darwin mostrara que toda a vida evoluíra e continuava evoluindo de formas mais simples para formas mais diversificadas e complexas, num processo dirigido por uma vasta luta pela vida". In: Ibidem, p. 74.

155 "Autores modernos em antropologia e pensamento primitivo tenderam a conceber a religião como fenômeno secundário e que a atitude do homem primitivo fosse uma espécie de materialismo empírico". In: Christopher Dawson, *Progress & Religion – An Historical Inquiry*. Washington D.C., The Catholic University of the American Press, 2001, p. 70.

como uma projeção posterior e institucionalizada dessas realidades "primeiras".

Nesse quadro reducionista dominante, a única saída antropológica viável, em termos funcionais histórico-institucionais, ainda que não funcionalistas, seria por meio de uma avaliação que destacasse seus fundamentos no psiquismo/pensamento humanos, mas não como patologia, não como expressão do pensamento mágico de pessoas sem conhecimento científico, como fez Freud. Seria preciso recolocar o elemento devocional na base constitutiva de um psiquismo voltado à transcendência, voltado à comunicação com o que intui ou mesmo constrói como transcendente, e é exatamente isso que faz o galês ao esclarecer em *A Era dos Deuses* a base reverencial/cerimonial de toda e qualquer cultura arcaica. Por exemplo, os xamanismos expressam realidades espirituais vividas pelos xamãs, embora essas experiências estejam sempre configuradas em comunidades e em linguagens específicas – pois o homem é um animal social e cultural –, a experiência do xamã não tem a comunidade dele como mínimo denominador comum, mas a religiosidade humana, potencialmente compartilhada entre todos os indivíduos dessa comunidade, embora em graus os mais variados.

Essa inclinação para intuir/construir o sagrado, a base mesma da sociabilidade humana, como seus princípios mitológicos de ordenamento nos mais distintos contextos e períodos, teve na religiosidade tipicamente humana o seu princípio e fundamento, o mesmo princípio que inclina essa humanidade à especulação filosófica e à observação científica – no humano, o pensar, completamente associado ao sentir/perceber/desejar, extrapola em muito as aflições da sobrevivência, ainda que estas se façam sempre presentes. O explícito e abundante comportamento reverencial dos agrupamentos pré-históricos não é simplesmente um indicador de um dado cultural no meio de outros, compreendendo elementos independentes, e falamos de coisas como as inumações, sua simbologia, seus tesouros e a manipulação dos ossuários, coisas como as pinturas parietais e seus ritos associados; falamos dos megalitos e suas esculturas; falamos dos centros cerimoniais, etc. Essas coisas não nos indicam somente mais um dado cultural no meio de outros, mas constituem o acesso principal ou mesmo único ao âmbito cultural – nesse contexto vida social é vida religiosa, do nascimento à morte, da subsistência à construção de ferramentas, da linguagem às expressões "artísticas", do acasalamento aos confrontos.

> A julgar pelas evidências e pelos indícios que vêm do norte do continente americano, parece claro que a Religião do Caçador – a crença nos espíritos guardiões dos animais – está na base de todos os demais desenvolvimentos [religiosos e culturais]. Primeiramente, temos o espírito guardião do xamã, então o do indivíduo comum; finalmente, à medida que a população cresce e esses grupos se tornam mais complexos, a mesma ideia também se torna princípio de organização social [...][156]

O galês nos afirma que por trás do totemismo, entre outras formas típicas de uma colossal configuração cultural que percorre quase todo o norte do Hemisfério Norte, cobrindo Ásia, Europa e América do Norte, teríamos o que chamou de Religião do Caçador – por trás desta, as experiências específicas ao xamanismo em sua linguagem, simbologia e rituais. Nesse sentido, *o xamanismo teria gerado um tipo específico de*

156 Christopher Dawson, *The Age of Gods – A Study in the Origins of Culture in Pre-historic Europe and the Ancient Near East.* Washington D.C., The Catholic University of American Press, 2001, p. 29-30.

sociedade e cultura, não o contrário: o elemento cultural decisivo está no campo religioso, sua simbologia e ritualística que delineiam os contornos da cultura em seu todo, incluindo as instituições, os hábitos, as rotinas, as leis e os costumes. Realmente, mais que em Durkheim, o projeto historiográfico de Coulanges encontrou em Dawson o seu continuador ilustre, e este expandiu em muito o *insight* do historiador francês, aplicando-o aos mais diversos conjuntos culturais e civilizacionais, o que nos leva a entender que, antes de adotar Coulanges, em quem encontrou um verdadeiro igual em termos intelectuais, o galês já vislumbrara as relações indissociáveis entre religião e cultura, o que nos é confirmado, do ponto de vista biográfico, por Bradley J. Birzer.[157]

Alguém há de perguntar de onde viria, então, o xamanismo associado à Religião do Caçador? Dawson dirá que veio de uma inteligência própria aos ritos, quando associada à reverência cerimonial para com certas intuições muitíssimo antigas acerca dos espíritos guardiões dos grandes animais de caça, entre demais "animais de poder", intuições igualmente associadas a dinâmicas de sacrifício e de reparação. Isso veio da

---

157 "A compreensão que Dawson tinha sobre a cultura estava no coração do todas as suas crenças sobre história, antropologia e sociologia. O sério interesse que tinha pela interseção entre religião e cultura foi iniciado em 1907, quando ainda era calouro em Oxford, época em que começou a ler as sagas medievais islandesas, [quando] percebeu que a religião molda quase todas as normas e leis, moldando também a linguagem e a estrutura familiar. Mesmo coisas materiais como modos alimentares, costumes de corte, tiveram, fundamentalmente, uma base religiosa". In: Bradley J. Birzer, *Sanctifying the World – The Augustinian Life and Mind of Christopher Dawson*. Front Royal, Virginia, Christendom Press, 2007, p. 75.

interação do psiquismo religioso humano com o meio (fauna, flora, clima e terreno) em que se insere, e nesse caso específico, com as regiões frias de planícies e florestas do norte, em que viviam grandes animais de caça; mais contemporaneamente diríamos que formam a região dos ursos e dos búfalos.

Vemos, assim, o meio interferindo no psiquismo e este reagindo ao meio de modo simbólico, criativo e relativamente condicionado. Populações caçadoras desenvolvem uma religião caçadora, esta por sua vez estimula a atividade caçadora, glorificando-a, espiritualizando-a, constituindo um etos e uma cultura caçadores. O pensamento do galês encontra aqui o seu ciclo hermenêutico, dele não sairá, contando-se os inúmeros refinamentos pelos quais esse ciclo passará ao longo de sua obra – e aí esteve o seu gênio.

***

Apesar do esforço hercúleo e de introduzir o fator psíquico como elemento ordenador, compondo um fator tipicamente humano (a comunidade de pensamento) em sua equação do social e do cultural, o galês, mesmo após muito andar e tomar grandes distâncias, ainda se via obrigado a explicar o religioso por meio de elementos fundamentalmente alheios a este: clima e ocupação, ou seja, Darwin e Marx, e foi exatamente por esse motivo que Childe endossou de modo tão favorável *A Era dos Deuses*, conforme vimos no início do capítulo. Um evolucionista social e materialista histórico como esse arqueólogo australiano, um renomado cientista de campo, um acadêmico erudito ambientado no materialismo, Childe se sentiu completamente em casa com o grande quadro explicativo proposto pelo historiador galês, aprovando as relações internas da obra e mesmo elogiando o tratamento minucioso e atento que se dava à religião. Como isso foi possível? Trata-se de uma pergunta pertinente para leitores acostumados a compreender Christopher Dawson como historiador católico, relativamente conservador e sobretudo um pensador místico, um historiador eminentemente avesso e crítico ao materialismo histórico e suas derivações reducionistas.

Não nos esqueçamos das linhas que abrem o seu livro inaugural sobre as origens da cultura: "O que é cultura? – é um modo de vida comum – um ajuste particular do homem tanto ao meio natural que o cerca quanto às suas necessidades econômicas",[158] trecho que Childe faz questão de mencionar em sua resenha. E não se trata de mero enunciado formal, algo desimportante ao longo da obra, nada disso, uma vez que Dawson lhe será fiel ao longo de seu livro. A diferença com o evolucionismo estrito de um Childe está menos na estrutura e mais no olhar – no galês, há um olhar espiritual (não confundir com ideal) que atravessa as relações materiais, intuindo marcas mais distantes, intuindo uma inteligência além. É esse olhar – e não a estrutura – que dá o tom único, realmente diferenciado, de seu pensamento frente ao *mainstream* intelectual de sua época. Esse olhar foi, com o passar do tempo, grandemente refinado, dando à sua historiografia um caráter místico, conforme veremos. Portanto, isso foi matizado ao longo de sua carreira, dando lugar a uma tendência de enfatizar progressivamente os aspectos realmente intelectuais do que o galês concebeu por comunidade de pensamento em constante interação com o seu meio, destacando a ação

---

158 Christopher Dawson, *The Age of Gods – A Study in the Origins of Culture in Pre-historic Europe and the Ancient Near East.* Washington D.C., The Catholic University of American Press, 2001, p. xxiv.

de seus membros mais brilhantes, os quais deram contribuições imensas à cultura.

Os papéis do profeta inspirado, do legislador sábio, do grande artista, do cientista de gênio, do administrador prodigioso, dos santos operadores de milagres, dos guerreiros formadores de impérios, etc., que atuam como agentes fomentadores de percepções e compreensões outras acerca das coisas, promovendo alterações realmente significativas, são então exaltados nessa historiografia como elementos diferenciadores no equilíbrio entre cultura e natureza. Isso em nada altera o ciclo hermenêutico, apenas o sofistica, pois o vê fundamentalmente amparado nas forças naturais – a própria religião se consuma, no psiquismo humano, sob a orientação dessas forças, que também determinam as formas mais fundamentais de ocupação humana.

Essa dependência visceral da cultura e religião às determinações naturais impôs limites *iniciais* à historiografia do galês. Embora se caracterize como uma expressão sofisticada de um extensíssimo panorama histórico, compreendendo, provavelmente, o entendimento mais refinado de sua época, a historiografia de *A Era dos Deuses* não se liberta, de fato, das imposições funcionalistas do evolucionismo social. Nesse livro, conforme vimos extensivamente, o jovem Dawson coloca a religião no centro de sua análise, desdobrando-a como o agente cultural e potencialmente transformador por excelência, o que por si só o afastaria em princípio de um Childe. Ao mesmo tempo, porém, é um pensamento que retém o cultural sob a tutela máxima das condições naturais, fazendo o mesmo com a ocupação/trabalho e com a vida econômica. Nesse sentido, o pensamento humano, embora fundamentalmente inclinado ao religioso, operaria a partir dessa base climático-geográfica. Temos então – como protótipos – a religião do clima ártico, a religião do deserto, a dos grandes rios, estas geradoras de ocupações e etos específicos. *A diferença é que Dawson atribui espiritualidade real à imensidão natural*, em sua indissociável relação com o humano, na composição das diversas geografias do mundo, e o faz de modo contundente em *A Era dos Deuses*. Os homens não só viviam no meio natural, mas o compreendiam *religiosamente*: "toda atividade agrícola era vista como um rito religioso ou como ato sacramental, por meio dos quais os poderes divinos eram mobilizados".[159]

Sob esse olhar, ao ficar em desarmonia com a natureza, "o homem se torna, em certa medida, irreligioso".[160] Há, portanto em sua historiografia um profundo e inevitável sentimento ecológico, mas de um tipo tomado por uma ecologia cristã, que poderiamos chamar de franciscana ou bernardina, profundamente tocada não somente pela funcionalidade da natureza, isto é, por seus frutos e seus recursos, mas principalmente por sua beleza incomensurável, pela evocação à grandiosidade, ao mistério e à sacralidade que traz consigo.

O humano está em comunhão com o meio, desde os primórdios, ou melhor, sobretudo nos primórdios. O homem e a mulher arcaicos olham o mundo natural que os cerca com uma admiração profunda, enxergam-no reverencialmente, mas também com terror, reverenciando espiritualmente suas dádivas, sentindo a sua dependência visceral diante do que esse todo – que chamamos hoje de natureza – lhes oferece, em seus ritmos e ciclos, buscando apaziguar a sua ira e assim debelar a fome e

159 Ibidem, p. 78

160 Joseph T. Stuart, "Christopher Dawson in Context – A Study in British Intellectual History Between the World Wars". Edinburgh, University of Edinburgh, *Ph.D. Thesis*, 2009, p. 214.

a doença. Buscando desviar-se da carestia e da provação, esses homens e mulheres conversam com os deuses, em transe, viajam até eles, buscando informações e sobretudo favorecimentos. Toda a comunidade se move segundo esse ritmo sagrado. Tudo isso é verdade, certamente. Todavia, a questão antropologicamente central seria a discussão dos nexos internos à forma tipicamente humana de se valer de deuses. Não existe nenhuma correlação explícita entre a natureza e as simbologias religiosas das culturas, não há qualquer inferência direta de uma ordem para a outra, o que nos obrigaria a discutir a espiritualidade humana nos termos únicos da mente humana, daí a criação de uma categoria como a comunidade de pensamento.

Apesar dessa fineza de trato para com a religiosidade arcaica, apreciando-a em seus próprios termos, revelando-lhe o coração no rito e na mitologia, nas mansões dos guerreiros e dos heróis antepassados, nos descampados dos espíritos guardiões, nos recessos uterinos das cavernas, onde os grandes animais flutuam, na semeadura cerimonial dos templos, faltou a Dawson, à sua historiografia elucidativa, uma teoria sobre o rito. Ele chegou a farejá-la ao perceber a centralidade absoluta dos ritos, tanto no que chamou de civilização arcaica como na pré-história. O rito, quando visto como elemento formador da cultura, é um entendimento que está próximo de suas análises, mas ele não o apreende integralmente como matriz e, assim, não lhe dirige uma elaboração mais atenta, o que o levaria a discernir a sua lógica própria, a sua estrutura própria, *completamente alheia às determinações climáticas e geográficas*, ou seja, genuinamente antropológica.

Esse aprisionamento ao meio, ainda que sob uma sensibilidade espiritualizada diante desse meio, tomando-o beneficamente como expressão da Criação, torna a sua historiografia eminentemente romântica, e podemos mesmo visualizar uma tradição de pensamento que se inicia em Rousseau e deságua em Dawson. Bem sabemos que alguns leitores do galês poderão escandalizar-se com essa afirmativa certamente heterodoxa, mas pedimos que não o façam por dois motivos: primeiro, isso será matizado ao longo da trajetória intelectual de Dawson, e aos poucos o seu pensamento foi se alinhando crescentemente à escatologia cristã, tomando-a como o ponto central para a revelação do que é o humano; em segundo lugar, tratou-se de um romantismo cristão deveras fecundo e repleto de *insights* poderosos e universais, uma vez que há em Dawson um sentido de aprimoramento do romantismo. Novamente, se o romantismo ainda tem alguma contribuição a fazer para o alargamento de nossa compreensão sobre o humano, sobre suas culturas e sociedades, essa chance se manifesta sobretudo no pensamento desse historiador, mas, para que isso seja feito de modo minimamente proveitoso, é preciso reconhecer-lhe os pontos problemáticos.

Durante um debate entre pensadores notáveis, que se tornou livro,[161] o historiador da cultura e classicista alemão Walter Burkert faz um alerta aos seus interlocutores,[162] o qual tem especial relevância em nossa reflexão: toda e qualquer discussão sobre as "origens" tem caráter mitológico sobretudo no campo cultural. Com efeito, no plano das grandes narrativas religiosas, os relatos de criação são fundamentalmente *mitos de origem*, compreendendo elaborações religiosas que explicam e justificam a ordem fundada e estabelecida num cosmos qualquer, fazendo-o nos termos de uma narrativa que se apresenta

---

161 Ver Hamerton-Kelly (org.), *Violent Origins – Ritual Killing and Cultural Formation*. Stanford, California, Stanford University Press, 1987.

162 Os seus dois principais interlocutores eram René Girard e Robert Z. Smith.

como inspirada e/ou sagrada. Em linhas gerais, o mito é uma forma didática e altamente sintética de explicar a origem de determinadas instituições e prescrições/sanções associadas, geralmente tabus. Nesse caso o termo "origem" é concebido em sentido estrito, totalmente rigoroso de não haver (quase) nada para trás desse ponto original e formador, exceto abismo, caos e esquecimento, ou seja, coisas que precisaram ser deixadas para trás para que uma nova ordem surgisse. Portanto só o campo mitológico sabe (e pode) lidar com questões de origem *em sentido estrito*, e sabemos que a própria teologia se vê obrigada a usar o mitológico, o metafórico e o alegórico ao ter de narrar as origens. Todavia, quando um cientista da cultura (teólogos potencialmente incluídos, embora não necessariamente) dedica-se a pensar as origens, o que faz é refletir sobre alguns antecedentes formadores que lhe parecem decisivos, mas tendo em mente que será sempre possível encontrar antecedentes mais longínquos, assim que estejam firmadas outras descobertas, podendo alterar relações de causa e efeito até então estabelecidas. É claro que processos de revisão de paradigma são lentos e arrastados, percorrendo, não poucas vezes, algumas décadas ou mais.

Nesse sentido, discutir cientificamente as origens impõe uma aproximação cuidadosa sobre os elementos vistos como fundadores de algo importante. Um olhar atento aos supostos elementos fundadores da cultura, e falamos de estudos sobre o tema, ainda compreendia o centro das atenções acadêmicas, quando Dawson escrevia *A Era dos Deuses*. Os trabalhos prévios de Coulanges, Henry J. Maine, Frazer, Durkheim, entre outros, tendo em Giambattista Vico uma espécie de pai fundador dessa visão, demonstravam enfaticamente, na perspectiva de uma rigorosa história das instituições em diálogo com a antropologia, que a religião seria de fato um elemento formador trans-histórico nas sociedades humanas: todas as sociedades humanas dispunham de religião e arte religiosa, mesmo que de modo rudimentar. Mais importante, eram dois elementos que de fato caracterizavam a humanidade, diferenciando-a de outras "culturas", uma vez que coisas como ferramentas, linguagem e trabalho de equipe, embora sumamente rudimentares (por vezes nem tanto a depender dos modelos comparativos), podiam ser observados em determinadas espécies de animais.[163] Por outro lado, religião e arte só existem no domínio cultural tipicamente humano, são presenças universais nesse domínio. Mais importante, em contextos arcaicos – mais antigos e formadores – o que chamamos amplamente de "arte" é na verdade uma expressão/realização sumamente devocional. Logo, em suas "origens", e o termo é usado cientificamente no sentido de até onde podemos chegar no momento, toda arte é sacra, o que realmente nos indica o papel central da religião/religioso no fundamento mesmo das culturas humanas. Um estudo "sobre as origens da cultura" teria de ser ao mesmo tempo um estudo tanto sobre as religiões, enquanto campo rito-mitológico, como sobre a atitude ou inclinação religiosa do humano, e aqui temos uma contribuição decisiva de Dawson, que o torna não somente um continuador importante de uma longa tradição historiográfica, mas um expoente dessa tradição. A questão é esmiuçar um pouco mais, no âmbito temático de *A Era dos Deuses*, o entendimento particular que ele desenvolveu sobre a religião como fundamento da cultura em seu estudo sobre as origens.

163 Ver Walter Burkert, *The Creation of the Sacred: Tracks of Biology in Early Religions*. Cambridge, Harvard University Press, 1998.

Em sua tese, Joseph T. Stuart nos diz algo importante: "[Dawson] evitou completamente a questão de encontrar a origem histórica da religião. Em vez disso, focou seu estudo em suas funções na história – o que a religião tinha feito?". [164] O que se está dizendo é que o galês evitou tratar, mitologicamente, a questão das origens, assim antecipando o alerta de Burkert em pelo menos sessenta anos. Caso ele tivesse saído em busca de eventos fundadores das religiões, teria entrado inescapavelmente na lógica e na terminologia dos mitos, afiançando-lhes a autoimagem imposta. Todavia, fiel à tradição que herdou, antes de questionar *o que é* ou *o que era* religião, analisou para que servia, solicitando-lhe a função e o sentido, o que confere à sua historiografia certo lastro antropológico realmente sólido, direcionando os olhares investigativos para o papel/função fundamental da religião/do campo religioso no desenvolvimento das instituições arcaicas.

O galês faz notar, em *A Era dos Deuses,* que os grandes desenvolvimentos civilizacionais do Oriente Próximo se expressaram em instituições específicas, principalmente na instituição-mãe, a qual demos o nome de templo-palácio e seu rei-sacerdote, os residentes régios de uma cidade sagrada ou mesmo de uma cidade-necrópole. Foi em relação com essas instituições sagradas que escrita, calendário, canais e diques para a agricultura de larga escala, exércitos regulares, leis escritas, arquitetura monumental, moeda, etc. foram desenvolvidos e implantados. Essas instituições tiveram os seus fundamentos num imenso campo simbólico-religioso,

164 Joseph T. Stuart, "Christopher Dawson in Context – A Study in British Intellectual History Between the World Wars". Edinburgh, University of Edinburgh, *Ph.D. Thesis*, 2009, p. 227.

os quais, por sua vez, retrocedem aos períodos pré-históricos. Todo esse cenário cultural não estava somente impregnado de religião, mas tinha nela o seu elemento articulador, coextensivo aos passados formadores. É por meio dessa instituição-chave que o historiador da cultura se mostrava capaz de acessar os veios que ligavam essas instituições múltiplas aos seus passados formadores ou, em linguagem metafórica, às origens.

Essa visão deu à historiografia de *A Era dos Deuses* uma aproximação com o universo ritual, e aqui nos aproximamos do momento derradeiro dessa discussão. Em meados da década de 1920, quando Dawson escrevia seu primeiro livro, descobertas e estudos arqueológicos importantíssimos ainda teriam de esperar certo tempo até oferecer frutos explicativos. Descobertas como as de Çatalhöyük, Gobekli Tepe, Tell Brak, Nevali Çori ainda não estavam no radar do historiador galês, porque simplesmente ainda não tinham sido feitas, mas que provocaram, décadas mais tarde, uma "revolução" nos campos da arqueologia e dos estudos em pré-história e Antiguidade Oriental. Essas e outras descobertas, mais o trabalho teórico aprofundado entre arqueólogos e pensadores, nos esclareceram determinados processos que Dawson apenas intuíra, mas que somente ele o fizera em sua época.

Como dizíamos há pouco, embora tenha intuído a centralidade estruturante do rito diante das mais variadas culturas, abstraindo a sua centralidade durante o desenvolvimento das instituições arcaicas, o historiador galês nunca se apropriou de uma teoria da religião em sentido rigoroso, tampouco considerou o rito e a religião em termos estritamente antropológicos, ou seja, em termos que tivessem nos *dramas específicos ao* sapiens as suas bases fundantes. Em seu esquema formativo, a referência primeira não se funda na relação interna entre os humanos, não se localiza nos problemas intraespecíficos das comunidades e dos agrupamentos, mas se funda, primeiramente, nas relações do homem com o seu meio natural, com os humanos moldando a sua cultura, constituindo-se como cultura diante das exigências do meio ambiente, este o criador coletivo de psicologias e de simbologias específicas.[165] Do ponto de vista da cultura material, essa elaboração é pertinente ou mesmo inevitável. Os caçadores do norte se vestiam com as peles dos grandes animais que matavam para comer, cultuando esses animais, estabelecendo relações simbólico-espirituais viscerais com estes. Ambos, caçadores e animais, plenamente configurados num clima específico, confiados a um extenso território. Caso alteremos esse quadro histórico-geográfico para uma comunidade de agricultores, ligados a climas mais moderados, por exemplo, teremos outro vestuário, outra subsistência e outras relações imagéticas e conceituais entre os homens e os seus deuses. A questão, todavia, é que isso *apenas descreve*, mas não elucida a questão da religiosidade universal do humano, um ponto que o galês percebeu com clareza, daí a sua "pequena teoria" sobre o fator pensamento, na concepção da cultura como comunidade de pensamento.

Num livro sobre as "origens" da cultura humana,[166] em que propõe o despertar de nossa humanização numa suposta designação universal de um grande animal abatido e sacralizado, o antropólogo norte-americano Eric Gans afirma que

---

165 Christopher Dawson, *The Age of Gods – A Study in the Origins of Culture in Pre-historic Europe and the Ancient Near East.* Washington D.C., The Catholic University of American Press, 2001, p. 19.

166 Eric Gants, *Science & Faith: The Anthropology of Revelation.* Maryland, Rowman & Littlefield Publishers Inc., 1990.

as explicações naturalistas sobre a religião e sobre o religioso, em voga entre os luminares do século XIX, careciam, e quase que por completo, de uma base antropológica consistente. A natureza, conforme hoje a vemos, sempre esteve lá, no entanto as culturas arcaicas nunca a viram como *natureza*, uma vez que a viam como extensão da própria sociedade. Segundo Gans, numa posição compartilhada com outros tantos antropólogos, as comunidades humanas sempre tenderam a projetar a si mesmas no seu meio, interpretando-o e concebendo-o conforme *questões internas* aos agrupamentos humanos, o que explica, por sua vez, certa universalidade de alguns ritos, de temas mitológicos e mesmo de determinados tabus, independentemente de clima e território. A mentalidade arcaica humanizava, invariavelmente, o cosmos ao seu redor. Nesse universo não existiam nem a natureza nem o natural como conceitos hoje aceitos. *Dawson tinha plena consciência disso*, e chegou mesmo a avançar parte do tema ao insistir, por exemplo, em prováveis origens rituais de certas instituições e técnicas pré-históricas.

> Os homens não aprenderam a controlar as forças da natureza, a tornar a terra dadivosa e a criar rebanhos e manadas como uma tarefa prática da organização econômica da qual eles dependiam para a consecução de seus próprios empreendimentos e do trabalho ativo. Eles encaravam essas atividades como *um ritual religioso* [grifo nosso] no qual eles cooperavam como sacerdotes [...].[167]

Ele estava no caminho certo para uma antropologia realmente consistente do religioso. Todavia, em *A Era dos*

---

167 Christopher Dawson, *Inquéritos sobre Religião e Cultura*, op. cit., p. 119.

Deuses, a sua historiografia ainda não podia ultrapassar os condicionantes geográficos, insistindo "numa divinização dos poderes da natureza",[168] para ele a base de toda e qualquer religião primitiva, e assim explicando uma atitude supostamente fundamental de reverência e de dependência diante das imensidões naturais. Segundo esse entendimento, "sempre que os homens tiverem um sentimento de dependência diante de poderes externos, concebidos como misteriosos, colocados acima dos poderes humanos, haverá religião, juntamente com o sentimento de temor e de contrição, com o qual o homem é preenchido quando na presença desses poderes, criando uma emoção essencialmente religiosa, raiz de todo culto e de toda oração".[169] As culturas primitivas prostravam-se diante dessas imensidões, divinizando sobretudo aqueles seus aspectos mais diretamente ligados à sobrevivência, como os animais de caça e semelhantes em poderio, animais que evocavam potência muscular e periculosidade; cativas de uma "ideia de um poder cósmico sobrenatural relativamente difuso".[170]

Esse entendimento de uma original ou estruturante veneração dos poderes da natureza nos traz, consigo, limites significativos, o principal deles, absolutamente visível do ponto de vista analítico, conforme insistimos, é a sua relativa cegueira antropológica, ou seja, sua inaptidão para perceber a recorrente humanização que o humano faz da natureza e dos cosmos em seus sistemas religiosos arcaicos,

168 Christopher Dawson, *The Age of the Gods*. Washington D.C., The Catholic University of the America Press, 2001, p. 31.

169 Ibidem, p. 16.

170 Ibidem, p. 21.

mas raramente o contrário.[171] Eram as sociedades e o humano, em seus problemas internos agudos, em suas problemáticas frequentes, que se flexibilizavam da mente do sapiens para fora, projetando-se sobre o que chamamos, hoje, de mundo natural ou de natureza, igualmente, uma construção cultural. Caso contrário, como explicar, por exemplo, os tabus sobre os gêmeos ou sobre a menstruação feminina, presentes nas mais diferentes culturas, em latitudes as mais diversas, embora com pequenas adaptações locais, cobrindo os mais variados climas, territórios e ocupações centrais? Para não falar, obviamente, da universalidade do sacrifício e de outros procedimentos rituais a este conectado. Novamente, o galês se dá conta dessas questões, mas o pensamento e os autores de sua época ainda não lhe favoreciam uma guinada radical para o antropológico.

É claro que essas culturas temiam reverencialmente os cataclismos, as secas, as enchentes, os incêndios, mas quando essas coisas ocorriam, afetando a vida das pessoas, as responsabilidades eram depreendidas do meio social, eram

---

171 É notável como Dawson chega a descrever, em alguns exemplos que oferece, esse exato processo de humanização da natureza, realizado pelo pensamento religioso, deveras característico do universo caçador-coletor; não obstante, ele não infere, desses exemplos, um entendimento mais antropológico das origens da religião. Por exemplo, quando diz: "A intenção dessas cerimônias é proteger as pessoas da ira do urso abatido e da ira de seus familiares, assegurando o sucesso de futuras caçadas", ibidem, p. 23. Aqui fica claro como a religião arcaica *humaniza* o meio natural, e não o contrário. Esses caçadores tomam a reação dos ursos como reações humanas. Quando, ao contrário, se vestem de ursos e incorporam os atributos do bicho, o fazem no sentido de apropriação pessoal e social, humanizando, uma vez mais, a natureza.

colocadas na conta da violação de algum tabu, na má execução de um rito, na corrupção fatal de um sacerdote, na heresia de um rei, na má conduta do povo, etc., atos que haviam atiçando a ira das divindades ou do divino. Isso significa que as leis próprias ao universo do religioso, em sua forma de pensar e de reagir aos males e às bênçãos, não vinham de adaptações criativas aos imperativos ou condicionantes do meio natural, mas da própria dinâmica social humana, de seus relacionamentos internos e principalmente de suas relações conflituosas, as quais eram geradoras de instabilidade social. Nesse sentido, René Girard foi ao ponto ao dizer

> O que devemos compreender é que até aqui o centro de gravidade dos sistemas religiosos sempre foi situado nas ameaças exteriores, nas catástrofes naturais, ou nas explicações dos fenômenos cósmicos. [...] Mas essas coisas sempre foram percebidas, em primeiro lugar, como transgressão de interditos, fossem pelos homens, fossem pela própria divindade.[172]

Girard está criticando precisamente a naturalização da religião pelos acadêmicos dos séculos XIX e início do XX, ressaltando a sua insustentabilidade antropológica. Os antigos não temiam a natureza *em si mesma* (seja lá o que isso signifique, exatamente); temiam o que projetavam de si mesmos nela, mesmo porque não dispunham do conceito de natureza: a referência primeira, próxima e impactante, era o próprio meio social, modelo fundamental para os demais meios, num aspecto

172 René Girard, *Coisas Ocultas Desde a Fundação do Mundo*. São Paulo, Paz e Terra, p. 34.

em que Dawson poderia ter ficado um pouco mais atento às intuições de Durkheim.

A questão que nos importa é notar como a historiografia do galês ignora, em seus fundamentos, o problema interno dos conflitos entre as sociedades humanas. Em *A Era dos Deuses*, a palavra "violência" é praticamente esquecida em sua discussão sobre as origens, e o mesmo silêncio permanece em sua discussão sobre as bases de mudança cultural e, consequentemente, sobre as alterações na ordem social. Temos aqui um visível *ponto desconexo*, que o perseguiu ao longo de sua carreira. Ao naturalizar as religiões primitivas, Dawson inevitavelmente as pacificou, ao mesmo tempo que as idealizou, num movimento tipicamente romântico. Ainda que buscasse na religião a alavanca de Arquimedes da cultura, avaliando-a sobretudo enquanto comunidade espiritual,[173] numa intuição realmente primorosa, o historiador galês continuou condicionando a religião – sua função, característica e formato – às contingências naturais, aos dados *neutros* do meio ambiente, apreciando espiritualmente essa grandeza natural, consagrando sua beleza, sua funcionalidade, sua multiplicidade, o que o afastou, por sua vez, das bases conflituosas inerentes aos agrupamentos humanos. Haveria, *mais tarde*, uma religião dos guerreiros, associada aos nomadismos em suas relações específicas com o meio, conforme vimos, a base de seu etos guerreiro, análoga à religiosidade mais antiga e pacífica do caçador. A do agricultor seria essencialmente pacífica, reflexo de um etos próprio: "todas elas são culturas de camponeses-agricultores [do neolítico europeu], completamente desmilitarizadas e pacíficas".[174]

---

173 Christopher Dawson, *The Age of the Gods*, op. cit., p. 16.

174 Ibidem, p. 43.

Hoje sabemos que não foi assim. As sociedades de agricultores e de criadores de rebanhos que avançaram sobre a Europa, durante o sexto e o quinto milênios AEC, foram, ao menos em alguns casos significativos, assombrosamente violentas e orientadas para a guerra, e falamos de violência canibal e de verdadeiros massacres coletivos ritualizados, conforme nos atestam os sítios de Herxheim e de Talheim na região sudoeste da Alemanha.[175] Algo semelhante, embora não idêntico, se dava no neolítico anatólico no célebre sítio de Çatalhöyük, talvez a mais antiga "cidade" da história, onde vislumbramos uma comunidade de agricultores e de criadores de rebanho, absolutamente, sedentarizada, uma sociedade protourbana, mas cuja religiosidade se desenvolvia em torno de temas marcadamente caçadores e guerreiros, largamente dominados por uma simbologia de violência, ainda que apareça, no mesmo sítio, a simbologia marcante da Deusa-Mãe, deveras central na elaboração de Dawson, potencialmente associada à fertilidade, mas também à caça.[176] Trata-se de assunto complexo e fascinante, e não seria o caso de discorrer sobre ele aqui.

O que nos importa, nesse final de discussão sobre *A Era dos Deuses*, um livro primoroso, é a identificação desse *ponto desconexo*, com o qual estamos delineando a fronteiras de suas reflexões. Ele reconsiderará tudo isso, e teremos no Dawson de o *Julgamento das Nações*, com o qual encerrarmos nossa reflexão, uma disposição realmente atenta ao arcabouço de violências que reside nas profundezas de nosso psiquismo coletivo. O galês soube resolver as suas incongruências.

175 Ver Rick J. Schulting, *Sticks, Stones, and Broken Bones: Neolithic Violence in an European Perspective*. Oxford, Oxford University Press, 2012.

176 Ver Ian Hodder, *Religion in the Emergence of Civilization: Çatalhöyük as a Case Study*. New York, Cambridge University Press, 2010.

3

E fez de minha letra uma espada afiada

Progresso para quem?

Um aspecto que logo chama a atenção do leitor que percorre as primeiras páginas de *Progresso e Religião*, livro publicado em 1929, logo na sequência de *A Era dos Deuses*, é a sua extrema atualidade ecológica. O livro se organiza como um conjunto de ensaios sobre a questão ampla do progresso balizado (ou não) pela religião, em contato (ou não) com as suas raízes culturais, e foi, provavelmente, um dos trabalhos mais inspirados de Dawson, fonte potencial de inúmeras problematizações acerca desse tema imenso.

Dentro desse grande tópico chamado *progresso*, um conceito com sua própria história, houve, em cenário moderno, o subtópico incontornável do industrialismo, ao qual o galês se dedicou. Nesse tema-problema central, industrialismo e sociedade industrial, encontraremos sem dúvida um dos antagonismos de sua historiografia, embora o galês nunca tenha sido ludista ou coisa do tipo, tampouco se contrapunha ao desenvolvimento técnico enquanto tal. Todavia sempre que se referia criticamente ao industrial(ismo), endossando em parte as posições românticas de Ruskin e de Tolstói, Dawson o fazia sob a constatação de um sistema notadamente hostil ao âmbito cultural, estruturalmente indiferente aos ritmos renovadores da natureza quando acasalada com a cultura. Essa hostilidade impôs aos seres humanos sob o jugo desse "ismo" um divórcio radical com o meio ambiente natural, solapando, concomitantemente, a cultura.

O pensamento de Dawson se concatena em blocos ou troncos em dependência mútua, são extensões, derivações e transformações que se aglutinam num único fluxo. As bases desse pensamento foram expostas em *A Era dos Deuses*. Portanto, sabemos que *não* há cultura humana divorciada de uma base natural específica, de um meio ambiente que a condicione, embora não a gere. Logo ao agredir, arruinar ou mesmo destruir essa base natural, o humano acaba por aniquilar a própria cultura que nela se constitui, enquanto comunidade de pensamento, ou seja, *é impossível preservar a cultura ao aniquilar a natureza*, exceto na constituição de uma cultura distópica, ao mesmo tempo e da mesmíssima forma que seria impossível cortar o tronco de uma árvore na esperança de colher seus frutos na próxima estação.

Vejamos bem: ele não diz que a sociedade desaparece ou se desfaz, necessariamente, mas que esse divórcio desvitaliza a cultura, que pode definhar ou até mesmo perecer em razão de um desenraizamento agudo, uma vez rompidos os laços como o seu meio ambiente formativo e original. As gerações prosseguem, certamente, mas agora desconhecem a vida *naquela* cultura, pois desligadas de sua sustentação natural fundamental, o que geralmente conduz a um empobrecimento sensível tanto das relações humanas quanto da arte e do pensamento. Nesse sentido, o industrialismo, visto como sistema autodeterminado e voltado à lógica interna do aumento ilimitado da relação produção/consumo, passa a ser avaliado como uma espécie de profanador contemporâneo das mais diversas culturas, colocando em seu lugar amontoados humanos uniformes e espiritualmente alienados, definitivamente urbanizados na frieza e na feiura, largamente privados de quaisquer contatos mais profundos e diretos com o universo impactante da natureza: pessoas confinadas em ambientes culturalmente raquíticos, esqueletos de cultura residual, não obstante, espalhafatosos, barulhentos, fúteis e massificadores.

> Tolstói e Ruskin viram [no avanço do industrialismo] a destruição sistemática das formas mais elaboradas da vida local, viram o completo desaparecimento do mundo do artesão, de sua arte, diante dos imperativos de uma civilização padronizada no maquinário [...] Perceberam os imensos desperdícios de um sistema que indolentemente exaure, para ganhos imediatos, os recursos da natureza.[1]

Trata-se de posicionamento atualíssimo, e alguém até poderia sugerir que usássemos os seus ataques à civilização poluidora – a nossa – como panfleto acadêmico em manifestações ecológicas correntes. Todavia o leitor há de perceber algo distinto, sensivelmente apartado do espectro padrão das críticas ambientais atuais. Não se trata apenas de preservar a natureza/o meio ambiente, mas de devolvê-los às culturas associadas, recuperando-as em seu seio, enquanto sociedades consagradas em meio ambientes e territórios específicos, num esforço consciente de recuperar e de preservar também as culturas, enquanto emanações criativas e específicas do pensamento

---

1 Christopher Dawson, *Progress & Religion – An Historical Inquiry*. Washington D.C., The Catholic University of the America Press, 2001, p. 19.

humano em comunhão com a natureza. É importante perceber como se estabelece em seu pensamento um vínculo *indissociável entre industrialismo e irreligiosidade*, entre produção em massa e aculturação, entre resíduos tóxicos e alienação espiritual, numa grande lista de contrários que poderia estender-se por muitas páginas. Em Dawson, defender a cultura significa, necessariamente, defender o meio ambiente, vice-versa, num posicionamento deveras distinto dos piores excessos de certo ecologismo radical, atualmente propagado para ganhos políticos os mais mesquinhos e definitvamente associado com os estamentos do poder financeiro.

Na mentalidade romântico-cristã de Dawson, em seu "humanismo apostólico" moderno, por assim dizer, seria impossível amar uma cultura e não amar, por extensão, a natureza a ela organicamente associada, vice-versa. Seria impossível, por exemplo, apreciar a arquitetura e a cultura das pequenas vilas gregas, serenamente alvas, encasteladas e isoladas, encrustadas em rocha oceânica, retirando-lhes o contexto natural de um Mar Egeu translúcido e transfigurador. Igualmente, não se ama determinada cultura de pastores com seus rebanhos e tendas, sua tapeçaria e seus tecidos, suas longas vigílias de trabalho, suas lealdades específicas e atritos costumeiros, sua contemplação sapiencial dos astros e dos ventos, sua intimidade com as grandes distâncias e com o misterioso, sem amar o meio natural específico e condicionante em que tudo isso ocorre: as grandes extensões agrestes e desérticas. Na verdade são extensões e expressões da mesma realidade universal, pelas quais se evoca algo muito maior, numa consagração mais alta da vida em sentido amplo, e o nosso Guimarães Rosa, por exemplo, a percebeu em sua literatura – foi um dawsoniano sem o saber.

Esse rompimento se agravou e hoje o divórcio entre natureza e cultura parece estar quase completo, a ponto de as pessoas passarem a execrar somente os dejetos e os poluentes do sistema instalado, mas do qual não desejam mais sair, pelo contrário, reforçam-no em expectativas sempre aumentadas de receber novas tecnologias para novos divertimentos. A preocupação com o meio ambiente permaneceu e até cresceu, considerando-se a situação calamitosa em que vivemos, *mas a preocupação associada com a cultura simplesmente desapareceu do cenário reflexivo*, o que nos mostra que se trata de um movimento – o atual – largamente pautado por elites financeiras e metropolitanas, cujo interesse real em relação às culturas é em geral e no melhor dos casos meramente ornamental. Isso nos dá uma dimensão realmente única do pensamento de Dawson, avaliando-o em sua raridade, cabendo-nos investigá-la ao máximo.

O capítulo III de *Progresso & Religião*, um ensaio intitulado "Antropologia e Teoria do Progresso", é fundamental nesse ponto, colocando-nos no centro da discussão.[2] Com base nesse ensaio, percebemos um entendimento diferenciado sobre a relação que se estabelece entre cultura e meio ambiente, entre desenvolvimento técnico e progresso e entre arte e cultura. Em sua discussão sobre o progresso, suas formas e sentidos na modernidade, Dawson insere o fator natureza e meio ambiente como uma espécie de pedra angular de seu argumento sobre evolução social, reorientando, por meio dessa inflexão, o entendimento mais comum sobre o significado do progresso. Nessa clave o industrialismo, o maquinário e as novas tecnologias não somente não constituem em si mesmos e necessariamente elementos de progresso, como em certos casos podem indicar o contrário, apresentando-se como elementos de retrocesso ou mesmo de extinção. A heterodoxia dessa proposição

2 Ibidem, p. 47.

é simplesmente assombrosa em termos contemporâneos, uma vez que se questiona o entendimento do que seria de fato o progresso social.

> Não consideramos a dependência que um artista tem em relação ao material que usa como sinal de fraqueza e falta de competência. Pelo contrário, quanto maior for um artista, *mais completamente entrará em seu material* [grifo nosso], mais completamente o seu trabalho se harmonizará com as qualidades do meio em que se expressa [...] Portanto, a formação e o desenvolvimento de uma nova cultura não são meramente um fenômeno histórico. Há também um aspecto *biológico* envolvido [grifo nosso].[3]

É nítido como se está equiparando, metaforicamente, o trabalho de um artista com a cultura, equiparando-se os materiais usados com o meio ambiente natural. O entendimento de cultura como criação artística do gênio humano em contato orgânico com o seu meio fica então deveras explicitado. Isso é importantíssimo: enxerga-se a cultura sobretudo como obra de arte, como expressão viva desse artesão que é o humano, esse agente do pensamento que trabalha os materiais que o meio lhe disponibiliza, como na imagem imorredoura do oleiro que se realiza manuseando e transformando natureza em cultura, ato e potência, erguendo assim todo um meio para cima e além. Sob esse olhar a técnica está a serviço da "arte", colocando-se sob a tutela desse pensamento que produz arte, que se expressa artisticamente em meios diversos ao relacionar-se com as coisas em modo devocional. Essa

3 Ibidem, p. 56.

dinâmica forma os conteúdos específicos do que entendemos por cultura (pinturas, entalhes, escultura, relevos, acabamentos, arquiteturas, pigmentos, ornamentos, recipientes, etc.) em comunhão com o meio, nele se modelando e dele retirando recursos e inspiração na consolidação das rotinas sagradas do artesão em cada um de seus movimentos, pois "se o homem é essencialmente um animal que se vale de ferramentas, um empregador de ferramentas, estas são desde o início de nossa humanidade as do artista tanto quanto são as do trabalhador".[4]

Vislumbra-se aqui uma cultura de aldeia ou mesmo, em sentido amplo, um regionalismo profundo, no qual os ritmos naturais e os sociais se agregam em expressões próprias, únicas, consagrando pensamento e natureza. Um *verdadeiro* progresso, caso esteja realmente em andamento, tem de atuar mais ou menos dentro desses parâmetros, deslocando-se em comunhão com esses parâmetros, fazendo-os crescer em conjunto, caso contrário o que temos é retrocesso social, e *não* progresso, mesmo que ocorram avanços em áreas específicas. Em geral, seja em seus aspectos técnicos ou institucionais, esses "avanços" não contribuem para o fortalecimento da cultura, muito pelo contrário, arrastam-na para longe de si mesma e de suas origens naturais. A questão de fundo subjacente a qualquer teoria do progresso passa então a versar, desde que sob esse olhar, sobre a *revitalização contínua de uma cultura qualquer.* É essa área que o historiador galês quer tocar e expor, colocando a ideia de progresso ao amparo dessa realidade mais fundamental de revitalização ou desvitalização das culturas em seus processos históricos.

4 Ibidem, p. 64.

Dawson percebeu como ninguém quanto a ideia abstrata, genérica e universal de progresso é uma armadilha conceitual, que serve a interesses econômicos e políticos bem conhecidos, invariavelmente associados aos grandes grupos financeiros e seus agentes formais: os governos e os burocratas. Progresso para quem e de que forma? É essa a pergunta a ser respondida. Como historiador erudito, Dawson teve em mãos inúmeros relatos e estudos antropológicos, sociológicos e históricos sobre o impacto desse "progresso" sobre um número incontável de comunidades culturalmente vulneráveis, quando abundam os estudos que nos mostram como esse "progresso" obliterou ou mesmo arrasou culturas inteiras, subtraindo em pouco tempo, mas completamente, modos de vida que ali se expressaram por séculos ou milênios.

> O verdadeiro progresso, todavia, não consiste num avanço quantitativo em riqueza e em números, tampouco num avanço qualitativo em tecnologia e controle dos recursos materiais [...] *O fator essencial do progresso corresponde a um processo de integração*, uma união crescente entre o espírito de toda a civilização e a personalidade da sociedade local [...] Uma síntese na qual cada região leve sua contribuição para o todo, sem perder a sua própria alma sob a pressão da mão morta do imperialismo mundial.[5]

Essa passagem citada anteriormente em seu final, retirada de um artigo de 1921 que foi publicado na *Sociological Review*

5 Christopher Dawson, *Dinâmicas da História do Mundo*. Ed., pref., intr. e posf. John J. Mulloy; intr. Dermot Quinn; pref. e trad. Maurício G. Righi. São Paulo, É Realizações, 2010, p. 114.

logo no início de sua carreira, nos coloca diante de um elemento significativo – um combate aberto contra a fragmentação do humano. E poderíamos dizer que a associação que faz entre progresso e integração não se limita ao âmbito dos povos e das nações, das civilizações e das culturas, mas se fundamenta, igualmente, numa concepção holística de progresso individual, momento em que podemos dizer que Dawson foi um sábio, o nosso sábio de *Malvern Hills*.

O ecologismo de Dawson, a defesa que faz da natureza como elemento organicamente vinculado à cultura, mais do que a mera e simples defesa da cultura contra os interesses que se valem das ideologias do progresso, coloca-se como afirmação espiritual e política em sentido amplo. Alinhadas ao pensamento paulino, suas reflexões combatem os principados deste mundo, sempre que se organizam para achatar as culturas e dissipar os seus regionalismos, uniformizando os homens e as mulheres, retirando-lhes os vínculos natalícios com a terra, para jogá-los em amontoados às margens dos centros financeiros, onde se formam clientelas baratas, sustentadas com migalhas, promessas inócuas e divertimento vulgar. Era e ainda é uma questão civilizacional premente, o alvo primeiro de sua historiografia, por meio da qual vem à tona um profundo ecologismo espiritual em sentido realmente sofisticado de haver uma harmonia vigorosa entre sociedade humana e natureza, numa comunhão espiritual entre ambas. Isso está no centro de seu pensamento, afiançando uma articulação vital entre cultura e meio ambiente. Em Dawson, só pode haver um progresso real nos termos de uma vida natural e culturalmente melhor, ou seja, no fortalecimento constante desse vínculo primeiro; portanto, não há como discutir progresso sem antes discutir o seu papel nesse vínculo.

Tudo isso não torna o historiador galês um antiprogressista. Novamente, ele nunca foi contrário ao progresso, desde que fosse verdadeiro. Ocorre que o seu pensamento avaliava esse agregado chamado progresso como algo completamente distinto do que se propunha na época, e que ainda hoje se propõe, embora sempre possamos avistar, em certas vanguardas, entendimentos mais próximos aos que defendia. Nesse sentido Dawson ainda é um autor para o futuro. Sua avaliação de um progresso *sustentado na cultura* e em comunhão com a natureza está por ser adotada.

Essa crítica dirigida à sociedade industrial é realmente abrangente em sua obra, perpassando-a, e podemos dizer que responde pelo impulso inicial de sua vida intelectual. Um de seus primeiros artigos, um ensaio de 1920 intitulado "The Passing of Industrialism", compreende uma crítica não somente ao industrialismo, mas, sobretudo, ao paradigma que de certo modo o sustentou e que certamente o fez avançar: a ordem liberal. Logo no segundo parágrafo desse ensaio, o galês questiona se "o mundo continuará a progredir no antigo sentido liberal",[6] e o faz em claríssimo posicionamento de desaprovação. Trata-se de um ponto crítico aos seus leitores habituais, mas é preciso compreender o que realmente está em jogo. O que temos é uma crítica *matizada* ao liberalismo, indiscutivelmente severa, em que se destacam[7] os momentos em que

---

6 Christopher Dawson, "The Passing of Industrialism", *The Sociological Review*, XII, 1920, p. 6.

7 "A última era [sob a égide a ordem liberal] foi essencialmente uma época de mudança violenta e destrutiva [...] uma era de exploração [...] Na Inglaterra, todos os poderes nacionais foram indolentemente jogados na luta pela exploração. O bem-estar das pessoas, os princípios morais foram jogados de lado para que as riquezas recém-descobertas pudessem otimizar os lucros, em atitudes imorais,

a ordem liberal, uma vez impregnada pela lógica utilitarista do crescimento econômico sem limites, voltou-se gananciosamente contra povos e culturas pré-industriais, usurpando-lhes a vida comum. Esse movimento foi pavimentado na via escura dos impérios ultramarinos, expressão de estados nacionais crescentemente comprometidos com agentes financeiros colossais, insinuando-se como pítons famintas sobre culturas regionais, e a redundância aqui é proposital. Isso aos poucos colocou esse modelo de ordem liberal como força agressora diante de sociedades ainda não alinhadas à civilização do capital, subjugando inúmeras culturas, subtraindo-as aos imperativos da industrialização "a toque de caixa", do comércio internacional e de seu sistema financeiro, o que submeteu o mundo aos desígnios de um utilitarismo cego.

A clave de um liberalismo essencialmente consumista, industrialista e exploratório passa ao largo da boa consciência dawsoniana, que avalia afetuosamente as culturas humanas sobretudo as denominadas "primitivas",[8] avaliando-as como obras

completamente desprovidas de qualquer orientação espiritual. Sob o trabalho e o sofrimento imensos das pessoas, construiu-se o horrendo edifício da sociedade industrial vitoriana. [...] A bem da verdade, a nota dominante dessa época não foi a liberdade, *mas a conquista e a exploração* [grifo meu]". Ibidem, p. 6-7.

8 "Poucas culturas aparentam ser materialmente mais atrasadas que a dos caçadores silvícolas da África do Sul [...], mas é uma cultura que se expressa, tanto em sua arte como em seu folclore, de modo mais rico e original do que aquilo que, por vezes, encontramos em povos muito mais avançados. Do mesmo modo, a cultura esquimó do Círculo Ártico, ainda que se encontre, em certo sentido, absolutamente dependente de seu meio ambiente, não obstante, e ao mesmo tempo, expressa como ninguém, e de modo notável, o triunfo da inventividade humana sobre a natureza". Dawson terá posições semelhantes em relação aos

de arte, como construções valiosas, como expressões únicas do espírito humano em comunhão com o seu meio ambiente. Novamente, isso não faz de Dawson um autor antiliberal, mas menos ainda o torna um liberal progressista.

Alguém poderá dizer que temos um Dawson ainda jovem, um autor em sua primeira fase como pensador, e de fato ele reconsiderou, posteriormente, alguns argumentos expostos nesse artigo. Contudo, as linhas preponderantes de seu posicionamento estão lá em fecunda germinação. A bem da verdade o artigo versa principalmente sobre os limites e os perigos de se impor uma educação laica e largamente uniforme em sociedades que se entendem (e se querem) plurais e cosmopolitas: "no longo prazo, a ideia de uma educação estatal uniforme torna-se inseparável da ideia de uma religião de Estado, incutindo futuras penalizações e impedimentos aos dissidentes".[9] O galês assim atacava, desde o início de sua vida intelectual, o recuo espiritual da cultura ocidental (uma supercultura) diante do movimento secularista que lhe fora imposto pela ordem liberal, em nome de suas ambições econômico-industriais, desenraizando o Ocidente sob inúmeros aspectos. A luta intelectual que tomaria sua vida estava posta desde o princípio.

Isso nos mostra um autor extremamente preocupado com a situação corrente da civilização em que nasceu. A sua

---

aborígines, aos índios norte-americanos, entre tantos outros povos e culturas. A riqueza, pujança e vigor do que chamamos *grosso modo* de vida litúrgica/artística é para ele o ponto fundamental de qualquer cultura. Christopher Dawson, *Progress & Religion – An Historical Inquiry*. Washington D.C., The Catholic University of the America Press, 2001, p. 54.

9 Christopher Dawson, "The Passing of Industrialism", *The Sociological Review*, XII, 1920, p. 17.

historiografia é explicitamente coextensiva às suas preocupações em vida, e realmente Dawson nunca foi diletante e menos ainda o anuciador de ciências humanas "neutras". Ele se via como um historiador em sentido moderno, cuja erudição histórica e pensamento antropológico o gabaritavam a identificar e a pensar os pretéritos e os acúmulos de problemas, crises e desordens presentes, tornando-o apto a avaliar em profundidade características e estruturas herdadas. Por outro lado, na contramão de parte expressiva do pensamento histórico e sociológico de sua época, o seu posicionamento como pensador da cultura e da sociedade orientou-se para o reavivamento vigoroso do que podemos chamar de *tradições espirituais*, considerando tanto as de nossa civilização como as de outras. Há um ecumenismo marcante em suas elaborações, expressando uma disposição a perceber no outro elementos riquíssimos para o todo. A historiografia de Dawson não é defensiva: é ecumênica e cosmopolita, e no melhor sentido dos termos. Islamismo, budismo, hebraísmo, hinduísmo, taoismo, confucionismo, xamanismos estão todos presentes em suas reflexões históricas como elementos formadores de civilização, como agentes espirituais e morais da mais alta importância, cujo crescente apagamento acarretava perdas gravíssimas às ordens sociais que lhes eram associadas.

Essa elevação da vida espiritual como aspecto fundamentalmente humanizador da vida social, por meio da qual tanto as pessoas quanto as culturas são dirigidas para as coisas que estão no alto, "pensando nas coisas que são de cima"[10] em sentido paulino, confere à historiografia do galês um aspecto único. Não se trata somente de colocar a religião e o religioso no

10 Colossenses 3,2.

centro da vida social, afirmando que, em sentido formativo, as comunidades humanas são agregados religiosos, em cujo seio simbólico e institucional essas sociedades se organizam, segundo imperativos essencialmente religiosos: mito, rito e interditos. Durkheim também dizia isso. Dawson vai conscientemente além. Não basta dizer que as sociedades humanas são – em sentido formativo – expressões desse religioso coletivo, uma vez que estruturadas segundo parâmetros eminentemente religiosos, mas é preciso considerar os desenvolvimentos internos, isto é, históricos, desse elemento articulador, atualizando-o. Uma vez que nos caracterizamos enquanto seres humanos como comunidade de pensamento, os potenciais sentidos de nossos *pensamentos religiosos* assumem uma importância vital. O pensar, embora indissoluvelmente vinculado a uma herança cultural que o precede – embora dependente de um conjunto de vozes prévias e contemporâneas, as quais, desde sempre, o alimentam –, é uma atividade operacionalizada na *consciência de um indivíduo*, na interioridade de um sujeito. Os animais também pensam, mas lhes falta a capacidade de comunicar esse pensamento em linguagem articulada e conceitual, faltando-lhes assim a condição de criar *comunidades de pensamento*, a qual se constituiu concretamente na história como religiosidade reflexiva em desenvolvimento.

Pensamos bem porque assim fomos ensinados, mas o fazemos individualmente, o que se verifica, espontaneamente, nas distintas formas, conteúdos, abordagens e qualidades de pensamento humano. Sempre houve e sempre haverá os que pensam mais e melhor, os quais, uma vez reconhecidos em sua arte de pensar, se tornam modelos/referências para os demais, fazendo o conjunto crescer. Temos aqui uma compreensão da religião como elemento autorreflexivo primordial no humano e em sua cultura. Não basta dizer que a religião é formativa, como fez Durkheim e parte do funcionalismo, mas que esta continua, indefinidamente, a formar e a sustentar cosmos. Não é mero reflexo coletivo de conteúdos inconscientes, mera projeção de conteúdos sociais desorganizados, conforme tanto a antropologia religiosa de sua época quanto a psicanálise faziam crer. Temos algo que se apresenta como elemento potencial de autoaperfeiçoamento cultural, levando o pensamento humano a patamares sucessivos de cognição, de intuição, de imaginação, de abstração, e de simbolização, etc.

> É impossível excluir o fator pensamento individual e liderança dos estágios do desenvolvimento religioso. A influência do homem excepcional, e podemos mesmo dizer do homem de gênio, seja como organizador, professor ou visionário, deve ser observada tanto entre os ditos selvagens quanto entre os povos altamente civilizados [...] É esse aspecto interior de uma cultura [o meio das mentes criativas] que comporta as suas características mais distintas.[11]

Ele assim situa o que podemos chamar de fator intelectual, colocando-o no topo de sua conceituação de cultura. Ao se tornar fecundo em suas contribuições para o social, esse topo faz a cultura expandir-se e qualificar-se, uma evolução real, tornando-se mais poderosa e universal, uma vez que se trata do "elemento ou do fator ativo e criativo de uma cultura",[12] tornando os homens e as mulheres progressivamente senhores de seu meio. Ocorre que esse avanço intelectual pode vir a se emancipar não somente da religião e das instituições

---

11 Christopher Dawson, *Progress & Religion – An Historical Inquiry*. Washington D.C., The Catholic University of the America Press. 2001, p. 66.

12 Ibidem, p. 67.

que lhe são correlatas, mas também da espiritualidade e até da ética. Isso significa que sempre correrá o risco de ser *instrumentalizado*, ou seja, poderá ser direcionado para o crescimento de aspectos delimitados, visando o benefício exclusivo de agentes específicos, ignorando o seu primeiro dever para com a cultura; pior ainda, essa instrumentalização poderá ser exportada para culturas largamente indefesas em relação a desenvolvimentos mentais e técnicos que lhes são estranhos, e nos referimos tanto ao campo das ideias quanto ao campo tecnológico, ambos produtos do intelecto, "é bem conhecido o fato de que as influências da moderna civilização europeia sobre povos primitivos não levaram, em geral, ao progresso cultural dos últimos, pelo contrário [...], pois as mudanças culturais vitais são as que vêm de dentro".[13]

Nessa clave um pensamento instrumentalizado é, necessariamente, antiecológico, e bem no sentido que Dawson dá à ecologia: meio ambiente e cultura consubstanciados num ente histórico, o humano desejoso de fazer. Ao tornar-se intrinsecamente antiecológica, uma cultura altamente instrumentalizada passará a promover a uniformização de seus espaços sociais, controlando a eficiência dos meios e obrigando a eficácia nos resultados. Trata-se de um processo que poderá absorver a própria religião, corrompendo-a em seus propósitos primeiros, tornando-a decadente. Engana-se e corrompe-se a religião (as religiões), mas não a espiritualidade na qual se orienta ou deveria se orientar. A desconexão será sentida pelos que refletem bem e profundamente. Profetas surgirão para denunciá-la, exortando um retorno aos fundamentos. Há indícios para pensarmos que Dawson se percebeu como um desses profetas.

---

13 Ibidem, p. 68.

Estamos próximos do centro temático da obra de Dawson, e logo na sequência dessa exposição, em *Progresso & Religião*, ele nos brinda com uma das frases mais ilustrativas de seu pensamento, absolutamente sintética de sua obra e de seu esforço intelectual, uma frase, aliás, bastante citada por seus divulgadores. Assim que expõe o valor basilar do que chama de "panorama espiritual" (*spiritual outlook*)[14] no transcorrer dos processos civilizatórios, por meio do qual se criam "diferentes concepções de realidade", Dawson nos diz que "por trás de toda civilização há uma visão – esta pode ser o fruto inconsciente de eras de pensamento e de ação comuns; mas pode ser, igualmente, o fruto maduro de um profeta ou de um pensador subitamente iluminado".[15] Além de sua evidente poética, essa elaboração nos conduz a uma síntese sobre religião (sobre todas as religiões): em sua ambiguidade intrínseca, em sua coletividade e individualidade simultâneas, em suas inúmeras valências polarizadas, perfeitamente resumíveis na polaridade universal entre o bem e o mal, luz e trevas, as religiões são projetos para o homem, projetos especificamente destinados à sua constituição cultural. São visões colossais que exprimem os anseios e os sonhos de gerações incontáveis, por vezes, sumamente sintetizados num homem iluminado. Não há religião verdadeira sem a presença dessas cadeias geracionais sem fim, todavia, há momentos em que essas cadeias sofrem uma inflexão. Isso ocorre por meio de indivíduos específicos, associados a eventos específicos. Por meio desses todo o arcabouço mental, simbólico, espiritual desse coletivo é colocado em outro patamar, transformando e elevando a cultura em seu conjunto.

14 Ibidem, p. 67.

15 Ibidem, p. 67-68.

Embora se manifestem como instituições, como coletividades, as religiões sempre designam uma alteridade ou alteridades distintas do coletivo que as adotam: os campos do sagrado, inevitavelmente carregados de alteridade, os quais podemos tomar em nossa mentalidade científica como projeção involuntária da sociedade. A questão primeira, no entanto, é perceber essa presença como fenômeno e como alteridade no seio de uma cultura, como campo eminentemente distinto da sociedade, cujo acesso é restrito a poucos, pautado por inúmeras práticas rituais e tabus. Com efeito "entre as necessidades primeiras de um povo, não menos importante que sua alimentação e defesa, está esse equipamento psíquico ou técnico, por meio do qual alguns sujeitos entram em comunicação com poderes sobre-humanos, conquistando-lhes favorecimentos".[16] Em contexto arcaico, embora não somente neste, o chamado elemento intelectual da cultura opera no campo do religioso. Nesse universo, pensar reflexivamente é pensar religiosamente, "toda mentalidade do homem primitivo é religiosa".[17] Isso nos revela uma esfera mais ampla para pensar o papel da religiosidade nas mais diversas culturas, tomando-a como aquilo que nos informa, constantemente, desde as "origens", em nossa humanidade comum.

Dawson fala de um "instinto primordial de dependência", antropologicamente presente, sob a ação do qual o humano reverencia o que podemos chamar de poderes sobre-humanos, os quais esse humano imagina/concebe/intui, propondo uma espécie de sentimento nato de dependência mental/sentimental em relação a algo que o ultrapassa. Essa ideia

16 Ibidem, p. 69.

17 Ibidem, p. 71.

de um ardor reverencial constitutivo ao nosso ser, explicado como uma espécie de inclinação congênita ao transcendente e à transcendência na proposição de um "um monoteísmo primitivo e genérico, estabelecido na intuição antropologicamente universal da necessidade de um Criador", não foi novidade do historiador galês. O erudito alemão Wilhelm Schmidt propusera em seu monumental *A Origem da Ideia de Deus*, obra publicada entre 1912 e 1954 em doze volumes, quase que exatamente a mesma ideia. Não sabemos até que ponto Dawson estava em diálogo ou não com a obra do etnólogo e padre católico alemão, mas as proposições entre eles convergem muitíssimo. Ele cita Schleiermacher e Feuerbach como antigos postulantes *grosso modo* da mesma ideia, valendo-se de um bom número de relatos antropológicas e de pesquisas etnográficas para sustentar o argumento de que a inclinação reverencial ao sobrenatural e ao misterioso são elementos constitutivos do psiquismo humano: somos animais reverenciais, portanto, inclinados à apreensão do que chamamos de "sagrado" ou "divino", inclinados ao que está além, uma vez que o intuímos, que o percebemos. Isso implica uma aproximação distinta sobre o que se entende por formação e desenvolvimento das religiões.

> Pode soar paradoxal sugerir que *o ponto de partida* do progresso humano será encontrado no tipo mais alto de conhecimento – a intuição do ser transcendente/puro. Mas é preciso nos lembrar de que, ao menos intelectualmente, o desenvolvimento [cultural, religioso e artístico] do humano não se dá tanto de um ponto mais baixo para um mais alto, de um estado inferior para outro superior, pois o que ocorre, mais comumente, é um avanço *do confuso para o distinto*, do indistinto para o mais distinto. Arte e literatura, por exemplo, não avançam

seguindo as mesmas linhas contínuas de desenvolvimento que encontramos na cultura material.[18]

O galês nos está sugerindo, por exemplo, que um xamã sioux e um Padre da Igreja podem vir a participar, tanto em suas bases como em suas metas, de um mesmo fervor místico universal, uma vez que em ambos a atitude e a disposição reverenciais são semelhantes ou mesmo idênticas, pois "seja para o selvagem, seja para o filósofo, tudo termina em mistério".[19] Ele também está dizendo que uma cultura comparativamente avaliada como atrasada pode produzir uma obra de arte ou uma literatura perfeita ou magnífica ou mesmo, por vezes, superior às realizações de mesma ordem provenientes de contextos materialmente mais desenvolvidos, pois nesse caso, o princípio e o fim se equivalem – o mais alto é um dado presente no início, é também o início, conforme explicitado na célebre fórmula escatológica do Cristo do Apocalipse joanino: "Sou o primeiro e o último".[20]

Propõe-se assim uma mudança de foco, e a discussão sobre cultura, arte e religião passa a caminhar em outra esfera, abandonando o círculo vicioso e sistematicamente enviesado de discriminar, linearmente, inferior vs. superior, para entrar na discussão sobre as dinâmicas que conduzem a uma maior distinção ou elaboração interna *dessa base comum* que é, ao mesmo tempo, o *teto comum*. Nesse sentido a diferença

18 Christopher Dawson, *Progress & Religion – An Historical Inquiry*. Washington D.C., The Catholic University of the America Press, 2001, p. 77.

19 Ibidem, p. 77.

20 Esse tema é desenvolvido com o devido cuidado em meu livro *Sou o Primeiro e o Último – Estudo em teoria mimética e apocalipse*. São Paulo, É Realizações, 2019.

maior entre um xamã sioux e um Padre da Igreja não se dá na esfera da fé, da esperança e do amor – base e teto – mas opera na ordem de certa racionalização interna dessas coisas, na ordem dos critérios e das distinções, na ordem das diferenciações e das atribuições, na ordem das exatidões semânticas, ou seja, na esfera da sofisticação interna ao pensamento intelectual. Portanto, a diferença maior entre ambos seria o sofisticadíssimo arcabouço teológico-filosófico que o padre tem em mãos, o que o torna capaz de fazer distinções e, consequentemente, conceituações inatingíveis ao universo mental do indígena, ainda que existam substratos maiores ou menores em sentido contrário.

Essa caminhada do confuso para o menos confuso, do genérico para o mais preciso, ocorre na esfera das conceituações, refinando as simbologias de ordem, sinalizando processos crescentes de racionalização e de intelectualização dessa imensa base espiritual comum da humanidade. Provavelmente, foi dessa apreensão que a segunda parte da vida intelectual de Eric Voegelin se formou, cujo resultado foi a publicação, em cinco volumes, de *Ordem e História*. Dawson não dialogava com o filósofo alemão, contudo antecipava em algumas décadas uma compreensão realmente sofisticada do cultural, do religioso e do artístico, compreendendo esse cultural como algo potencialmente orientado à vida simbólica em altíssimo nível, *desde o princípio*, uma vez que a "imprecisão e confusão da mente primitiva alcança a mesma conclusão que vemos na mística [e na profundidade teológica] de um São Gregório de Nazianzo".[21]

21 Christopher Dawson, *Progress & Religion – An Historical Inquiry*. Washington D.C., The Catholic University of the America Press, 2001, p. 77.

O ser reverencial

A questão, todavia, é analisar como o historiador galês acessa essa religiosidade humana tipicamente trans-histórica, um dado antropológico universal. Ele o faz pelo portão subjetivo do psiquismo, ou seja, pelo complexo deveras intricado de pensamentos, sensações, sentimentos, emoções e percepções de toda ordem, assim englobando o que chamamos de mente. Trata-se de uma entrada pelo indivíduo em sua altíssima subjetividade psíquica, em sua inclinação ao transcendente, donde advém uma "atitude profundamente religiosa da mente".[22] Poderíamos dizer que há algo de constitutivamente religioso em nossa mente, algo que se expressa em nossa espécie como inclinação ao ato reverencial. A questão crucial, portanto, seria saber o que comumente reverenciamos e por quê? Nenhuma religião ou cultura reverencia todas as coisas ao mesmo tempo, mas sim alguns elementos bem específicos, dos quais pode vir a abstrair (ou não) uma reverência sapiencial ao todo, em estágios avançados de reflexão.

A atitude reverencial sacraliza o seu objeto de reverência, mas que objeto é esse? A historiografia de *Progresso & Religião* adota a mesma linha argumentativa de *A Era dos Deuses*, afirmando que no universo pré-histórico caçador-coletor, largamente formativo, esse objeto compreende os grandes animais de caça e espécies associáveis, segundo o material a nós disposto, ou seja, aquilo que as evidências nos mostram em profusão: "a função social mais importante era garantir o sucesso nas caçadas, era preciso ter controle espiritual sobre as feras",[23] as quais compreendiam, juntamente com a coleta, a

22 Ibidem, p. 75.

23 Ibidem, p. 84.

base alimentar dessas populações. Portanto, a característica fundamental dessa instituição seria a aquisição de poderes e de conhecimentos espirituais, por meio dos quais o grupo se beneficiava. Essa aquisição se conectava a uma classe especial de pessoas, os xamãs, os quais detinham o conhecimento e as técnicas necessários para operar no "outro lado", subtraindo benefícios e favorecimentos. Nesse esquema, a religião está no centro dessas culturas, e o xamanismo é o seu âmago: "logo, a figura mais importante na sociedade primitiva é a do sujeito que supostamente entra em contato com o outro mundo, angariando poderes sobrenaturais", por meio dos quais se garantem benefícios não somente alimentares, mas também para a saúde, porque o xamã é acima de tudo um curandeiro, um guerreiro espirital, um *medicine man*. Trata-se de um esquema explicativo bem montado.

***

Durante um congresso em Lião, França, realizado em janeiro de 2020, o teólogo James Alison salientou em palestra[24] que, do ponto de vista formativo na religião, "o elemento socialmente funcional é sempre sensivelmente anterior ao elemento especulativo cosmológico",[25] ainda que a narrativa mitológica sempre inverta, posteriormente, essa relação, quando consagra as suas reflexões sobre a origem do cosmos. O que se está dizendo é o seguinte: antes de os homens e as mulheres começarem a especular sobre o sentido da vida e

---

24 James Alison, "Alguns Apontamentos para uma Leitura Girardiana do Apocalipse". Lion, 2020.

25 Ibidem.

sobre a origem do mundo e das coisas, tiveram de garantir para si mesmos, primeiramente, uma sociedade mais ou menos estável, tiveram de aprender a viver em grupo, gerações a fio, percorrendo sabe-se lá quantas vidas humanas, até que pudessem conquistar, finalmente, paz e estabilidade sociais suficientes para pensar nas coisas mais altas, disseminando-as culturalmente. Alison está, no caso, reelaborando uma observação de Girard, preciosa porque contraintuitiva: a de que os relatos de criação são derivados dos relatos de salvação, nunca o contrário. Em outras palavras, em absoluta clave apocalíptica, o pensador francês está dizendo que antes de poder falar sobre a paz (leia-se: sobre a ordenação das coisas/do cosmos), os homens tiveram de experimentá-la. Não há mito de criação estabelecido e consagrado numa cultura qualquer sem vida intelectual, sem vida interiorizada. Ocorre que esta somente se torna possível em sentido geracional, portanto, cultural, em sociedades relativamente ordenadas, portanto, pacificadas internamente. Antes foi preciso salvar a sociedade de si mesma, somente mais tarde começaram a surgir os chamados relatos de origem – *que são relatos de salvação escamoteados numa narrativa sobre as "origens"*.

Nesses relatos a origem sempre corresponde à cessação do caos, corresponde à interrupção de uma grande ameaça,[26] portanto, se trata de salvação.

Em razão de sua acertada compreensão sobre a dinamicidade criativa do fator religioso em contextos arcaicos, apreendendo sua centralidade para o desenvolvimento das culturas humanas, Dawson se viu obrigado a esmiuçar esse campo

26 Como ocorre, por exemplo, no caso de *Tiamat*, no universo mesopotâmico, e de *Purusha*, no universo hindu.

imenso. De cara, ele nota como os progressistas nada entenderam de fato sobre o que seria *o progresso* ao considerarem a religião uma força essencialmente negativa e retrógrada. Uma verdadeira "história progressista" deveria reconhecer, afinal de contas, essa mola mestra do progresso em sentido histórico amplo e universal. Novamente, a questão seria como acessar essa mola mestra, o fulcro dos organismos sociais em contextos formativos. Diferentemente de Durkheim, mas em parte a complementá-lo, o historiador galês envereda historicamente o religioso por meio do indivíduo, ou seja, acessa-o pelo psiquismo do sujeito humano, acessa-o pela interioridade. Assim como Durkheim, ele também reconhece na religião o articulador insuperável de todas as culturas arcaicas. Ambos os pesquisadores, Durkheim e Dawson, estão corretos, mas têm limites. Do ponto de vista da teoria mimética, o nosso ponto de vista neste momento, poderíamos dizer que Durkheim considera, socialmente, o desenvolvimento religioso, embrenhando-se no ramal gregário dos linchadores: falamos da sociedade em seus coletivos expiatórios e em suas unanimidades violentas, ao passo que Dawson sublinha o aspecto individual desse desenvolvimento, embrenhando-se no ramal das vítimas, dos bodes expiatórios: falamos dos santos e dos profetas em seu isolamento crítico, em sua diferença marcante com o restante. Nenhum deles percebe e ou reconhece no sacrifício a origem da religião, embora se aproximem desse entendimento em certos momentos.

Alguém poderia dizer que nem Durkheim nem Dawson recuaram o bastante para contemplar a questão da violência social por trás do sacrifício e este por trás da religião. Não se trata somente de recuo temporal, mas reflexivo, ainda que se tenham indícios, aqui e ali, na exposição dawsoniana, de uma aproximação com esse elemento mais universal e formativo;

por exemplo, quando ele nos fala, em *Progresso & Religião*, da figura onipresente do impostor/do trapaceiro (do *trickster*) nas mitologias religiosas mundo afora, vendo-a como uma indicação precisa de que havia uma preocupação constante de retratar o mal como elemento estrutural e sempre presente na vida social[27]; também quando se ressalta, logo na sequência, que a "cultura primitiva" se organiza sobretudo ritualmente em representações diretas e *catárticas* do que avaliamos por experiência religiosa.[28] Todavia, são considerações meramente pontuais, uma vez que o sentido dado em seu sistema explicativo ao religioso e à religião é inequivocamente devocional/pessoal, como busca/contato com o sobrenatural. Nesse sentido, não há saída senão individualizar radicalmente o religioso – religião é mística, ponto (seja a mística do xamã, seja a do profeta hebreu, seja a do padre católico, seja a do feiticeiro africano), o que acaba fechando o espectro religioso, embora relativamente, é claro, numa espécie de ocupação especial reservada a seres humanos especiais, quando sentimos justamente que Durkheim e Dawson se afastam um do outro. A questão é que o historiador galês propõe uma concepção absolutamente positiva de religião, vendo-a como um bem indiscutível, inegável e insuperável, vendo-a como aquilo que nos humaniza, o que não deixa de ser verdade. Isso é possível porque a sua visão do humano – em sua base – também é marcadamente positiva. Podemos dizer que o seu pensamento é radical, mas em sentido romântico, beirando certas concepções rousseaunianas, com a diferença de que o seu bom selvagem é o homem naturalmente piedoso, o *homem litúrgico* em grata harmonia com seu meio

27 Ibidem, p. 76.

28 Ibidem, p. 76.

ambiente, o sacralizador da vida social, um sacerdote *avant la lettre*. Ele se equivocava ao colocar as coisas desse jeito? A nossa resposta não se resolve, por ora, nem com um sim nem com um não, senão no prosseguimento de seu pensamento. Adiantamos que ele saberá resolver essas questões.

> Do mesmo modo, o homem que goza da mais alta consideração na sociedade primitiva não é o que possui força física nem o que possui habilidades caçadoras ou marciais, mas o vidente e o místico [...] Esses homens que passaram por uma experiência com o sobrenatural são considerados especiais, são consagrados e vivem à parte de seus conterrâneos. Em muitos casos, formam uma profissão ou classe organizada, de fato, compreendem o exemplo mais antigo de *diferenciação social* [grifo nosso].[29]

Essa é uma passagem que encontra respostas positivas em estudos mais recentes sobre o universo simbólico-religioso na pré-história. Em seu premiado *A Mente na Caverna*,[30] o *scholar* David Lewis-Williams, autor explicitamente ateu, faz em diálogo com a neurociência uma análise detida sobre a composição, a organização e a disposição da arte parietal nas cavernas franco-cantabrianas do paleolítico superior europeu, dedicando-se à análise das pinturas nada menos que magníficas encontradas em Chauvet, e chega à conclusão de que se tratava de uma atividade altamente especializada, portanto, consagrada a um grupo seleto e diminuto de especialistas.

29 Ibidem, p. 84.

30 Ver David Lewis-Williams, *Mind in the Cave: Consciousness and the Origin of Ar*. London, Thames & Hudson, 2002.

Segundo Lewis-Williams, em sua abordagem marxista, teríamos aí o início da diferenciação de classes, mas num contexto em que *status*, riqueza e poder eram aferidos segundo critérios rituais de diferenciação, uma vez que a base material do grupo ainda era baixa em recursos. Naquilo que as pessoas podiam se distinguir, elas se distinguiam, isso ocorria nesse contexto por meio do universo litúrgico. Dawson está sugerindo, quase cem anos antes de Lewis-Williams, mais ou menos a mesma ideia, embora o seu enfoque fosse completamente distinto e não dispusesse dos inúmeros dados hoje coletados e organizados. Isso significa que os relatos antropológicos disponíveis em sua época, uma vez aliados às suas próprias reflexões históricas, foram suficientes para que ele também inferisse um início mais agudo de diferenciação social e de complexificação da sociedade em contextos paleolíticos, por meio *das demandas do religioso.* Isso nos dá uma dimensão da agudíssima sensibilidade histórica do galês, ao afirmar em sua época, na contramão de seus pares, que longe de ser um elemento retrógrado e mesmo impeditivo ao progresso, a religião respondia, em contextos arcaicos e formativos, pelas dinâmicas de progresso social. Mas há mais por dizer.

Num livro instigante em seus relatos autobiográficos,[31] um xamã yanomami chamado Davi Kopenawa afirma que no universo em que nasceu e se criou, em seu meio cultural natalício como yanomami, o sujeito "não se torna um xamã comendo carne de caça e as plantas do roçado, mas graças às árvores da floresta e ao pó de *yãkoana*",[32] e o texto deixa claro como fazer-se e ser feito um xamã implica um rigoroso processo de

31 Davi Kopenawa, *A Queda do Céu – Palavras de um Xamã Yanomami*. São Paulo, Companhia das Letras, 2015.

32 Ibidem, p. 136.

diferenciação em relação ao resto do grupo, durante o qual o iniciado aprende a sonhar com os espíritos da floresta (*xapiri*), que começam a visitá-lo com mais frequência, dançando para ele e pendurando as suas redes em sua "casa dos espíritos".

> Entre nós é assim. Primeiro os *xapiri* olham com afeto para a pessoa, quando é criança. Então ela fica sabendo que estão interessados nela e que vão esperar até ficar adulta para se revelarem de verdade. Depois, conforme cresce, continuam a observá-la e a testá-la. Por fim, se a pessoa quiser, pode pedir aos xamãs mais velhos de sua casa para lhe darem *yãkoana* para beber. Eles então abrirão para ela os caminhos pelos quais os espíritos virão dançar e construir sua casa.[33]

Nesse universo mental, todos os males são vistos como originários de ataques espirituais, e o xamã é um verdadeiro senhor da guerra, ora protegendo os seus dos ataques espirituais e feitiços lançados/convocados por xamãs de tribos rivais, ora ele mesmo atacando e enfeitiçando membros de tribos rivais, em atribuições extremamente exigentes tanto do ponto de vista físico quanto psíquico. Um xamã não é uma pessoa comum,[34] toda sua vida se orienta e se move em sentidos muito próprios ou mesmo exclusivos.

Conforme intuía Dawson no excerto destacado, esse mestre espiritual, esse proto-sacerdote arcaico, goza da mais alta consideração na sociedade em que vive, e um xamã poderoso, cujos feitos sejam reconhecidos tanto pelos seus quanto por seus inimigos, pode ser visto como o bem mais precioso

33 Ibidem, p. 136.

34 Ibidem, p. 189.

e como o sujeito mais importante da comunidade da qual faz parte. Essa primeira diferenciação social conectada ao xamã, ao seu papel marcadamente especial, o historiador galês a apreende como desdobramento desse homem litúrgico, pelo qual a vida simbólica de uma comunidade se organiza e se mantém, assim confirmando uma vez mais a centralidade do fator religioso. No caso dos yanomamis, os xamãs possuem linhagens, uma vez que um filho de xamã herdará, provavelmente, a função de seu pai. Todavia essa filiação ou delegação pode ocorrer por outros meios, como se deu no caso do próprio Kopenawa, que foi escolhido pelos espíritos e depois adotado por seu tio, um xamã reconhecido. Trata-se, sem dúvida, de um modelo de sacerdócio tipicamente arcaico, cuja constituição alcança a aurora dos tempos. Do ponto de vista cultural, ao eleger o xamã como figura social medular em contextos sociais arcaicos, o galês se fia nessa autoridade simbólica primeira do religioso, endossando-a como princípio do pensamento humano.

A questão institucional, no entanto, permanece. O historiador galês discorre sobre os "aspectos individualistas do xamanismo",[35] diferenciando-o do que mais tarde será estruturado em desenvolvimentos milenares como corporação sacerdotal. Esse individualismo, no entanto, está ancorado em práticas ancestrais que atravessam gerações e continentes, indicando-nos menos um individualismo e mais uma fortíssima configuração entre pequenos bandos que compartilham uma instituição comum. O próprio Dawson percebe isso em contextos nos quais prevalecem pequenas unidades dispostas

---

35 Christopher Dawson, *Progress & Religion – An Historical Inquiry*. Washington D.C., The Catholic University of the America Press. 2001, p. 87.

em bandos socialmente aguerridos e autocentrados,[36] numa verdadeira "multiplicidade de comunidades separadas que se pensam como um Nós".[37] Esses bandos, por sua vez, compartilham uma instituição imensa, absolutamente longeva e intercontinental, que o historiador galês tende a caracterizar como *a religião do caçador-coletor*, amplamente difundida e ministrada em pequenos bandos por esses "especialistas" do sagrado: a classe dos xamãs e de seus associados. O aspecto religioso domina culturalmente e por completo esse ambiente social, seja do ponto de vista normativo, seja do ponto de vista contemplativo, seja do ponto de vista pragmático, pois o elemento institucional está sempre presente. O xamanismo *não* é absolutamente uma religião privada, executada somente por um sujeito em isolamento existencial, muito pelo contrário, uma vez que o xamã se apresenta como guardião fundamental de um corpo social, a comunidade que ele protege e cura. No livro de Kopenawa temos em diversas passagens uma inequívoca associação entre os trabalhos de cura de um xamã e o exercício da guerra. Não é somente o caso de usar a mesma terminologia tanto para a cura quanto para a guerra, mas o sentido dado é o mesmo – curar significa, literalmente, vencer, debelar um invasor espiritual, *o xamã é um guerreiro espiritual*, tanto em seu papel de defensor como de agressor, uma vez que "a possibilidade de se tornar um guerreiro está aberta para toda sociedade primitiva".[38]

36 Ibidem, p. 88.

37 Pierre Clastres, *Arqueologia da Violência – Pesquisas de Antropologia Política.* São Paulo, Editora Cosac Naify , 2004, p. 176.

38 Pierre Clastres, *Arqueologia da Violência – Pesquisas de Antropologia Política*, op. cit., p. 192.

> É com essas armas que os *xapiri* se esforçam para nos curar. É com suas presas afiadas que os espíritos queixada despedaçam os seres maléficos que se apoderam das imagens das crianças [...] Do mesmo modo, são as mandíbulas dos espíritos dos peixes pequenos *yaraka si* que retalham os rastros de doença [...] Acontece também, muitas vezes, de os xapiri guerrearem para nos proteger de outros espíritos hostis, enviados por xamãs inimigos distantes.[39]

Temos, nesse caso dos yanomamis, como também em inúmeros outros,[40] uma associação marcante entre xamanismo e linguagem/atividade guerreira, o que de certa forma nos faz pensar numa relação inescapável entre esses dois aspectos, cura e guerra, no mínimo do ponto de vista formativo. A religiosidade arcaica é essencialmente ritual-estrutural, a guerra arcaica também, e no sentido de pensar esse outro, o estrangeiro que está fora do bando, como ameaça sempre presente. O medo da violência é corrente dentro e fora do grupo. Isso nos sugere algum tipo de instituição basilar fundamentalmente

---

39 Davi Kopenawa e Albert Bruce, *A Queda do Céu – Palavras de Xamã Yanomami*, op. cit., p. 130

40 "Em todo caso, o continente americano oferece, tanto ao norte quanto ao sul, uma amostragem bastante ampla de sociedades que, para além de suas diferenças, possuem em comum uma propriedade marcante: levaram bastante longe, em graus diversos, sua vocação guerreira, institucionalizaram as confrarias de guerreiros, deixaram a guerra ocupar um lugar central na vida política e ritual da sociedade, em suma, deram social a essa forma original , quase a-social, da guerra, e aos homens que a conduzem". No caso, Clastres está falando da guerra como atividade ritual – como exteriorização violenta do rito. In: Pierre Clastres, *Arqueologia da Violência – Pesquisas de Antropologia Política*, op. cit., p. 192.

ligada aos processos de contenção, controle e reorientação da violência social. Como diz o antropólogo francês Pierre Clastres, em sociedades primitivas, "a possibilidade da violência e do conflito armado é um dado imediato".[41] Ocorre que a historiografia do galês não alcança essa violência de base, mais ainda: ela é evitada. Dawson avalia as culturas pré-históricas dos caçadores-coletores como fundamentalmente pacíficas. Segundo ele, a violência sistêmica introjetou-se bem mais tarde, em culturas herdeiras desse primeiro momento, na inteiração com novas modalidades religiosas, estas sim especificamente guerreiras, portanto, conquistadoras, uma vez que ligadas a um etos guerreiro, a uma cultura de guerreiros. Ele avalia a violência marcial como um dado eminentemente cultural, nem tanto antropológico, um dado especialmente expressivo (e determinante) em algumas culturas, mais do que em outras. Não podemos dizer que esteja errado, provavelmente não está. Contudo o problema é deixar de ressaltar quanto a violência pode ser altamente contagiosa, quanto está universalmente presente e quanto precisa ser controlada.

Uma cultura relativamente pacífica pode se tornar virulentamente agressiva em poucas gerações ou menos ainda, pois a reciprocidade das guerras é tão comum e universal quanto a das trocas comerciais e das trocas de presentes, um dado antropológico verificável.[42] No universo arcaico essas reciprocidades são *grosso modo* ritualizadas, há uma série de dispositivos que as desencadeia. Por exemplo, uma incursão destinada à captura de mulheres de uma aldeia vizinha, geralmente

---

41 Ibidem, p. 177.

42 Ver Mark R. Anspach, *Anatomia da Vingança – Figuras elementares de reciprocidade*. São Paulo, É Realizações, 2012.

fomentada pelo desejo de se fazer valente, habilidoso e reconhecido, fatalmente levará à vingança, à retaliação, ou seja, à guerra. Todos sabem disso, não obstante a sua prática prossegue. Considerando-se que a religiosidade se insinua em todas as esferas da vida social, considerando-se, igualmente, que ela conduz a cultura enquanto tal, sobretudo em contextos arcaicos, os aspectos ligados à reciprocidade violenta também lhe pagarão tributos simbólicos e normativos.

Conforme dissemos, por vezes Dawson parece realmente se aproximar dessa instituição matricial, por trás das religiões, percebendo aí uma instituição fundamentalmente formativa, capturando-lhe seu nexo mais fundamental, mas ele somente alcança, e talvez propositadamente, o nível descritivo, uma vez que a sua antropologia romântica, essencialmente pacificadora da vida social, obstrui uma visão mais crítica nesse quesito explicitamente duro e amargo, impedindo-o de contemplar o elemento que submete, e nos referimos ao aspecto coercitivo, opressivo e vigilante da *religio*, não obstante presente desde os primórdios. Por trás dessas grandes obras de arte que são as culturas com seus túmulos magníficos, ricamente ornamentados, há muitos milhares de cadáveres assassinados. O historiador galês fareja partes desses rastros, reconhecendo-lhes a existência. A questão são os limites que encontra. Todavia, por vezes, ele realmente se aproxima de uma compreensão refinada acerca da inteligência do rito como elemento decisivo para o surgimento das instituições arcaicas.

Ao comentar um ritual esquimó, o galês afirma que "quando os povos do norte da Sibéria criam [como se fosse um deles] um filhote de urso, o 'urso da gente', pois é assim que o animal passará a ser chamado, mas que será, por fim, cerimonialmente morto para assegurar o suprimento alimentar para o ano seguinte, *parecemos testemunhar um estágio inicial nos processos de domesticação dos animais*".[43] Certamente que Girard aplaudiria esse raciocínio do galês, mas o francês, ao contrário deste, desenvolveu uma teoria de longo alcance sobre a religião: "Acredito que se começa a tratar os animais como seres humanos, a fim de sacrificá-los, substituindo a vítima humana pelo animal. Entretanto os animais somente reagem à domesticação se tiverem uma disposição a isso, senão nada acontece. Domesticar um animal requer, é claro, um processo contínuo, no qual *o bicho é mantido no seio do grupo, da comunidade, de modo que se 'humanize'*, por assim dizer".[44] A diferença, nesse caso, é que o pensador francês teve à disposição uma teoria da religião e do religioso, a sua própria, a teoria mimética e suas implicações na formação do mecanismo sacrificial,[45] ao passo que o historiador galês não, o que apenas reforça o seu brilhantismo. É no mínimo extraordinário vê-lo chegar tão longe em suas avaliações, valendo-se exclusivamente de intuições acerca do material antropológico que analisava.

Não exigimos do galês teorias à época indisponíveis; tampouco se trata de uma crítica. O que fazemos aqui é estender o seu pensamento ao máximo, testando os seus limites diante de uma apreciação antropológica aguda. É possível ver agora, e com a devida clareza, os contornos e os limites de sua antropologia. Como um historiador que se dedicou ao estudo sistemático das culturas, avaliando os seus processos de

---

43 Christopher Dawson, *Progress & Religion – An Historical Inquiry*. Washington D.C., The Catholic University of the America Press, 2001, p. 91.

44 René Girard, Pierpaolo Antonello e João Cezar de Castro Rocha. *Evolução e Conversão – Diálogos sobre a origem da cultura*. São Paulo, É Realizações, 2011, p. 141.

45 Ver René Girard, *A Violência e o Sagrado*. São Paulo, Paz e Terra, 1998.

formação, desenvolvimento, mudança e enfraquecimento, em relações dinâmicas entre culturas e civilizações, ele retirou – e de um modo ao que nos parece consciente – as implicações estruturais da violência nos processos formativos da cultura, afastando-as sobretudo do religioso e da religião. Ao avaliar as grandes transformações culturais, o que inclui transformações profundas na ordem do religioso/religião, Dawson tende a considerar, em primeiríssimo lugar, a presença decisiva do agente humano extraordinário, do indivíduo especial, sacerdote, profeta, mestre ou xamã, cujo gênio espiritual, cujas habilidades superiores, colocam-no na vanguarda de um (novo) movimento, respondendo inclusive por seu nascimento ou por sua origem. Sob esse olhar, o zelo religioso, a espiritualidade latente do humano, é o elemento decisivo e estruturante quando pensamos as religiões. Estas existem porque o homem é constitutivamente religioso, porque é um animal religioso, o seu pensamento é religioso, e seria realmente difícil sustentar uma posição em que se afirmasse o contrário. As culturas humanas e suas histórias validam-na.

Conforme pontuamos, trata-se de um entendimento que privilegia o aspecto *místico* do religioso, mesmo quando os seus outros dois aspectos, o histórico-institucional e o intelectual-especulativo, são também considerados, para ficarmos na clássica tipologia de Von Hügel.[46] Um gênio espiritual ou filosófico pode, sim, fundar uma religião ou uma fé, conforme a história testemunha de maneira proficiente; todavia, como também amplamente testemunhado, não é ele quem a carrega por muito tempo – quem a carregará (ou não) será a

46 Ver Friedrich Von Hugel, *The Mystical Element of Religion: as Studied in Saint Catherine of Genoa and her Friends*. London, E. P. Dutton & Co, 1923.

comunidade e, eventualmente, a cultura em seu todo. Ademais esse gênio herdou os fundamentos daquilo que, criativamente e inspiradamente, reformulará. Sua mensagem terá alguma validade somente quando em benefício do grupo e da comunidade aos quais é dirigida. Profetiza-se para o bem de terceiros, em doação ao bem de terceiros, pois, em última e em primeira instâncias, um verdadeiro profeta nunca aponta para si mesmo, mas para aquele que o enviou,[47] nunca atua em benefício próprio, mas sim em benefício daquilo ao qual foi enviado. Caímos, metaforicamente, na questão de quem veio primeiro, ideia ou instituição,[48] e o fazemos no sentido de indicar ao leitor a importância de se ater às distintas etapas de um processo interconectado em seu desenvolvimento interno: há uma genética religiosa em jogo.

A obra do galês expõe esses sentidos, mas seria preciso reforçar que a religiosidade arcaica, embora litúrgica, não tem matriz contemplativo-mística, mas catártico-expiatória. Em clave arcaica, ser piedoso significa em geral participar de cerimoniais carregados de violência expiatória, rituais objetivamente violentos. Nesse cenário, um gênio espiritual, um verdadeiro profeta, pode até determinar um salto qualitativo real no entendimento sobre questões capitais, mas a recepção de sua mensagem pelos destinatários imediatos nem sempre lhe será favorável. De fato ele arriscará ser expulso, linchado

---

47 Conforme as célebres palavras de Jesus Nazareno em João 5,30: "Por mim mesmo, nada posso fazer; conforme ouço, assim julgo; e o meu julgamento é justo, porque não busco agradar a meu próprio desejo, mas satisfazer a vontade do Pai que me enviou".

48 Exploro em profundidade essa questão em meu livro *Pré-História & História – As instituições e as ideias em seus fundamentos religiosos*. São Paulo, É Realizações, 2017.

ou apedrejado pelo grupo que carrega e defende a tradição, poderá ser rechaçado pelas instituições que a incorporam, e Dawson antecipa essa tensão em seu ensaio sobre religião e cultura.[49] Por conseguinte, nesse universo cultural, religião não é somente oração e contemplação, mas é também, em grande medida, execução e sacrifício, punição e linchamento, perseguição e expulsão.

Em seus estudos sobre as culturas religiosas no universo helênico arcaico,[50] Walter Burkert insiste num dado universal: o *sacrifício*. Outros historiadores da cultura fazem o mesmo.[51] No Mundo Antigo, em sentido amplo, não havia transação, cerimônia, litígio, pacto, acordo ou acontecimento celebrativo, entre outros procedimentos protocolares, que não fosse consagrado por sacrifícios, fossem esses grandes ou pequenos, faustosos ou singelos. Nesse universo todos os eventos significativos participavam dessa linguagem ritual comum – e falamos de uma prática social que percorre eras e continentes. O que explica que essa realidade cultural imensa e completamente visível tenha ficado *grosso modo* fora do radar analítico do historiador galês? O termo sacrifício é mencionado algumas poucas vezes, lateralmente, tanto em *A Era dos Deuses* como em *Progresso e Religião*. Novamente, não exigimos de Dawson a adoção de uma teoria do sacrifício, e muito menos de uma teoria do sistema vitimário, na época indisponíveis. Mas é

49 Christopher Dawson, *Dinâmicas da História do Mundo*, op. cit.

50 Walter Burkert, *Homo Necans: The Anthropology of Ancient Greek Sacrificial Ritual and Myth*. Berkeley, California, University of California Press, 1983.

51 Dina Katz, "Sumerian Funerary Rituals in Context" In: Nicola Lanieri (ed.), *Performing Death: Social Analyses of Funerary Traditions of the Ancient Near East and Mediterranean*. Chicago, Oriental Institute Seminars, 2008.

no mínimo curioso notar o distanciamento criterioso que ele fazia dos elementos que porventura conectassem a religião à violência grupal, principalmente à violência institucionalizada – a violência sacralizada, a "boa" violência. Não se tratou de simples distração, mas de algo aparentemente deliberado. O historiador galês *evitou* trabalhar essa questão, afastando-a de seu conjunto reflexivo. Mas por quê?

A bem da verdade, ele demonstra ter um faro deveras afiado em suas avaliações sobre as transformações internas às instituições centrais desse universo arcaico, percebendo que uma longa transição dos xamanismos para o universo propriamente sacerdotal correspondeu *grosso modo* à transição do neolítico para o universo civilizacional, um movimento absolutamente capital na história do mundo. Ao transformar-se em agricultor, o antigo universo caçador-coletor transformou-se também enquanto religião *ou vice-versa*. Ocorre que esse contrário nos parece, hoje, bem mais representativo do processo real, uma vez que sabemos que foram certas demandas relativas às atividades rituais que muito provavelmente impulsionaram o início de novas estratégias alimentares,[52] conforme analisado anteriormente, no desenvolvimento de ordens rituais (e políticas) largamente poderosas e influentes, e o texto do galês nos afirma que "a civilização foi, essencialmente, um desenvolvimento da ordem ritual".[53] A questão,

---

52 Ver Trevor Watkins, "Changing People, Changing Environments: How Hunter-Gatherers Became Communities that Changed the World". In: Bill Finlayson; Graeme Warren (eds.), *Landscapes in Transition*. Oxford, Oxbow Books, 2010, p. 106-14.

53 Christopher Dawson, *Progress & Religion – An Historical Inquiry*. Washington D.C., The Catholic University of the America Press. 2001, p. 93.

portanto, é perceber quanto Dawson esteve perto de uma elaboração teórica sobre esse processo formativo, pois realmente o descreve e o apreende em partes decisivas, mas sem conseguir, todavia, capturá-lo *integralmente*. Enfim, ele enxergava a presença formativa do religioso no campo da cultura, retendo a sua importância capital, considerando o seu papel fundador, mas censurava-lhe as implicações violentas, impedindo-o de alcançar um entendimento integral.

Esse caráter ritual da civilização arcaica[54] tornou-se, não obstante, completamente visível ao historiador, principalmente quando resolveu investigar o universo civilizacional pré-colombiano (*grosso modo* maias, astecas e incas). Ora, seria também possível afirmar que inexiste um universo histórico tão característico da centralidade do sacrifício quanto o do arcaico religioso pré-colombiano. Quando se diz, em *Progresso & Religião*, que no contexto maia a ordem ritual era ao mesmo tempo "o reflexo e o cumprimento da ordem cósmica",[55] por meio da qual se coordenava o calendário (leia-se: o conjunto das cerimônias sacrificiais ao logo do ano), uma associação bastante comum em civilizações arcaicas, não se questiona, contudo, a atividade sacrificial em si mesma, solicitando-lhe sua lógica interna, indagando os seus pressupostos. Ele evita *entrar* no assunto, embora o reconheça e o descreva em exemplos emblemáticos. Assim é feito, pensamos, a fim de preservar o religioso de seus traços sistêmicos sanguinolentos, de suas exigências sacrificiais, que habitam a sua base. O sacrifício aparece como um dado relevante, mas entre tantos outros, diluído no imenso arcabouço reverencial do arcaico. A religião da

54 Ibidem, p. 93.

55 Ibidem, p. 93.

deusa-mãe é indiscutivelmente sacrificial, segundo os próprios exemplos que nos fornece o historiador, mas o assunto não entra em discussão, não é analisado em seus próprios termos, dando-nos a impressão de certa insuficiência argumentativa, o que é raro ao lermos Dawson.

Evita-se o caráter ambíguo da religião arcaica, que opera e contém a violência por meios violentos, tomando a parte apolínea e descartando o dionisíaco, por assim dizer. Talvez ele separasse, conscientemente, o trigo do joio, mas o fazia em silêncio reflexivo, sem esclarecer "a operação" ao seu leitor, ocultando-lhe deliberadamente o sagrado violento presente em *todas* as religiões arcaicas.[56] Por outro lado, nota-se que Dawson não apreendeu a importância estruturante desse sagrado, enquanto dispensador de violências autorizadas, enquanto agente primeiro da violência social dispensadora de ordem em justificativa interna, a "boa" violência. É de fato um dado característico de sua historiografia uma confiança quase absoluta na cultura humana, especialmente por estar conectada, desde o princípio, com o pensamento religioso, com a piedade religiosa, por meio da qual os esforços se solidarizam em grandes construções/realizações.

Como anunciado por Joseph Stuart,[57] Dawson foi o historiador do *making* – "The Making of Europe", "The Making of the Western Civilization", etc. Aí reside a força de sua historiografia, mas também a sua vulnerabilidade. Ao evitar lançar suspeita sobre a ordem constituída em sentido fundamental, ou seja, sobre a cultura em suas fundações, o seu pensamento

---

56 Ver René Girard, *A Violência e o Sagrado*. São Paulo, Paz e Terra, 1998.

57 Joseph. T. Stuart, "Christopher Dawson in Context – A Study in British Intellectual History" *Ph.D. Thesis*, Edinburgh, University of Edinburgh, 2009.

higieniza, em certa medida, a realidade que descreve. *Do ponto de vista reflexivo*, essa violência não está presente na obra de Dawson. Não exigimos que estivesse, mas essa característica acentua fortemente a singularidade de seu pensamento – e bem no sentido de haver, nesse pensamento, uma orientação pedagógica consciente de si mesma e determinada a cumprir uma missão. Ele não escrevia somente para seus pares, longe disso; escrevia sobretudo para um público cioso de uma interpretação histórica realmente abrangente em seus fundamentos e alcance, numa alternativa sólida aos modelos marxistas e progressistas vigentes. Nesse sentido, não lhe caberia reforçar uma crítica às tradições, às imperfeições constitutivas dos ordenamentos humanos, revelando-lhes os crimes e as injustiças sistêmicas. O seu empenho intelectual caminhava justamente na direção contrária! Seria fundamental recuperar, reflexivamente, as realizações, os acertos, os sucessos e a boa herança, que também fazem parte dessa história desde os primórdios. Isso não significa que a sua historiografia não seja crítica, nada disso, uma vez que é sim marcadamente crítica, embora o seja em sentido contrário. Desta feita, o ônus será imputado aos sacerdotes do intelecto, aos mandatários da comunidade de pensamento, quando subvertem – para pior – a cultura que herdaram. Havia (ainda há, certamente) uma guerra espiritual pela civilização, e o historiador galês, alinhado a Burke, soube escolher o seu lado.

As religiões mundiais

A emergência marcante de novas concepções espirituais (teológicas e filosóficas) ao longo do primeiro milênio AEC deu ao imenso contexto civilizacional asiático-europeu um impulso intelectual absolutamente significativo e decisivo para a história do mundo, quando "uma transformação espiritual de altíssimo valor abriu passagem no mundo".[58] Da Caldeia ao Mediterrâneo jônico, da China à Pérsia, do deserto palestino aos altiplanos hindus, surgiram movimentos de ordem intelectual/espiritual que simplesmente reconfiguraram, simbólica e narrativamente, uma imensa base civilizacional plenamente desenvolvida do ponto de vista material. Dawson nos diz que a civilização arcaica – base material e institucional de todas as demais nesse contexto – foi transfigurada por esse movimento macro, incorporando-o na esfera do pensamento humano, "trazendo uma completa revolução da cultura".[59]

> Foi a descoberta de um novo mundo, governado por uma imutável e absoluta realidade, ao lado da qual o mundo natural – o mundo das aparências e da vida terrena – se empalidece, tornando-se onírico e ilusório. Tanto na Índia quanto na Grécia, podemos rastrear um esforço em direção à concepção de uma causa ou essência cósmica fundamental e invisível – o Atman, o Logos, o Um –, além de um novo entendimento sobre a realidade contida no ininterrupto fluxo que dá origem ao mundo dos fenômenos [...] Todo o espírito desse novo ensinamento é ascético.[60]

O surgimento das "disciplinas de salvação" no Extremo Oriente, sua orientação à contemplação das formas eternas, sua exortação do silêncio absoluto e beatífico, foi paradigmático na história da civilização. Isso ocorreu no exato momento – na

58 Christopher Dawson, *Dinâmicas da História do Mundo*, op. cit., p. 203.

59 Ibidem, p. 203.

60 Ibidem, p. 203-04.

Idade do Ferro – em que impérios sucessivos começavam a se sobrepor uns aos outros em projetos hegemônicos crescentemente ambiciosos, absorvendo-se numa escalada crescente de uniformização e de integração civilizacional. A civilização se estabilizava, ainda que na esteira de disputas inevitavelmente ferozes entre grandes contendores. Na China isso representou a passagem da dinastia Zhou, tomando-se o seu período final e um considerável interregno de disputas entre os sete reinos, para o início da dinastia Ch'in, na formação do primeiro império chinês realmente unificado. Confucionismo e taoismo nasceram e prosperaram durante essa passagem. O budismo, por sua vez, ultrapassou completamente as suas fronteiras natalícias no norte da Índia, espraiando-se desde o império máuria por todo o subcontinente indiano e muito além. O Extremo Oriente foi completamente reconfigurado como comunidade de pensamento.

Mais a Ocidente, do Crescente Fértil ao Mediterrâneo, dos neoassírios aos romanos, passando por neobabilônios, persas e gregos, houve um arco expressivo de impérios que se sobrepuseram e se tornaram mais e mais universalizantes em seus propósitos, num movimento bastante fiel ao que encontramos, embora em linguagem codificada como crítica cosmológica, na literatura apocalíptica, principalmente em Daniel e no Apocalipse de João. A bem da verdade, conforme ainda veremos, o apocalipse, enquanto literatura apocalíptica, propõe em sua visão *sui generis* sobre a origem e o destino dos homens, qual seja, ritual e histórica, litúrgica e narrativa,[61] recorrente e progressiva, um remate desse movimento, síntese de longuíssimos

61 Para maiores esclarecimentos, ver Maurício G. Righi, *Sou o Primeiro e o Último – Estudo em teoria mimética e apocalipse*. São Paulo, É Realizações, 2019.

desenvolvimentos teológicos, os quais experimentaram nos hebreus e posteriormente no cristianismo primitivo uma evolução acentuada.

> É verdade que os hebreus não escaparam por completo da influência dessa ideia dominante de um processo cíclico na ordem do cosmos, mas *eles a reinterpretaram* [grifo nosso], segundo os parâmetros únicos de sua própria tradição. O *aeon* da apocalíptica dos hebreus não compreende um ciclo, exatamente, pois se trata de um estágio no desenvolvimento de um processo único, no qual se retém o seu valor e importância únicos. Todavia, ele é transferido do plano cósmico para o histórico, ou melhor, é transformado no tipo de história cósmica à qual damos o nome de apocalipse.[62]

Mas esse foi o estágio final de um processo longuíssimo, o seu ato derradeiro, por assim dizer, caracteristicamente pontual, pois circunscrito ao hebraísmo quietista das comunidades de Qumran (entre outros grupos) e – na sequência – ao movimento de Jesus, cujos desdobramentos foram não somente universais na história de mundo, mas absolutamente decisivos.

Resumidamente, o historiador galês se propõe a descrever e analisar o surgimento de uma supercultura (a helenística) e de uma supercivilização (a cristandade), com base em dois elementos centrais e interligados: a antiga civilização arcaica e a descoberta do absoluto, que inclui praticamente todo o cenário asiático-europeu, uma vez combinada a esse impulso espiritual da Idade do Ferro, que simplesmente abrasou o ambiente

62 Christopher Dawson, *Progress & Religion – An Historical Inquiry*. Washington D.C., The Catholic University of the America Press, 2001, p. 124.

histórico-civilizacional então existente, embora com desenvolvimentos específicos em cada um de seus grandes conjuntos. A questão é que esse novo elemento espiritual, em seu inegável impulso ao transcendente, em sua aguda verticalização da existência, não foi cativo de uma cultura específica, não esteve naturalmente condicionado a nenhum condicionamento geográfico-climático, segundo os parâmetros usuais do sistema explicativo. Ele se revelou – universalmente – em formas variadas em seus desenvolvimentos regionais, e incluímos tanto o budismo quanto o pitagorismo em suas expressões simbólico-narrativas, produtos mentais de comunidades de pensamento há muito civilizadas, o que encaminhou ao menos potencialmente novas formas religiosas e de religiosidade, teoricamente universais, nas quais "a ordem sagrada não se restringia a um sistema cerimonial, mas incorporava uma ética e uma busca pela verdade".[63] Tivemos, não obstante, estágios e modos distintos desse grande desenvolvimento, no qual foram inscritos novos paradigmas cosmológicos/teológicos, cujas características são marcadamente distintas entre si, cujas associações em contextos diversos geraram modos específicos de religiosidade, às quais ainda nos associamos até hoje. Quando falamos de budismo, confucionismo, taoismo, hebraísmo, platonismo, aristotelismo e cristianismo e depois de islamismo, entre suas derivações internas, falamos igualmente do nosso presente.

O ponto zero compreende o que é chamado de "tradição ritual da cultura arcaica", e nos referimos, por exemplo, tanto ao orfismo em relação à filosofia quanto à teologia do templo em relação ao cristianismo, entre tantas outras composições, em cujo interior essa nova concepção se organizou como sistema

63 Ibidem, p. 100.

religioso ou filosófico, ou melhor, religioso-filosófico, em cujas sínteses (e desvios potenciais) conduziram-se os mais variados esoterismos. Fez-se um empréstimo considerável no arcaico, partiu-se dele, obviamente, mas para a produção de um novo artefato intelectual e sobretudo ético, e podemos afirmar, categoricamente, que não haveria como ser de outro jeito, uma vez que o rito constitui o dínamo do arcaico, conforme vimos à exaustão. Dawson insiste com razão nesse ponto, quando, por exemplo, fala do universo helênico em aguda transformação cultural, às portas de sua filosofia:

> Os homens podiam acreditar no que quisessem em relação à natureza dos deuses, desde que se mantivessem atentos a uma performance exata e escrupulosa dos ritos, uma vez que somente estes poderiam assegurar a defesa da pólis e a fertilidade da terra. A *lei do sacrifício* compreendia "a mais antiga e melhor lei".[64]

Nesse excerto primoroso, vemos como o historiador galês bem reconhecia a centralidade do sacrifício, mas, conforme já avaliamos, fazia-lhe vista grossa em reflexões potencialmente profícuas, contentando-se em descrevê-la. Essa deliberação tinha o sentido de manter as suas reflexões no âmbito do apolíneo, e não podemos condená-lo por isso. Corretamente, o seu texto coloca o rito no âmago da cultura arcaica, vendo em seu centro e em seu interior outro ponto mais fundamental, o sacrifício. Ele então sinaliza a fonte, mas não a explica, sugerindo-nos um limite autoimposto, como se adotasse o célebre aforismo de Nietzsche ao discorrer, em *Além do Bem e*

64 Ibidem, p. 101.

do Mal,[65] sobre o perigo de fitar longamente o abismo. A nós interessa agora capturar como sua historiografia descreve com exatidão esse imenso movimento de transformação cultural capitaneado por uma alteração teológica muito expressiva nas comunidades de pensamento, identificando os seus pontos centrais, a suas dinâmicas próprias. Como um bom discípulo de Coulanges, certamente o seu melhor discípulo, o galês soube farejar e encontrar parte do tecido ritual das armaduras institucionais do arcaico, alcançando a mentalidade daquelas pessoas: seus condicionamentos mentais, seus medos, seus sonhos e temores.

Na compreensão do religioso, ingressando em seus átrios, assimilando a sua linguagem interna, torna-se possível o acesso às instituições arcaicas. Dawson soube disso como ninguém, mas nem sempre convinha revelar ao público leitor todos os recintos disponíveis, de fato ele limitava sua poderosa reflexão a certos ambientes, e sabemos que não há historiografia sem recortes. O seu objetivo foi mostrar essas dinâmicas em caráter positivo e construtivo, mostrando-lhe o *making*. Havia muito a ser revelado nesse encaminhamento das culturas ao pensamento universal. Essa operação do pensamento-intuição que alterou a face do mundo foi então discriminada em seus contextos e estágios: da Índia e China ao contexto helênico, este propriamente filosófico-esotérico, para alcançar finalmente o mundo hebraico com suas especificidades marcantes, com o seu Deus que se comunica na história e que tem um projeto – na história – para o seu povo, que é a humanidade. As *religiões mundiais* sairão desse imenso e complexo cenário, faltando

65 Friedrich Nietzsche, *Além do Bem e do Mal*, Aforismo 146. Dawson foi um leitor atento do filósofo alemão.

somente a inserção do islã, cuja formação e desenvolvimento posteriores fazem parte do mesmo processo.

> Assim em todas as grandes civilizações, dos confins da China à Bacia do Egeu, o início desse novo modo de pensar é marcado pelo surgimento da concepção de uma ordem universal, que é ao mesmo tempo espiritual e material, de uma só vez a ordem da justiça e da natureza. Mas essa revolução intelectual não parou por aí; pelo contrário, uma vez que foi apenas um degrau para um desenvolvimento posterior. Esses pioneiros do pensamento não se deram por contentes com a concepção de uma ordem imanente no mundo. Procuravam um princípio ainda mais alto, uma realidade absoluta que transcendesse a ordem da natureza e todas as formas limitadas de existência.[66]

Essa formalização filosófico-teológica do Absoluto respondeu por um longuíssimo desenvolvimento do pensamento e compreendeu o amadurecimento da "vaga e obscura intuição de um ser transcendente", base da religião primitiva.[67] Um nexo interno em rede é estabelecido entre os vários estágios de uma longuíssima tradição de pensamento, culminando no despertar para o absoluto transcendente. Segundo Dawson, a primeira cultura religiosa a formalizar, teologicamente, esse despertar foi o bramanismo, descrito no desenvolvimento da religião dos brâmanes à dos *upanishads*. A bem da verdade, a civilização egípcia já tornava

---

66 Christopher Dawson, *Progress & Religion – An Historical Inquiry*. Washington D.C., The Catholic University of the America Press, 2001, p. 104.

67 Ibidem, p. 104.

oficial em seu estado faraônico teocrático, ao menos desde o início da 19ª Dinastia, no século XIII AEC, a elevação de conceitos ligados à divindade *Maat*, em seu ideal *universal* de justiça social, de vida impoluta e de correção moral, [68] formulando assim um modelo comportamental/espiritual ético aos governantes, administradores e líderes religiosos. A ética deslocava-se ao centro do religioso. Tratou-se de um passo aparentemente simples, mas que foi de fato gigantesco: o universo ritual e seu imenso aparato simbólico passaram a ser sistematicamente intelectualizados na criação de repertórios esotéricos contíguos ao arsenal litúrgico, numa crescente intelectualização e moralização do universo religioso. Trocando em miúdos, tratou-se de lento mas implacável deslocamento do altar para o livro e do sacerdote para o escriba, num longo movimento em cujo ápice os três grandes monoteísmos firmariam em fases distintas, cada um ao seu tempo, sua autoridade civilizacional.

É notável como o historiador galês parece realmente perceber do alto de sua erudição como esse processo se deveu a recomposições no sistema sacrificial, com uma crescente abstração do sacrifício em formatos progressivamente simbólicos,[69] dando origem a um processo de intelectualização do religioso, realizado em estágios conduzidos por

---

68 "Em resumo, a ética de *Maat* se desenvolveu num contexto de ordem e de desenvolvimento sociais, chave para o seu aparecimento foi a figura do *sesh* (intelectual, escriba, burocrata). É dessa classe que surgirá uma formulação notadamente ética da religião, iniciando-se esforços intelectuais na implantação de uma "sociedade justa". In: Maulana Karenga, *Maat – The Moral Ideal in Ancient Egypt, A Study In Classical African Ethics*. New York, Routledge, 2004, p. 38.

69 Ibidem, p. 104-05.

elementos internos a esse religioso. Isso só reforça o valor realmente decisivo do que ele caracteriza por comunidade de pensamento no âmbito das transformações culturais. Alguém poderá dizer, entretanto, que houve certa dose de escapismo nesse movimento de aguda intelectualização da *religio*, formalmente expresso em disciplinas marcadamente contemplativas e negativas, como se a dureza prescritiva e a sanguinolência da antiga ritualística arcaica não mais coubessem nos ambientes progressivamente intelectualizados de sacerdotes palacianos e urbanizados.

Dawson dirá o mesmo! Mas o fará matizando a mudança com realidades mais profundas. A intelectualização da religião arcaica, a sua esoterização, por assim dizer, deu-se igualmente como fortíssimo processo de higienização interna, de apagamento drástico de antigos procedimentos sanguinolentos, os quais passaram a ser progressivamente detestados por uma espiritualidade emergente, até que finalmente se alcançasse a crítica profética à idolatria. Todavia, *não* se tratou, em absoluto, de um processo linear de desenvolvimento da consciência religiosa do mundo, nada disso. Foram despertares distintos e característicos com resultados também distintos, pontuados num vastíssimo cenário civilizacional e com desenvolvimentos autóctones muito próprios.

Em contextos mais agudos e fecundos de evolução desse despertar surgiram os grandes monoteísmos, ainda que dessemelhantes entre si em seus vários aspectos. Esse passo certeiro ao transcendente foi decisivo à história do mundo, dando origem a uma (nova) instituição, a qual alterou completamente o cenário social de povos incontáveis, e falamos do *monasticismo*. "Foi no budismo que o ideal asceta encontrou a sua expressão mais alta, e o budismo também foi o mais completo, minucioso e longo experimento das novas disciplinas de salvação."[70] E qual foi a base institucional do budismo? A vida em mosteiros. Essa instituição é nada menos que fundamental na historiografia de Dawson, conforme os seus leitores assíduos certamente já sabem. Tratou-se de um esforço hercúleo de interiorização do que podemos chamar de vida religiosa, num esforço consciente de desapego às riquezas e de elevação da conduta a níveis éticos altíssimos, em que antigas exigências de pureza ritual com seus tabus e purificações foram finalmente deslocadas para o interior do sacerdócio e dos sacerdotes, inserindo-se na *vida moral do monge*. Foi esse o momento em que a religião tornou-se consciente de si mesma, distinguindo-se, destacando-se do cultural; igualmente, o momento em que religião e cultura passaram a polarizar diferenças realmente significativas.

Não mais bastava ter animais e objetos rituais/cúlticos puros e perfeitos, templos imaculados e imagens ritualmente consagradas, pois agora era preciso fazer-se perfeito enquanto membro de uma comunidade eticamente purificada no pensamento e na vida interior, com a institucionalização de uma disciplinada vida moral entre pares espirituais. Perceba o leitor como houve um deslocamento da *religio* arcaica, do exterior para o interior, um deslocamento contundente na direção da contemplação mística. Tratou-se, no entanto, de um movimento com fortíssimas fricções internas, pois sabemos que houve polarizações agudas entre, por exemplo, o budismo e o bramanismo, entre o taoismo e o confucionismo,[71] ou mesmo

70 Ibidem, p. 107.

71 "Consequentemente, o ideal ético dos taoistas foi de quietismo e de desapego espiritual. Desprezavam o aprendizado tradicional dos mestres confucionistas como "os resíduos e as sobras dos antigos". Ibidem, p. 109.

entre hebraísmo e judaísmo,[72] além de absorções recíprocas na geração de hibridismos e recomposições reformadoras, como foram os casos do budismo tibetano[73] e do cristianismo.[74]

Isso levou ao "reconhecimento [sistemático e intelectualizado] de uma realidade superior, transcendente a toda limitação e mudança"[75], uma frase que, por si mesma, nos conduz às antessalas do pitagorismo e do platonismo, ao mundo das formas eternas.

> Assim como os escritores dos *upanishads* desenvolveram a concepção do *Atma* absoluto do Self, idêntico ao absoluto *Brahaman*, com base numa substância *quasi*-física, igualmente e da mesma forma na Grécia a unidade física dos antigos pensadores jônicos foi gradualmente substituída pelo princípio metafísico do Ser puro. Foi na filosofia de Platão que essa teoria de uma realidade transcendente obteve a sua expressão clássica no Ocidente.[76]

Essa ascese de uma nova consciência espiritual/teológica promoveu no mundo helênico a sua própria disciplina

---

72 Ver Margaret Barker, *Introdução ao Misticismo do Templo*. São Paulo, Filocalia, 2017.

73 "Aqui o budismo foi contaminado pelo xamanismo e outras correntes de paganismo." Christopher Dawson, *Progress & Religion – An Historical Inquiry*. Washington D.C., The Catholic University of the America Press, 2001, p. 112.

74 Ver Margaret Barker, *Introdução ao Misticismo do Templo*. São Paulo. Filocalia, 2017.

75 Christopher Dawson, *Progress & Religion – An Historical Inquiry*. Washington D.C., The Catholic University of the America Press, 2001, p. 113.

76 Ibidem, p. 113.

espiritual – uma disciplina do saber, a base do que conhecemos por filosofia, uma ciência contemplativa tipicamente helênica, cujos desdobramentos para a história das ideias foram simplesmente gigantescos. A interpretação que se faz em *Progresso e Religião* vai justamente reforçar a proximidade e mesmo certa unidade entre as asceses do Extremo Oriente, com sua absoluta visão metafísica da vida, e o pensamento filosófico-esotérico do mundo grego, uma vez que "encontramos as mesmas forças espirituais em operação [na adoção de princípios análogos], tanto no mundo helênico quanto no Extremo Oriente".[77] Houve assim uma guinada fortíssima para a contemplação das realidades transcendentes, mas que, em termos gregos, orientou-se sobretudo à contemplação das formas eternas, promovendo a geometria e a matemática como saberes espirituais, orientou-se também à investigação profunda dos elementos, promovendo a biologia e a física, como também às questões relativas ao bem e à verdade, concernentes à melhor condução da vida e da sociedade, promovendo por sua vez o pensamento político e a ética. Não se tratou, contudo, do aparecimento da ciência em sentido moderno, embora tenhamos de ambos os lados, do grego clássico e do moderno científico, claríssimos pontos de encontro (em suas filosofias esotéricas de fundo).[78] Todo esse repertório vinculava-se esotericamente a essa metafísica fundamental, a essa metaciência numa busca obstinada pelo *alto saber* em sentido iniciático e esotérico, "encontrado na

77 Ibidem, p. 113.

78 O próprio Newton, para ficarmos com o exemplo mais paradigmático, foi um típico cientista esotérico. Ver Bernard Cohen e George E. Smith (eds.), *The Cambridge Companion to Newton*. Cambridge, Cambridge University Press, 2002.

contemplação do universo como uma manifestação do Ser perfeito e imutável".[79]

***

Quando o Senhor diz a Abraão para que abandone a sua terra, pois faria dele e de seu clã uma grande nação,[80] temos uma literatura religiosa indicativa de uma relação pessoal, mostrando-nos uma comunicação direta entre um patriarca semita, um líder político-militar nômade, e uma divindade diferenciada, pela qual se encaminha um projeto a ser revelado em etapas, que podemos chamar de projeto abraâmico. Ao contrário do que poderíamos esperar em recorte padrão na linguagem mitológica do arcaico, Abraão não é exortado para que retorne aos costumes dos ancestrais, para que restabeleça os vínculos com os antepassados fundadores, para que recupere uma pureza perdida, mas o contrário é dito, uma vez que recebe o comando para que deixe a terra de seus antepassados, leia-se: que abandone as antigas divindades e seus territórios consagrados e caminhe na direção do desconhecido, "para a terra que eu te mostrarei". A questão não se restringe ao recebimento divino de um pedaço de terra, mas se abre na expectativa de formar uma nação sob uma orientação espiritual inédita, num longo projeto a ser cumprido, bastando a Abraão ser fiel àquele que lhe revela o novo caminho, exortando-o para que lidere seu povo nessa imperscrutável aventura.

---

79 Christopher Dawson, *Progress & Religion – An Historical Inquiry*. Washington D.C., The Catholic University of the America Press, 2001, p. 116.

80 Gênesis 12.

As novidades incutidas nesse pequeno trecho literário-teológico são imensas para a história do mundo. A relação de Abraão com o seu Senhor *dirige-se para a frente*, na realização de uma história comum, no cumprimento de uma promessa inquebrantável, cuja realização encaminha promessas futuras, e muitos são os autores e comentadores que discorreram sobre esse assunto. Há entre Abraão e o seu Senhor o restabelecimento de uma aliança (*bĕrit*), ou melhor, de uma aliança eterna (*bĕrit 'olam*).[81]

Não se trata absolutamente de um pensamento orientado aos antepassados, cativo dos retornos cíclicos, enfim, de um pensamento em que se reverencia a sacralidade indiscutível dos fundadores míticos – em clave tipicamente arcaica. Toda relação de Abraão com o seu Senhor se dirige ao futuro, na construção de uma história única e irrepetível. O Senhor de Abraão surge para subverter a ordem do arcaico.

É claro que o hebraísmo também se inseriu nesse imenso despertar espiritual em direção ao transcendente e ao Absoluto, mas o fez de modo especialmente único e de certo modo rebelde, na elaboração de um saber cosmológico e existencial até então desconhecido, marcadamente histórico e ético, pelo qual a existência caminha para a frente em processos ininterruptos de escolha e de responsabilização. Planta-se e colhe-se sob a supervisão maior do Altíssimo transcendente, mas num relacionamento que enfatiza o bom discernimento e a escolha espiritualmente apropriada diante das provas, pois responderemos por essas coisas. A retidão ritual é insuficiente caso desacompanhada de retidão moral. No caso, os que guardam a lei e a fidelidade ao Senhor em seus corações serão exaltados,

81 Gênesis 17,7.

o povo inteiro foi convocado ao projeto abraâmico. A aliança entre as duas partes é direta e irrevogável.

Conforme anunciado, falamos aqui de um período histórico em que impérios sucessivamente capacitados ao domínio de povos inteiros começaram a se sobrepor uns aos outros, adotando sobre essas sociedades submetidas modos progressivamente eficientes e universalizantes de domínio. No período em que o Império Romano se estabelecia como o dono incontestável do mundo civilizado conhecido, cujas fronteiras com o império Sassânida (Pérsia), a oriente, e com a Hibérnia (Irlanda), a Ocidente, expunham uma unidade político-administrativa simplesmente gigantesca e absolutamente poderosa, tendo o Mar Mediterrâneo como um mar interno, *mare nostrum*, consolidou-se sobre esse cenário uma supercultura chamada de helenística. Esse helenístico, a integração de elementos greco-romanos e orientais, respondeu entre outras coisas por um amálgama de escolas filosóficas, seitas esotéricas, orientalismos e hibridismos diversos, os quais passaram a coabitar nos espaços urbanos prósperos e culturalmente efervescentes da época, ora se repelindo, ora se atraindo. Tudo isso era relativamente supervisionado por uma estrutura imperial verdadeiramente detentora dos meios de regulamentação da vida social. Temos então dois níveis principais: um nível cosmopolita largamente aberto às influências e à miscigenação de elementos simbólicos entre estrangeiros, na composição de um mercado de filosofias, seitas esotéricas, disciplinas de salvação e religiões, aberto ao gosto e aos interesses de um enorme público crescentemente heterogêneo, e não nos esqueçamos de que estamos diante de um mundo eminentemente escravista, mas temos também um outro nível, o do poder político, das leis e da condução da vida pública, completamente austero em suas demandas imperiais e em suas exigências de submissão política de todos os que estavam sob sua incontestável autoridade. Dessa maneira, a suposta liberdade religiosa de que gozavam os cidadãos e moradores do império se esgotava na completa subordinação da religião (das religiões) à estrutura imperial – o Estado tornara-se o centro da sacralidade, portanto, da cultura, e um explícito culto ao Estado, aos seus símbolos, seus líderes e agentes, começou a ser imposto pelos poderes constituídos. Em ambientes cosmopolitas altamente híbridos, essa imposição pode ser facilmente manipulada por meio de divertimentos coletivos, distribuição de auxílio público, celebrações faustosas e triunfos. Por outro lado, em ambientes mais fortemente arraigados à cultura original, ou seja, à religiosidade autóctone imemorial, tornava-se bem mais difícil uma imposição pacífica (e sedutora) da estrutura imperial. Nesse momento, certas elaborações teóricas e concepções do historiador galês começam a render frutos preciosos. Vejamos o seguinte:

> Agora, nada houve de peculiar no fato de os israelitas estabelecerem a sua aliança com um único deus. Esse era *grosso modo* o estado normal das coisas, entre os povos antigos, especialmente entre os semitas. Havia, por exemplo, Assur, o deus nacional da Assíria, também havia Quemós, o deus nacional de Moab, havia o grande Baal de Tiro, entre outros incontáveis [...] [Entretanto], enquanto a tendência geral nessa nova era [de consciência espiritual] colocava-se no sentido de sincretizar os vários cultos locais, subordinando essas divindades pessoais a um princípio impessoal transcendente, como o conceito de Brahman, a tendência em Israel foi a de acentuar a unidade e a universalidade de seu deus nacional,[82] uma tendência que

82 Um Deus que nunca fora exclusivo de um lugar específico.

se encontrava plenamente desenvolvida no século VIII AEC, nos primeiros escritos proféticos.[83]

No contexto dessa emergência de religiões mundiais em cenário notadamente imperialista e cosmopolita, da China à Europa, do Cáucaso ao deserto africano, parece ter havido na experiência propriamente hebraica uma inflexão notadamente singular, um ponto de resistência e de confluência muito característico, gerando um movimento dialético que seria resolvido, do ponto de vista civilizacional, no cristianismo. A diferença hebraica foi menos o seu monoteísmo em sentido manifesto, em sua exterioridade, e mais a forma específica como esse Deus único se relacionava *pessoalmente* com os seus escolhidos, atribuindo-lhes missões de libertação e de chamamento à justiça, libertando-se ele mesmo de qualquer territorialidade: sua ação é universal. Verificou-se, portanto, um salto ainda mais alto no que podemos chamar de consciência religiosa de uma cultura/comunidade, a ponto de termos uma teologia que passou a se dobrar, em determinados momentos, principalmente com os profetas, contra o seu próprio sistema fundador, elaborando autocríticas inéditas ao universo arcaico, vide Isaías 1,11-13: "Que me importam os vossos inúmeros sacrifícios? Estou farto de holocaustos de carneiros e da gordura de bezerros cevados. Basta de trazer-me oferendas vãs". Essa crítica profética, o produto sublime de uma comunidade de pensamento altamente dinâmica e profunda, não poupava nenhuma autoridade humana, nem mesmo os reis, o que conferiu um caráter distintamente reflexivo às suas elaborações

83 Christopher Dawson, *Progress & Religion – An Historical Inquiry*. Washington D.C., The Catholic University of the America Press, 2001, p. 122.

histórica e sociologicamente situadas: os profetas apontavam o dedo para pessoas e conjunturas reais.

Não temos "escapismo", segundo Dawson, nessa configuração hebraica do pensamento religioso. O hebraísmo não se prende na contemplação das coisas eternas, não se fia numa abrupta saída do mundo em direção à pura transcendência. O que temos é um enfrentamento direto contra o que se percebe como injusto, como corrupto, blasfemo e idólatra, em combate aberto contra a mentira e a hipocrisia tanto das elites quanto do povo. Trata-se de crítica social ampla e irrestrita. O hebraísmo, sobretudo por meio de sua consciência profética, parece realmente ter subvertido as estruturas arcaicas, em vez de apenas reacomodá-las no bojo de uma sensibilização esotérica. Na exortação profética, Javé "odeia e despreza os sacrifícios [ainda que ritualmente imaculados e perfeitos] dos opressores dos pobres, e a sua lei se dá no combate ao mal e no amor ao bem, no estabelecimento de um julgamento [eterno]".[84] Essa reorientação acabou por subverter a concepção de divindade e das potestades correlacionadas. Perceba o leitor que não se diz que o hebraísmo fosse "superior" aos demais movimentos, mas que houve ali uma composição particular do novo com o antigo, ao mesmo tempo mais ligada ao antigo padrão arcaico (na associação nacional/regional com uma divindade guerreira como Javé) e mais distante deste padrão (na interposição de uma consciência religiosa marcadamente crítica perante as autoridades). Isso fez do hebraísmo algo altamente resistente ao cosmopolitismo helenístico, e não podemos nunca desprezar a imensa força atrativa dessa supercultura, mantendo-se regionalmente

---

84 Christopher Dawson, *Progress & Religion – An Historical Inquiry*. Washington D.C., The Catholic University of the America Press, 2001, p. 122.

enraizado à cultura original, mas também o tornou, por outro lado, altamente revolucionário nos termos de uma religião/fé que combatia abertamente a simbologia idólatra dos impérios estabelecidos e seus projetos de domínio. O projeto abraâmico não contemporizava com seus vizinhos. Em suma, o hebraísmo e depois o judaísmo não se deixaram absorver.

Em suas reflexões sobre o apocalipse e a apocalítica, o teólogo James Alison, anteriormente mencionado, afirma algo importante: "Aquilo que os videntes e oráculos do Templo [de Jerusalém] percebiam com muita clareza é que toda evidenciação negativa, por meio da qual, quando falamos de Deus, removemos necessariamente elementos cognitivos humanos concernentes ao tempo, espaço, poder, bondade, gênero, cor, espécie, número, e assim por diante, não deveria nos deixar com um Deus higienizado, apagado e sem rosto. Muito pelo contrário. [...]".[85] Está-se dizendo que ainda que o hebraísmo tenha participado em conjunto com outras religiões mundiais desse ciclo inflexivo ligado à Era Axial, durante a Idade do Ferro, operando uma guinada ao transcendente e ao absoluto, ele o fez a partir de suas entranhas arcaicas, sem se deixar levar por uma preocupação extrema de limpar e depois apagar teológica ou filosoficamente os antigos rastros deixados por certos ritos de sangue, embora também tenha feito isso, mas moderada e parcialmente.[86] Essa preservação de sua organici-

---

85 James Alison, "Alguns Apontamentos para uma Leitura Girardiana do Apocalipse". Lion, 2020.

86 Vide a história da quase imolação de Isaac por Abraão em Gênesis 22, quando, no final do relato, Abraão volta para Bersabeia sem o menino. Temos aqui, provavelmente, um lapso editorial que provavelmente nos revela um texto (ou uma tradição oral) mais antigo na base, no qual Isaac seria sacrificado.

dade – de sua cultura-matriz – deixou o hebraísmo marcado de elementos indubitavelmente arcaicos, os quais são indigestos e mesmo horríveis às mentes mais refinadas, mas permitiu, igualmente, que ele pudesse olhar de frente (sem escapismos, sem gnose e sem desvios no puro esoterismo especulativo) para a condição humana, o que lhe rendeu uma inteligência antropológica provavelmente insuperável no âmbito do que chamamos de história das ideias.

Nesse sentido, o misticismo hebraico – falamos aqui da inteligência e atividade proféticas – não foi exatamente esotérico, mas apocalíptico, e há inversões importantes entre esses dois olhares. Ficaremos somente com a mais fundamental: diferentemente do esoterismo, o olhar apocalíptico denuncia as elites espirituais-tecnológicas do mundo, os célebres cosmocratas, denuncia o próprio conhecimento enquanto instrumento de domínio e de manipulação, mantendo-se fiel à única salvação tida como possível – a que vem do Altíssimo e de seus enviados. O apocalipse é fundamentalmente martirológico, portanto, não se reduz ao êxtase contemplativo e derivados, ainda que estes lhe façam parte de modo completamente circunstancial. É fundamentalmente um chamamento (uma revelação) para que homens e mulheres participem dessa comunidade de testemunhas *históricas* (de mártires). Testemunhas de quê? Da realidade insuperável de um Criador incriado, cujo poder e sabedoria ultrapassam, absolutamente, todos os parâmetros do cosmos, ultrapassando cultura humana e natureza. Ou seja, além de oferecer uma perspectiva altamente transcendental da existência, integrando o céu e a terra, na realização de um projeto para os homens, e com a participação ativa de todos, o profetismo hebraico cria um sentido de pertencimento histórico e de participação ativa nesse projeto iniciado em Abraão, sumamente resistente, o que se comprova de modo categórico na história do povo judeu: de fato, todos esses grandes impérios viraram pó enquanto estruturas político-administrativas, enquanto estados ferozmente militarizados e enquanto sociedade.

> Pois os profetas viam a ruína material de Israel não como prova da impotência de Javé para proteger o seu povo; viam-na, na realidade, como manifestação de seu poder universal, num sentido superior e misterioso. A própria Assíria era somente um instrumento sob o poder do Deus de Israel, e seria descartada e vencida assim que o seu propósito se encerrasse [...] De modo que as crises que destruíram a existência de Israel como nação independente também caracterizaram uma época de labores árduos, na qual o judaísmo renasceu como uma religião mundial. A série de calamidades nacionais que culminaram na destruição de Jerusalém (no ano 70 EC) e mesmo durante o período anterior do cativeiro somente fortalecia e ampliava a crença profética na soberania do propósito divino na história.[87]

Esse fortíssimo sentimento de pertencimento numa história comum, esse sentido de participação num projeto que caminha, ininterruptamente, para a frente, fez do hebraísmo uma verdadeira força progressista na história do mundo, talvez, como nenhuma outra. Em seu pensamento religioso, a força dos retornos cíclicos, mitologicamente fundamentados, foi esvaziada de modo contínuo e as supostas eras de ouro originárias passaram a ser narradas pelo que de fato foram: crises e desvios – os muitos inícios e corrupções, do assassinato de Abel

87 Christopher Dawson, *Progress & Religion – An Historical Inquiry*. Washington D.C., The Catholic University of the America Press, 2001, p. 131.

ao Dilúvio, foram rupturas com passados embebidos no sangue do próximo, no sangue de pais, irmãos e primos, na criação de mais uma longa etapa num longo aprendizado. Certamente, a inteligência profética foi aos poucos percebendo a injustiça latente do establishment político-religioso, denunciando-o com base numa espiritualidade independente dos poderosos e realmente desconfiada das ordens estabelecidas, mas na qual não se negava a assertividade histórica de Javé, insistindo-se, porém, em sua misericórdia, em seu amor incondicional.

No seio dessa atividade, em suas reflexões oraculares, desenvolveu-se uma mentalidade marcadamente *antissacrificial*, continuamente voltada aos que não têm poder, aos esquecidos e humilhados, aos marginalizados, quando ficou claro como não se tratava somente de contemplação, mas de ação social efetiva, de enfrentamento moral e de cura espiritual, o que foi vivamente ministrado por Jesus Nazareno; "consequentemente, a ordem do mundo presente não é nem uma ordem estática completa (paradigma arcaico) nem mera aparência ilusória (paradigma esotérico). É o nascimento e desenvolvimento de uma criação espiritual, a atividade seminal de uma nova vida".[88]

Dawson parece pretender encaixar o nascimento do cristianismo (uma das religiões mundiais) e da cristandade (uma civilização universal) num todo altamente complexo, realmente multifacetado, que foi a supercultura helenística sob o Império Romano, tornando-os historicamente inteligíveis com base na interpretação proposta. Esse encaixe, todavia, está tematizado na discussão inicial e final de progresso e de religião. A articulação estabelecida é realmente brilhante, conforme estamos vendo. O seu desfecho, todavia, não é glorioso, nem poderia

88 Ibidem, p. 131.

ser, embora sensivelmente apologético em sentido muito próprio. Ainda não entraremos na discussão do cristianismo e da cristandade, o que faremos na sequência, tema esse que exigiu pelo menos a metade da vida intelectual do galês. Contudo, antes de encerrarmos esta seção, talvez fosse proveitoso retomar a discussão inicial e central ao tema de *Progresso & Religião*, percebendo como Dawson, tendo o hebraísmo profético e o cristianismo como modelos, redireciona o entendimento de *progresso* para bases fundamentalmente espirituais/religiosas, ou seja, redireciona-o para um olhar bem particular.

Da mesma forma que os profetas hebreus fizeram com a linguagem do sacrifício, herdada de práticas arcaicas notadamente violentas, subvertendo-a internamente, reorientando-a para fins mais altos, o historiador galês faz o mesmo com os modernos e o seu *progresso*. Há uma estratégia que envolve esse tipo de ação intelectual, numa inteligência fina e sagaz. Toma-se a noção do adversário, valendo-se de sua linguagem, de seu imaginário e de seu contexto, para então denunciar-lhe os fundamentos falaciosos e os propósitos suspeitos, com base numa elaboração mais refinada, tanto histórica quanto teologicamente. Conforme o leitor talvez já adivinhe o objetivo maior de Dawson, em *Progresso & Religião*, foi revelar, em embasamento historicamente sólido, como as culturas são "essencialmente, comunidades espirituais",[89] defendendo o caráter criativo dessas culturas, sublinhando sua vitalidade criadora, baseada em dinâmicas de ordem espiritual/mental. São essas as realidades de fundo que determinam os avanços reais das sociedades e dos povos, numa longa caminhada de fortalecimento recíproco

89 Ibidem, p. 192.

(e de tensão recíproca) entre religião e cultura: seria esse o verdadeiro e único significado possível de progresso, "o verdadeiro objetivo do progresso humano".[90]

Essa reflexão, todavia, conforme já pincelado em nossa discussão, tem um indiscutível destinatário: a Europa e sua civilização, tecnicamente vitoriosa, mas eticamente ameaçada, que então passava a ser "chamada à responsabilidade" numa "era de desilusão".[91] O longo argumento dawsoniano, em *Progresso & Religião*, quer nos mostrar por que a "Religião do Progresso fracassou em seu autoimposto estabelecimento",[92] e a referência não se restringe a Auguste Comte e ao seu exótico positivismo, mas compreende uma longa cadeia de progressismos e de progressistas enquanto avatares de uma filosofia do progresso abertamente hostil ao pensamento religioso, mas que não se deu conta de que o humano, tanto em sua base quanto em seu destino, é um ser eminentemente vocacionado ao espiritual, inclinado à superação do material, em busca não somente de "ir além", mas também de aproximar-se e comunicar-se com "o que está além", e isso está posto em nossa estrutura mental de base, é constitutivo de nosso psiquismo originário. É óbvio que essa inclinação assume formas diversas, em configurações intelectualmente distintas, incluindo a proposta do materialismo progressista, mas se trataria, neste caso, de uma derivação contrária ao pleno desenvolvimento tanto do homem quanto da cultura, numa derivação marcadamente *antiprogressista*, o que não deixa de ser uma tremenda ironia.

90 Ibidem, p. 192.

91 Ibidem, p. 191.

92 Ibidem, p. 187.

> Ou bem a Europa abandona a sua tradição cristã e, com ela, a fé no progresso e na humanidade, ou bem retorna, e de modo consciente, à fundação religiosa sobre a qual essas ideias [de progresso, de liberdade, de emancipação, de dignidade humana] foram baseadas. O mundo moderno não perdeu a sua necessidade do religioso e da religião [...] o impulso religioso do homem deve se expressar abertamente por meio de canais religiosos.[93]

Ele está dizendo que a fé moderna no progresso e o modo como essa modernidade elevou o valor inestimável do humano têm fundações substancialmente religiosas. Caso amputemos esses avanços de suas origens, alocados na religião de base, a referência é a religião cristã, a cultura espiritualmente esvaziada entrará inevitavelmente em processo agudo de desabamento. Com isso, a ordem liberal encerrada em si mesma, definitivamente apartada de seus fundamentos no cristianismo, não seria capaz de manter por muito tempo a vitalidade cultural do Ocidente, incluindo o seu verdadeiro progresso. É essa a lição que o historiador galês quis nos passar nessa obra.

A questão pela civilização, seu avanço e salvaguarda, assume uma dimensão, criando a necessidade de entender com o devido rigor quais os atributos específicos do cristianismo enquanto fé e religião que o tornaram uma religião marcadamente voltada ao desenvolvimento de aspectos que chamamos de modernos. A base está dada no fato de se tratar de uma religião revelada, ou seja, historicamente situada num fundador inspirado e na propagação de seu ensinamento e exemplo de vida por meio de seguidores institucionalmente vinculados a

93 Ibidem, p. 188.

um apostolado constituído por esse fundador como comunidade, quando temos a formação, e desde o seu início, de uma história institucional dessa fé. Essa característica não foi exclusiva ao cristianismo, certamente, mas nele assumiu um grau realmente único, vinculando a espiritualidade do chamado Reino de Deus aos processos do mundo para a transformação redentora desse mundo, porque o cristão está sempre em missão, tornando essa religião (e melhor seria dizer essa fé) um elemento cultural marcadamente ativo na transformação das sociedades que integra. Esse progressismo é inato ao movimento de Jesus, embora este não possa ser reduzido ao primeiro.

> É somente no cristianismo que o elemento histórico adquire tamanha importância, a ponto de ser completamente identificado com os objetos transcendentes e eternos da fé religiosa. O cristão, e somente este, pode encontrar uma solução ao paradoxo da inerência da eternidade no tempo, e do absoluto no finito, de modo a não esvaziar a vida humana e o mundo material de seu significado e valor religiosos. Logo, é no cristianismo, muito mais que em qualquer outro credo puramente racional, que a Religião do Progresso encontra a sua realização, na emergência de novos valores espirituais num sentido histórico concreto.[94]

E assim Christopher Dawson transfere o preço do atraso, do barbarismo, do subdesenvolvimento, das obstruções ao crescimento, das ameaças à integridade da pessoa, enfim, da

94 Joseph T. Stuart, Christopher Dawson in Context: "A Study in British Intellectual History Between the World Wars". Edinburgh, University of Edinburgh, *Ph.D. Thesis*, 2009, p. 106.

desumanidade, para a conta de adversários intelectuais, para a conta de suas ideias potencialmente destrutivas, uma vez que alheias à associação vital entre religião e cultura. São eles que, ao desconhecerem as dinâmicas da história do mundo, ao ignorarem os fundamentos religiosos das culturas, vêm incitando a construção de portentosos edifícios ideológicos destinados ao desabamento histórico. Nesse sentido, *Progresso e Religião* pode ser visto como um *livre de circonstance*, concebido para responder aos progressistas que – à época – ainda insistiam que progresso e religião seriam como fogo e água, uma ideia que havia muito penetrara nas concepções da classe letrada e ali construíra verdadeiras fortalezas, mas que agora, numa época de pronunciada desilusão em relação à inevitabilidade do progresso social, poderia (e deveria) ser revista. Dawson era o homem a cumprir esse papel.

Em sua tese sobre o ambiente intelectual britânico nessa época, colocando-o em diálogo com a obra de Dawson, Stuart nos confirma a existência desse posicionamento, dizendo que "mesmo após o término da Grande Guerra, a crença no Progresso, como fato histórico, ganhou sobrevida na Grã-Bretanha, insistindo-se nessa esperança como ideal de reconstrução social".[95] Devidamente protegidos por essa cosmovisão consagrada, os intelectuais continuaram a fazer uma apologia do progresso, e os livros de "Joseph McCabe, L. T. Hobhouse, F. S. Marvin, H. G. Wells e de J. B. Bury", entre outros,[96] continuaram a lotar as estantes e a dominar as conversas nos cafés. Para esses autores, "as religiões tradicionais representavam um empecilho ao progresso, pois este estaria assegurado, exclusivamente, pelo

95 Ibidem, p. 106.

96 Ibidem, p. 106.

alastramento da razão e da ciência".[97] O notável, no entanto, é a completa atualidade dessa discussão. O cientificismo não morreu, mas tampouco morreu a religião.

Isso torna a historiografia de Dawson não somente atualíssima, mas *venerável*. Esse adjetivo tem aqui um propósito bem específico, conforme veremos na sequência. Nessa historiografia podemos discutir integralmente a nossa herança, entendendo que o tecnologismo é parte de nossa civilização, mas jamais a sua base e menos ainda o seu destino – o destino de nossa civilização é o humano, a sua descoberta e o seu desenvolvimento.

97 Ibidem, p. 107.

INTERLÚDIO

Medievando

4

Eis a Igreja de São Cuteberto, respingada com o sangue dos sacerdotes de Deus, saqueada de seus ornamentos

Não é uma casa de bonecas

A formação histórica de um cidadão comum que vive hoje no Ocidente é largamente consolidada, visualmente, por meio da indústria do cinema. São filmes como *Gladiator, 300, The Name of the Rose* e *Kingdom of Heaven*, entre inúmeros outros, que fornecem às pessoas a ambientação e a simbologia de temas históricos de certa envergadura mundial, abastecendo-as em seus imaginários, introduzindo-as a certos "acontecimentos decisivos", embora temporalmente distantes. Nesse campo que podemos chamar de "história do mundo", a Idade Média, também chamada de época feudal ou mesmo de *Dark Ages*, adquiriu certo destaque cinematográfico, embora ambíguo. Tratado por essa indústria menos como um tema marcadamente extenso e deveras complexo e mais como uma estética e uma antiética, esse período, o medievo, vem sendo comumente exibido em dois modelos narrativos principais, que podem estar reunidos ou não no mesmo drama: (1) no engrandecimento dos combates entre cavaleiros, seus romances tórridos com princesas proibidas, seus estandartes leoninos, seus brasões coloridos, sua coragem física e sua lealdade; (2) no vilipêndio costumeiro dirigido aos monges e demais clérigos, com suas roupas amarrotadas, com sua circunspecção sombria e seus dentes podres, mas sobretudo com seu vício incontido de conspirar contra a felicidade alheia. Há também, quase invariavelmente, a figura de um alto dignitário eclesiástico, em geral um bispo esnobe e repulsivo em aliança infame com os piores aristocratas (contra o povo e cavaleiros heroicos). Há certas verdades e gritantes falsidades nesse imaginário hoje incutido, mas vejamos o que realmente nos interessa reaver.

Como nos descreveu, deliciosamente, o historiador Johan Huizinga, o medievo foi um período em que "o amante levava o símbolo de sua dama; os membros de uma irmandade, o seu emblema; um vassalo, as cores e os brasões do seu senhor",[1] pois foi uma época especialmente colorida e dramática, cruel e generosa, uma época de incontinências emocionais e de arroubos místicos. Em relação aos padres, aos monges e seus superiores eclesiásticos, esses seres "cinzentos" e "taciturnos", os instrutores intelectuais e morais desse período, os senhores da liturgia, dos livros, da ciência, da educação e da ética durante

1 Johan Huizinga, *O Outono da Idade Média – Estudos sobre as Formas de Vida e de Pensamento dos Séculos XIV e XV na França e nos Países Baixos*. São Paulo, Cosac Naify, 2010, p. 11-12.

bons séculos, há muito a dizer porque foram os mentores dessa civilização, os responsáveis diretos por suas instituições, conforme veremos; não obstante, foram também, desde o baixo medievo e mesmo antes, o alvo constante de escárnio social, "assim durante séculos, as camadas sociais altas e baixas se deleitaram com a figura do monge indecente e do padreco gordo e glutão. Um ódio latente contra o clero sempre esteve presente. Quanto mais um pregador era veemente contra os pecados de sua própria classe, mais o povo gostava de ouvi-lo",[2] nos ensina Huizinga.

Temos então a primeira diferença fundamental e mesmo indispensável, com a qual balizaremos outros entendimentos sobre esse período. Conforme nos é esclarecido em *O Outono da Idade Média*, ridicularizar o clero nunca foi uma novidade: era dele que saíam as principais críticas, em rompantes verdadeiramente reformistas. Antes dos demais, a igreja passou a criticar abertamente a si mesma, e os medievais a seguiram em profusão, com bem mais insistência que nós. Desse modo, a novidade realmente decisiva na história institucional do mundo se fez nessa rotina permanente do clero reformista medieval *de promover um exercício contínuo da autocrítica*. Esse imenso benefício foi posteriormente absorvido pelo povo e pelas instituições criadas, foi paulatinamente incorporado à mentalidade popular por meio das pregações dos frades, integrando-se às culturas vernáculas ocidentais, base para o surgimento de sociedades (mais prósperas, livres e justas), o que preparou o terreno para o despertar de um verdadeiro progresso macro. Esse clero, embora "ridicularizado" e também por esse motivo, conduziu um projeto civilizatório.

2 Ibidem, p. 288.

A nossa modernidade é legatária desse benefício. Mas "o que fizemos com essa herança?", pergunta-se Dawson com gravidade. "Ao menos a tivemos", ele responde logo na sequência, encaminhando o encerramento de sua obra-prima sobre o assunto. Que se perceba nessa conclusão franca, e por esse motivo iniciamos pelo fim, uma composição relativamente equilibrada entre gratidão e pesar, na resposta de um forte diante de um amor que se perdeu para sempre, que foi talvez o maior de todos, porém irremediavelmente posto no passado, ecoando eternamente nos recessos da alma do amante, uma ferida que – de uma só vez – sangra e vivifica. Com efeito, há esperança, pois permanece e é renovada, mas em outros termos. Sublinhamos esse ponto para mostrar como a partir desse momento em sua trajetória Dawson surgirá, em definitivo, como um pensador "espiritualmente engajado". Ele tem a sua cultura modelo e a sua civilização modelo e as defenderá (em sua importância como legado permanente da humanidade) com unhas e dentes. Essa obra-prima sobre a qual nos debruçaremos adiante, *Criação do Ocidente*, apresenta então o seguinte desfecho.

> A importância vital desses séculos [os séculos medievais] não será encontrada na ordem externa que criaram ou se esforçaram por criar, mas na mudança interna que provocaram na alma do homem ocidental – uma alteração que nunca poderá ser totalmente desfeita, exceto pela negação total ou destruição do próprio homem ocidental.[3]

3 Christopher Dawson, *Criação do Ocidente – A religião e a civilização medieval*. Intr. arcebispo Rembert G. Weakland, O.S.B.; apres. e trad. Maurício G. Righi. São Paulo, É Realizações, 2016, p. 269.

Criação do Ocidente – A religião e a civilização medieval,[4] base argumentativa deste capítulo, foi publicado em 1950 como parte do material escrito para as prestigiadíssimas palestras Gifford, as quais foram ministradas pelo historiador galês entre 1947 e 1948, uma deferência e um desafio intelectual que ele chegou a declinar, mas que, para a nossa sorte, e por insistência de seus organizadores,[5] acabou por realizar. Percorreremos esse livro neste nosso interlúdio com a intenção primeira de *indicar o polo magnético do pensamento de Dawson*, na revelação inequívoca de "seu norte".

O galês não foi um medievalista como muitos tendem a caracterizá-lo; contudo, em sua extensa reflexão histórica, da pré-história à modernidade do século XX, a cristandade medieval atuou de fato como parâmetro ou modelo de civilização, e ele foi um historiador das civilizações em seus movimentos maiores e interligados, um historiador das culturas em seus enredamentos maiores na história do mundo. Foi no período medieval, ou melhor, em parte desse, que o galês colocou o topo de sua régua civilizacional, medindo os demais contextos por esse padrão "mais alto", mas assim

---

4 No original, em inglês, *Religion and the Rise of Western Culture – The Classic Study of Medieval Civilization*. "As palestras Gifford foram publicadas pela Sheed & Ward em dois volumes: *Religion and Culture* (1948) e *Religion and the Rise of Western Culture* (1950). Mas, nesse primeiro livro, ele apenas retomou os temas de seus primeiros trabalhos, especialmente *The Age of the Gods* e *Progress and Religion*". In: Christina Scott, *A Historian and His World – A Life of Christopher Dawson*. New Brunswick, Transaction Publishers, 1992, p. 155.

5 "Esse firme toque de validação, assegurado pelos organizadores, era tudo o que Christopher precisava para ganhar confiança, dando-lhe o ímpeto necessário de prosseguir com as palestras [...]". Ibidem, p. 154.

o fez menos em nome do universo multiétnico europeu, em nome da Europa e de suas nações, e mais em nome do que podemos chamar de catolicidade em configuração ecumênica, sumamente representada no medievo.

A sua mensuração modelar, estabelecida no medievo, foi feita com base num *projeto original e internacional de sociedade cristã*, anterior ao cisma com a igreja ortodoxa, anterior ao cisma protestante, um projeto estabelecido como universal e apostólico, que foi sucessivamente reformado, mas que, não obstante, e nesse mesmo contexto, se dissipou aos poucos. Na contramão de seus colegas contemporâneos, num contraponto evidentemente irônico, foi esse o cenário em que o historiador galês reconheceu e mesmo situou um pico civilizacional, mas como alguém que integrava em sua historiografia as mais variadas *culturas* com as comunidades espirituais/de pensamento, que as elevaram *criativamente*, e no sentido artístico-religioso sobre o qual discorremos, no avanço das potencialidades humanas por meio de "aprimoramentos interiores": arte, ciência e espiritualidade, tomando os seus fundamentos na vida natural e social do trabalhador ligado à terra e ao seu contexto geográfico.

Dawson notou em alguns momentos do medievo, principalmente em sua metade com suas guildas de artesãos e seu clero reformista, falamos sobretudo dos séculos XI, XII e início do XIII, o surgimento de dinâmicas promotoras de um casamento entre cultura e religião, como interfaces inclusivas do mesmo agregado criativo na construção de um cenário civilizacional marcadamente ativo e transformador, porém misterioso, altamente espiritualizado, embora rodeado de atrasos e quase sempre sitiado pela barbárie, um universo piedosamente inspirado nos santos e nos anjos, ainda que largamente vulnerável aos assaltos dos piores monstros, o exato universo das catedrais góticas com suas gárgulas, voltadas ao exterior, e seu bendito ventre de luz, voltado ao interior, um mundo explicitamente suspenso entre a barbárie e a santidade.

Desse modo, a imagem por excelência da civilização medieval "não é a da casa de bonecas, mas a da catedral gótica".[6] Essa colocação é vital, na medida em que nos ajuda a entrever a distância simplesmente abissal entre a sua sensibilidade cultural/civilizacional bem própria e mesmo, talvez, excêntrica, e a sensibilidade corrente da modernidade materialista que o cercava e que ainda nos cerca, irremediavelmente presa às exigências de conforto, de bem-estar e de segurança, comumente tomadas como únicas realizações possíveis num paraíso terrestre, mas que de fato revelam-se à consciência de homens como Dawson como pseudo avanços em perspectiva espiritual, "avanços" promotores de cárceres, embora arrumadinhos, limpinhos e superficialmente agradáveis, e por isso mesmo sumamente aprisionantes, quando extirpados das coisas mais altas. Temos um pensador com inclinações outras sobre o bom, o belo e a verdade, evidentemente refratárias ao que podemos chamar, genericamente e tomando alguns cuidados semânticos, de *sensibilidade burguesa* e de *mentalidade burguesa*, mas que já se impunha quase que por completo como dado reconhecível na década de 1930.

> Não queremos, aqui, condenar o burguês. Afinal de contas, somos todos, mais ou menos burgueses e, além disso, nossa civilização moderna é burguesa de cima a baixo [...] Mas é difícil negar que haja uma desarmonia fundamental entre a

6 Christopher Dawson, *A Formação da Cristandade – Das origens na tradição judaico-cristã à ascensão e queda da unidade medieval*. São Paulo, É Realizações, 2014, p. 382.

civilização burguesa e a cristã e entre a mente do burguês e aquela do Cristo.[7]

A questão um tanto irônica é que foi justamente a civilização medieval ocidental que criou as condições para um pleno funcionamento do imenso edifício comercial-industrial associado ao mundo burguês moderno; aliás, sob determinado ponto de vista, o chamado baixo medievo pode ser interpretado como uma longa e não menos laboriosa construção desse mundo. "O burguês foi na origem o membro de uma classe pequena e altamente especializada que havia crescido nas comunas das cidades medievais. A existência do burguês era garantida por um alvará que lhe concedia privilégios, o que tornava a *comuna urbana*, o burgo, um regime de exceção. Enquanto o camponês lavrava o campo e o nobre guerreava, o burguês era livre para guiar a sua própria vida, para se preocupar com seus negócios e prosperar, mas dentro dos estreitos limites da economia urbana medieval."[8] Nesse trecho temos uma indicação de como Dawson chegou a apreciar o elemento burguês, em sua especificidade histórica, mas desde que devidamente inserido em contexto medieval e de certo modo originário, como *um* de seus membros, como *uma* de suas partes a operar com o todo, mas nunca como *cultura burguesa*. O seu conceito de uma cultura vigorosa e criativa, conforme vimos, é incompatível com os princípios utilitaristas da mentalidade burguesa, para a qual a moeda, o lucro, os juros e os rendimentos se tornam fins em

---

7 "O Catolicismo e a Mentalidade Burguesa". In: Christopher Dawson, *Dinâmicas da História do Mundo*. Ed., pref., intr. e posf. John J. Mulloy; intr. Dermot Quinn; pref. e trad. Maurício G. Righi. São Paulo, É Realizações, 2010, p. 303.

8 Ibidem, p. 304.

si mesmos, na instalação de sociedades em que o poder do dinheiro e a sua lógica passam a reger a cultura, quando esta passa a gravitar em torno dos chamados "interesses econômicos". A civilização medieval não funcionava nessas bases, ainda que os vícios e pecados do dinheirismo nela operassem, certamente. Todavia, o seu espírito não foi capitalista, foi bem distinto do capitalismo, artisticamente exprimido no românico, no gótico e no barroco, ou seja, em toda a Idade Média, basicamente. Mas que espírito foi esse de modo mais exato? Vamos aos poucos então preparar uma resposta dawsoniana.

O Medievo e seus detratores

Como estamos vendo, a Idade Média parece compreender um longuíssimo cenário ao mesmo tempo policromo e cinzento, diante do qual gostamos ingenuamente de nos medir, isso porque sempre o fazemos de modo que nos é favorável, dirigindo-lhe críticas à suposta religiosidade obscurantista, uma vez que para nós supersticiosa, fanatizada e persecutória, mas cujos conteúdos documentais e artísticos praticamente ignoramos, e assim o fazemos para o bem do juízo que damos ao nosso tempo. Mas se ao menos fôssemos coerentes e a abandonássemos a um esquecimento merecido, ao opróbio histórico, à condenação perpétua no tribunal da Razão, teríamos a desculpa de um firme apego a princípios inflexíveis. Todavia, nunca a abandonamos, muito pelo contrário, porque gostamos de consumir em nossos momentos de lazer e no conforto de lares seguros e limpos toda a violência pornográfica dos vikings em transe que criamos, rodando os seus machados contra pobres coitados ou em luta contra aristocracias guerreiras não menos temíveis, fascinados que somos com esse mundo em que os homens ainda precisavam se espetar e se cortar, mutuamente, para vencer guerras, conquistar tronos e constituir famílias prósperas, fazendo-o em nome de lealdades ancestrais, em nome da "honra", o mais polissêmico dos termos, ou mesmo em nome da ambição mais torpe. Um mundo em que, segundo esse nosso olhar, os maus seriam muito maus; já os bons, notadamente certos bravos cavaleiros desgarrados, seriam quase sempre os inimigos figadais dos bispos, esses seres "intrinsecamente malignos", segundo nossa filmografia vigente (E pensar, por exemplo, que foram estes que na verdade esforçaram-se por proteger as populações judias, durante a Primeira Cruzada, oferecendo-lhes abrigo e justiça contra a volúpia fanática e sangrenta de cavaleiros psicopatas seguidos por um punhado de clérigos analfabetos e do populacho, sobretudo, na região do Reno). Foi o alto clero que interveio contra esses massacres odiosos,[9] no ambiente de um antissemitis-

9 "Os judeus não eram bem-vistos em Worms, tampouco em seu entorno rural, e os rumores crescentes fizeram com que a população da cidade e os camponeses se juntassem aos homens do conde Emico para que atacassem o gueto judaico. Todo judeu capturado era passado ao fio da espada. Como já ocorrera em Spier, o bispo da cidade de Worms interveio, abrindo os portões de seu palácio para abrigar os refugiados judeus. Mas o conde Emico e sua turba fanatizada forçaram os portões, entrando no santuário. Ali, apesar dos protestos do bispo, os refugiados foram chacinados [...] Em 25 de maio, ao chegar a Mainz, Emico encontrou os portões da cidade fechados, agora por ordem do arcebispo Rotard". In: Steven Runciman, *A History of the Crusades (Vol I) – The First Crusade and the Foundation of the Kingdom of Jerusalem*. Cambridge, Cambridge University Press, 1951, p. 137-38. Nesses eventos, conhecidos como os "massacres do Reno de 1096", vemos, com absoluta clareza, como o antissemitismo franco-germânico deita raízes profundas, alcançando o século XI,

mo que seria corrente e prolongado. Essas coisas, no entanto, são minúcias de historiadores, e os bispos continuarão a ser tratados como vilões feitos sob encomenda. Portanto, a apreensão que hoje se tem sobre esse período indica uma história muito própria e muito nossa, cujas repercussões, amplas e genéricas, alimentam o imaginário histórico.

Num livro proveitoso, uma verdadeira joia, *Michelet e a Renascença*,[10] uma publicação das palestras sobre o assunto, proferidas entre 1942 e 1943, o historiador Lucien Febvre diz o seguinte na introdução de sua discussão sobre a importância de Michelet para o entendimento que hoje temos de Renascença.

> Foi a Idade Moderna que, por muito tempo, moveu o combate e que, acusando a Idade Média de rotina e estagnação, de imobilidade e impessoalidade, pareceu triunfar sob aplausos do público. "A noite da Idade Média" era maneira de dizer tão comum que ninguém ou quase ninguém a ela se furtava. Nenhuma ideia em seiscentos anos. Nenhuma invenção em seiscentos anos. Michelet chegava até mesmo a acrescentar: nenhum compromisso em seiscentos anos! O que é falso, diga-se de passagem. Até o dia do despertar, o dia da Renascença.[11]

---

e mesmo muito antes. É certo que a ação do alto clero, embora acertada, foi insuficiente e de fato débil para deter psicopatas furiosos como o conde Emico, mas também é certo que, nesse contexto abertamente persecutório, era a única instituição consciente da barbárie que fora disparada, contagiando os maus e os ignorantes.

10 Lucien Febvre, *Michelet e a Renascença*. São Paulo, Página Aberta, 1995.

11 Ibidem, p. 19.

Febvre começa então a elucidar ao seu público como as noções que têm, e que ainda temos, enquanto público leitor, tanto da Idade Média quanto da Renascença, são provenientes sobretudo de *interpretações* históricas de certos autores consagrados. Por exemplo, o historiador suíço Jacob Burckhardt, mestre e amigo de Nietzsche, foi um desses grandes autores clássicos, cuja visão e interpretação sobre o medievo atravessaram gerações. Como então – resumidamente – Burckhardt avaliava o medievo? "As duas faces da consciência, a objetiva e a subjetiva, estavam [na Idade Média] de certo modo veladas; a vida intelectual assemelhava-se a um sonho. O véu que encobria os espíritos era um tecido de fé e de preconceitos, de ignorância e de ilusões; o mundo e a história apareciam sob cores estranhas."[12] Esse viés ideologicamente carregado sobre um imenso período histórico, a Idade Média, estendeu-se pelas duas pontas do processo. A visão que temos, por exemplo, e nos referimos a um senso comum cultivado, a um público que "gosta" de história, da conversão de Constantino ao cristianismo no início do século IV EC como um ato estritamente político, pensado e orquestrado por um "estrategista manipulador", também nos chegou pela historiografia de Burckhardt. As pessoas conhecem o Constantino de Burckhardt, tomando-o como verdade histórica, porque *herdamos essa interpretação*. O historiador brasileiro Pereira da Silva nos diz o seguinte em sua tese: "Desde meados do século XIX, o *viés historiográfico* que dominou os estudos sobre Constantino maculou o seu relacionamento com a igreja cristã, negando a sinceridade de sua conversão. O grande nome dessa tradição historiográfica é o do historiador suíço Jacob Burckhardt. Ao assumir como orientação [indiscutível] de que todos os homens

12 Ibidem, p. 20.

no poder são velhacos e maquiavélicos, Burckhardt combatia a imagem medieval de um Constantino santificado, e do milagre sobre o qual esta visão se fundamentava".[13]

Mais recentemente o historiador Paul Veyne, em seu *Quando Nosso Mundo se Tornou Cristão* (2007), recolocou a questão nos seguintes termos: "Que tipo de homem foi Constantino? Um soldado brutal e eficiente, um político que se tornou um cristão por mera conveniência e cálculo político? Entre 1850 e 1930, desde o grande Burckhardt, isso foi frequentemente afirmado, fosse por espírito de coleguismo, fosse mediante certa aversão à hagiografia".[14] A resposta de Veyne se dá com uma bem-vinda e necessária mudança de enfoque, pois, provavelmente, Constantino não foi nem um santo, como ansiava Eusébio de Cesareia,[15] nem um velhaco oportunista, como defendia Jacob Burckhardt, mas um líder inspirado que soube notar a sensível diferença ética e espiritual de uma religião que ainda estava muitíssimo longe de se tornar popular; logo, muito mais importante é compreender o papel e a pessoa de Constantino dentro dessa fortíssima pressão ética (e mística) que o cristianismo exercia sobre setores extensos das elites e das classes médias urbanas romanas, embora ainda fosse uma religião largamente minoritária no império,[16] o que – por si só – esvazia o argumento de mero oportunismo político.

---

13 Diogo Pereira da Silva, "As Abordagens Historiográficas sobre Constantino I (306-337) – uma Revisão". *Dimensões*, vol. 25, 2010, p. 32-45.

14 Paul Veyne, *When Our World Became Christian (312- 394)*. Cambridge, Polity Press, 2010.

15 Eusébio de Cesareia, *História Eclesiástica*. São Paulo, Paulus, 2000.

16 Ver Rodney Stark, *The Rise of Christianity – How the Obscure Marginal Jesus Movement Became the Dominant Religious Force in the Western World in a Few Centuries*. São Francisco, Harper One, 1997.

Esses exemplos são suficientes, assim pensamos, para que se compreenda como os leitores e os consumidores de livros de história (e de filmes de história, fatalmente influenciados por esses livros) estarão sempre sujeitos a certas interpretações consagradas. Quando Burckhardt, que foi um historiador consagrado, interpretou *o seu* Constantino, interpretando *a sua* Idade Média, havia outros historiadores que não concordaram com a sua interpretação, ao menos não integralmente. A questão, porém, é que *o viés* adotado pelo historiador suíço já era – disparadamente – o dominante, consagrando-se por um longo tempo. Estamos dizendo isso para enfatizar como alguns movimentos centrais à modernidade, favorecidos por sua elite intelectual, forjaram parte importante de sua identidade, o ser moderno, em contraposição ao que passou a ser chamado de *medieval*.

> A mudança de ênfase em relação à Idade Média, vista como uma época de absoluta ignorância, não vem do Renascimento italiano, mas dos períodos posteriores, caracterizados pela reforma protestante e pelo Iluminismo. Os autores desse período dedicaram-se realmente a manchar a época medieval. Os reformadores protestantes queriam fazer com que todo o passado católico parecesse corrupto e atrasado, ao passo que os autores do Iluminismo dos séculos XVII e XVIII celebravam a sua autoproclamada "Idade da Razão", denegrindo a época precedente, a da "Idade da Fé".[17]

Em certa medida, o mundo *medieval*, enquanto conceito aplicado a um longo período de mil anos ou mais, dos séculos V

17 Winston Black, *The Middle Ages – Facts and Fictions*. Santa Bárbara, ABC-CLIO, 2019, p. 9.

e VI aos sécs. XV e XVI *grosso modo*, passou a ser assim descrito, como *um ponto médio*, por estar supostamente localizado entre a época de ouro da Antiguidade Clássica e o tempo moderno, uma segunda época de ouro. Esse entendimento "pegou" em meados do século XVII,[18] e foi posteriormente adotado e reforçado pela retórica do Iluminismo; do mesmo modo ocorreu com o *Renascimento* em sua diferença substancial com o medievo, pois foi também um entendimento, uma caracterização, que "pegou" por meio de autores célebres como Michelet e Burckhardt. Com efeito, o próprio Dawson também entendia o Renascimento em sua especificidade, em sua saliente alteridade em relação à época precedente, uma vez que "representou a secularização da vida – uma reação contra o claustro, uma reorientação em direção ao mundo – quando se deixou o ideal monástico contemplativo de lado em favor da vida ativa, operada na sociedade laica. A supremacia da tradição católica na esfera puramente religiosa não foi, contudo, desafiada [no Renascimento], mas esta não mais dominava integralmente a cultura. A vida deixou de ser vista como uma peregrinação em direção à eternidade, passando a ser tratada como uma arte refinada [belas-artes], na qual se cultivaria toda a oportunidade de conhecimento e de desfrute".[19]

---

18 "Esse desenvolvimento [do conceito de idade média] foi mapeado com diligência por Jürgen Voss, que demonstrou que na França do século XVII já se usava, e de modo frequente, termos como *moyen âge*, *moyens temps*, *medium aevum*, *media saecula* e *media aetas*, mas com implicações ainda variadas." In: Alicia C. Montoya, Sophie Van Romburgh e Wim Van Romburgh (eds), *Early Modern Medievalisms – The Interplay Between Scholarly Reflection and Artistic Production*. Boston, Brill, 2010, p. 430.

19 Christopher Dawson, *Progress & Religion – An Historical Inquiry*. Washington D.C, The Catholic University of America Press, 2001, p. 144.

Essas épocas são distintas em suas diferenças próprias, certamente, e houve realmente uma guinada para *o estético*,[20] durante o chamado Renascimento italiano, momento em que o estudo da natureza e da perspectiva ganhou enorme impulso.[21] Todavia esses avanços foram herdeiros diretos – e explícitos – do escolasticismo,[22] e somos nós, em momentos distintos de nosso pensamento histórico, que os denominamos e que os recortamos, segundo *nossos* critérios, preferências e inclinações.

A visão particularmente negativa que as pessoas intelectualizadas dos séculos XVII, XVIII e meados do XIX tinham sobre a Idade Média teve antecedentes no próprio Renascimento, dizendo-nos muito mais sobre esses séculos modernos e protomodernos – em seus valores, cosmovisão, anseios e preconceitos – do que esclarecendo o medievo. Nesse sentido a historiografia do século XX propiciou uma grande reviravolta, com avanços tremendos à compreensão histórica.

Colombo foi um homem medieval ou um moderno? E Shakespeare, por sua vez, foi medieval ou moderno? Na outra ponta, e Agostinho? O seu pensamento pertence à Antiguidade tardia ou ao início do medievo? Há em todos esses casos, como também em muitíssimos outros, fortes argumentos dos dois lados, e aí nos damos conta da importância extrema do olhar de quem interpreta, ao menos entre os historiadores profissionais. É por meio dele, desse olhar criterioso,

---

20 Ibidem, p. 144.

21 "A arte do Renascimento foi uma caracterizada pela observação e pelo experimento, exercendo influência direta no desenvolvimento em estudos de anatomia e perspectiva". Ibidem, p. 144.

22 "[...] a fé inabalável na racionalidade do universo, que o mundo moderno herdou do escolasticismo medieval". Ibidem, p. 144-45.

analítico e erudito, quando temperado no discernimento, e somente por meio dele, que se superam as dicotomias fáceis e de certo modo infantis ou mesmo alienantes, para que então se alcancem os enredamentos realmente significativos das transformações sociais.

Idade Média e Modernidade não se distinguem como se fossem facções de times rivais, embora alguns filósofos talentosos, porém visivelmente desonestos, tenham forçado essa diferença, para que pudessem ganhar visibilidade e prestígio em salões dominados pela afetação dos que vivem no luxo. *Idade média e modernidade são somente conceitos*, embora bastante úteis para nos localizarmos historicamente em relação às movimentações dos povos. Assim sendo, quando o leitor se deparar com uma interpretação que avalie a Idade Média como uma era ou um período largamente dominado pelo preconceito ao saber, pelo obscurantismo religioso, que ele possa perceber, igualmente, quanto de preconceito ideológico e de obscurantismo histórico talvez estejam sendo levianamente jogados sobre esse período, revelando uma operação intelectual enviesada ou mesmo desonesta, conduzida por pessoas que desprezam ou que odeiam o medievo por motivos os mais variados, todos igualmente subjetivos. Logo a questão relevante não é amar ou odiar um período histórico qualquer, o qual pode ser repetidamente fatiado, contextualizado e reaproximado de maneiras as mais diversas, para agradar ou desagradar ao paladar do freguês, mas compreendê-lo em suas especificidades, em sua singularidade, para então conectá-lo a enredamentos sucessivamente mais amplos. Por isso, reinterpretar a Idade Média de um modo acadêmico, verdadeiramente criterioso, significa, ao mesmo tempo, reinterpretar a modernidade. *Dawson sabia muito bem disso.* Não haveria modernidade possível sem o longo e laborioso preparo medieval, ademais, em suas fronteiras, esses períodos se confundem e se tornam não poucas vezes indiscerníveis, mesmo com o auxílio (ou desserviço?) didático do Renascimento, verdadeiro *buffer zone* conceitual, que ora se aproxima ora se distancia do medievo, a depender do olhar e do contexto.

Ao menos desde a época de Voltaire, Gibbon e Condorcet,[23] desde os iluministas ou mesmo antes com os letrados humanistas renascentistas procurou-se caracterizar o denominado medievo como um extenso vale de atraso – um mundo de *barbarismo e religião*, conforme consagrado por Gibbon –, posicionado entre dois cumes de civilização, a Antiguidade Clássica e a época presente. Até poderíamos debater com essa visão, desde que fosse ressaltado, e com a devida vênia, que foram exatamente nesses vales extensos, tomados de gente pobre e vista como "supersticiosa", mas raramente nas escarpas e menos ainda nos cimos altíssimos, onde em geral as pessoas plantaram, criaram rebanhos, coseram suas roupas, navegaram, trocaram mercadorias e construíram suas vilas. Afinal de contas, alguém precisou trabalhar incansavelmente uma terra prometida para a modernidade, vencendo pântanos, brejos e geadas, afastando lobos e javalis, convertendo invasores e locais para então alfabetizar e instruir os seus filhos. Foi preciso construir moinhos e pequenas metalúrgicas, arar o solo, abrir canais, encher açudes e copilar livros, como também erguer igrejas, escolas e abadias, em labor silencioso e perseverante, liturgicamente condicionado em oração ininterrupta, na geração de excedentes impressionantes: os bens e os serviços que, posteriormente, alimentaram, vestiram e alfabetizaram

---

23 Ver, por exemplo, Voltaire, *Essai sur les Moeurs et l'esprit des nations*. Paris, 1829.

os bisavós, os avós e os pais desses futuros seres das altitudes filosóficas e beletristas adoradores da Razão, esses palacianos emperucados e aborrecidos, dominados por uma vaidade cortesã que só entende o que é espelho, absolutamente dependentes de amplos salões com seu olhares cobiçosos e suas etiquetagens codificadas, cujo regramento maior foi o esnobismo do *bien-pensant*. Voltaire, expressão máxima desse servilismo "esclarecido"[24] em sua sujeição obscena aos monarcas, com seu elitismo prepotente e vulgar, nunca poderia compreender tampouco ser grato à era que o precedeu, substancialmente mais autônoma e popular sob inúmeros aspectos. Francamente, "Voltaire, em particular, tinha um desprezo ilimitado pelo que avaliava como populacho, a '*canaille* que não é merecedora de esclarecimento e merece a sua canga. Ele próprio era um capitalista que acumulara enorme fortuna com empréstimos e especulações e investimentos cuidadosos, e ninguém poderia ter um senso mais forte de propriedade ou um desejo maior de tirar o máximo proveito da posição que conquistara".[25] Com efeito, assim demonstramos (e com que facilidade!) como é possível lançar caricaturas sobre os iluministas, reforçando uma narrativa talvez enviesada ou mesmo justa, quem sabe? Mas certamente em nome do "pensamento crítico".

---

24 "A visão de Voltaire sobre o Iluminismo foi, em seu mais alto grau, monárquico-nobilitária. As belas-artes e o seu aperfeiçoamento estariam mormente condicionados à instituição do modo cortês, que se espalharia pela sociedade de cima para baixo." In: J. G. A. Pocock, *Barbarism and Religion (vol II) – Narratives of Civil Government*. Cambridge, Cambridge University Press, 2000, p. 87.

25 Christopher Dawson, *Os Deuses da Revolução*. Nova introd. Joseph T. Stuart; introd. Arnold Toynbee; apres. James Oliver; trad. André de Leones. São Paulo, É Realizações, 2018, p. 67.

Quando os relógios organizaram o mundo

Nas primeiras décadas do século XX, começaram a aparecer estudos mais completos e aprofundados sobre a Idade Média, o que somente foi intensificado nas décadas seguintes, quando tivemos uma explosão de estudos que se tornaram clássicos, conduzidos por medievalistas notórios. A lista de contribuintes é realmente extensa, mas fiquemos, a título ilustrativo, com um dos autores mais renomados. Em seu *São Francisco de Assis*,[26] Jacques Le Goff discorre sobre um novo tipo de cidade que surgiu no ambiente histórico em que viveu Francisco de Assis, aproveitando o ensejo para discorrer sobre alguns desenvolvimentos decisivos do início da Baixa Idade Média, os quais alteraram, radicalmente, o panorama econômico de parte expressiva da cristandade ocidental, "a consequência espetacular do desenvolvimento demográfico e econômico é principalmente um poderoso movimento de urbanização. A Baixa Idade Média criou uma rede de cidades [os burgos/as comunas], que não serão mais como na Antiguidade e na Alta Idade Média, centros militares e administrativos, mas antes de tudo núcleos econômicos, políticos e culturais. Essa [nova] cidade é um canteiro onde se desenvolve pela divisão do trabalho um artesanato poderoso e múltiplo, do qual nasce, nos setores em via de 'industrialização', o de tecidos e o curtume, a construção de um verdadeiro pré-proletariado. É um local de trocas que atrai ou suscita feiras e mercados alimentados pela retomada de um comércio de longo e médio raios de ação, que dá um peso cada vez maior, nessa sociedade urbana, aos mercadores que dominam esse comércio".[27]

---

26 Jacques Le Goff, *São Francisco de Assis*. Rio de Janeiro, Editora Record, 2011.

27 Ibidem, p. 24.

Le Goff está nos mostrando o nascimento de um mundo por meio do nascimento de uma sociedade. Não se tratou do aparecimento de uma nova classe social, uma vez que a burguesia existia havia tempo, mas de seu progressivo entrelaçamento com a vida econômica da cidade, criando dinâmicas de produção crescentemente poderosas e expansivas. Foi o medievo que pôs em movimento o que, posteriormente, passou a ser conhecido por Revolução Industrial,[28] e o moinho foi a primeira máquina a gerar produtividades altíssimas, e foi usado não somente na geração de excedentes por meio da força hidráulica, mas também como patrimônio ativo que atraía investimentos na capitalização de recursos.[29] Moinho, relógio mecânico e imprensa, as três máquinas medievais, sem as quais a modernidade seria uma utopia.

Esse início de mecanização da vida social com o auxílio sistemático de maquinários teve no *relógio mecânico da grande praça medieval*, erguido no centro administrativo e jurídico da cidade comuna, o seu símbolo permanente e mesmo talvez o seu paradigma, principiando uma mudança significativa na consciência temporal europeia, passando "de uma sociedade agrária e arcaica para uma industrial e moderna", numa transição do "tempo dos monges" para o "tempo dos mercadores",[30] como nos ensinou Le Goff. Os sinos não desapareceram,

---

28 Ibidem, p. 25.

29 Ver Jean Gimpel, *A Revolução Industrial da Idade Média*. Lisboa, Publicações Europa-América, 2001.

30 "Segundo Le Goff, o conflito entre essas duas concepções de tempo caracterizou um dos eventos mais importantes na história das mentalidades, durante esses séculos, tratou-se de uma época em que a ideologia do mundo moderno se formava, pressionando as estruturas econômicas e o comportamento medievais".

certamente, mas começaram a compor com o relógio mecânico a divisão dos tempos, inaugurando uma contagem mais fina (e "acelerada") em divisões menores, assim estabelecendo outro método de contar o tempo,[31] do qual até hoje somos fiéis seguidores. Nesse mesmo cenário, surgiram as empresas S.A., os sistemas bancários e novas liberdades corporativas, no despertar de um universo econômico em que "a cidade se torna também o mundo do mercado de trabalho, onde o número de trabalhadores que recebe salário só aumenta".[32] Encaminhava-se indiscutivelmente a emergência da modernidade, porém no interior de *desenvolvimentos medievais*, na configuração de seu clímax. Esse foi o contexto em que nasceu, viveu e morreu Francisco de Assis, sob muitos aspectos um homem que antecipou a modernidade, vivendo-a em si mesmo, mas como alguém que estava inserido num mundo estritamente medieval, visivelmente refratário ao que o moderno se transformaria bem mais tarde. Estamos falando da passagem do século XII para o século XIII. Reforçamos esse ponto para que se perceba a modernidade em gestação no medievo, percebendo-a, ao

---

In: Gerhard Dohrn Van Rossum, *History of the Hour – Clocks and Modern Temporal Orders*. Chicago, The University of Chicago Press, 1996, p. 34.

31 "A voga dos relógios astronômicos nas grandes cidades da Europa contribuiu para criar a nossa maneira ocidental de pensar. Do alto das torres das igrejas e dos campanários municipais, os relógios informavam as horas de igual duração ou horas equinociais. Esse novo método de contagem do tempo abria perspectivas ricas em consequências intelectuais, comerciais e industriais". In: Jean Gimpel, *A Revolução Industrial da Idade Média*. Lisboa, Publicações Europa-América, 2001, p. 168.

32 Jacques Le Goff, *São Francisco de Assis*. Rio de Janeiro, Editora Record, 2011, p. 25-26.

mesmo tempo, como algo agudamente dessemelhante a esse mesmo medievo.

Um universo que emerge e se desenvolve, constituindo "um grupo de homens novos, os cidadãos ou burgueses, os quais conquistam liberdades e privilégios mais amplos em juramentos cívicos ou comunais, que dão aos iguais, aos partícipes dessas corporações, os mesmos direitos".[33] Todavia por trás dessa evolução da cidade, de sua transformação em campo comercial, industrial, administrativo e intelectual de homens livres, em cidade livre, subjaz o ambiente conectado a uma instituição, sobre cujo aparecimento – no Oriente – discorremos: o monaquismo. O fato é que Francisco de Assis foi herdeiro de uma cristandade ocidental que fora altamente transformada pelo que chamamos de *reforma gregoriana*, "cujo tempo e conteúdo ultrapassaram em muito o pontificado de Gregório VII (1073-1085)"[34], uma reforma lançada, conduzida e mantida por monges, e esse papa foi um beneditino. Nesse período de reformas de um papado insistentemente reformador, as ordens monásticas que surgiram, principalmente as de Cluny e de Cister, fundadas em 910 em 1098, respectivamente, aprenderam a conjugar talvez à perfeição reforma espiritual, organização administrativa e sucesso econômico, oferecendo às comunidades vizinhas e, posteriormente, à cristandade em sentido amplo excedentes produtivos nunca antes vistos, sobretudo com os cistercienses, o que alterou para cima tanto o quadro demográfico quanto o econômico do Ocidente, multiplicando a riqueza e a produtividade dos mais variados setores, proporcionando um sensível acúmulo de capital em parte

33 Ibidem, p. 25.

34 Ibidem, p. 27.

expressiva da Europa Ocidental. Foi por meio desse processo, não em razão da posterior colonização das Américas, que se tornou possível realizar o início daquilo que Adam Smith chamou de acumulação original/primitiva de capital[35], conceito que foi, lamentavelmente, reduzido por Marx em conotações negativas do que ele avaliava por exploração econômica, expropriação e formação de um proletariado despossuído, um modelo que não se aplica à configuração social e econômica dos mosteiros medievais, mas que Marx incluía, equivocadamente, em seu *sistema feudal*.[36] Não se tratou apenas de enriquecimento de uma classe ou de simples "acumulação", mas de progresso econômico sustentado com a proliferação de mercados, de ofícios e de técnicas, por meio dos quais tanto as autonomias corporativas quanto a capacidade produtiva foram multiplicadas. A sociedade se transformava rapidamente.

> O "deserto" cisterciense se situa em vales onde a ordem constrói moinhos e, recorrendo à mecanização a fim de liberar mais

35 "Para manterem a sua independência em face do mundo exterior e para assegurarem a sua própria existência, os monges cistercienses criaram um império económico, que se assentava numa administração interna eficiente e altamente produtiva." In: Jean Gimpel, *A Revolução Industrial da Idade Média*. Lisboa, Publicações Europa-América, 2001, p. 75.

36 O célebre medievalista Marc Bloch mostra em seu clássico, *A Sociedade Feudal*, que o feudalismo *nunca* foi um sistema econômico, mas sim um conjunto complexo de práticas e de laços jurídicos que refletiam dependências e lealdades sobretudo militares. As relações econômicas específicas ao feudalismo foram decorrentes dessa "cultura de lealdade e auxílio militar" e não a origem do sistema, numa completa inversão do raciocínio marxista. Ver Marc Bloch, *A Sociedade Feudal*. Lisboa, Edições 70, 1987.

> tempo para a vida espiritual, desempenha um papel no progresso tecnológico, particularmente no domínio da metalurgia. A ordem se adapta à nova economia rural, especialmente quanto às pastagens e à produção lanígera, e difunde um novo tipo de exploração: o celeiro, que abriga aos irmãos conversos, gado, colheitas, utensílios e instrumentos de trabalho.[37]

Aqui vemos, uma vez mais, a dimensão religiosa em destaque, empurrando cultura e sociedade a novos patamares em contexto pré-moderno, não obstante, altamente diversificado. Todavia, no momento em que os mosteiros cistercienses reconfiguravam todo um cenário civilizatório, impulsionando novas tecnologias e técnicas de produção, além de implantar modos realmente eficientes de gestão econômica, um longo caminho preparatório fora percorrido, outrora repleto de dificuldades aparentemente intransponíveis, por meio do qual a cristandade europeia formou as bases institucionais que a colocaram na vanguarda da modernidade. E assim foi.

Os leitores de Dawson bem sabem como a sua historiografia se identifica com esse movimento histórico, com o florescimento da civilização medieval, elucidando os seus processos internos, a fim de revelar a pronunciada dimensão *universalista* dessa sociedade, iluminando sua altíssima dinamicidade interna, seu direcionamento criativo, do qual em boa medida a modernidade se constituiu desde meados do século XVI. Foi um período relativamente longo, portador de fases distintas, nas quais elementos antagônicos se entrechocaram e tensionaram todo o sistema, conduzindo-o ora para um lado, ora para outro. Esses

---

37 Jacques Le Goff, *São Francisco de Assis*. Rio de Janeiro, Editora Record, 2011, p. 28.

tensionamentos encubaram por sua vez não somente instituições e ideias inovadoras, mas sobretudo uma *cultura de liberdade*, cabendo ao galês exibi-las ao público leitor. Desse contexto em que viveu Francisco de Assis, do qual foi herdeiro e no qual viveu, cujo recorte tomamos como ilustração para o nosso argumento, apresentamos a seguinte síntese em típica harmonização dawsoniana, pela qual diversas melodias institucionais se entrelaçam na formação de uma composição abrangente.

> Portanto, as ideias medievais de natureza orgânica da sociedade, de direitos e deveres corporativos e de cooperação mútua entre distintas funções sociais especializadas na vida do todo, não apenas sustentaram o desenvolvimento das instituições corporativas da cidade medieval, mas formaram a organização constitucional representativa do reino medieval em seu período final. Em cada estágio desse desenvolvimento, essas ideias encontraram uma expressão correspondente no pensamento e nas instituições da igreja.[38] O desenvolvimento das comunas e das cidades livres se associa ao aparecimento das universidades e a um novo tipo de ordem religiosa – a dos frades –, que não mais se baseava em dotes e na propriedade da terra, mas se organiza mais livremente, a fim de realizar uma função social particular. O desenvolvimento posterior do sistema de Estados encontroa sua contrapartida eclesiástica no movimento conciliar, que desenvolveu o princípio representativo em bases ainda mais amplas que as do Estado medieval, esforçando-se por criar organismos representativos e constitucionais para todo o corpo da cristandade.

38 Christopher Dawson, *Criação do Ocidente – A religião e a civilização medieval*, op. cit., p. 216-17.

> Não se trata de movimentos independentes. A vida da sociedade medieval era uma coisa única e suas instituições religiosas e seculares representavam funções diferentes do mesmo organismo.[39]

Vemos como a visão panorâmica desse historiador é capaz de alinhavar os diferentes fios de um cenário histórico complexo, para então tecer uma interpretação e uma síntese esclarecedoras. Note o leitor como essa historiografia busca costurar os elementos da cultura material com os da comunidade de pensamento, na descrição de mudanças profundas na ordem cultural como um todo. É como se houvesse inúmeros espelhos que passam a refletir, em ângulos e brilhos diversos, uma mesma luminosidade simbólico-espiritual, um mesmo *sonho de sociedade*, por assim dizer. Essa interconectividade fez-se particularmente visível no mundo medieval em razão de sua unidade na fé, considerando o caráter universalizante dessa mesma fé. Nesse caso a comunidade de pensamento integrava-se organicamente ao modo de vida do povo, escutando de perto os seus apelos e carências, havia de fato uma retroalimentação permanente entre essas esferas, a qual se evidenciava sobretudo durante os períodos de reforma.

Percebemos isso quando Dawson analisa o florescimento do estilo gótico, que teve origem no norte da França a partir do século XII, conectando-o ao desenvolvimento das comunas e ao desenvolvimento dessa nova cidade medieval que surgia e prosperava. Havia um "novo espírito" (leia-se, um pensamento em expansão) fomentador de maiores liberdades urbanas e institucionais, um impulso fortemente alavancado junto ao desenvolvimento

39 Ibidem, p. 217.

e alastramento dos mosteiros cistercienses, os quais levaram aos centros urbanos, dentre outras coisas, os primeiros sistemas modernos de escoamento hidráulico de esgoto, inaugurando o saneamento básico nas cidades europeias.[40] Nesse impulso gótico, em comunhão com a cidade comuna e com as instituições corporativas, deu-se "a realização suprema de um novo estilo, o das grandes catedrais",[41] caracterizando um entrelaçamento entre novas ideias teológicas e vida social, ambas concretizadas na criação das novas ordens, *pari passu* com o desenvolvimento técnico e econômico de uma cultura que prosperava e que se expandia na criação contínua de novos elementos, ou seja, de uma cultura que se complexificava, mas que ainda se amparava espiritualmente em suas fundações religiosas.

---

40 Nem com os gregos e tampouco com os romanos, pois quem levou à Europa o saneamento de esgoto, enquanto sistema hidráulico de escoamento, foi a ordem de cister. "Sempre que uma comunidade [de cistercienses] se apropriava de um local desabitado ou ainda sem cultivo, a primeira preocupação que tinham era com o gerenciamento hidráulico. Isso sempre envolvia o esforço primeiro de levar água potável às futuras instalações, providenciando a canalização de correntes constantes que servissem tanto para remover os detritos quanto para impulsionar a indústria de moinhos, e também, é claro, criar modos de canalizar e desviar potenciais inundações [...] [Por exemplo] na abadia de Maulbronn, em Baden-Württenberg, algo em torno de vinte lagos e diques, entre naturais e artificias, foram usados e interligados na criação de um complexo sistema de canais de abastecimento e escoamento. [Nessas abadias cistercienses] a criação de um sistema hidráulico de escoamento e de força de trabalho precedia a construção dos próprios edifícios." In: Jane Burton e Julie Kerr, *The Cistercians in the Middle Ages*. Woodbridge, The Boudell Press, 2011, p. 69.

41 Christopher Dawson, *Criação do Ocidente – A religião e a civilização medieval*, op. cit., p. 210.

> A nova cidade produziu um novo povo e uma nova arte, e embora ambos estivessem condicionados às forças econômicas e dependessem materialmente do renascimento das atividades comercial e industrial, povo e arte foram profundamente inspirados por novas forças espirituais, que, em grande parte, precederam o renascimento econômico. As rotas de peregrinação eram mais antigas que as rotas de comércio.[42]

Novamente, temos aqui uma argumentação tipicamente dawsoniana, agora aplicada ao medievo. Há mais no entanto, uma vez que nesse novo contexto histórico, mais próximo de nós, sua argumentação sobre cultura e religião passa pela inevitável fricção do processo de secularização. Ele sabe que está deixando o arcaico para trás, distanciando-se igualmente de seu sistema estruturante na *religio*, mas a consciência que o galês tem sobre esse processo é muito própria e marcadamente dependente de uma conceituação favorável de cultura, absolutamente positiva, conforme já vimos. O posterior e acentuado processo de secularização das instituições de ensino, da sociedade economicamente ativa e da vida cotidiana, em suas simbologias dominantes, teve, com os desenvolvimentos da Baixa Idade Média, um despontar irrefreável na história do mundo.

A forma como Dawson avaliará essa transferência simbólica é altamente reveladora de seu espírito historiográfico, mas prossigamos aos poucos e em partes. Antes de uma Baixa Idade Média, houve uma alta e com esta um trânsito, compreendendo *grosso modo* o período vinculado aos chamados *reinos bárbaros* ou germânicos, e mesmo, no início desse processo, uma Antiguidade Tardia em trânsito para o

42 Ibidem, p. 210.

medievo. Tratou-se do universo formador do medievo e da cristandade ocidental, absolutamente caracterizado por dificuldades imensas, em todos os níveis, num doloroso e deveras prolongado trabalho de parto, durante o qual houve "longos períodos nos quais a atividade comercial ficou largamente paralisada e a vida urbana quase desapareceu, [...] momentos em que o Estado ficou reduzido a um ponto mínimo e a tradição de cidadania clássica e de lei pública parecia ter sido extinta. [...] Não obstante, apesar de tudo isso, a cultura do Ocidente preservou uma energia espiritual que se tornou força autônoma, independente do poder político ou da prosperidade econômica".[43] Como isso foi possível? Não nos cabe neste trabalho explicar pormenorizadamente essa decolagem simplesmente sensacional do medievo, que, saindo da barbárie no século V, alcançou a modernidade no século XV. Todavia no caberá mostrar como o pensamento do galês articula esse desenvolvimento cultural na exposição de sua tese sobre religião e cultura, reforçando as suas bases. Trata-se de momento crítico ao seu pensamento, pois aí se encontram, como num interlúdio, o seu primeiro tema, *religião e cultura*, com o segundo, *ideologia e revolução.*

Dawson amou a civilização medieval, justamente por esta ter conseguido firmar um expressivo vínculo entre uma religião mundial, universalista e humanizante, a fé cristã, e uma supercultura greco-latina, em cujo casamento duradouro e feliz, até certo ponto, prosperaram os mais variados povos europeus, cujas culturas regionais, inicialmente atrasadas, puderam então criar asas e conquistar inúmeras realizações no campo civilizacional. Todavia e por outro lado, foi nesse

43 Ibidem, p. 42.

mesmo medievo que surgiram as instituições e as ideias que, posteriormente, criariam os movimentos contra os quais ele combateu arduamente, durante toda a sua vida. Dawson nunca deixou de perseverar, enquanto pôde, na importância central da cultura medieval, *mas nunca a idealizou*, como os seus escritos atestam com total clareza. A questão é que, conforme estamos vendo, sua obra continuou a privilegiar os aspectos notadamente construtivos, privilegiando o *making*, no sentido de dar à cultura uma significação marcadamente positiva, enfatizando nesse contexto medieval a sua instituição mais significativa tanto em abrangência quanto em realizações, e falamos do *monasticismo*. A era medieval foi sobretudo *a era dos monges* e de suas derivações como no caso das universidades, foi por meio deles (e de suas reformas internas, de chamamentos constantes à reforma da igreja) que as sociedades europeias, à época nitidamente atrasadas em relação ao mundo oriental/asiático, puderam estabelecer instituições notadamente inovadoras, no seio das quais prosperaram novas relações sociais em todos os níveis (jurídico, econômico, artístico, intelectual, militar, etc.).

> Somente na Europa Ocidental podemos encontrar todo o padrão da cultura envolvido pela sucessão e alternância contínua de livres movimentos espirituais, de modo que cada século da história do Ocidente faz surgir uma mudança no equilíbrio dos elementos culturais, gerando o aparecimento de novas forças espirituais capazes de produzir ideias e instituições que engendrarão futuros movimentos de mudança social.[44]

44 Ibidem, p. 45-46.

Numa célebre carta[45] de Alcuíno de York, datada em 799, endereçada ao então rei Carlos dos Francos – o qual em breve tornar-se-ia formalmente o imperador *romano* de um novo *Imperium Christianum* –, esse monge anglo-bretão, clérigo de York, *scholar*, professor destacado e futuro mestre da escola-palácio em Aix-la-Chapelle,[46] diz ao rei Carlos, a *Charlemagne*, que Atenas não somente renascia na *Francia*, mas assim o fazia numa configuração "superior/mais justa", uma vez que "enobrecida nos ensinamentos do Cristo". Enquanto extensa unidade política integrada sob um único governante, esse *Imperium Francorum* mal sobreviveu ao seu filho Luís, o Piedoso, e sobretudo aos seus netos, dividindo-se irremediavelmente e vindo a desaparecer após um conjunto de inépcias militares de Carlos, o Gordo, em 886. Todavia a sua mística e o seu ideal atravessaram toda a história europeia na criação de uma simbologia realmente poderosa, alinhavada em fontes diversas – tanto clássicas quanto cristãs e hebraicas –, embasando-se na ideia de um rei sumo sacerdote, como foram Davi e Salomão.[47] Com efeito, muito embora a coisa tenha se dado de modo sensivelmente diverso ao que se propôs e se idealizou sob o ministério de Alcuíno e de seus pares na recém-fundada escola-palácio em Aix,[48] o Ocidente cristão – à época

45 Alcuíno, *Carta 170*, mar. 799.

46 Carlos estabelece uma corte permanente em Aix-la-Chapelle, a sua corte, em 796.

47 Ver Margaret Barker, *O Profeta Perdido – O Livro de Enoque e sua influência sobre o cristianismo*. São Paulo, É Realizações, 2021.

48 "As cartas e os poemas escritos entre 794 e 804 pelos conselheiros letrados de Carlos, pelos 'acadêmicos do palácio', revelam-nos uma rede de amizades

atrasadíssimo, um mundo semibárbaro basicamente iletrado e governado por reis e por nobres germânicos (francos e saxões) – foi herdando e absorvendo, embora com dificuldade, um imenso patrimônio cultural latino e clássico (leia-se patrístico), integrando-o ao cristianismo dos monges ocidentais e suas ordens nascentes, numa operação continuada e notadamente expansiva, que geraria frutos civilizacionais nada menos que impressionantes. Posteriormente, no inequívoco esteio desse processo, não somente a França, mas também boa parte do Ocidente cristão, surgiria como expoente civilizacional em realizações sensivelmente mais decisivas e longevas do que as de Atenas em todos os planos (cultural, político, econômico, militar e religioso). Alcuíno profetizara ao seu rei Carlos.

Em seu *História das Ideias Políticas* (Vol. II),[49] Eric Voegelin nos diz o seguinte: "com a coroação de Carlos Magno, surgiu a ideia do império que iria dominar séculos da história política medieval. A igreja reencontrara um poder cristão ortodoxo, que poderia alegar ser a organização temporal universal do povo cristão; com a conquista da Itália, o reino dos francos era mais um reino cristão nacional, mas, agora, com o estatuto de um império multinacional".[50] É verdade que a monarquia franca já "evoluía num sentido teocrático, mesmo antes da coroação de

---

caracterizada por clérigos intelectualizados reunidos pela devoção à 'caritas', como também reunidos ao estudo da literatura clássica e teologia." In: Mary Albieri, Laurett, "Charlemagne's Court Poets and Imperialism", *Dissertação de Doutorado*. State University of New York, 1980.

49 Eric Voegelin, *História das Ideias Políticas – Volume II: Idade Média até Tomás de Aquino*. São Paulo, É Realizações, 2012.

50 Ibidem, p. 69.

Carlos Magno",[51] mas assim o fazia porque dependia visceralmente da "organização da igreja"[52] para formar os seus quadros administrativos e jurídicos, somente por meio dos quais poderia reunir e estabilizar, politicamente, a pluralidade de povos sob o seu comando.[53] Com efeito, a escola de Alcuíno funcionou como catalizadora das inteligências ocidentais da época, numa reunião de luminares de áreas diversas; mas, ao mesmo tempo, pessoas dedicadas à cristianização de seus senhores, empenhadas em educar uma nova elite espiritual, intelectual e política. Esse direcionamento na criação não somente de uma inteligência teológica de ponta, mas igualmente de um notável repertório simbólico, educacional e intelectual no solo virgem dos germanismos, deu à nascente cristandade ocidental um lastro intelectual bem sólido, no qual se favorecia essa teologia. Foram os mosteiros e seus habitantes mais típicos que sobretudo investiram nesse imenso *projeto educacional*, a concretização máxima do que Dawson chama de "comunidade de pensamento", mas que nesse caso se fazia absolutamente consciente de si mesma enquanto agente criativo das transformações culturais. Isso de fato gerou uma configuração político-religiosa inédita na história do mundo, que não era nem oriental nem grega nem latina

51 Ibidem, p. 71.

52 Ibidem, p. 72.

53 "Carlos [Magno] esperava que pudesse dar a essas reformas eclesiásticas uma base sólida no treinamento em sua corte, sob a supervisão dos melhores *scholars*, de uma nobreza jovem treinada nas artes liberais e na teologia. Ele esperava que essa nova organização curricular pudesse criar um grupo de homens que lhe fosse fiel e às suas políticas, os quais poderiam ser eventualmente designados para ocupar posições em abadias e bispados importantes." In: Mary Laurette Alberi, *Dissertação de Doutorado*, State University of New York, 1980, p. 8.

e nem germânica, especificamente, embora vinculada a todas. A Idade Média configurava-se enquanto período característico, viabilizando a criação de uma cosmovisão não somente poderosa, mas sensivelmente inédita. Esse monasticismo ocidental e suas escolas foram aos poucos integrando parte da teologia patrística ao universo bárbaro germânico, defendendo a ortodoxia ao mesmo tempo que se adaptavam às exigências políticas e culturais do mundo tribal germânico: "o cristianismo foi germanizado enquanto os povos germânicos eram trazidos para o cristianismo".[54]

A adoção política de uma terminologia das "pessoas" pelo Ocidente franco em suas tratativas com o poder e seus representantes máximos, desde Carlos Magno sob a orientação de Alcuíno de York e de seus tantos discípulos (e Alcuíno foi um defensor radical da ortodoxia trinitária contra as heresias de sua época),[55] foi decisiva à adoção de um entendimento sacrossanto de poder temporal entre os germânicos. Sob a liderança de uma *pessoa*, ou seja, de um ser único e insubstituível, um rei "davídico", um rei-sacerdote que "existe como entidade livre, única e irrepetível",[56] os súditos do imperador Carlos Magno poderiam enfim estabelecer uma espécie de *commonwealth* cristão para a criação de uma "Atenas aprimorada", em cujo centro simbólico *havia uma pessoa* acima de qualquer entidade ou abstração cívica. Alcuíno e a sua escola lançavam, embora

54 Harold J. Berman, *Direito e Revolução – A Formação da Tradição Jurídica Ocidental*. São Leopoldo, Rio Grande do Sul, Editora Unisinos, p. 82.

55 Ver Douglas Dales, *Alcuin – Theology and Thought*. Cambridge, James Clarke & Co, 2013.

56 Ver John Zizioulas, *D. Being as Communion – Studies in Personhood and the Church*. Saint Vladimír Seminary, 1997.

meio sem o saber, as bases do que mais tarde seria chamado de civilização humanista europeia, indicando assim a "desintegração do padrão mediterrânico do pensamento político, tradicionalmente vinculado à pólis, com sua substituição pelas categorias medievais apropriadas na nova unidade do *sacro imperium*. Nessa recém-criada unidade não há distinção entre "Estado" e "igreja", porque clérigos e leigos, representados pelas *pessoas* sacerdotais e régias, "faziam-se membros do Corpo de Cristo. A nova teoria é aceita nos ritos de coroação"[57], e os súditos, independentemente de suas origens étnicas, tornam-se o *populus christianus*, recebendo por acréscimo e contiguamente, por metonímia, o estatuto de pessoas. Eis o princípio do que hoje nomeamos direitos humanos.

O projeto de criar um Estado teocrático universal sob a autoridade da monarquia carolíngia não sobreviveu politicamente ao seu fundador. Logo após a morte de Carlos Magno, ainda durante o reinado de seu filho Luís, o Piedoso, a tradição tribal germânica entraria em choque com os ideais universalistas da igreja, embora desta dependesse para administrar seus reinos e ducados, o que foi somente o prenúncio do que veio a ser em fases sucessivas o nó górdio da história do Ocidente medieval. Esse nó não foi atado exclusivamente na coluna das diferenças políticas e jurídicas entre a igreja e o império e depois alocado na questão das investiduras (nicolaísmo e simonia), pois se atou sobretudo na coluna do próprio papado, *que se imperializou*, arrastando consigo todas as sociedades que o tinham como modelo. E falamos aqui da própria cristandade na configuração daquilo que Harold Berman chamou de

57 Eric Voegelin, *História das Ideias Políticas – Volume II: Idade Média até Tomás de Aquino*. São Paulo, É Realizações, 2012, p. 72.

"Revolução Papal",[58] o que levou a cristandade a adotar princípios crescentemente universalizantes, mas, ao mesmo tempo, centralizadores. Do ponto de vista jurídico, o papado foi o primeiro Estado moderno.[59] O preço desse processo – para a catolicidade – veio com juros e correções, ao se colocar em xeque, ao fim e ao cabo, ainda que bem para a frente, a autoridade temporal e depois espiritual da própria igreja, responsabilizando o papado por sua "ganância" e "desvio de função" diante de novos e poderosos rivais.

Essa nova sociedade que começou a se formar no Ocidente medieval, em meio a dificuldades e hostilidades terríveis, desenvolveu-se organicamente enquanto campo civilizacional unificado numa fé redentora – ao mesmo tempo que herdava, do passado greco-latino, um repositório filosófico, científico e jurídico nada menos que formidável. A questão capital é perceber que foi a igreja que mediou essa transferência de herança, numa extensa operação de adaptação da cultura clássica para termos cristãos. Essa adaptação foi realizada primeiramente pela patrística em cenário já altamente civilizado, mas coube à cristandade ocidental ajustá-la sabiamente a territórios e condições muito mais selvagens. Tratou-se de uma operação gigantesca, viabilizada pelo gênio singular de alguns homens, mas sobretudo pela instituição monástica, com base na qual esses gênios geralmente atuavam.

> Durante o início do período medieval, foram as ordens monásticas o órgão central desse processo. Sua força motivadora

---

58 Ver Harold J. Berman, *Direito e Revolução – A Formação da Tradição Jurídica Ocidenta*l. São Leopoldo, Editora Unisinos.

59 Ibidem.

se ligava à salvação do indivíduo. O impulso monástico levou Columba à Escócia, Columbano à Burgúndia e Bonifácio à Alemanha, e em cada um desses casos a iniciativa espiritual do indivíduo se manifestou por meio de uma corporação religiosa que, por sua vez, se tornou o centro de um novo movimento de transmissão, como ocorreu com o movimento que partiu de Iona e chegou a Lindisfarne. Posteriormente, a ampliação desse movimento criou uma nova comunidade cristã na Nortúmbria, além de provocar a reforma do monasticismo gálico.[60]

Homens como Beda, o Venerável, e Alcuíno eram evangelizadores, exegetas, matemáticos, gramáticos, poetas, latinistas, historiadores, hagiógrafos, pensadores políticos, astrônomos e, sobretudo, educadores[61] em sentido amplo; porém, sem nunca se desviarem de suas vidas consagradas como monges dedicados à oração e ao trabalho comunitário junto aos irmãos,[62] junto às suas *pessoas*.[63] É realmente impressionante a intensidade

---

60 Christopher Dawson, *Criação do Ocidente – A religião e a civilização medieval*, op. cit., p. 43-44.

61 "Eles tinham de ensinar leitura e redação, além das artes e ciências, que eram necessárias à manutenção da Igreja e ao funcionamento da liturgia, como caligrafia, pintura, música e, sobretudo, cronologia e o conhecimento do calendário. [...] Dessa forma, deu-se o aparecimento de uma cultura cristã autônoma, centrada na vida monástica". In: Christopher Dawson, *Criação do Ocidente – A religião e a civilização medieval*, op. cit., p. 79.

62 "Alcuíno sempre enfatizava o laço entre a oração comum e a vida comum como a verdadeira força de um mosteiro, repudiando a tentação de adotar estilos seculares de vida e vestimenta". Douglas Douglas, *Alcuin – Theology and Thought*. Cambridge, James Clarke & Co, 2013. p, 26.

63 Desde os trabalhos de Etienne Gilson, alguns estudiosos passaram a indicar que o *conceito de pessoa* foi praticamente inexistente na Antiguidade, na

visceral de suas vidas consagradas ao projeto evangelizador de reis e súditos, dos simples e dos poderosos,[64] quando consideramos o patrimônio que deixaram – tanto o escrito quanto o pedagógico – na formação de um extenso discipulado. Mas isso somente se concretizou porque "[d]as fundações monásticas e de suas atividades missionárias e educadoras"[65] haviam criado raízes profundas em solo europeu tanto na Grã-Bretanha quanto no Continente, em notáveis movimentos pendulares de assistência mútua. Quando uma parte sitiada em determinada região sofria danos terríveis, causados por agentes externos ou internos, ataques e outras devastações, a outra parte salvaguardava os escritos, realocava as relíquias e reajustava a vida dos monges. Sempre havia uma porção sendo atacada e sistematicamente devastada, mas somente para encontrar outra como retaguarda permanente, permitindo que o projeto avançasse em suas duas frentes, entre o povo e nobreza.

---

verdade um desconhecido. As evidências nos sugerem que a sua apreensão e o desenvolvimento "de uma ontologia da pessoa", conforme hoje adotada, vieram da teologia patrística e, mais especificamente, da teologia trinitária e sua cristologia. Ver Patricia A. Fox, *God as Communion – John Zizioulas, Elizabeth Johnson, and the Retrieval of the Symbol of the Triune God*. Dublin, Dominican Publication, 1996.

64 "De modos diversos, tanto Beda quanto Alcuíno foram apóstolos dos leigos, como também encorajadores de monges e de freiras. Como tais, foram também críticos, implícita e explicitamente, em relação a certos elementos e comportamentos entre os clérigos e bispos; e ambos escreviam tendo em mente os reis. In: Douglas Dales, *Alcuin – Theology and Thought*. Cambridge, James Clarke & Co, 2013, p, 26.

65 Christopher Dawson, *Criação do Ocidente – A religião e a civilização medieval*, op. cit., p. 79.

Em 793 o mosteiro de Lindisfarne foi atacado e arrasado pelos vikings, inaugurando um período aterrorizante ao projeto monacal saxão, o qual por muito tempo se viu obliterado por massacres sucessivos. Alcuíno de York, que à época já vivia entre os francos na corte do rei Carlos, sofreu profundamente com a destruição desse mosteiro emblemático, lamentando-a em cartas cheias de dor, que foram endereçadas ao rei Etelredo da Nortúmbria, em cujo excerto nomeamos este capítulo. Os ataques vikings foram simplesmente devastadores à igreja anglo-saxônica e passaram a ameaçar, na sequência, todo esse conjunto civilizacional que ainda engatinhava – falamos da Europa. Segundo o próprio Dawson, "o choque foi tão violento que as culturas monásticas da Irlanda e da Nortúmbria nunca mais se recuperaram completamente desse assalto".[66] A situação se agravaria na sequência com ataques maciços e constantes por todo o Ocidente cristão, sobretudo a partir do ano 850, pois "nunca houve uma guerra que ameaçasse tão diretamente a existência da cristandade ocidental".[67] Todavia a vitória final coube à cristandade e não à cultura escandinava pagã dos vikings. É exatamente esse o ponto em que o pensamento do historiador galês vem em nosso auxílio, mostrando-nos passo a passo, contexto a contexto, esse movimento pendular ao qual nos referimos, essa retroalimentação constante da cultura medieval; revelando-nos, enfim, o processo de cristianização dos próprios vikings, por meio de seus chefes e seguidores, em cujo momento mais emblemático tivemos o reinado de Canuto II, o Grande.

Dawson nos mostra como num primeiro momento, durante o colapso do Império Romano do Ocidente e em meio

66 Ibidem, p. 118.

67 Ibidem, p. 121.

às devastações a cultura monástica se expande para o norte, partindo do sul da Gália em direção ao desconhecido, para então florescer na remota Irlanda. Lá, renderá frutos preciosos na formação de um monasticismo "celta", espraiando-se igualmente pelo universo anglo-saxão com a fundação de mosteiros importantes, os quais se tornaram centros de estudo à posterior "revolução carolíngia". Esse monasticismo anglo-saxão que foi fundador da escola de York, antes de perecer sob as recorrentes investidas escandinavas, ressemeou o solo franco e além, durante o império carolíngio.[68]

As devastações provocadas por sucessivas ondas de assalto de vikings, magiares e sarracenos – mas principalmente dos primeiros – impuseram uma fragmentação política sobre essa cristandade nascente, que viu o seu projeto carolíngio de unidade imperial colapsar. O poder se fragmentou de modo irreparável no médio prazo, uma vez que os reis não conseguiam proteger as populações sob sua esperada proteção, muito menos os mosteiros em seu grosso.[69] A Europa feudalizava-se,[70] mas a vida

68 "Como acontecera à cultura monástica do período inicial da Irlanda cristã, essa rica e multifacetada cultural monástica da Nortúmbria encontrou um fim prematuro devido às invasões *vikings* do século IX. Contudo, antes de perecer, seu último grande êxito foi poder plantar as sementes da grande revitalização da vida religiosa e da cultura cristã no continente europeu". Ibidem, p. 90.

69 Em 886 Carlos, o Gordo, imperador dos francos, compra a paz com os vikings (700 libras de prata), usando-os contra os burgúndios, em vez de lutar pela expulsão desses invasores, que saqueavam as margens do Sena e as regiões vizinhas. Após a morte de Carlos, em 888, o império carolíngio se desfaz.

70 "O fracasso dessa última tentativa de reunir as forças conjuntas do Ocidente em torno de um único representante, da casa de Carlos Magno, foi seguido de um novo alinhamento de poder *em torno dos líderes locais de resistência* [grifo

monástica resistiu a esse assalto colossal, não apenas sobrevivendo, mas prosperando aqui e ali, avançando sobre a Germânia e depois sobre a Escandinávia, entre demais lugares remotos. Aos poucos, mas sempre para frente, essa cultura continuou a converter e absorver populações pagãs, seus reis e súditos, semelhante a uma geleira quando empurra as águas oceânicas que a cercam, dominando-as num movimento aparentemente antinatural, mas que, no caso, se deu como transferência cultural absolutamente extraordinária na história do mundo, considerando a natureza muito própria do monasticismo cristão. Mesmo quando vitoriosas em suas investidas guerreiras, essas sociedades invasoras foram inevitavelmente absorvidas pela cristandade, convertendo-se (com a exceção dos sarracenos, uma vez que estes também tinham igualmente uma poderosa civilização religiosa em sua retaguarda, o que apenas reconfirma o argumento de Dawson). Essa operação teria sido impossível sem a atuação sistemática de monges crescentemente integrados numa cultura religiosa comum, com suas práticas, sua liturgia, suas orações e leituras, com sua mensagem evangelizadora e seu trabalho incansável. De fato, durante a expansão da cultura carolíngia, *a regra beneditina* "estabeleceu-se como o padrão universal da vida religiosa no Ocidente".[71]

Depois do colapso do império carolíngio, foram os grandes mosteiros, especialmente aqueles localizados no sul da

---

nosso] – Eudes, o conde de Paris, na França, Arnulfo, na Alemanha, Rodolfo na Burgúndia e Guy de Espoleto na Itália. Esses novos reis obtinham sua autoridade, exclusivamente, de sua liderança militar e de sua capacidade de proteger seu país das incursões dos guerreiros bárbaros". Ibidem, p. 120.

71 Ibidem, p. 92-93.

Alemanha, que se tornaram ilhas remanescentes de vida intelectual, em meio a uma nova inundação de barbarismo, a qual, mais uma vez ameaçava submergir a cristandade ocidental. Embora as estruturas monásticas possam parecer, num primeiro momento, mal adaptadas para resistir às sucessivas ondas de destruição material, no longo prazo, elas provaram ser, na verdade, uma instituição com extraordinário poder de recuperação. Noventa e nove – entre cem mosteiros – podiam ser queimados e seus monges massacrados ou dispersos e ainda assim a tradição seria reconstituída a partir dos únicos sobreviventes. As terras desoladas podiam ser repovoadas por novos contingentes de monges, que reerguiam uma vez mais a tradição, seguindo a mesma regra, cantando a mesma liturgia, lendo os mesmos livros e pensando os mesmos pensamentos de seus predecessores.[72]

O império carolíngio ruiu e a cristandade ocidental feudalizou-se no estabelecimento de relações "pessoais de fidelidade entre senhor e vassalo", as quais se tornaram a base para a organização da sociedade.[73] Todavia, por meio da vida monástica, de suas sucessivas reformas internas e sua posterior aproximação orgânica com o papado, essa cultura cristã em sua clave universalista e humanista, em seu empenho coletivo e fraterno, continuou a prosperar. Os reinos germânicos com suas particularidades, alianças, etnias e demais características próprias passaram a dividir, progressivamente, uma cristandade comum, tornando-se *reinos cristãos*. O etos marcadamente guerreiro dessa sociedade, fundamentalmente forjado nos valores e narrativas dos homens de guerra, foi parcialmente

72 Ibidem, p. 95-96.

73 Ibidem, p. 122.

> matizado pela ação contínua, absolutamente persistente, das culturas monásticas, cujo progressivo avanço sobre o "terrível" norte acabou por convertê-lo. Ao saquearem e devastarem mosteiros saxões, irlandeses e francos, esses homens do norte se aproximaram "indevidamente" do mundo dos monges, de suas rotinas, de seu trabalho missionário e evangelizador, criando assim uma aproximação cultural que, no médio e longo prazos, revelou ser fatal para a antiga cultura pagã.
>
> Uma vez que essas mudanças diminuíram a distância entre cristãos e bárbaros, tornou-se mais fácil para os últimos serem assimilados à sociedade cristã. Em geral os conquistadores *vikings* no solo cristão da Inglaterra, da Normandia e da Irlanda cristianizaram-se logo após a sua fixação, formando, dessa maneira, uma extensa zona intermediária entre cristandade e mundo pagão.[74]

Em seu *Criação do Ocidente*, livro que estamos usando neste capítulo, o galês elucida ao seu leitor a história de cada uma dessas conversões, devassando os seus contextos e especificidades e assim percorrendo todos os cantos da Europa, da Rússia à Irlanda, da Suécia à Hungria. A nós, interessa observar como isso se aplica ao entendimento que tem sobre as causas de mudança cultural, agora bem desenvolvido e estabelecido em seu pensamento, aplicado em sua reflexão sobre a formação da cristandade. Temos sociedades de guerreiros, tribos e reinos germânicos em relação dialética de agressão/assimilação tanto com a antiga cultura greco-romana quanto com uma instituição-chave: a comunidade de pensamento/ação que a herdou, a Igreja. Houve fases distintas desse encontro: tivemos encontros

74 Ibidem, p. 122.

diversos, cujo resultado maior fez despertar o que Dawson chama de Ocidente cristão. Isso significa que o encontro das primeiras levas de "bárbaros" (godos, alanos, hunos, suevos, etc.) com um fenecente mundo romano latino foi bem distinto do posterior encontro de outros "bárbaros" (vikings e magiares) com os reinos cristãos. É importante que o leitor perceba os estágios diversos – separados por séculos – de uma absorção e de uma integração crescentes.

Os sermões e as homilias de Wulfstan, o arcebispo de York durante os grandes ataques dinamarqueses do final do século X e início do século XI, escritos após a Batalha de Maldon (em 991) – e esse monge beneditino sofreu agudamente com as recorrentes devastações vikings, testemunhando também as retaliações cruéis contra populações vikings assentadas –, nos mostram que ele avaliava a época em que viva como a chegada do Julgamento Final, como o momento do Apocalipse: "o tempo da vinda do anticristo é iminente [a chegada do ano mil], conforme foi há muito profetizado. Mil anos se passaram desde que o Cristo esteve entre nós, agora se afrouxaram as correntes que prendiam Satã, e o reino do Anticristo está próximo".[75] A questão para nós relevante é que, anos mais tarde, a partir de 1016, esse mesmo Wulfstan, um verdadeiro *scholar* de sua época, colocava-se sob as ordens de um novo rei, mas agora de um rei *viking*! Tratava-se, portanto, de um rei nórdico cristianizado, o rei Canuto, "como se toda a imensa região da cultura nórdica, das ilhas britânicas ao Báltico, pudesse ser unificada sob um único império cristão do norte, sob a soberania de um

75 Catherine Cubitt, "Apocalyptic and Eschatological Thought in England Around Year 1000". Cambridge University Press, *Transactions of the Royal Historical Society*, vol. 25, 2017, p. 27.

rei dinamarquês. Governando de sua corte em Winchester, cercado por eclesiásticos ingleses, mercenários escandinavos e poetas islandeses, Canuto colocou, pela primeira vez, as terras do norte em contato real com a vida internacional da cristandade do Ocidente".[76] É esse o real sentido de Apocalipse! Fosse com Carlos Magno em contexto franco-latino; fosse com Canuto, o Grande, em contexto saxônico-escandinavo; fosse com Otão I, o Grande, em contexto germânico; fosse em outro contexto análogo, a historiografia de Dawson nos aponta que o monasticismo cristão gestava silenciosa e laboriosamente uma civilização, cujo nascimento operado em etapas transformaria a história do mundo. A Europa estava sendo feita por mãos e mentes laboriosas, cujos operadores, uma imensa massa de anônimos, preparava em núcleos diversos os conjuntos regionais de propagação de uma cultura reunida numa fé universal. Essa unidade em meio à pluralidade daria à Europa uma configuração cultural e econômica particularmente poderosa.

A sua obra nos sugere que o "desmantelamento do Império Carolíngio e a desintegração da autoridade do Estado resultantes da influência combinada das invasões bárbaras e da anarquia feudal.",[77] poderiam ter sido realmente fatais a essa cristandade nascente, submergindo-a para sempre, quando ainda se erguia com muito esforço. Mas o fato é que ela não sucumbiu diante dessas forças terríveis, muito pelo contrário, prosperou enormemente. Isso se deu em razão de sua extraordinária solidez interna, de seu conjunto espiritual solidamente irmanado, indubitavelmente conectado ao monasticismo ocidental, em cuja

76 Christopher Dawson, *Criação do Ocidente – A religião e a civilização medieval*, op. cit., p. 129.

77 Ibidem, p. 157.

dinamicidade interna, aberta a reformulações e adaptações aos novos tempos, formou-se uma unidade cultural não somente poderosa, mas de fato hegemônica.

> Assim por toda a Europa Ocidental, surgiram novos centros de reforma monástica, como pacificadoras ilhas de vida espiritual em meio ao revolto oceano de anarquia feudal. [...] O monasticismo foi se tornando um poder independente, extremamente atuante na sociedade do Ocidente [...] Durante o início do século XI, o movimento de reforma monástica já alcançara sua maturidade, afetando cada aspecto da cultura ocidental.[78]

O florescimento da Baixa Idade Média se anunciava num horizonte não tão distante, remetendo-nos ao início de nossa reflexão. Em *Criação do Ocidente*, Dawson se debruça sobre outras instituições medievais – como a cavalaria, os burgueses, os artífices, os camponeses. Mas são todos atores coadjuvantes, embora importantíssimos, de um projeto de sociedade levado adiante por uma comunidade de pensamento específica, a igreja monacal. Ele enxerga a cultura medieval como um único organismo, cujos variados membros, todos igualmente importantes à sobrevivência do todo, são regidos por uma consciência fundamentalmente controlada pelo mundo eclesiástico e seus representantes. Toda a cultura medieval foi mediada pela Igreja, do aristotelismo ao direito romano, das querelas às cruzadas, da "Paz de Deus" à "Paz dos Reis",[79] na formação de

78 Ibidem, p. 163-64.

79 "Ao longo do século XII, a *Paz de Deus* [um amplo movimento de regulamentação e restrição das atividades guerreiras, inicialmente estimulado pelos cluniacenses e depois formalizado no papado de Gregório VII] foi cooptada

uma hierarquia de bens e de valores em que toda a sociedade e todos os seus integrantes participavam de um corpo místico consagrador de uma *comunidade espiritual*.

Cidade e universidade

A leitura de *Criação do Ocidente* nos dá uma apreciação fina de algumas instituições medievais, mostrando-nos como essas instituições alicerçaram padrões culturais e depois modos de vida anteriormente desconhecidos, por meio de um forte impulso para a criação de associações livres e voluntárias, verdadeiramente autônomas e provenientes da mentalidade reformista das ordens religiosas. Fica claro, por exemplo, como aquilo que Dawson chama de *comuna*,[80] considerando seus múltiplos desenvolvimentos internos pela Europa, responde diretamente e de forma orgânica pelos fundamentos da democracia representativa moderna. A nossa democracia moderna e parlamentar tem em instituições como essa, em seus desdobramentos na cultura europeia, o seu mais sólido ponto de origem na criação de sociedades institucionalmente livres. À luz desses

---

pelas autoridades seculares, tornando-se parte de uma emergente ordem constitucional de governança e de manutenção da paz. Por volta de meados do século XII, a Paz de Deus tornara-se, em França, a Paz dos Reis". In Thomas Head e Richard Landes (eds.), *The Peace of God: Social Violence and Religious Response in France Arounde de Year 1000*. Cornell University Press, 1992, p. 8.

80 "A comuna foi uma associação na qual todos os habitantes de uma cidade, não apenas os mercadores, uniam-se por juramento a fim de manter a paz comum, defender as liberdades comuns e obedecer aos juramentos das 'Ligas de Paz' [...], levando cada homem a auxiliar seu irmão, diante de uma necessidade comum". Ibidem, p. 204-05.

esclarecimentos históricos, torna-se bastante razoável pensar que nesse quesito, dentre outros tantos, devemos muito mais ao Medievo que à Antiguidade Clássica. A nossa democracia parlamentar moderna é menos um rebento de Atenas e muitíssimo mais de lugares como Ghent, Bruges, Ypres, Florença e Paris, entre inúmeros outros centros, grandes, médios ou pequenos, que abrigavam essas comunas e suas guildas, em associações livres que começaram a pulular pela Europa medieval a partir do século XII. Voltemos brevemente à exortação de Alcuíno ao rei Carlos, feita séculos antes e às portas das devastações vikings e magiares: criaremos "uma Atenas mais justa, enobrecida nos ensinamentos do Cristo".

Esse princípio de associação voluntária sob proteção religiosa encontrou nesses burgos condições ótimas de desenvolvimento, cuja crescente dinamicidade comercial multiplicaria a demanda por serviços, bens e especializações. Tratou-se de um extenso movimento de progresso cultural, experimentado em frentes diversas por sociedades e povos que saíam vitoriosos do duríssimo teste da Alta Idade Média,[81] e falamos aqui da Hungria à Península Ibérica, da Sicília à Noruega. Nesse momento, a historiografia de Dawson torna-se destacadamente sistêmica e – ainda que continue a eleger, aqui e a ali, em pontuações relevantes, personagens de destaque, indivíduos extraordinários em seus feitos, os quais foram cruciais a determinados desenvolvimentos – subordina-se ao âmbito maior dessas redes de transformação

81 "Foi nesse ambiente de renascimento econômico, expansão da vida comercial e geração de oportunidades crescentes, em decorrência de maiores liberdades pessoais, que o grande florescimento da cultura religiosa da cristandade medieval ocorreu; um florescimento que encontra sua grande expressão artística no novo estilo gótico". Ibidem, p. 210.

social, nas quais a ordem cultural entrou em fortíssima aceleração histórica. Esse processo vinculou novas demandas sociais conectadas a interesses específicos, continuamente atuantes e determinantes do ponto de vista cultural e político.

> À medida que se acostumaram a tomar ações conjuntas, vendo o seu poder crescer, os mercadores finalmente puderam aspirar ao controle das funções políticas, jurídicas e militares, até então exclusivas ao bispo, ao conde e aos representantes do Estado feudal.[82]

"A nova cidade [medieval] produziu um novo povo e uma nova arte, profundamente *inspirados por novas forças espirituais*, as quais, em grande parte, precederam o renascimento econômico."[83] Fiel à sua visão meta-histórica, devidamente explicitada em seus dois primeiros livros, o historiador galês passa a coordenar em sínteses bem elaboradas esses núcleos de desenvolvimento medieval, integrando-os ao âmbito seminal da cristandade, donde emergiu uma nova civilização. Ainda que essa colossal comunidade de pensamento chamada Igreja estivesse por trás desses desenvolvimentos, alimentando-os passo a passo, intervindo a todo momento, certos refluxos culturais e institucionais dessas reformas vieram, não poucas vezes, na contramão dos interesses dessa mega-instituição, e assim o fizeram no âmbito nascente de uma laicização progressiva da sociedade, de uma autonomia progressiva dessa nova supercultura em relação à sua instituição de base. A prole cresceu e amadureceu, tornando-se independente de sua genitora. Dawson não nega

82 Ibidem, p. 204.

83 Ibidem, p. 210, texto com adaptação.

esse movimento, certamente, mas o seu pensamento parece lutar contra ele. Contudo, antes de problematizá-lo, vejamos, em suas análises, outra instituição capital a esse trânsito decisivo, cuja importância para o mundo moderno é simplesmente imensurável: a universidade.

As abadias, as escolas catedrais, as cortes e os centros episcopais responderam pelo grosso da educação medieval: "antes do século XI, a educação formal na Europa era praticamente realizada em mosteiros. Nos séculos XI e XII foram formadas escolas nas catedrais, as quais atingiram paulatinamente proeminência"[84] até o surgimento e a expansão, por meio de incentivos da própria igreja, de outra mega-instituição, a *universitas*, surgida num primeiro momento como movimento de escolásticos associados, como corporação dos mestres das escolas catedrais sob o controle de um reitor. A escola catedral de Chartres, por exemplo, "foi uma espécie de protouniversidade".[85] Em Bolonha, por sua vez, esse modelo de livre corporação de ensino se estabeleceu de modo *sui generis* como agremiação de alunos, os quais tinham "autorização para celebrar contratos com professores, regular os aluguéis dos alojamentos, determinar os cursos ministrados, bem como a duração das aulas e o valor de venda dos livros, além de gozar de ampla jurisdição civil e penal sobre seus membros".[86] Mas fosse em Paris, Bolonha, Oxford ou Sala-

84 Berman J. Harold, *Direito e Revolução – A Formação da Tradição Jurídica Ocidental*. São Leopoldo, Editora Unisinos, p. 162.

85 Christopher Dawson, *Criação do Ocidente – A religião e a civilização medieval*, op. cit., p. 226.

86 Berman J. Harold, *Direito e Revolução – A Formação da Tradição Jurídica Ocidental*, op. cit., p. 160.

manca, entre outras, a instalação e expansão das universidades medievais criou uma superinstituição autônoma de usuários e propagadores do conhecimento, completamente inédita na história do mundo, na qual "*os professores estavam livres para aderir a teses divergentes*, contrastando com o sistema anterior e vigente desde a Antiguidade, e no qual cada escola era dominada apenas por uma teoria ou mestre".[87]

Essa nova corporação de ensino superior, largamente autônoma e reunida como comunidade de pensamento autogerida e soberana, fez da extensa comunidade de pensamento que dela se valeu – e falamos de gerações que foram se sucedendo – uma classe internacional[88] de homens de saber e de especialistas intelectualizados, absolutamente acostumada tanto com os rigores do pensamento dialético quanto com a liberdade de propor teses e questionamentos próprios, independentemente das reservas do status quo, "na formação das classes intelectuais profissionais que daí em diante passariam a dominar a cultura ocidental".[89] Ademais primeiramente em Bolonha, mas, posteriormente, espraiando-se pelo norte da Europa, houve a criação de uma *cultura da crítica*, que se fez promotora de "processos contínuos de pensamento crítico, os quais estimularam como em nenhum outro lugar o

---

87 Ibidem, p. 162.

88 Em Bolonha, por exemplo, "Sendo estrangeiros, a maior parte dos estudantes estava em situação jurídica precária [...] Para proteger-se desses e outros perigos, os estudantes reuniram-se em 'nações', tendo por base a sua etnia e origem geográfica – os francos, os picardos, os lombardos, os alemães, os anglos, os hispânicos e outros contabilizando um total de vinte 'nações'". Ibidem, p. 159.

89 Christopher Dawson, *Criação do Ocidente – A religião e a civilização medieval*, op. cit., p. 232, texto com adaptações.

crescimento de uma educada opinião pública".[90] Nesse sentido, não poucos estudiosos – incluindo o medievalista Jacques Le Goff, aqui citado – já propuseram que Pedro Abelardo, por exemplo, pode (e deve) ser visto sob inúmeros aspectos como um intelectual protomoderno ou mesmo moderno: "*Abelard c'est le premier professeur*".[91] De fato, "Pedro Abelardo ousou contradizer o bispo e lecionar um 'contracurso' em oposição ao último. Foi dessa confrontação que a Universidade de Paris emergiu no século XII".[92]

Dawson não nos deixa esquecer, todavia, que esse somatório de privilégios e de garantias, desfrutado por indivíduos protegidos em sua autonomia corporativa, tornou essa megacorporação do saber uma entidade extremamente cobiçada, cujo controle passou a ser ferozmente disputado entre os principais senhores do conhecimento da época, a saber, sobretudo entre as duas novas ordens que surgiam: a de São Domingos e a de São Francisco, as ordens dos frades pregadores. Dessa interação entre ordens intelectualizadas, nasceram os fundamentos da ciência moderna.

> A coordenação entre esses dois organismos [as ordens dos frades e a universidade], por meio de uma política deliberada do papado, durante o século XIII, marcou o final e decisivo passo para a organização intelectual da cristandade. Mas tal façanha não foi alcançada sem uma luta muito árdua [...] Foi nas "novas universidades, sobretudo na universidade de

90 Ibidem, p 231, texto com adaptações.

91 Jacques Le Goff, *Les intellectuels au moyen âge*. Paris, Seuil, 1972, p. 40.

92 Berman J. Harold, *Direito e Revolução – A Formação da Tradição Jurídica Ocidental*, op. cit. p. 162.

Paris, que a nova ordem encontrou seu campo mais frutífero de trabalho. ".[93]

Com efeito, dominicanos e franciscanos criaram poderosos centros de inteligência a serviço do papado,[94] por meio dos quais outros atores também entrariam nesse jogo, especialmente os que se dedicaram, posteriormente, ao que chamamos de ciência experimental e teórica. Com efeito, quando tomamos, por exemplo, o caso do franciscano Roger Bacon e de seu mestre, Robert Grosseteste (e ambos lecionaram em Oxford), é quase impossível não se surpreender com a maturidade do pensamento científico já presente em suas obras. O tratado sobre as propriedades da luz de Grosseteste, *De Luce*, um estudo metafísico e científico em ótica sobre a refração da luz, o qual foi depois retomado e avançado por seu mais célebre discípulo, Roger Bacon,[95] revela-nos as "consequências de sua metafísica da luz aplicada a

---

93 Christopher Dawson, *Criação do Ocidente – A religião e a civilização medieval*, op. cit., p. 238.

94 "Desde 1217, os primeiros dominicanos foram enviados a Paris e a Bolonha. Em 1221, eles estavam em Oxford, e em 1229 ficaram encarregados de dirigir a faculdade de teologia da nova universidade que foi estabelecida pela ação conjunta do papado e do rei da França em Toulouse. Em breve, os dominicanos seriam seguidos pelos franciscanos, apesar de toda a diferença original de objetivos. A partir da segunda metade do século XIII, todos os teólogos e filósofos mais proeminentes, com duas ou três exceções, pertenciam a uma das duas ordens". Ibidem, p. 239.

95 "[...] Roger Bacon foi profundamente original, um precursor genuíno e um profeta da moderna ciência ocidental. Descontando-se suas alegações fantásticas, a ciência experimental que propõe não é mágica, mas *ciência aplicada*".

uma *física* da luz".[96] A questão é que, em suas observações e análises, Grosseteste desenvolveu uma noção controlada de experimento científico, "dividindo um problema complexo em componentes menores e testáveis", o que lhe deu a condição de propor uma ciência física experimentalmente demonstrativa – o que é, simplesmente, a base da ciência moderna de Newton, de Galileu e de Lavoisier.

Há mais por dizer, no entanto, pois em seu estudo sobre a formação do direito moderno[97] (leia-se: um estudo sobre a formação do pensamento político moderno), o jurista Harold J. Berman propõe que antes de o pensamento científico ocidental configurar os seus campos epistemológicos, cada qual com suas metodologias próprias, as bases para uma metodologia da ciência já estavam estabelecidas na então nascente Ciência do Direito – uma contribuição da universidade medieval – e da Teologia.

> Os juristas escolásticos [os acadêmicos medievais] criaram uma "ciência" jurídica em sentido mais propriamente ocidental [moderno] do que platônico ou aristotélico. Essa nova ciência dos escolásticos passou a se concentrar na formulação de hipóteses que podem servir como base para ordenar/

Christopher Dawson, *Medieval Essays*. Washington D.C., The Catholic of America Press, 2012, p. 139.

96 Brian K. Tanner et al., "Unity and Symmetry in the *De Luce* of Robert Grosseteste. In: Jack P. Cunningham e Mark Hocknuli (eds.), *Robert Grosseteste and the Pursuit of Religious and Scientific Learning in the Middle Ages*. Switzerland, Springer, 2016, p. 3

97 Berman J. Harold, *Direito e Revolução – A Formação da Tradição Jurídica Ocidental*, op. cit.

inteligir fenômenos, entrando no mundo das probabilidades e das previsões, mais do que no das certezas e das implicações necessárias. A ciência dos juristas escolásticos era exatamente desse tipo. Ela usava um método dialético de estabelecimento de princípios gerais de Direito, relacionando-os aos casos particulares em exame.[98]

Esse trânsito do particular às leis universais e vice-versa na previsão de casos particulares, que Grosseteste chamava de *resolução* e *composição*, é o fundamento do pensamento teórico moderno, cientificamente validado. Desse grande amálgama intelectual, realizado no cadinho das universidades, a cristandade soube adquirir uma novíssima "disciplina intelectual e científica sobre as quais suas realizações posteriores se tornariam dependentes".[99] A questão árdua - do ponto de vista do pensamento dawsoniano - deu-se justamente nessa dependência extrema. A aproximação espacial e cultural entre a cidade comuna e a universidade criou estímulos de liberdade institucional que acabaram por abalar a unidade cultural da cristandade, e temos aí um ponto de tensão - e mesmo de ruptura - no que o pensamento de Dawson estabelece como relação vital entre religião e cultura.

O leitor poderá apreender nas últimas seções de *Criação do Ocidente* um tom melancólico. É realmente enriquecedor notar como Dawson, mesmo que tomado de um esforço visível de dar um tom acima de tudo descritivo ao seu relato sobre os séculos que fecham a Idade Média, não disfarça a sua angústia

98 Ibidem, p. 190.

99 Christopher Dawson, *Criação do Ocidente – A religião e a civilização medieval*, op. cit., p. 232.

com esse princípio de esfacelamento da unidade cultural cristã caracterizado num momento de intenso esplendor cultural – ou seja, desde a segunda metade do século XIII –, originando-se em suas mais altas e excelentes instituições. A liberdade, a riqueza e o conhecimento acumulados desses novos homens livres, desse novo povo progressivamente "moderno", fizeram com que dispensassem aos poucos, mas de modo irreversível, os seus mentores: os monges e seu universo institucional. Esqueceram-se, assim, do próprio cimento que segurara, durante séculos, toda a unidade medieval desde o princípio, e assim foi.

> Embora essa realização intelectual marque o ponto mais alto do desenvolvimento medieval, ela não se tornou a fundação de uma cultura religiosa unitária como poderíamos esperar. Pelo contrário, inaugurou um período de acentuada crítica social e de mudanças na esfera cultural, cujo movimento foi da mais alta importância à história do Ocidente, mas que provou ser, em última instância, *fatal* [grifo nosso] à síntese entre religião e cultura que parecia ter sido alcançada nos séculos anteriores.[100]

Essa fatalidade de uma cristandade que, não obstante sua organização sob uma liderança espiritual comum, passou a absorver um novo tipo de inteligência institucional, fortemente organizada, autônoma e científica, expõe entroncamentos no pensamento de historiador galês, tornando-o mais explícito em suas escolhas, uma vez que esses avanços passaram a servir a interesses outros. A sua erudição e honestidade não o deixam enganar-se em relação aos frutos amargos desses grandes

---

100 Ibidem, p. 241.

avanços do Baixo Medievo, os quais foram amadurecidos nos séculos seguintes, em que o "crescimento do nacionalismo destruiu a unidade da cultura medieval",[101] expressando tão somente os descaminhos – com as rivalidades aumentadas – de um portentoso aumento de conhecimento, de riqueza e de poder no Ocidente. Novamente, embora reconheça o fortalecimento dessas novas realidades, refletindo sobre elas em sua narrativa mormente explicativa, Dawson não lhes dará atenção pormenorizada. A sua historiografia se nega a pormenorizar as toxinas produzidas ao longo desse extraordinário processo de desenvolvimento medieval, e o faz conscientemente. A inquisição, a corrupção do papado, os inúmeros fratricídios dinásticos, a crescente domesticação da nobreza e dos altos cargos eclesiásticos pelos reis, a brutalidade genocida no combate às heresias são assuntos descritos, mas breve e tenuamente comentados, pois ficam completamente absorvidos no movimento mais amplo de sua interpretação histórica.

Não cremos que Dawson não quisesse "mexer nas feridas", como se evitasse algo que lhe causasse imensa dor, algo que o travasse emocionalmente, nada disso. Muito menos se tratou de não querer "manchar" a Idade Média: ele *não a idealizava*. Caso o fizesse, não revelaria ao seu leitor, e justamente no encerramento de sua reflexão, os impasses, os descaminhos e a desintegração sensível de todo um projeto civilizacional, revelando-lhe a queda espiritual no exato momento em que recursos formidáveis eram finalmente reunidos. Ele quer que o seu leitor os conheça, sem dúvida, mas não quer que os encare por

101 Christopher Dawson, *A Formação da Cristandade – Das origens na tradição judaico-cristã à ascensão e queda da unidade medieval*. São Paulo, É Realizações, 2014, p. 386.

muito tempo, deixando-se absorver nesses abismos. A questão é o seu enfoque, *o olhar* que quer direcionar à sua interpretação da história, em especial dessa história medieval – e dele é a soberania sobre o próprio texto, felizmente. Nesse momento crítico, num verdadeiro anticlímax, ele nos diz:

> Foi o próprio movimento em direção à integração e unificação, que dominara a cristandade ocidental desde o século XI, que perdeu o seu ímpeto, *não mais encontrando líderes capazes de levá-lo adiante para novas realizações* [grifo nosso].[102]

"E os grandes homens desapareceram" é uma bela conclusão romântica, e mal podemos criticá-la, pois se trata de proposição inverificável e sempre estará ao menos em parte correta. É óbvio que o historiador galês sabe disso, cabendo a nós buscar compreender as suas motivações. Mas percebamos como ele salta do estrutural e sistêmico para o individual e imponderável, como um gato salta do telhado para a sua terrina de leite, e o faz conscientemente. O galês não se contenta em ensinar história, quer incutir – sabiamente – uma meta-história em seus leitores.

Que inverno foi esse?

Dawson nos coloca então em contato com esse "inverno" da cristandade medieval, durante o qual a sua porção oriental começou a desintegrar-se, perdendo territórios imensos e reinos inteiros para um império fundado pelos turcos seljúcidas – ou seja, para o islão –, enquanto a sua porção ocidental, por sua

102 Christopher Dawson, *Criação do Ocidente – A religião e a civilização medieval*, op. cit., p. 241.

vez, se viu crescentemente devastada por crises recorrentes de fome, de pestes e de guerras dinásticas, na configuração de um quadro civilizacional realmente crítico. O Medievo passava por seu último teste de fogo. O historiador galês nos diz que os imensos recursos intelectuais reunidos pela cristandade e por suas instituições, até aquele momento – incluindo o surgimento de associações e de classes inéditas, sobre as quais discorremos –, começaram a ser utilizados não mais para agregar, mas para desintegrar, "como se a construção espiritual continuamente agregada a serviço da unidade, por três séculos, fosse subitamente desfeita, de modo que em todos os lugares, em todos os aspectos da vida, *as forças* que trabalhavam pela divisão e pela dissolução se tornaram predominantes".[103] Mas que "forças" foram essas exatamente?

Um dos grandes desafios da Igreja (ou mesmo o maior) durante toda a Idade Média foi o de compor, e sempre na medida do possível, os modos de vida mormente guerreiros e tribais dos povos germânicos com uma doutrina religiosa essencialmente voltada a uma paz redentora. E não somente a paz da vida social, mas, igualmente, a do indivíduo em sua salvação pessoal, exortando-o a dar a outra face, a entregar também a túnica quando lhe tomassem o manto, a ser manso, justo e humilde, a rezar pelos inimigos, etc. Nunca se tratou em absoluto de uma filosofia para poltrões. Muitíssimo pelo contrário, como nos atestam em profusão as vidas dos santos mártires, dos missionários e de multidões de praticantes perseguidos e resistentes em sua fé. Era uma decisão unilateral pelo modelo em Cristo, num exercício constante de amor ao próximo – o que significa, na prática, um exercício constante do perdão e

103 Ibidem, p. 242.

da compreensão perante outro diferente, na adoção de uma estrita responsabilidade e fidelidade para com esse princípio. Trata-se, portanto, de uma ascese no amor ao próximo, cujo entendimento é simples, mas cuja realização concreta na vida de alguém é dificílima em quaisquer circunstâncias, mas sobretudo em contextos imemorialmente dominados por culturas apaixonadamente guerreiras, como se dava com os latinos, com os celtas, com os germânicos, com os eslavos, com os anglos, etc., abarcando um espectro cultural praticamente universal.

Desde o início do Medievo, desde o batismo de Clóvis em 496, a Igreja adotara uma política de conversão dos povos baseada na conversão dos reis, das rainhas, dos príncipes e das princesas, enfim, dos líderes germânicos, por meio dos quais os grupos de guerreiros e demais agregados que os acompanhavam eram automaticamente integrados à cristandade. Não nos cabe aqui deslindar os inúmeros prós e contras dessa política, que foi à época bem-sucedida; mas perceber que no final de seu longuíssimo ciclo integrativo, com a cristandade constituída e a Europa formada, essa *política* pareceu voltar-se contra a própria Igreja, expulsando-a de universos dinásticos absolutamente ciosos de suas prerrogativas imperiais, aos quais não mais interessava dividir poder com outra mega-instituição, que se tornara uma rival. Se a Igreja entrara no coração dos povos anglo-germânicos por meio de sua aristocracia guerreira, mil anos depois começava a ser expropriada, expulsa e humilhada por meio de manobras perpetradas por essa mesma aristocracia guerreira, mas agora já devidamente "instruída" e enriquecida. Dawson lê com precisão esse longo movimento, sintetizando-o com o brilhantismo que lhe é característico:

> Nesse momento, no século XIV, a tensão se tornara muito grande para ser suportada. O poder centrífugo do poder real

e da ambição nacional se tornou demasiado forte para ser controlado pela aspiração centrípeta da cultura ocidental reunida no centro da unidade cristã [...] Dessa maneira, os últimos séculos da Idade Média assistiram à liquidação da concepção unitária de sociedade cristã e dos ideais teocráticos que a acompanhavam. A derrota do Império teocrático, o Sacro Império Germânico, diante do papado foi seguida então pela derrota deste perante as monarquias nacionais, ainda que se preservasse muita coisa da antiga ordem.[104]

A herança nunca foi completamente perdida, mas começou a ser usada e adulterada, segundo o historiador galês, por agentes não autorizados. De certo modo, reis crescentemente poderosos em seus meios militares, mas, ao mesmo tempo, mais e mais dependentes de vastos recursos financeiros e territoriais para a organização de suas forças, não mais admitiam ser encabrestados por uma instituição que se comportava, não poucas vezes, como um império rival. A competição interna entre os poderes estabelecidos passou a dominar o imaginário político de toda a cristandade, fomentando divisões crescentes onde antes imperara a união. É claro que tudo isso demandaria a exposição concreta dos casos históricos relativos a essa divisão, o que nos levaria a outros caminhos. Tomemos assim, muito suscintamente, alguns casos emblemáticos, divididos em dois grandes campos, um externo e outro interno.

Em 1291, com a queda de Acre, o movimento das cruzadas, que reunira a cristandade numa causa comum, perde o Oriente

104 Christopher Dawson, *A Formação da Cristandade – Das origens na tradição judaico-cristã à ascensão e queda da unidade medieval*. São Paulo, É Realizações, 2014, p. 383-85, texto com adaptação.

em definitivo. "Dez anos depois, os turcos otomanos começaram a conquistar o Império Bizantino, daí em diante por mais três séculos um contínuo movimento de expansão muçulmana não parou de avançar até alcançar as muralhas de Viena e a fronteira da Itália." Nesse momento, o historiador galês parece lamentar, em *A Formação da Cristandade*, o enfraquecimento do impulso cruzado, nitidamente agravado pelo início das divisões internas dessa cristandade, o que deixou a porção oriental dessa mesma cristandade medieval vulnerável às investidas otomanas. O problema é que esse movimento das cruzadas, deveras complexo em seus impulsos e repleto de ambiguidades, encontrava-se moralmente falido desde pelo menos 1204, com o odioso saque de Constantinopla, conduzido *pelos próprios cruzados*, do qual o Império Bizantino nunca mais se recuperou, enfraquecendo-se definitivamente. Ou seja, o Ocidente cristão pareceu provocar no início do século XIII, ainda que súbita e indiretamente, a futura ruína da cristandade oriental. Com efeito após a Batalha de Nicópolis, quase duzentos anos mais tarde, em 1396, a cristandade perderia parte sensível da Europa Oriental para o islão turcomano – ainda que em processos entremeados de reviravoltas propiciadas por embates extenuantes, conduzidos por uma nobreza altamente resistente e aguerrida, pontuando contraofensivas diversas. Todavia, em linhas gerais, parte expressiva da cristandade oriental ficou submetida ao poder otomano durante séculos. Temos então uma das "forças" em questão, marcadamente externa, e de longe a menos significativa.

Em 1307 a Ordem dos Templários é traída, dissolvida, expropriada e *dizimada* em França por ordens expressas de seu rei Felipe, o Belo. Anos antes, esse monarca iniciara hostilidades com a Inglaterra, ocupando parte da Gasconha em 1294 e invadindo e submetendo a região de Flandres em 1305. Esse rei e seu séquito de assessores laicos, fechados em sua ideologia anticlerical e abertamente agressivos em seus propósitos expansionistas, representam para Dawson o fulcro *dessas forças* que dissiparam a "energia unificadora da cultura medieval". A infame Cruzada Aragonesa (1284-1285), levada adiante por seu antecessor, Felipe III, indicava com traços bem fortes essa guinada dos capetos ao expansionismo e ao absolutismo. Os reis se apropriavam dessa força piedosa reunida na cristandade, usando-a para fins próprios, esvaziando por completo sua significação espiritual. Perceba o leitor como o galês nos sugere um "assalto espiritual" contra a cristandade, numa apreciação que se tornará mais e mais autoconsciente em sua historiografia.

> Essa crise do movimento de reforma [quando o papado perdeu a liderança desse movimento] e o declínio da energia unificadora da cultura medieval encontraram expressão externa nas duas grandes catástrofes coletivas da geração de Dante – a derrocada dos estados cruzados e a destruição da grande ordem cruzada. A primeira foi o resultado inevitável da forma como o ideal cruzado fora desacreditado e secularizado, em razão de seu uso como arma política contra estados cristãos, como o império, o Reino de Aragão e outros. Foi fatal a destruição dos templários por Filipe IV, fato ligado ao ataque ao prestígio e à independência do papado por meio do processo simultâneo de ataque à memória do papa Bonifácio VIII e à reabilitação de Felipe IV pelo papado [corrompido]. Isso marcou a completa vitória do poder temporal da nova monarquia sobre os elementos internacionais da sociedade medieval.[105]

105 Christopher Dawson, *A Formação da Cristandade – Das origens na tradição judaico-cristã à ascensão e queda da unidade medieval*. São Paulo, É Realizações, 2014, p. 260-61, texto com adaptação.

Aos mais habituados ao pensamento de Dawson, fica claro que ele avalia o declínio da civilização medieval como queda fatal de seus homens na corrupção do mundo. O tom de seu argumento torna-se, então, conscientemente escatológico, carregando a oposição entre luz e trevas como se fosse uma imensa pintura a revelar esse momento da história. Esse quadro em especial apresenta-se como embate em que as trevas passam a engolir a luz, devido à fraqueza de corações humanos tomados crescentemente pela concupiscência do poder sem limites. De um lado temos figuras como Francisco de Assis, Domingos de Gusmão, Bernardo de Claraval, Bonifácio VIII, entre outros; do outro, Filipe III, Filipe IV, Pierre Flotte, Guilherme de Nogaret, os Visconti e os Sforza, entre outros. Nesse embate, os interesses dinásticos vão se sobrepondo aos fundamentos de uma cristandade internacional; e o papado, progressivamente esvaziado de seu impulso reformista, mais e mais enredado em objetivos meramente conjunturais, passa a ser considerado como apenas outro Estado competidor nessa nova arena política. "Essa era de Dante e de Filipe, o Belo, período do papado em Avignon e do fracasso do imperador Henrique VII em reafirmar as reivindicações do Sacro Império Romano, marca o término do desenvolvimento medieval."[106]

O tom é inegavelmente melancólico. Mas, se Dawson desiste da cristandade medieval, admitindo o seu naufrágio antecipável, o seu descaminho no poder, o seu pensamento não desistirá nem do povo cristão nem de sua Igreja, agora realocados numa dimensão outra e portadora de novos

---

106 Christopher Dawson, *A Formação da Cristandade – Das origens na tradição judaico-cristã à ascensão e queda da unidade medieval*. São Paulo, op. cit., p. 263.

desafios: a modernidade nascente. Em sua conclusão, em *Criação do Ocidente*, considerando-se os descaminhos políticos tanto do papado quanto do império em posturas que vieram a contagiar as monarquias – tornando-as, por sua vez, e logo na sequência, senhoras absolutas dos povos e dos territórios sob o seu controle –, *Dawson encontra na cultura popular o campo ótimo de continuidade dessa cultura cristã*, sobre a qual a civilização medieval se desenvolveu. A vocação universalista e internacionalista do cristianismo deu à civilização medieval – sob o amparo da cristandade – um sentido fortemente missionário, finalmente realizado para fora do contexto europeu após a unificação dos reinos cristãos "navegadores" na Península Ibérica. Finda a conversão da Europa, num processo que tomara quase mil anos, a cristandade reorientava o seu missionarismo para alhures:

> quando essa nova jornada começou, a das navegações, a cultura ainda se encontrava fortemente dominada pelos ideais medievais. Por exemplo, a expansão externa da cultura medieval pelas explorações ultramarinas e pelas descobertas se relacionam diretamente ao movimento das cruzadas, como fica evidente do caso do infante D. Henrique, o Navegador, que planejava seus programas de descobertas tendo em vista seus ideais religiosos.[107]

Esse fortíssimo impulso para fora, para a exploração de novas terras e para a conquista de novos mundos, a partir do final do século XV, após mil anos de lutas contra agressores poderosos vindos de todos os lados – do norte (*vikings*), do

107 Ibidem, p. 262.

leste (magiares, mongóis, otomanos e tártaros) e do sul (sarracenos), sem contar as inúmeras lutas intestinas –, deu às sociedades europeias, as que cresciam enormemente em capacitação técnica, a real dimensão de seus avanços em todos os campos. O movimento de *liberdade espiritual* propagado pela cultura cristã – e não nos esqueçamos de que o mundo da cristandade medieval *desconheceu* largamente, embora não inteiramente, as práticas escravistas – ampliou o seu raio de ação, fortalecendo novas classes sociais e criando vínculos até então inéditos, uma vez que essa vocação para a liberdade "passava das ordens monásticas e do universo dos frades *para o mundo leigo*".[108] Essa transferência que se deu junto à impressionante efervescência urbana e intelectual da Baixa Idade Média foi também um momento, adotando as palavras de Pierre Chaunu, de indiscutível "viragem tecnológica"[109] – dos moinhos à imprensa, dos óculos aos relógios, das novas atrelagens aos canhões, dos foles hidráulicos ao sistema de alternância das colheitas, da charrua de roda à indústria lanífera, das novas artes mecânicas à cartografia náutica, etc.[110] –, e não nos esqueçamos das superinstituições criadas

---

108 Ibidem, p. 264.

109 "Entre 1250 e 1350, após um milênio de crescimento demográfico desigual, o espaço da cristandade encontra-se completamente povoado. Depois de dois séculos de estabilidade (séculos IX e X), produziu-se um crescimento cada vez mais rápido, resultante das mutações tecnológicas da Alta Idade Média [...] Houve uma revolução agrícola, e esta reforça por toda parte as estruturas de sociabilidade". In: Pierre Chaunu, *O Tempo das Reformas (1250 – 1550) I. A Crise da Cristandade*. Lisboa, Edições 70, 2002, p. 40.

110 Ver Jean Gimpel, *A Revolução Industrial da Idade Média*. Lisboa, Publicações Europa-América, 2001.

e expandidas ao logo desse Medievo: as universidades, os hospitais, o sistema bancário, a cidade burguesa e suas oficinas, etc. Tudo isso daria ao Ocidente vantagens enormes em relação a outros conjuntos civilizacionais.

A questão é que essas vantagens só foram aos poucos se esclarecendo. Por exemplo, em 1683 o império otomano cercava Viena pela última vez, ameaçando novamente o Ocidente; contudo, e a bem da verdade, isso representou os últimos estertores de um esforço fracassado, um ataque derradeiro perpetrado por um poderio que não mais conseguiria competir com as potências ocidentais emergentes, e em todos os níveis: econômico, militar e cultural.[111] Com efeito, um pouco adiante, do século XVIII em frente, paulatinamente seriam os russos e os austro-húngaros os novos senhores da Europa Oriental – embora, à época, atores de "segunda classe", em comparação às potências ocidentais. O poder imperial otomano retrairia, inexoravelmente, até um completo esfacelamento em 1917. A cristandade virara, e de modo inequívoco, o jogo de forças.

Todavia essa virada não representou para o pensamento de Dawson um avanço civilizacional; antes tenha sido, talvez, um retrocesso. Em sua historiografia não há praticamente espaço para a contemplação de triunfalismos nacionalistas, porque o modelo de civilização que essa historiografia incorpora, e que está minuciosamente caracterizado em

---

111 De fato, não foi até a chegada de meados do século XIII que a cristandade ocidental conseguiu adquirir um nível suficientemente alto de cultura, que lhe permitisse discutir com os filósofos islâmicos em seu próprio terreno." In: Christopher Dawson, *Medieval Essays*. Washington D.C., The Catholic of America Press, 2012, p.86.

Criação do Ocidente, não se fundamenta no Estado-dinástico moderno – genitor do Estado-nação moderno, por sua vez genitor dos totalitarismos modernos –, mas na cristandade. É nesta e somente nesta que a sua historiografia estabelece vínculos com uma supercultura que se quer realmente viva, livre, criativa e humanizadora, em cujas raízes regionais, espalhadas em latitudes e territórios variados, vivem sociedades que se organizam e se reúnem no tronco de uma fé que liberta e redime, uma fé humanizante. Nesse sentido, é como se a cristandade implicasse um projeto civilizacional para o mundo. Todavia, no momento histórico em que poderia realmente realizar esse projeto – uma vez que finalmente em posse de meios técnicos formidáveis –, deixou-se submergir por inúmeros processos de corrupção, por meio dos quais os desejos aristocratas se sobrepuseram aos desejos monacais, e velhos impulsos reavivaram-se num fogo prometeico nunca antes visto. São essas *as forças* às quais Dawson dirige a sua crítica. A Europa tornar-se-ia um centro colossal de poderes militares e financeiros, de agregados comerciais com fortíssimo contingente bélico, o que nos leva a crer que, segundo esse olhar, o aumento expressivo de poderio foi fatal à civilização medieval, quando o instinto agressivo e belicoso dessas populações, apenas parcial e muito debilmente aplacado pelos ensinamentos da Igreja, encontrava agora meios formidáveis de exercer e consolidar poder e riqueza. Nesse momento, Huizinga vem como complemento perfeito às elaborações dawsonianas.

> O menosprezo pelo clero, que como uma corrente paralela permeia toda a cultura medieval ao lado da elevada veneração pela posição sacerdotal, em parte pode ser explicado como uma reação ao comportamento mundano do alto clero

> e à considerável perda de status do baixo clero. A cultura popular, apenas parcialmente convertida ao cristianismo, nunca perdeu por completo a aversão pelo homem que era proibido de lutar e obrigado a ser casto. A altivez cavaleiresca, baseada na coragem e no amor, assim como a rude mente do povo, afastavam de si o ideal espiritualizado. A degeneração dos próprios religiosos fazia o resto.[112]

Nem tudo estava perdido, obviamente. Como dizíamos há pouco, séculos de trabalho e de empenho educacional, levados por monges, clérigos e frades, promoveram transformações profundas em todas as culturas reunidas na cristandade. No momento mesmo em que os frades perdiam espaço como reformadores e modelos de conduta – e isso se deu tanto devido ao aumento de riqueza e de poder das ordens quanto à atuação sabotadora de seus inimigos externos –, a cultura já reunira, em si mesma, isto é, fora da igreja, elementos visivelmente cristãos de conduta e posicionamento. A cultura popular se cristianizara para além do mero formalismo, uma vez que expressa no comportamento das pessoas, em suas expectativas, em seus limites e rigores, em suas idealizações, etc.

Não restaria outra coisa a fazer a não ser dar testemunho dessa sobrevivência e dessa manutenção na cultura popular da Baixa Idade Média. Desse modo o galês escreve "para Langland [William Langland, poeta medieval], o além se encontra sempre imediatamente presente em cada

---

112 Johan Huizinga, *O Outono da Idade Média – Estudos sobre as Formas de Vida e de Pensamento dos Séculos XIV e XV na França e nos Países Baixos*. São Paulo, Cosac Naify, 2010, p. 288.

relacionamento humano; a vida diária de cada homem se encontra organicamente ligada à vida da igreja. Portanto, toda cristandade é a vida social cristã, no sentido total do termo – uma extensão da vida de Cristo na terra".[113] O cristianismo surgia agora como parte da cultura popular europeia, e assim se dava na forma como os homens e as mulheres solicitavam justiça, igualdade, solidariedade e misericórdia, nem que fosse somente como expectativa, tomando o corolário de uma ética introjetada ao longo dos séculos, durante a integração de uma fé universal, organicamente vinculada às mais variadas culturas e povos. Em suma, ao menos em alguma medida, a Europa fora cristianizada.

> Ainda assim, o poema de Langland é a prova viva de que nem tudo estava perdido; os trabalhos de setecentos anos não tinham sido realizados em vão. Se os povos bárbaros do Ocidente aprenderam a elaborar tais pensamentos e a falar dessa forma, isso provava que uma nova cultura cristã fora gerada, livre de imposições estrangeiras. Tratava-se da *herança comum* do homem ocidental.[114]

O reavivamento narrativo dessa herança comum compreenderá o esforço investigativo de toda a historiografia do galês, compreendendo seu norte e seu destino. A questão, portanto, é exortar a autoridade cultural e espiritual dos tesouros que a sua historiografia recupera e reaviva. A poesia de Langland é um desses tesouros – visceralmente associada

---

113 Christopher Dawson, *Criação do Ocidente – A religião e a civilização medieval*, op. cit., p. 266.

114 Ibidem, p. 269.

ao próprio Dawson em sua sensibilidade espiritual, mas, inegavelmente, uma poesia feita por um homem do povo; um profeta leigo, tipicamente medieval, que amava a sua terra, mas que a queria santa e católica. Nesse e em outros sentidos Langland foi um próximo, "um homem no qual a fé católica e o sentimento nacional se fundem numa única chama. Ele via o Cristo caminhando pelos campos ingleses, vestido como um trabalhador inglês, por isso, compreender o seu trabalho é compreender a religião inglesa em sua forma *mais autóctone*, não obstante, *mais católica*".[115] O leitor bem sabe, καθολικός (*katholikos*) significa "universal"; logo, associa-se nesse caso à cultura inglesa com uma comunidade universal, a saber, *católica*, o que nos remete novamente à cristandade. Não se trata da igreja romana, em sentido estrito, mas de uma catolicidade que abrange, potencialmente, toda e qualquer cultura. Tampouco há idealização, uma vez que se propõe um esforço contínuo e inequivocamente árduo de manter vivos os vínculos entre cultura e religião, apontando para a indissolubilidade espiritual desse casamento consagrado no Medievo.

William Langland, um homem do século XIV, um medieval protomoderno, por assim dizer, transfere para a laicidade certas responsabilidades até então restritas ao clero, na consideração do outro, o irmão desventurado que precisa ser amparado. Ele vive num mundo onde reina a opressão, onde a truculência dos fortes sobre os fracos é moeda corrente; e também a doença, a fome, a guerra e a corrupção, elementos corriqueiros de sociedades marcadas pelo crime e pela injustiça

115 Christopher Dawson, *Medieval Essays*. Washington D.C., The Catholic of America Press, 2012, p. 207.

– mas onde se estabeleceu, bem ou mal, uma mentalidade cristã, cujo impulso reformador pressiona agora toda a sociedade, não somente a Igreja. O historiador galês apreende esse movimento profundo, esse deslocamento subterrâneo, identificando sua importância decisiva para o lançamento da modernidade, incluindo o seu futuro teor revolucionário, ao qual nos dedicaremos na próxima parte.

> Porque Langland, mesmo com todo o seu idealismo cristão, é também um realista que não recua ao ser obrigado a descrever, em detalhes terríveis, a corrupção da Igreja, os descaminhos do povo e os vícios dos ricos. Ele pertence à sua época, o século XIV, uma época não muito jubilosa, mas que, no entanto, guardava uma imensa vitalidade espiritual, cujas consequências seriam nada menos que cruciais para o futuro da civilização ocidental.[116]

No campo da cristandade ocidental, não obstante as calamidades, o século XIV foi marcado por uma profusão "de poetas, místicos e santos"[117], nos quais se expressava uma cultura largamente desenvolvida em seu pensamento, em seus conceitos e visões acerca da vida e das instituições humanas. Nesse seu fechamento, a Idade Média internacionalizava os seus projetos de poder; mas principiava, igualmente, a divisão de sua espiritualidade comum. Uma tragédia parcial, uma glória parcial, em perspectiva dawsoniana, não obstante o (novo) contexto que forneceu os elementos próprios à modernidade, a época das *jacqueries* e de outras revoltas camponesas e urbanas.

---

116 Ibidem, p. 207.

117 Ibidem, p. 207.

"Foi no meio desse ambiente socialmente turbulento que o povo inglês obteve, pela primeira vez, certa maturidade e autoconsciência nacionais."[118] Isso é o suficiente, cremos, para pontuar que Dawson não se reduziu a pensar uma história das culturas e das civilizações, encaminhando as origens do Ocidente (se isso já não bastasse!), mas estava propondo, disfarçadamente, uma história da consciência, por meio de certos desenvolvimentos na esfera do pensamento e do que podemos chamar de espiritualidade. É um quadro complexo, onde se ganha de um lado e se perde de outro, mas há uma insistência para que se perceba um acréscimo geral de uma consciência que nos humaniza e nos potencializa; mas, da mesma forma que o autor de *Pedro, o Arador*, o seu pensamento, ao avaliar a história e o mundo, os encontra em débito.

É de esperar que – na clivagem do medievo para o moderno – o pensamento de Dawson incorpore de modo visceral a piedade popular e sua *consciência cristã* como salvaguardas de um momento em que os poderes dinásticos cresciam virulentamente. De certo modo, foi essa piedade popular, foi essa conscientização crescente do leigo como força ética de primeira ordem, que colocou em momento hábil os necessários freios à monarquia inglesa – o que não ocorreu em França no mesmo tempo, precipitando, posteriormente, um desastre realmente severo. As navegações ultramarinas, a imprensa e a cidade capitalista rematam e encerram o desenvolvimento medieval. Mas, como estamos vendo, esses avanços técnicos e econômicos somente se validam, enquanto progresso humano em perspectiva dawsoniana, na medida em que sejam integrados em sociedades

118 Ibidem, p. 208.

vinculadas às suas culturas de base e à comunidade de pensamento que a vinculou com o processo civilizatório. No caso do Ocidente, isso significa uma pluralidade de vínculos, certamente, mas em cuja herança medieval temos a sua síntese. O grande desafio para a modernidade se impõe na esfera da humildade, pois precisaria aprender a ser grata diante de seu passado formador: ser grata à civilização que a formou, uma civilização religiosamente orientada. Mas isso é tudo o que ela, a modernidade, não fez – e ainda não faz! Por isso mesmo, a história permanece progressivamente tensionada. O esforço por se livrar do Medievo é vão, porque este continuará a voltar para assombrar os autodenominados esclarecidos, solicitando-lhes o mundo que prometem, mas que nunca entregam. Por baixo de nossa modernidade, há um subterrâneo medieval; abaixo deste, um subterrâneo clássico e um arcaico. Sem o anteparo medieval, as forças do arcaico, ainda completamente dominantes no clássico, surgem com virulência incontrolável, durante certas erupções sociais. Nesse sentido, os elementos mediadores formados no Medievo são absolutamente importantes na contenção de certas paixões abissais, e uma sistemática desmobilização de seus símbolos e instituições tem de fato facilitado o trabalho dos agentes das trevas, os quais quase tomaram a Europa e o mundo de assalto durante os anos 1930 e 1940. A ruptura entre religião e cultura foi, no longo prazo, fatal para o Ocidente, deixando-o irremediavelmente manco.

> Ele via a si mesmo como um espectador azarado, acostumado a perder, mas que, de alguma forma, num dia que o aguardava, recolheria os tesouros que o tornariam rico para sempre. Desse modo, o seu *poema* não é uma obra de arte como os poemas de Chaucer, mas é o receptáculo dentro do qual o

poeta despeja suas dúvidas, suas esperanças, sua crítica social e sua mensagem profética.[119]

Basta ao leitor, cremos, substituir poema por historiografia e poeta por historiador.

119 Ibidem, p. 213.

PARTE 2

ideologia & revolução

5

O homem nasce livre, e por toda parte se encontra acorrentado

Aonde chegamos

Em seu *The Movement of World Revolution*, o galês nos diz algo fundamental: "Por todo o passado, até por volta de um século e meio atrás, o entendimento histórico não alcançava uma unidade inteligível, mas se organizava com base em algumas civilizações independentes, as quais se viam como universos isolados, encerrados cada qual em sua tradição histórica, em sua própria cosmologia".[1] Temos aqui uma referência aos quatro conjuntos civilizacionais consolidados durante o que viemos a denominar de Era Axial: conjunto cristão, conjunto hindu, conjunto chinês e conjunto islâmico. Nesses conjuntos foram criadas unidades superculturais impressionantes, extremamente resistentes e atuantes, as quais, por sua vez, propagaram quatro sistemas

1 Christopher Dawson, *The Movement of World Revolution*. Washington D.C., The Catholic University of America Press, 2013, p. 5.

metafísico-cosmológicos realmente universais: cristianismo, vedantismo, budismo e islamismo. O galês se propõe então a aproximar os elementos desse universo, dizendo-nos que "a Europa esteve em contato com o islão, este com a Índia, esta com a China [e com o Extremo Oriente]",[2] mas foram intermédios em geral pouco mais que epidérmicos, não muito significativos do ponto de vista integrativo, fundamentalmente condicionados por centros sensivelmente refratários ao estrangeiro, ao outro cosmológico, tratado como infiel, bárbaro, selvagem; enfim ao que se tinha como sociedade/povo eminentemente hostil, ao que se entendia como um inimigo cosmológico, mas que por vezes poderia ser visto como potencialmente formidável ou terrível, a depender de seus sucessos militares.

Esse estado de coisas, esse isolacionismo entre os quatro conjuntos alinhavados (o cristão, o islâmico, o budista e o vedantino), foi língua franca durante a Antiguidade Tardia, alcançando não somente o Medievo e o Renascimento mas também avançando[3] sobre o período inicial da

---

2 Ibidem, p. 6.

3 Esse isolamento histórico é atestado, por exemplo, nos historiadores islâmicos do medievo: "Os Cruzados não eram conhecidos por esse nome entre os muçulmanos de sua época [...] Para os observadores muçulmanos da época, os Cruzados eram chamados de Francos ou simplesmente de infiéis – tidos como mais um grupo de bárbaros entre inúmeros outros, mas que se destacavam pela ferocidade e pela destreza militar. Nesse quesito, os muçulmanos não diferiam muito dos cristãos europeus, os quais, durante muito tempo, também caracterizaram os muçulmanos como infiéis, *panims*, ou os chamando pelos seus nomes étnicos como sarraceno, turco, mouro e tártaro." In: Bernard Lewis, *The Muslim Discovery of Europe*. New York, W. W. Norton & Company, 2001, p. 22. A própria Europa era comumente chamada de "Terra dos Francos", pelos muçulmanos do Oriente Próximo.

modernidade,[4] com alguns esporádicos, porém notáveis, esforços de aproximação.[5] De certo modo tratou-se de uma acomodação macro entre forças civilizacionais gigantescas, que se manteve em equilíbrio dinâmico ao longo dos séculos; e em cujas oscilações periódicas entre os conjuntos e seus subconjuntos, ora de expansão, ora de retração, manifestaram-se tonalidades específicas aos períodos. A questão, portanto, foi o surgimento e a posterior confirmação no seio de um desses quatro conjuntos de um movimento integrativo internacional altamente dinâmico e absolutamente inédito na história do mundo, por meio do qual "foi quebrado o isolamento tradicional desses antigos conjuntos civilizacionais [...]".[6]

---

4 "De qualquer maneira, no século XV, o cristão ibérico médio raramente se referia à religião muçulmana ou à judia sem acrescentar uns quatro epítetos injuriosos [...] o espírito ecumênico, tão em moda hoje em dia, naquele tempo primava pela ausência." In: C. R. Boxer, *O Império Colonial Português (1415 - 1825)*. Lisboa, Edições 70, 1986, p. 26-27.

5 Dawson nos presenteia com um desses momentos, quando discorre sobre os registros das viagens de Giovanni da Pian de Carpini, "vemos, nesses relatos, dois mundos desconhecidos e em confronto; incapazes de compreender a língua do outro e representando polos opostos da experiência humana [...] Sua viagem pretendia levar, ao sucessor de Ghengis Khan, as cartas do papa, rogando ao chefe mongol que cessasse de massacrar as populações inocentes da Europa Oriental. A resposta que ele trouxe de volta, escrita em persa e em turco, com o selo mongol, foi descoberta não muito tempo atrás nos arquivos do Vaticano por M. Pellot. Trata-se de um documento extraordinário". In: Christopher Dawson, *Criação do Ocidente – A religião e a civilização medieval*. Intr. arcebispo Rembert G. Weakland, O.S.B.; apres. e trad. Maurício G. Righi. São Paulo, É Realizações, 2016, p. 259-60.

6 Christopher Dawson, *The Movement of World Revolution*. Washington D.C., The Catholic University of America Press, 2013, p. 6.

Conforme por nós já avaliado, quando pensamos a cristandade medieval, o expansionismo ultramar europeu não se traduz como uma empreitada redutível a uma aventura comercial, pois expressava os impulsos prementes de uma civilização caracteristicamente universalista e altamente dinâmica, a cristandade. Consequentemente, quando saíram em busca dos tais "novos mercados" - desde meados do século XV ou um pouco antes disso,[7] alcançando os séculos XVI, XVII e XVIII -, esses viajantes europeus saíam, sobretudo, em busca do mundo em suas várias facetas, compreendendo tanto vantagens meramente econômicas quanto o desejo de aventura pessoal e de heroísmo missionário;[8] e assim se libertaram, quase que por acréscimo, de antigos constrangimentos econômicos impostos por turcos, venezianos e genoveses. Esses europeus, que se voltavam ao Atlântico, puderam extravasar um impulso indomável outrora represado em contexto interno. Com efeito, muitos saíram no intuito de cristianizar os povos do além-mar, e assim redimensionavam ou pensavam redimensionar a libertação de Jerusalém, possibilitando uma tão esperada entrada triunfante de reis cristãos no Oriente, conforme nos revelam

---

7 "As viagens de descobrimento dos portugueses no oceano Atlântico parecem ter começado por volta de 1419, quatro anos depois da conquista de Ceuta aos mouros." In: C. R. Boxer, *O Império Colonial Português (1415 - 1825)*. Lisboa, Edições 70, 1986, p. 39.

8 "Com risco de uma simplificação exagerada, pode, talvez, dizer-se que os quatro motivos principais que inspiraram os dirigentes portugueses (reis, príncipes, nobres ou mercadores) foram, numa ordem cronológica, mas sobrepostos e em diversos graus: (1) um zelo cruzado contra os muçulmanos; (2) o desejo de se apoderar do ouro da Guiné; (3) a questão do Preste João; (4) a procura das especiarias orientais". Ibidem, p. 41.

as cartas de Colombo à rainha Isabel de Castela. Antes de se caracterizar como um explorador de vanguarda, como um aventureiro engenhoso, como um comerciante inescrupuloso e um navegador contratado, Colombo caracterizou-se, segundo as evidências nos revelam, como um cruzado tardio em busca dos meios para a libertação de Jerusalém[9] – mas não somente ele. Realmente, "as múltiplas motivações impulsionadoras dos descobrimentos portugueses estão claramente expressas nas bulas papais promulgadas ainda em vida do infante D. Henrique e no tempo de seus sucessores".[10]

Portugueses e espanhóis foram os primeiros. "Quebraram as antigas barreiras oceânicas"[11], as quais barraram por séculos uma cristandade sitiada, impedindo-a de se expandir, deixando-a sob cercos constantes. Esse expansionismo inédito da civilização cristã serviu certamente aos interesses dinásticos e comerciais dos europeus; serviu também à propagação de abusos incalculáveis, os quais foram postos em movimento, revelando ao mundo a emergência de um poderio colossal. Todavia sabemos que a historiografia do galês não se propõe a refinar a consciência histórica de seus leitores por meio de acusações, mas por meio de reconhecimentos. Não é uma historiografia fascinada pelos crimes; pelo contrário, inclina-se às realizações, incluindo os movimentos avaliados como substancialmente negativos, tomando-os como desvios ou descaminhos. Há quase sempre algo de bom ou ao

---

9 Ver Carol Delaney, *Columbus and the Quest for Jerusalem*. New York, Free Press, 2011.

10 In: C. R. Boxer, *O Império Colonial Português (1415 – 1825)*. Lisboa, Edições 70, 1986, p. 43-44.

11 Christopher Dawson, *The Movement of World Revolution*. Washington D.C., The Catholic University of America Press, 2013, p. 6.

menos de proveitoso a considerar, quando nos voltamos aos empreendimentos humanos, embora geralmente tomados de ignorância e de paixões violentas.

A cristandade colonizou parte expressiva do mundo, ao longo da modernidade, trazendo igualmente ao cabo dessa experiência histórica tanto o reconhecimento de crimes contra povos diversos e nações quanto a constatação de avanços universais, aproximando em muito a humanidade – que passou a se ver como tal, embora relativamente –, pois outrora fragmentada em conjuntos civilizacionais mormente emparedados ou mesmo em marcante isolamento cultural. Isso se deu num movimento progressivo de relações e de trocas internacionais, que foi largamente agudizado nos séculos seguintes. Coube à Europa esse papel capital na história do mundo, um dado irrefutável, cabendo ao historiador "x" ou "y" lamentá-lo ou felicitá-lo, a depender de suas inclinações filosóficas e/ou religiosas. A historiografia de Dawson o felicita, ainda que relativamente. Ademais durante o clímax dessa expansão colonial e mercantil, ocorrida num período que passou a ser caracterizado intelectualmente pelos iluminismos, esse movimento colonizador era largamente visto, tanto pelas elites e classes médias europeias quanto pelas não europeias, como expressão do mais legítimo progresso humano,[12] como expressão irreversível do processo civilizatório, numa apreciação que se agudizou com a chegada do industrialismo.

É justamente esse o ponto de Dawson: independentemente dos bons e dos maus frutos, dos acertos e dos fracassos, das

12 "O processo que hoje é visto como exploração dos povos e das classes mais fracas pelo capitalismo ocidental era visto, por seus contemporâneos, como o grande meio para se alcançar tanto o progresso material como a paz internacional". Ibidem, p. 8.

inúmeras benfeitorias e dos – igualmente, inúmeros – crimes, coube à Europa internacionalizar comunidades de pensamento outrora esparramadas em conjuntos relativamente fechados, tomando suas elites e seus setores afiliados, embora em parte. Constituia-se assim, para o bem e para o mal, uma visão unificada do homem e de seu destino enquanto construtor de uma sociedade ideal – a própria sociedade moderna. Tratou-se de um processo inconclusivo e ainda em andamento. Contudo, é preciso conhecê-lo com o devido cuidado, *reconhecendo* as suas fases e atributos.

A questão em Dawson, como veremos, *é avaliar em que medida essa internacionalização se deu à revelia do substrato organicamente cristão do Ocidente*; à revelia de princípios distintos à cultura cristã, pois fundamentalmente operacionalizada num momento em que a cristandade cedia aos avanços de ideologias políticas voltadas aos poderes dinásticos, sobrepondo-se como representantes de uma nova comunidade de pensamento agora para o mundo. O secularismo parcialmente gestado no Medievo impunha-se como novíssimo projeto de sociedade. Por conseguinte, durante esse despertar afrontoso da modernidade, embora os tipos humanos ainda fossem medievais – como o cruzado Colombo e o não menos cruzado infante D. Henrique –, instituições como a própria Escola de Sagres iniciavam um processo de integração mundial sem volta, lançando a Europa na investida marítima dos descobrimentos. A comunidade de pensamento que realmente consagraria esse processo, nele consagrando-se, ou seja, tomando-lhe os frutos e os recursos, quando realmente o internacionalizou no início do século XVIII, era deveras distinta aos modelos do século XV. O início da modernidade foi medieval, mas isso foi se apagando rapidamente.

É preciso, uma vez mais, retornar aos fundamentos da historiografia do galês, sublinhando os seus acentos e suas tônicas *na cultura enquanto comunidade de pensamento.* Antes de entrar nos detalhes das razões político-econômicas, sua análise busca desenterrar as motivações simbólicas, investigando as forças psíquicas em curso, tanto as conscientes quanto as inconscientes, nas quais as sociedades se estruturam em seus valores, anseios e desejos. Consequentemente, tanto à montante quanto à vazante das grandes navegações oceânicas, com parte de suas agendas tipicamente comerciais em seus tráficos não poucas vezes abjetos, haveria um dinamismo mais decisivo, realmente determinante, pelo qual compreendemos em profundidade esse extenso movimento. Afinal de contas, foram os portugueses que chegaram à China, não o contrário, apesar da reconhecida inferioridade tecnológica, financeira e administrativa dos primeiros em relação ao segundo.[13] Os europeus se lançaram ao Oriente (e ao mais a Ocidente, por acréscimo) porque assim o desejavam ardentemente, ao contrário dos chineses (de suas elites), que se encontravam largamente orientados para seu mundo próprio, que incluía, obviamente, territórios imensos. Haveria nesse caso diferenças significativas de dinamismo social, fervor missionário e liberdade de empreendimento e ação.

> Foram, todavia, os grandes missionários como São Francisco Xavier, Mateo Ricci, Rodolfo Acquaviva, Roberto de Nobili, entre tantos outros, que, tanto na Índia quanto na China e no Japão, foram os primeiros a estabelecer contatos entre o Oriente e o Ocidente num plano cultural superior. Principalmente, a missão dos jesuítas na China, nos séculos XVII

13 Ver Maurício G. Righi, "Prefácio à Edição Brasileira". In: Christopher Dawson, *Dinâmicas da História do Mundo.* Ed., pref., intr. e posf. John J. Mulloy; intr. Dermot Quinn; pref. e trad. Maurício G. Righi. São Paulo, É Realizações, 2010, p. 7-19.

e no início do XVIII, foi única em sua dupla realização de convencer os *scholars* chineses acerca do alto valor científico da cultura europeia, o que desvendou para a Europa a extensão da cultura chinesa – sua história, sua literatura e suas instituições.[14]

Não temos, no cenário acima descrito, o típico enquadramento colonial-escravista de exploração de matérias-primas e de *plantation* dos séculos XVII e XVIII. A historiografia do galês não o ignora, certamente; não obstante, prefere salientar tematicamente o dinamismo espiritual e intelectual de uma sociedade em plena expansão enquanto comunidade de pensamento, a europeia, pronta para absorver o mundo em si mesma, absolutamente ardente em seu zelo missionário e de fato consciente de sua alta estatura técnica e intelectual.

É notório que o missionarismo jesuítico não rendeu os frutos prometidos na China e menos ainda no Japão, embora os inícios tenham sido auspiciosos. Pior ainda, o jesuitismo como movimento cristão-católico altamente organizado, eficiente e intelectualmente preparado, notadamente imerso "na sensibilidade científica barroca própria ao período"[15] e um dos grandes responsáveis pela propagação do chamado "espírito científico" na modernidade,[16] foi solapado na própria Europa católica e

14 Christopher Dawson, *The Movement of World Revolution*. Washington D.C., The Catholic University of America Press, 2013, p. 7.

15 Eliane Cristina D. Fleck, *Entre a Caridade e a Ciência – A Prática Missionária e Científica da Companhia De Jesus (América Platina, séculos XVII e XVIII)*. São Leopoldo, Rio Grande do Sul, Ediotra Oikos, 2014, p. 33.

16 Ver Agustín Udías, *Jesuit Contribution to Science – A History*. Heidelberg, Springer, 2015.

finalmente dissolvido. Isso enterrou em grande medida um extenso projeto missionário não somente para as Américas, mas sobretudo um projeto de sociedade para o mundo, ainda que algumas bases significativas tenham sobrevivido, entre elas os ecos do colégio missão e do projeto de sociedade[17] em volta dos quais uma aldeia como a de São Paulo, onde escrevemos este estudo, desenvolveu-se e prosperou enormemente. Por outro lado, foi o missionarismo protestante, bem mais modesto, fragmentado e inculto que o jesuitismo, que de fato estendeu e recriou o modelo europeu de sociedade nos termos únicos da civilização moderna.

Esse missionarismo, fortemente constituído em núcleos familiares zelosos e igualmente voltados à fixação permanente, voltados à criação de uma nova sociedade, soube concretizar movimentos colonizadores destacadamente inovadores, sobretudo nas colônias da América do Norte, numa típica e vigorosa "religiosidade de ação no mundo",[18] conforme nos caracteriza o galês. Tal religiosidade foi portadora de um pronunciado "etos anticolonialista",[19] na formação de um processo que carregou parte da civilização europeia consigo, transferindo-a a esse novo mundo, remodelando-a na fundação de uma sociedade largamente excepcional em vários de seus aspectos, uma sociedade de ex-colonos absolutamente ciosa de sua liberdade e soberania recém conquistada, vocacionada desde o princípio

17 Ver Gabriel Frade (org.), *Antigos Aldeamentos Jesuíticos: A Companhia de Jesus e os Aldeamentos Indígenas*. São Paulo, Edições Loyola, 2016.

18 Christopher Dawson, *Progress & Religion – An Historical Inquiry*. Washington D.C., The Catholic University of America Press, 2001, p. 143.

19 Christopher Dawson, *The Movement of World Revolution*. Washington D.C., The Catholic University of America Press, 2013, p. 96.

à autonomia política e à expansão territorial-cultural, quando puderam ser criados espaços literalmente continentais de liberdades e de garantias institucionais, onde posteriormente se abrigou um vastíssimo movimento imigratório europeu (ainda que não somente europeu).

> Desde o Tratado de Utrecht, em 1713, teve início um processo de expansão [com base nas colônias da Nova Inglaterra] que se estendeu sem interrupção ao longo de dois séculos, até que todo o continente fosse ocupado, de um oceano ao outro [...] Com a chegada do navio a vapor e da estrada de ferro, esse movimento, inicialmente britânico, tornou-se pan-europeu, fazendo da América do Norte um crisol, no qual elementos de cada nação europeia foram fundidos na criação de uma nova unidade nacional.[20]

Desse modo, as bases do chamado excepcionalismo norte-americano firmaram-se no século XVIII[21] – num momento coincidente à europeização da Rússia, o que também levou parte dessa cultura cristã em clave ortodoxa às extensas margens da Ásia.[22] Tínhamos assim o início de uma Europa que passava

---

20 Ibidem, p. 96.

21 Ver John D. Wilsey, *American Exceptionalism and Civil Religion – Reassessing the History of an Idea*. InterVarsity Press, 2015.

22 Ver Aleksandr B. Kamenskii, *The Russian Empire in the Eighteenth Century – Searching for a Place in the World*. New York, M. E. Sharpe, 1997. De fato, podemos eleger o ano de 1480 como a data em que a Rússia começou a se europeizar, pois foi quando, finalmente, o povo de "Rus" emancipou-se da Horda de Ouro. "Nesse ano, o príncipe moscovita, Ivã III, parou de pagar tributo à Horda, recusando-se a visitar o Khan em Sarai para receber a sua carta". Ibidem, p. 19. Todavia, foi

a pressionar o império turco e além, numa reversão decisiva à ordem mundial moderna. Foi também o período em que a Companhia de Jesus foi dissolvida, numa derrocada espiritual abrupta diante dos imperativos secularizantes da ordem liberal. Isso se deu na esteira de um movimento maior, assim consolidando também em contexto ibérico o avanço decisivo dos ideais iluministas.[23]

> Ainda mais desastroso para as missões cristãs, tanto as da Ásia quanto as de outros continentes, foi a supressão da ordem dos Jesuítas pelo papado, em 1773, e logo na sequência a Revolução Francesa, o que abalou fortemente o missionarismo católico, durante uma geração.[24]

Avanço e retrocesso ao mesmo tempo, no mesmo processo. Também avançava, na mesma época o domínio britânico sobre o continente indiano[25] "com a decadência do império mugal na Índia continental, criando um vácuo político que foi preenchido pelo poderio econômico-militar da Companhia das Índias Orientais, da qual emergiu o

---

tanto com Pedro, o Grande, como com Catarina II, com as reformas que propuseram e as conquistas que realizaram, que a Rússia realmente europeizou-se e se constituiu como um império.

23 Ver D. Jeffrey Burson e Jonathan Wright (eds.), *The Jesuit Suppression in Global Context – Causes, Events, and Consequences*. Cambridge, Cambridge University Press, 2015.

24 Christopher Dawson, *The Movement of World Revolution*. Washington D.C., The Catholic University of America Press, 2013, p. 98.

25 Ver P. J. Marshal (ed.), *The Oxford History of the British Empire – The Eighteenth Century*. Oxford, Oxford University Press, 2006.

império britânico nessa região",[26] o que acabou por submeter partes significavas dos mercados do Índico e do Pacífico aos interesses britânicos e europeus. Foram esses os fatores que, uma vez conjugados ao longo do século XVIII, trouxeram ao chamado Ocidente uma condição ótima de se sobrepor não somente no plano econômico, mas também no militar e sobretudo no cultural, instalando uma verdadeira "hegemonia ocidental" sobre um mundo que se tornava completamente mapeado. Foi esse o século em que eclodiu a "Revolução Mundial", base histórica desta nossa última seção sobre o pensamento do galês.

Como pensar a História nesse Novo Mundo?

A internacionalização das comunidades de pensamento sob os auspícios do Ocidente ensejou, como não poderia deixar de ser, uma concomitante internacionalização do pensamento histórico. Essa alteração macro no quadro das relações humanas promoveu movimentações largamente caracterizadas pelos fundamentos universalistas do pensamento ocidental. O galês nos lembra de que foi o Ocidente o primeiro a romper com o etnocentrismo, o primeiro conjunto entre as superculturas a tomar consciência dessa arbitrariedade cultural, pois ele próprio fora altamente etnocêntrico. Tratou-se de lento, porém irreversível, processo interno de desenvolvimento de uma consciência histórica ecumênica: a ciência moderna e seu crescente universalismo antropológico foi, a despeito das inúmeras recaídas, o fruto dileto e

26 Christopher Dawson, *The Movement of World Revolution*. Washington D.C., The Catholic University of America Press, 2017, p. 89.

duradouiro desse processo. Tratou-se, não obstante, de uma longa construção, cujos inícios se confundem com a própria formação do Ocidente.

> O desenvolvimento da nova cultura literária do Renascimento e sobretudo do novo conhecimento científico não ficou limitado por fronteiras nacionais e religiosas. Protestantes como Kepler, Leibniz e Newton cooperaram com católicos como Copérnico, Descartes e Galileo na construção do edifício da ciência moderna.[27]

Esse movimento na ordem do pensamento unificaria na sequência – sobretudo por meio do liberalismo e de suas múltiplas ramificações (democráticas ou antidemocráticas) – as classes pensantes e dirigentes dos quatro conjuntos civilizacionais, ainda que em muitos casos estes preservassem parte importante de sua identidade cultural. Tratou-se de um expressivo deslocamento simbólico-cognitivo, suficientemente forte para arrastar em seu movimento todo ecúmeno, amealhando sociedades e nações, uma vez que, agora, definitivamente implicado em âmbitos centrais da vida social dos povos: econômico, intelectual, militar, político e artístico. Esse movimento foi tão vasto e dominante em seu caráter agudamente internacionalizante que chegou a prevenir, segundo Dawson, "algo que, de outra forma, poderia ter ocorrido – a separação da Europa Ocidental em duas culturas distintas e autocontidas, respectivamente católica e protestante, pois ele reabilitou, em certa medida, a base para a reconstituição de [uma nova] unidade espiritual

---

27 Christopher Dawson, *Progress & Religion – An Historical Inquiry*. Washington D.C., The Catholic University of America Press, 2001, p. 148.

da cultura europeia".[28] Essa nova "unidade espiritual" se deu ao cabo de uma agudíssima secularização da vida social, que foi acompanhada por sua vez de um deísmo filosófico bem pronunciado, vinculando a ideia de religião racional e de religião filosófica, uma religião para "esclarecidos" e beletristas: "o deísmo do século XVIII não foi nada mais que um espectro apagado de cristianismo, uma abstração mental dessa religião histórica real."[29] Essa nova "Religião da Natureza", por assim dizer, o paradigma cosmológico da modernidade nascente, formaria os seus profetas, os articuladores intelectuais de um novo movimento.

Dawson inicia o seu *O Movimento da Revolução Mundial* defendendo parte da historiografia europeia contra si mesma; defendendo-a contra uma crítica excessivamente radical ao etnocentrismo, que ela mesma, felizmente, criou, mas que, infelizmente, não soube contemporizar de modo minimamente adequado à preservação de suas bases, jogando fora a água do banho e o bebê. O galês está defendendo a cultura europeia de si mesma, insistindo em sua relevância, mesmo que num mundo pós-colonial e numa ordem internacional pós-Segunda Guerra Mundial, um mundo que seria de fato invadido intelectualmente pela teoria crítica. Sob esse olhar sapiencial, desqualificar radicalmente a historiografia europeia universal poderia significar, em última instância, caso não se tomassem os devidos cuidados, a desqualificação de seus elementos universalizantes – os quais criaram não somente uma crítica fundamentada aos etnocentrismos, mas sobretudo a própria ideia de ciência moderna e afins: "ainda que tivesse um caráter

28 Ibidem, p. 148.

29 Ibidem, p. 149.

heterodoxo e mesmo anticristão, todos os elementos positivos desse novo credo foram derivados da antiga tradição religiosa da cristandade, já que uma civilização não pode se livrar de seu passado da mesma forma que um filósofo descarta uma teoria".[30] A questão, contudo, é saber que essa Europa autodenominada esclarecida disponibilizava ao mundo uma *era dos filósofos*, caracteristicamente avessa aos encadeamentos orgânicos dos processos históricos,[31] pois fascinada por abstrações e ideais, orientada às utopias. Esses são os moinhos ou dragões contra os quais Dawson se lançou em sua aventura pelo conhecimento e pela ciência. Ele não precisava vencê-los – e de fato não podia. Seu papel foi dar um testemunho da verdade, e assim foi.

Temos assim, em exposição sumamente didática, a pedagogia do galês. Ele retoma a história do pensamento europeu diante da história do mundo, para que tanto europeus quanto não europeus se situem melhor e mais adequadamente na narrativa de um processo intrincado, não obstante frágil, de ganhos cognitivos, nos quais foi gerado um ganho universal, mas cuja consolidação na modernidade só foi possível graças a uma cultura religiosa universalista específica, associada a uma civilização específica – a cristandade, esta vocacionada, enquanto comunidade de pensamento milenar, tanto ao ecumenismo

30 Ibidem, p. 149.

31 "Uma religião que governou a vida de um povo por mil anos entra no próprio modo de ser desse povo, moldando seu pensamento e sua sensibilidade. Quando os filósofos do século XVIII tentaram substituir a antiga fé da cristandade por suas novas doutrinas racionalistas, estavam simplesmente abstraindo dessa fé os elementos que haviam entrado tão profundamente em seus próprios pensamentos, que não mais conseguiam identificar a suas origens". Ibidem, p. 149.

quanto à busca da verdade. O galês não faz proselitismo, pois tem em mente outra coisa, dizendo-nos que erradicar a acuidade histórica em nome de uma pretensa reparação é a pior forma de imprimir uma genuína consciência histórica – e não haveria lição mais atual e importante em nossos dias de cancelamentos abjetos, os quais mal mascaram impulsos abertamente tirânicos.

A história da Europa é central ao mundo moderno, foi nela e por ela que a modernidade emergiu e se expandiu; portanto, todos devem estudar a história europeia para que compreendam mais acuradamente o mundo em que vivem. O bom leitor há de compreender que ele não está defendendo os poderes europeus enquanto entidades políticas, mas defendendo uma cultura de pensamento e uma reflexão histórica universais. Ademais, sem essa base, torna-se impossível realizar qualquer crítica minimamente fundamentada à nova ordem civilizacional que essa Europa e o Ocidente impuseram ao mundo.

> A Europa foi a fonte desse movimento de mudança, no qual o mundo todo se encontra hoje envolvido, e é em sua história (europeia) que encontramos a chave para a compreensão das ideologias que hoje dividem este nosso mundo moderno. De fato, deve ser admitido que os próprios historiadores têm uma parcela de responsabilidade na criação dessas ideologias.[32]

Temos um movimento que aos poucos colocou todos os povos sob sua jurisdição mental, inclusive os mais resistentes e tradicionalistas. Os não europeus também adotariam a mensagem da ciência, da filosofia liberal e do pensamento crítico

32 Christopher Dawson, *The Movement of World Revolution*. Washington D.C., The Catholic University of America Press, 2013, p. 16.

que o Ocidente impunha, ainda que em níveis e conotações variados, fomentando uma extensiva – embora sempre parcial, é importante ressaltar – ocidentalização da cultura mundial,[33] na secularização dos mais distintos ordenamentos culturais. A questão primordial passou a ser, portanto, a identificação desses novos conteúdos ocidentalizantes, sublinhando os seus descaminhos internos em relação à cultura em que tiveram origem.

> Aqui a Europa alcançou algo que nunca fora antes feito, porque os gregos, os árabes e mesmo os persas, apesar de demonstrar interesse nas maneiras e costumes dos povos estrangeiros, jamais conseguiram acessar as mentalidades próprias às sociedades que eventualmente estudavam, pois nunca tomaram a cultura dessas sociedades como um todo vivo. Hoje isso se tornou padrão nos estudos antropológicos, mas as suas origens são muito mais antigas e serão encontradas nos estudos dos orientalistas europeus [alcançando os jesuítas].[34]

Perceba o leitor como o historiador galês faz questão de sempre voltar ao pináculo do *universalismo ocidental*, de sua vocação ao conhecimento, de sua abertura espiritual para o

---

33 "Essa nova classe [de progressistas e humanistas não europeus], todavia, composta, especialmente na Índia e no Oriente, por advogados, jornalistas, professores e reitores escolares [...], ficou suspensa, e por um longo período, entre dois mundos distintos – tomada de entusiasmo pela civilização material e pelos ideais democráticos vindos do Ocidente, mas, por outro lado, ainda profundamente ligada à memória de suas antigas tradições culturais". In: Christopher Dawson, *The Movement of World Revolution*. Washington D.C., The Catholic University of America Press, 2013, p. 10.

34 Ibidem, p. 9.

outro, para o estrangeiro, para o gentio, salientando a sua origem nas instituições cristãs e sobretudo no pensamento cristão. O universalismo dos evangelhos e das epístolas apostólicas, juntamente com o universalismo do próprio movimento apostólico original, formam os subsídios de toda essa movimentação imensa. A sua historiografia trava um combate feroz – justíssimo por sinal – contra certo humanismo irreligioso, sobretudo o liberal iluminista, pois esvaziado de sua espiritualidade fundante, vinda do humanismo cristão, em cuja base o Ocidente se tornou uma civilização paradigmática, servindo alternadamente de modelo e de crítica aos demais conjuntos civilizacionais. Estes não desejaram somente o poderio tecnológico, militar e econômico do Ocidente, embora isso fosse central; mas estranharam, temeram e depois passaram a desejar os seus níveis inéditos de prosperidade e de dinamismo social, mesmo que ao preço de tensões permanentes e crescentes com suas tradições imemoriais, de modo que "o movimento de mudança mundial inaugurado pela Europa Ocidental, séculos atrás, foi levado adiante, gerando as mesmas forças intelectuais que mais tarde passaram a hostilizar o Ocidente".[35]

O historiador galês propõe o que hoje se tornou uma obviedade: *a ocidentalização do mundo provocou uma reviravolta contra a sociedade que a tornou possível*. O que era de esperar, considerando-se, em primeiríssimo lugar, a fortíssima divisão interna que inaugurou o processo moderno nos movimentos de reforma protestante e de contrarreforma católica, com base no qual o Ocidente se dividiu e se radicalizou. A secularização da sociedade foi o encaminhamento desejado pela nova comunidade de pensamento diante desse impasse. Esses remédios

35 Ibidem, p. 11.

encontrados – filosóficos, e não religiosos – ajudaram em muito a formar os pressupostos ideológicos do idealismo liberal: a fixação permanente de um cosmopolitismo secularista, materialista e nacionalista, garantidor dos direitos privados de propriedade e de religiosidade da sociedade civil. "Segundo John Locke, o filósofo do *Revolutionary Settlement* [a referência é a Revolução Gloriosa de 1688], o dever fundamental de um governo não é o de defender a fé cristã, mas o de assegurar os direitos de propriedade privada."[36] O galês está nos mostrando que esses eventos intelectuais/morais/espirituais, embora "europeus", tiveram impacto decisivo sobre a história humana, "o Renascimento, a Reforma, a revivescência católica [o movimento barroco], o Iluminismo foram todos movimentos internacionais, embora cada qual devesse muito de sua liderança a um povo em particular".[37] Tanto o Renascimento como a Reforma não poderiam ser apropriadamente explicados em termos políticos ou nacionais.[38] Ele nos incute a necessidade constante de pensar a Europa como cultura e como civilização, e não somente como um conjunto de estados-nações, visando superar os aprisionamentos ideológicos das histórias nacionais e das histórias classistas. O galês intuiu em sua sensibilidade muito própria uma carência epistemológica colossal, uma vez que gerada nessa lacuna, nesse afastamento deliberado para com um conhecimento integrado; uma carência que fora politicamente solidificada na ausência de uma historiografia

---

36 Christopher Dawson, *Progress & Religion – An Historical Inquiry*. Washington D.C., The Catholic University of America Press, 2001, p. 148.

37 Christopher Dawson, *The Movement of World Revolution*. Washington D.C., The Catholic University of America Press, 2013, p. 22.

38 Ibidem, p. 23.

antropológica decisivamente cultural. Essa carência expressiva, notadamente presente na época em que viveu, foi um dos grandes responsáveis pelos desastres político-ideológicos que a sua geração testemunhou.

A revolução cultural que se abateu sobre a continente europeu, mantenedora da modernidade, teria de ser compreendida em seus termos transnacionais. Houve uma alteração crescente na ordem das mentalidades, na ordem do psiquismo coletivo, na ordem dos símbolos e dos valores, transfigurando todo o cenário social, inclusive o econômico. Ao contrário do pensamento marxista, a historiografia do galês faz desses os elementos essencialmente dinamizadores das transformações sociais. A ordens política e econômica servem a esses elementos, não o contrário. É por esse motivo que denominamos a sua historiografia de espiritualista – um espiritualismo histórico, em contraposição à historiografia do materialismo histórico.

Como bem sabemos, não há uma negação da matéria enquanto elemento formador, e sob determinados aspectos o galês recorreu ao materialismo histórico em suas explicações sobre a origem das culturas, conforme vimos. No entanto ao colocar a comunidade de pensamento como fator decisivo de mudança cultural (embora não o único), e tão mais decisivo conforme uma sociedade se intelectualiza e se sofistica tecnológica e filosoficamente, o seu modelo explicativo modela as dinâmicas da história em suas alterações mais expressivas, conforme os padrões psíquicos e mentais das sociedades humanas, nos quais se criam necessidades, entendimentos, imaginários, valores e sensibilidades. *É sempre uma questão relacional entre o material e o imaterial*, entre cultura e natureza – ou romanticamente entre corpo e alma. A mente se vincula à matéria, faz uso desta, em jogos infinitos de reciprocidade: criamos coisas e estas coisas criam novas necessidades, enredando-nos em conjuntos gigantescos de cultura material e de repertório mental.[39] No entanto, o *fator criativo*, a mente ou consciência inteligente, é determinante em relação aos processos relacionais de transformação. Ademais e não sem certa ironia dramática esse modelo dawsoniano se torna visivelmente mais apto a elucidar, historicamente, não somente os movimentos revolucionários, mas, sobretudo, a formação intelectual desses movimentos.

O despertar de uma "consciência de classe" foi um fenômeno, em primeira instância, sobejamente intelectual, nascido, criado e formado nos setores economicamente intermediários e altamente intelectualizados de uma sociedade específica. Ou seja, não nasceu das classes populares, não foi um produto espontâneo delas, como todos sabem, inclusive os marxistas. A questão fundamental na ordem das grandes transformações culturais assume um caráter fortemente ligado aos anseios psíquicos, às motivações internas e, consequentemente, ao processo educacional. Do ponto de vista civilizacional, bem antes da fábrica, temos certamente escolas; antes da fazenda, templos. A bem da verdade, os partidos revolucionários sempre souberam disso, sua elite intelectual – o próprio movimento revolucionário – nunca poupou esforços doutrinários os mais diversos, neles investindo boa parte de suas energias. Consequentemente, para além das nações, de seus partidos e facções, de suas classes sociais e lideranças políticas, de sua conformação econômica, temos a cultura dominante, seus símbolos e valores, e sobretudo a transmissão continuada (ou não) dessas coisas. Não há como acessar a história do modo genuinamente compreensivo sem o enfoque primeiro no cultural.

---

39 Ver Ian Hodder, *Entangled – An Archaeology of the Relationship Between Humans and Things*. Willey-Blackwell, 2012.

> A Igreja Católica foi a forma na qual todos os diversos elementos sociais das sociedades ocidentais foram reunidos e fundidos, formando uma unidade cultural. Isso deu aos povos do Ocidente não somente uma fé comum, mas uma educação intelectual comum, uma ética comum, um sistema organizacional comum. Tecnicamente, tratou-se de uma organização eclesiástica que entrou em cada aspecto da vida social, mostrando-se, de modos variados, mais forte e mais eficiente que a nascente organização política dos estados europeus.[40]

Isso nos ilumina dois pontos importantíssimos. Primeiro, transformações institucionais prefiguram mudanças em escala social na composição de alterações no âmbito das ideias,[41] principalmente quando difundidas por instituições de fato significativas do ponto de vista formativo (espiritual, doutrinal, técnico); segundo, o galês endossa a altíssima estatura civilizacional da cristandade, indiscutível genitora da civilização moderna, indicando-nos uma reflexão realmente cuidadosa sobre a necessidade de repensar a Europa, o Ocidente e a própria modernidade – em outros termos, reconsiderando a sua base formativa numa religião universal e viva, o cristianismo. Sem dúvida que se trata de uma historiografia reconciliadora nos termos profundos de uma civilização cristã novamente reunida em sua cultura espiritual/religiosa (e, talvez, expandida), algo marcadamente avesso às rupturas revolucionárias em geral violentas e criminosas. A bem da verdade, a modernidade foi

40 Christopher Dawson, *The Movement of World Revolution*. Washington D.C., The Catholic University of America Press, 2013, p. 23.

41 Ver Maurício G. Righi, *Pré-História & História – As instituições e as ideias em seus fundamentos religiosos*. São Paulo, É Realizações, 2017.

descristianizando parte expressiva da cultura ocidental – conduzindo um processo intelectual que foi visto, internamente pela classe pensante, como uma libertação há muito desejada. Ao assumir o controle e a orientação da educação para a formação de seus cidadãos, essa cosmologia moderna criou um novo homem e uma nova mulher; algo do qual somos herdeiros. Tratou-se, no entanto, e aqui enfatizamos como algo importantíssimo, de uma movimentação cultural/civilizacional que arrastou as mais distintas sociedades do mundo, conquistando mentes e corações de suas elites intelectuais.

> Parece-me impossível evitar a conclusão de que a nova Ásia e a nova África que hoje emergem com tamanha volúpia revolucionária não representam simplesmente a reação da cultura asiática ou africana contra a influência de uma civilização estrangeira [europeia], mas o contrário, representam a extensão completa da civilização ocidental e de sua ordem internacional sobre o mundo não europeu.[42]

Ao escrever *O Movimento da Revolução Mundial* – um livro publicado em 1959, e que nos serve, por enquanto, de base reflexiva de sua historiografia –, o galês reforçava a existência e a permanência de duas opções cosmológicas às sociedades do mundo, independentemente de sua localização geográfica: o liberalismo e o comunismo (e as tentativas de conjuga-los), ambos os sistemas ocidentais, ambos derivados do mesmo tronco ideológico-filosófico, ambos geralmente amparados pela forma tipicamente europeia de Estado nacionalista, moderno,

42 Christopher Dawson, *The Movement of World Revolution*. Washington D.C., The Catholic University of America Press, 2013, p. 13.

progressista, secularista e altamente burocratizado. Tamanha uniformização teve como elemento sumamente decisivo a internacionalização da educação ocidental e a ampliação irrestrita de seus canais de divulgação na imprensa e mídia, nas relações internacionais de comércio, na ciência e na diplomacia.

> A nova ordem asiática resulta do trabalho das novas classes que foram criadas tanto pela educação ocidental quanto pela ordem econômica ocidental, e têm muito mais aspectos em comum com seus pares na Europa e na América – com seus professores e jornalistas, com seus empresários, seus políticos e seus advogados – do que têm de fato com sacerdotes, príncipes e camponeses, que ainda são os representantes autênticos da tradição cultural asiática.[43]

Esse aparelhamento das sociedades pela ordem liberal cosmopolita ocidental, gestado e difundido nos grandes centros econômicos europeus e norte-americanos, desconfigurou – e, depois, reconfigurou – enormemente o universo social em âmbito planetário, outrora dominado por culturas religiosamente distintas, em cujo tempero espiritual os povos eram preparados. Conforme anunciada em outros momentos, *essa historiografia nos ilumina uma tensão permanente entre civilização e cultura*, cujos frutos mais promissores, no que seria a humanização crescente da existência em contextos culturais diversos, implicando uma possível elevação ética de seus ordenamentos sociais, podem vir a apodrecer sempre que um dos lados sofrer hipertrofia institucional, atrofiando o outro. Uma cultura hipertrofiada, um modelo espartano de sociedade, por exemplo,

43 Ibidem, p. 14.

cristaliza-se rapidamente, obstruindo desenvolvimentos exógenos promissores e mesmo necessários; por outro lado, uma civilização hipertrofiada, como é o caso do sistema globalista secularista, dissocia o ser humano de suas relações naturais e orgânicas com a cultura natal, alienando-o espiritualmente. A orientação que essa historiografia nos oferece, todavia, não é (e não poderia ser) um ponto médio entre civilização e cultura, e aqui reforçamos que o pensamento de Dawson é eminentemente histórico, não filosófico. Haveria a reafirmação constante de uma civilização consagrada *pela história* em seus frutos culturais mais exuberantes, destacando-se o pensamento, a arte e a espiritualidade. Sem o teste do tempo em longos períodos formativos não há modelo real de sociedade. Dawson foi um anti utópico em tempo integral; interessava-lhe somente o que fora historicamente construído; logo a sua orientação não é um ponto médio, mas a restauração permamente de uma cristandade católica profundamente integrada em seu tempo.

Trata-se de um pensamento que jamais abandona o seu motivo condutor – qual seja, o de uma cristandade renovada, espiritualmente condicionada às reformas que os novos tempos exigem, mas sempre no sentido de reatar os laços criativos das pessoas com a sua cultura, com o seu modo específico (e criativo) de ser, recriando-o organicamente. Algo que a civilização cristã fez em profusão em momento diversos, fosse em seu período clássico-patrístico, fosse em seu período gótico, fosse em seu período barroco. Novamente não se trata de "voltar ao passado", seja lá o que isso realmente signifique em termos factíveis, mas de reatar os conteúdos e as formas da civilização presente com as suas fontes criativas, como o seu nascedouro originário no cristianismo. O problema é que esse reatamento foi obstruído pelas instituições de ensino e de divulgação cultural e política ocidentalizantes, no âmbito de um secularismo cioso de suas prerrogativas filosóficas. Esse cenário facilitou, enormemente, a instalação de uma uniformidade ideológica praticamente internacional, uma vez que

> até mesmo na área da educação, na qual as muitas realizações das culturas antigas foram notáveis, houve um completo rompimento com o passado. Na Índia, por exemplo, o modelo ocidental de educação foi firmemente estabelecido muito antes da chegada da independência. Assim e por toda a parte, os povos asiáticos, seja na esfera da educação, da tecnologia ou da economia, passaram a se modelar no Ocidente moderno, em vez de seguirem os seus modelos tradicionais.[44]

Assim se deu nos quatro cantos do outrora mundo colonial. Desacorrentaram os coloniais de suas argolas, afastaram-nos de suas cangas, vestindo-os (ao menos os considerados afortunados) com paletó, gravata e chapéu, encerrando-os em escritórios das 9h00 às 18h00, catequizando-os no credo materialista da república do progresso; mas cujo peso simbólico-cognitivo foi simplesmente esmagador, uma formidável máquina de aculturamento contra a qual nenhuma quantidade de algemas e de correntes poderia jamais competir. Finalmente a modernidade cumpria a sua promessa e criava o bom selvagem: cívico, responsável e limpo; enfim, um cidadão ao preço de sua ancestralidade.

É claro que houve benefícios significativos nesse estado de coisas, e a historiografia do galês, conforme visto e comentado, não os nega.[45] A sua análise é suficientemente

44 Ibidem, p. 14-15.

45 "Trata-se sobretudo da criação de uma esfera ampliada de comunicação humana e que, por final, abarcará todo o mundo". Ibidem, p. 17. Nesse caso, como

honesta para aceitar o atual estado das coisas – não idealiza o passado –, mas permanece suficientemente passional para abrasar os laços civilizacionais com suas fontes criativas na cultura autóctone e na espiritualidade fundante. Com efeito, uma excessiva uniformidade civilizacional não produzirá bons frutos no longo prazo, não obstante o seu curso avançado em nossa história contemporânea, mas que hoje volta a fazer água com a inevitável chegada de profundas divisões na ordem internacional. E assim o galês diagnosticava o estado de coisas na década de 1950:

> [Apesar da polarização ideológica entre o Ocidente capitalista e o Comunismo], parecia que o mundo todo, considerando o Oriente e o Ocidente, movia-se por duas estradas distintas, mas em direção ao mesmo destino – em direção a uma civilização mundial comum, baseada na ciência, na tecnologia, na social-democracia e na educação popular. Todavia, em vez de conduzir as nações a um destino comum, esse processo parece as estar levando, na verdade, aos isolamentos belicosos e à destruição da própria civilização, por meio da intensificação das rivalidades ideológicas e dos conflitos entre facções políticas.[46]

O excerto acima seria suficiente para explicar por que Dawson ainda é editado e reimpresso em nossos dias, em idiomas diversos. Divulga-se um descarrilamento da civilização ocidental, o que implica em termos práticos um descarrilamento civilizacional em sua atual configuração mundial. Todavia,

---

em tantos outros, Dawson não poderia ter sido mais profético.

46 Ibidem, p. 15.

tratamos aqui do pensamento histórico, o que sempre nos obriga a retornar aos antecedentes, aos chamados processos formativos. Por vezes, o historiador galês parece incorporar um profeta que anuncia as faltas graves de seu mundo e sua iminente punição; mas o seu profetismo é reflexivo, tipicamente pós-evento, nada pretende para si mesmo, exceto a elucidação histórico-antropológica do atual estado de coisas a quem tiver ouvidos para ouvir e olhos para ler. Por outro lado, a *intelligentsia* moderna também teve (e ainda tem) os seus profetas, embora de outro tipo e matiz, nos quais a reflexão restauradora da verdade deu e ainda dá lugar ao anseio fanático de criar um mundo para si mesmo – uma utopia, um mundo à imagem e semelhança de criaturas soberbas e autoritárias, um mundo sem respeito pelo passado, absolutamente absorvido no desejo prometeico de revolucionar. Há toda uma linhagem desses senhores.

Os profetas de nenhures

Sob aspectos múltiplos, obra e pensamento de Christopher Dawson podem ser vistos como monumento crítico à cosmologia concebida por Jean-Jacques Rousseau, provavelmente o mais impactante entre os *philosophes*, por conta de sua obra intelectualmente refinada e do pensamento abrasador que incute. É importante ressaltar que, desde o início, o historiador galês fala de um Iluminismo francês, o dos *philosophes,* nos termos específicos de um descaminho não somente cognitivo, mas sobretudo espiritual – "a última das grandes heresias europeias"[47], "uma filosofia moral destituída de disciplina es-

---

47 Christopher Dawson, *Progress & Religion – An Historical Inquiry.* Washington D.C., The Catholic University of America Press, 2001, p. 151.

piritual e dos elementos transcendentais"[48] –, distinguindo-o como um movimento característico, sensivelmente diferente do Iluminismo britânico, por exemplo. Essa apreensão de iluminismo(s) marcadamente distintos, ainda que obviamente reunidos em certos aspectos, e que passou a ser defendida, recentemente, por historiadores de primeiríssima linha como Gertrude Hilmmelfarb[49] e John A. Pocock[50], nos é significativa, antecipando o que Dawson chamará de *Religião Política, Pseudorreligião, Religião Pública, Religião Secular,* práticas que constituem "uma ofensa tanto à religião quanto à política"[51] Em sua tese Joseph Stuart nos lembra de que

---

48 Ibidem, p. 149.

49 Ver Gertrude Himmelfarb, *Os Caminhos para a modernidade – os iluminismos britânico, francês e americano.* Trad. Gabriel Ferreira da Silva. São Paulo, É Realizações, 2011.

50 Ver J. G. A. Pocock, *Barbarism and Religion (vol I) – The Enlightenment of Edward Gibbon 1737 – 1764.* Cambridge University Press, 2000. Ademais, uma das teses centrais de Pocock, nessa sua obra monumental, é a de que Gibbon foi sim um iluminista, mas nunca um *philosophes,* sublinhando um Iluminismo próprio, um entendimento que se faz presente, embora de modo infinitamente mais suscinto, em Dawson: "Gibbon não foi discípulo de Voltaire e dos enciclopedistas, mas sim de seus percussores, os exilados protestantes como Bayle e Leclerc. Os primeiros sempre o chocaram pelo desprezo que dirigiam à erudição e pela preferência que davam às generalizações filosóficas e não aos fatos históricos." In: Christopher Dawson, *Dinâmicas da História do Mundo,* op. cit., p. 455.

51 "A Religião Política [*Political Religion*] é uma ofensa tanto à religião quanto à política: toma de César o que lhe pertence, ao mesmo tempo que abarrota o santuário com o barulho e a poeira do mercado." In: Christopher Dawson, *Religion and the Modern State.* New York, Sheed & Ward, 1938, p. 122-23.

se trata de uma discussão que se sustenta no entendimento que Dawson tem de religião como algo inerentemente conectado à cultura humana, na impossibilidade de as separarmos, historicamente, porque [citando Dawson] "religião não é, como creram os racionalistas dos dois últimos séculos, um fenômeno secundário, que surgiu da exploração da credulidade humana, mas é algo que se localiza no centro mesmo de nossa consciência enquanto humanos".[52]

Abordamos esse tema nas seções anteriores. Todavia, temos agora um novo embate, uma nova linha de frente, em cujas trincheiras uma ideologia deísta e abstracionista começou a bombardear sistematicamente a antiga fé, tomando-a, ao fim e ao cabo, como uma "exploração da credulidade humana", como impedimento ao pleno desenvolvimento da Razão entre outras locuções filosofantes. Ao tomar a escatologia cristã como inimiga número um da civilização, esses profetas de nenhures pouco puderam realmente criar – uma vez que eram culturalmente cristãos –, senão substituir o perdão pela virtude cívica, a caridade pelo ativismo social, a fé no mundo espiritual pelo progresso material indefinido, a virtude ética pelo virtuosismo técnico, a ascese pela disciplina de trabalho, o conhecimento salvífico pelo conhecimento científico, o amor ágape pelo amor romântico e assim vai, numa lista de emulações existencialmente fracassadas, verdadeiro duplo invertido ou cópia deformada de elementos tipicamente cristãos.

---

52 Joseph T. Stuart, Christopher Dawson in Context: "A Study in British Intellectual History Between the World Wars". Edinburgh, University of Edinburgh, *Ph.D. Thesis*, 2009. In: Christopher Dawson (apud., *The Judgment of the Nations*, 1942, p. 94-95).

O historiador galês recupera a linhagem desses profetas da modernidade, mostrando-nos suas origens nos próprios quadros eclesiásticos,[53] o que reforça a sua tese de se tratar, no fundo, de uma heresia cristã, a última e mais letal. A montagem desse aparato filosófico altamente sedutor teve como efeito duradouro a justificação moral para a instalação de governos centralizadores: os senhores da vida social, os representantes exclusivos do bem-estar público. Era essa uma tendência já ostensivamente confirmada na Inglaterra tudoriana, mas que se tornaria universal, revolucionariamente atuante, na autoproclamação do Iluminismo francês como pináculo civilizatório.

> E essa doutrina se tornou a concepção reinante da nova era, uma vez que o Deus dos deístas nada mais era que uma pálida abstração, mero *deus ex machina*, da crença no

---

53 "Essas ideias, que estão na raiz do movimento dos *philosophes*, encontravam-se completamente formuladas muito antes de a propaganda enciclopedista prosperar, e em total acordo com aquilo que disse a respeito das origens desse círculo de ideias, o seu autor seria um padre – os primeiros dessa longa linhagem de clérigos céticos e reformadores tais como Mably, Condillac, Morelly, Raynal e Sieyès, os quais representaram como ninguém o Esclarecimento. O abade de Saint Pierre, por exemplo, em razão de sua mente fértil, foi a origem da maioria dos projetos que seriam, nos dois séculos seguintes, executados ou divulgados pelos liberais: arbítrio internacional, abolição da guerra, educação livre, reforma na educação das mulheres, imposto de renda graduado, abolição da pobreza, utilização social dos sermões, etc. Todavia, a sua doutrina fundamental foi 'o aumento perpétuo e ilimitado da razão universal', que haveria de produzir, inevitavelmente, o estabelecimento do paraíso na terra." In: Christopher Dawson, *Progress & Religion – An Historical Inquiry*. Washington D.C., The Catholic University of America Press, 2001, p. 149-50.

Progresso, que, por sua vez, tornara-se um ideal capaz de precipitar emoções potentes, fazendo emergir um genuíno entusiasmo religioso. Isso não se limitou aos seguidores do racionalismo filosófico francês, desempenhando um papel igualmente importante na formação do idealismo alemão e no liberalismo utilitarista britânico.[54]

Todo esse arcabouço em estado de fervura cosmológica foi, então, caracteristicamente temperado no "idealismo social" de Rousseau, o maior entre os profetas esclarecidos, cuja obra "excitou um enorme entusiasmo e fanatismo nas mentes de seus seguidores"[55], preparando a mente e o coração dos ocidentais em avançado processo de secularização, "para a chegada [em definitivo] da nova ordem. Essa concretização ocorreu por influência de Rousseau, este forneceu uma dinâmica necessária, inequivocamente advinda da convicção e do entusiasmo religiosos",[56] embalando de zelo e furor o nascente movimento revolucionário.

> Dessa forma a Revolução Francesa não foi tanto uma revolta contra o desgoverno e a opressão, pois foi, muito mais, uma tentativa de restaurar a unidade da sociedade europeia sob o fundamento dessas novas ideias. Não somente na França como também em todo país europeu que absorvera as ideias de Rousseau, apareceu uma resposta de apoio [...] Pois os revolucionários não se limitaram às reformas políticas, tais como

---

54 Christopher Dawson, *Progress & Religion – An Historical Inquiry*. Washington D.C., The Catholic University of America Press, 2001, p. 150.

55 Ibidem, p. 152.

56 Ibidem, p. 152.

> o estabelecimento de uma nova constituição e um novo código legal, mas aspiraram remodelar a sociedade desde as suas fundações [...] As doutrinas de Rousseau tornaram-se o dogma do novo estado revolucionário, foram cercadas por ritos oficiais e por celebrações, culminando na solene celebração robespierriana do Ser Supremo.[57]

Num livro primoroso sobre o coração da filosofia de Rousseau,[58] escrito pelo teólogo, filósofo e professor de literatura Jeremiah Alberg, temos uma apresentação à obra escrita por René Girard, na qual o teórico francês diz:

> Na segunda metade do século XVIII, havia um novo conjunto de emoções e paixões na Europa Ocidental, que nenhum escritor ainda tinha expressado plenamente. Eram as emoções e paixões da classe média em formação, e, ao transformá-las em literatura sentimental, Rousseau as tornou ainda mais modernas do que já eram. Em toda a França e Europa, inúmeros leitores perceberam que somente Rousseau havia compreendido sua sensibilidade, e ele foi desse modo idolatrado por isso. Sozinho, Rousseau representou uma nova era literária, talvez a última antes da Revolução Francesa, e ela logo passou a ser chamada de era da sensibilidade.[59]

As emoções e paixões dessa classe média nascente liderada por advogados, os seus desejos latentes, embora ainda não

57 Ibidem, p. 153.

58 J. Alberg, A *Reinterpretation of Rousseau: A Religious System*. London, Palgrave Macmillan, 2007.

59 Ibidem, p. 6.

houvesse uma consciência de si mesma enquanto classe média,[60] formaram o cadinho ideológico do posterior movimento revolucionário: foi essa comunidade de pensamento em sua religiosidade (ou pseudorreligiosidade) própria, em sua nova cosmologia "esclarecida", que de fato orquestrou a revolução. Não se tratou exatamente de uma revolução burguesa, com motivações tipicamente classistas, como certa historiografia tende a insistir, mas, em seu fundo, de um movimento de ruptura cosmológica, *mediado por uma classe intelectual nascente* e vigorosa, altamente ciosa tanto de representatividade política – ou seja, de poder administrativo e legislativo – quanto de prestígio social, de status e de estabilidade financeira por meio de bons cargos públicos. Desejavam o formidável Estado moderno para si, e assim o tomaram de assalto; mas não antes de se justificar cosmologicamente e mesmo teologicamente. Coube a Jean-Jacques Rousseau esse papel, o de profeta primeiro da modernidade, uma vez que foi preciso fundamentar a nova sociedade e seu cidadão exemplar numa cosmologia renovada em princípios outros de ordenamento social, mas que se constituíram como tributários, embora ingratos, da ordem cristã, pois foram "nada mais que uma versão secularizada da tradicional visão cristã. A modernidade herdava do cristianismo sua crença na unidade da história e sua fé num propósito espiritual e moral, conferindo significado ao processo histórico".[61] Tratou-se, portanto, de uma "nova" ética,[62] arrancada e

60 Ver Gary Kates (ed.), *The French Revolution – Recent Debates and New Controversies*. New York, Routledge, 2006.

61 Christopher Dawson, *Dinâmicas da História do Mundo*, op. cit., p. 357.

62 "Mas, neste caso, o esclarecimento não era nada menos que uma nova revelação, e, para que pudesse triunfar, era necessário que os novos crentes se

usurpada de um prodigioso tronco vivo – mas sem enxerto ou replantio, pois o que se deu foi uma apropriação para a clonagem de outra semente, na formação de algo deveras distinto, o que pressupôs uma nova teologia: é isso que Rousseau nos apresenta fundamentalmente em seus escritos, um novo sistema religioso, um sistema de crença.

> A revelação de Rousseau foi seguida por uma série de outras revelações subsequentes – idealistas, positivistas e socialistas –, todas com seus profetas e suas igrejas. Dessas, hoje, apenas a revelação marxista sobrevive, graças, sobretudo, à eficiência superior de sua organização eclesiástica e apostólica. Nenhuma dessas religiões seculares tem sido mais insistente em seu caráter puramente científico e não religioso que o marxismo. Ainda assim, nenhuma outra fez maior uso dos elementos messiânicos das tradições históricas cristãs e judaicas.[63]

Constatemos, portanto, em primeiríssimo lugar, quanto Rousseau foi um sujeito de inteligência excepcional, pois seu sistema é deveras refinado e relativamente extenso, sensivelmente mais elaborado do que críticos incautos costumam perceber. Conforme adiantado por nós, o professor Jeremiah Alberg, em seu *A Reinterpretation of Rousseau: A Religious System*, nos mostra como o genebrino contemplou questões teológicas centrais ao dogma cristão, rejeitando-as *a priori*, antes de montar o seu sistema de sociedade baseado nessa contraposição, de

---

organizassem numa nova igreja. Ela receberia o nome de escola de filósofos ou de sociedade secreta dos *Illuminati* ou dos maçons, ou de *um partido político* [grifo meu]". Ibidem, p. 357.

63 Ibidem, p. 357-58.

fato sustentado fundamentalmente nessas rejeições, caracterizando-se, portanto, em primeira e últimas instâncias, como sistema pseudorreligioso.

Não temos o propósito de resenhar o livro de Alberg; mas seria bom, valendo-se das conclusões de Alberg, apontar o polo magnético do sistema religioso de Rousseau. Com efeito, a cosmologia rousseauniana aponta para um norte: *a abolição da necessidade do perdão*, da qual decorre uma rejeição completa e irrestrita do dogma do pecado original, aspecto decisivo que o filósofo germânico Ernst Cassirer também notou como fator central[64] às construções teóricas do genebrino. Realmente, mesmo que tenha aceitado "a velha luta pela 'justificação de Deus', contra filosofia de seu século, cortando as relações com os enciclopedistas, como Holbach e seu círculo",[65] Rousseau não podia aceitar o dogma do pecado original – em parte por não discerni-lo, corretamente, mas em parte também por compreendê-lo muito bem, fechando-se, existencialmente, ao perdão, e escandalizando-se com o Cristo crucificado, fonte irrestrita (e incomensurável) de misericórdia, matéria sobre a qual o apóstolo Paulo discorreu com precisão cirúrgica em sua Epístola aos Coríntios.[66]

---

64 "O que levou Rousseau, com todo o seu *patos* profundo e autêntico, a separar-se definitivamente de todas as formas de fé tradicionais foi a firmeza com a qual rejeitou toda a ideia de uma culpabilidade original. Neste caso não era possível haver nem acordo nem reconciliação, pois nos séculos XVII e XVIII, o dogma do pecado original é o ponto principal e central das doutrinas católica e protestante". In: Ernst Cassirer, *A Questão Jean-Jacques Rousseau*. São Paulo, Editora Unesp, 1997, p. 72.

65 Ibidem, p. 72.

66 "nós, porém, anunciamos Cristo crucificado, que para os judeus é escândalo, para os gentios é loucura [...] Pois o que é loucura de Deus é mais sábio do

Temos uma questão teológica fundamental, sobre a qual falaremos apenas brevemente. Ao ler a obra do genebrino em clave teológico-cristológica, o professor Alberg percebeu que as doutrinas da bondade natural[67] e do estado de natureza, ambas centrais ao pensamento de Rousseau, dependiam estruturalmente de uma negação deliberada do pecado original. Desse modo, longe de serem constatações antropológicas – e Rousseau nunca escondeu que estava idealizando, nunca escondeu que não estava discorrendo sobre fatos e testemunhos –, o que temos são doutrinas derivativas de uma negação fundamental. Ele não podia aceitar que a salvação ou redenção dos homens dependesse de um exercício constante e ampliado no perdão, assim reconhecendo que "a doutrina do pecado original se tornou conhecida por meio de reflexões soteriológicas",[68] *e somente por meio destas foi possível intuí-la.*[69] Rousseau também pensava teologicamente as coisas, pois nunca foi um tolo.

Fora desse reconhecimento teológico, de que o perdão é fonte primeira e inalienável de nosso conhecimento cristão sobre o pecado, seria impossível aceitar a doutrina do pecado original. Rousseau, tomado de cegueira espiritual, escandalizou-se com o perdão universal da Cruz, o

---

que os homens, e o que é fraqueza de Deus é mais forte do que os homens." In: (1 Coríntios 1,23,24.).

67 "Não há perversão original no coração humano. Nele não se encontra um vício sequer, do qual se possa dizer como e quando foi introduzido" In: Jean-Jacques Rousseau, *Emílio ou Da Educação*. Rio de Janeiro, Editora Bertrand, 1992.

68 J. Alberg, *A Reinterpretation of Rousseau: A Religious System*. London, Palgrave Macmillan, 2007.

69 Haja vista que não há doutrina do pecado *original* no judaísmo, embora exista o conceito de pecado, obviamente.

que o impediu de perceber que não se tratava de imputar culpa (quase sempre justificada contra os nossos desafetos; quase sempre injustificada contra nós e nossos amigos), de que não se tratava de movimento reativo; pelo contrário, tratava-se do movimento eminentemente criativo: perdoar sempre, percebendo que somos irmãos convocados a nos perdoar mutuamente o tempo todo. Temos, nessa visão, um entendimento que toma o pecado original menos como uma queda e mais como uma condição universal de aprendizado, tomando-o como algo a ser esvaziado no exercício do perdão, via anterioridade do perdão (que ilumina o pecado), algo sobre o qual temos consciência crescente, tão mais forte quanto mais nos dedicarmos à prática constante do perdão – o que torna o pecado obsoleto e verificável. Ou seja, o pecado original *não é uma acusação contra a humanidade*, como, infelizmente, muitos tendem a considerá-lo, sobretudo religiosos ignorantes e filósofos como o genebrino. Trata-se de reconhecer a nossa dependência estrutural do perdão, uma vez que tendemos, imemorialmente, à autojustificação rotineira de nós mesmos; o que também significa que tendemos à acusação rotineira dos outros. Somente o perdão quebra esse ciclo vicioso, revelando à consciência o seu estado acusatório permanente, revelando-lhe a mentalidade fundamentalmente acusatória, mas que precisa ser resgatada pelo perdão. Em clave cristológica, humanizar-se implica inclinar-se ao perdão. "A remoção do *perdão do pecado* implica a remoção da luz, por meio da qual alguém percebe o que é o pecado";[70] de modo inverso, porém complementar, "onde

70 J. Alberg, *A Reinterpretation of Rousseau: A Religious System*. Palgrave Macmillan, 2007, p. 20.

não há perdão, não há pecado".[71] Quando compreendemos realmente a fundo o sistema rousseauniano, cujo desenlace é a proposta de criar uma sociedade sem a necessidade de *caritas*, fundamentada em contrato e virtuosismo civil – ou seja, em reconciliações sem perdão –, mas que no fundo recompõe algo mais específico: a restauração engenhosa, não obstante sórdida, do sagrado violento no seio de uma cosmologia rompida com o cristianismo, embora disfarçadamente. Temos aqui a criação de uma heresia ou de uma pseudorreligião, uma religião política.

Colocando a coisa em nível mais próximo, conforme perdoamos alguém que nos tenha feito um mal, mais abrimos um bem-vindo espaço em nossa consciência para um arrependimento genuíno, acolhendo, portanto, uma reconciliação genuína, ocorra ela ou não em nível concreto. Por outro lado, quanto mais acusamos, mais incitamos a reação do outro em sentido contrário. Esse outro vai, então, se justificar e também nos acusar,[72] mesmo que, em termos práticos, adotemos

---

71 Ibidem, p. 21.

72 Esse ambiente hostil, no qual ninguém perdoa e ninguém é perdoado, onde imperam a troca de ofensas e uma concomitante escalada de pessoas escandalizadas/indignadas (sempre com os outros, é claro), vinculou-se ao universo das redes digitais. Lembro-me de um sujeito, um "rousseauniano" em sua visão de mundo, que disse que voltava à cena dos debates, após envolver-se em escândalos públicos (e ele chegou a ser preso), pelo dever cívico que tinha em relação à correta educação das pessoas, mas que não queria ser perdoado, pois simplesmente não acreditava no perdão – ele queria somente expulsar "os maus", acusando-os ininterruptamente do que eram: "fascistas" (leia-se, conservadores e tradicionalistas em geral). Se vivo ainda fosse, Rousseau, talvez, chamasse esse sujeito de "Mon cher, Emile".

armistícios e contemporizações sazonais, quando surgirem interesses comuns para fazê-lo – e assim colocando todo esse "lixo" debaixo do tapete, disfarçando-o com hipocrisia, cinismo, sarcasmo, pactos, contratos e acordos. No primeiro temos a linguagem do Cristo: perdão, reconciliação e criação, ou seja, uma resolução verdadeira; no segundo, a linguagem do mundo: guerra, diplomacia e *contrato*, ou seja, paliativos que tendem a agravar futuramente o problema, gerando litígios futuros ainda mais críticos.[73]

> A revelação – a revelação da misericórdia de Deus em Cristo – de fato mostra o pecado, à medida que esse pecado deixa de existir.[74] Mas não há como ter acesso a essa realidade do pecado fora do seu perdão. *O pecado original não pode explicar seu próprio princípio* [como bem notou Rousseau] – e não deveríamos esperar que o fizesse.[75]

Fora dessa perspectiva revelada na Cruz, restam somente dois passos a serem adotados; (1) rever a manutenção de um ciclo interminável de acusações mútuas, de agravamento dos ressentimentos e das queixas, do qual Rousseau como o filósofo

73 Ver Maurício G. Righi, "Makrothymía e Anoches: Comentários sobre (In) tolerância em Perspectiva Mimética". In: *REVER – Revista de Estudos da Religião* (PUC-SP). Ano 17, n. 3, 2017, p. 43-58.

74 "Novamente, tal como o teólogo James Alison afirma tão bem, 'o pecado original foi descoberto quando passou a ser possível abandoná-lo'". Ibidem apud. James Alison, *O Pecado Original à Luz da Ressurreição – A Alegria de descobrir-se equivocado*. São Paulo, É Realizações, 2011.

75 J. Alberg, *A Reinterpretation of Rousseau: A Religious System*. Palgrave Macmillan, 2007.

de uma sociedade justa quer obviamente se libertar, livrando-se, consequentemente, dos expurgos violentos, geralmente expressos em guerras civis; (2) a anulação da necessidade do perdão entre homens educados para a vida cívica, homens exemplarmente virtuosos, que o genebrino então adota com entusiasmo pedagógico. Em suas correspondências com o bispo De Beaumont, ele afirma que "o princípio fundamental de toda a moralidade que tenho debatido em todos os meus escritos e desenvolvido no mais recente [*Emílio*], fazendo-o com toda a clareza de que fui capaz, é de que o homem é um ser bom por natureza, que ama a justiça e a ordem, pois não há perversidade original no coração humano, de que os primeiros movimentos da natureza são sempre justos"[76]. No caso, *o genebrino não está interessado em esclarecer como as coisas são, mas como devem ser*, desde que os seus princípios (na verdade, as suas conclusões) sejam compreendidos e aceitos. Ao dizer que o homem ama naturalmente "a justiça e a ordem", ele está dizendo como a sociedade deve funcionar para que retornemos ao estado de natureza – cujo princípio é ideal, pois o próprio Rousseau afirma que "não vejo nada senão injustiça, hipocrisia e mentira entre os homens".[77] Perceba o leitor como esse raciocínio depende da conclusão: é ela o real ponto de partida. Todavia, não pensemos ingenuamente que o genebrino estivesse a cometer um lapso fatal de raciocínio. Pelo contrário, valia-se de toda a sua argúcia mental, substituindo o pecado original – o qual realmente não explica o seu

76 "Carta a Beaumont" In: Rousseau, *The Collected Writings of Rousseau*, (12 vols.), Roger D. Masters e Christopher Kelly (eds.), Hanover, University Press of New England, 2010, p. 935-36.

77 Jean-Jacques Rousseau, *Emílio ou Da Educação*. Rio de Janeiro, Editora Bertrand, 1992.

princípio, pois este está no perdão – pelo "estado de natureza", uma idealização que também não explica o seu princípio. Ou seja, ele se apropria de *parte* da teologia da salvação, mas ele a amputa, deformando-a – e aí esteve o seu gênio, embora lamentemos o mau uso. A religiosidade que ele desejava incutir, a dos deveres e das virtudes do homem em sociedade, uma religiosidade estritamente cívica, pois voltada ao estabelecimento de uma religião cívica, buscava restabelecer uma apreensão de Deus sobretudo como sanção moral, como autoridade implacável do ordenamento social – Rousseau é um profeta do arcaico.

> O sistema religioso de Rousseau funciona politicamente para combater a violência da opressão e da tirania. Isto vem na forma ou de um Deus violento ou de um lugar em que Deus permite que os fracos se vinguem dos fortes. *Rousseau não consegue ver que papel a religião teria se não houvesse tal sanção* [grifo nosso] [...] A grande ironia é que, na tentativa de chegar a um Deus razoável e não violento, Rousseau criou um Deus que sanciona a vingança humana [por meio de expurgos violentos]. Ora, Rousseau termina por perpetuar exatamente aquilo que os Evangelhos pretendem destruir.[78]

Isso nos serve como fundamentação ao idealismo social de Rousseau, num complexo filosófico bastante sofisticado, embora equivocado do ponto de vista cristão, uma vez que estabelecido no escândalo da Cruz e na rejeição aos testemunhos, os quais nos falam da vítima inocente que não acusa, pois perdoa eternamente, denunciando assim a racionalidade forjada e

---

78 J. Alberg, *A Reinterpretation of Rousseau: A Religious System*. Palgrave Macmillan, 2007, p. 84-86.

mentirosa, rotineiramente escandalizada, de nossa imemorial mentalidade acusatória.[79] Por outro lado, é um pensamento capaz de fundamentar políticas que se creem capazes de introduzir certa perfectibilidade social, idealizada na natureza. É óbvio que a coisa se sustenta num fingimento imenso: de que o sujeito se emancipa e se liberta ao ser completamente absorvido pela unanimidade do coletivo, separando-se em dois, tornando-se vigia tanto de si mesmo como também dos demais, em nome da *volonté générale*, na mudança do estado de natureza para o estado civil – ou seja, na passagem de uma utopia para outra, de nenhures a nenhures[80] – assim fundamentando um escândalo que se instala no centro mesmo do sistema, a base do célebre vaticínio do profeta de Vincennes, em seu *Do Contrato Social*, "quem quer que se recuse a obedecer à vontade geral deverá ser obrigado por todo o corpo a fazê-lo; o que significa apenas que ele é obrigado a ser livre". O autoritarismo revolucionário estava, portanto, histericamente justificado na nova religião civil.

---

79 "A razão nunca será capaz de saber se foi formada por uma expulsão. A razão por si mesma, da maneira como é constituída, não pode alcançar esta posição". In: Ibidem, p. 86.

80 Tanto Rousseau quanto o seu leitor sabem que esse lugar ideal que se busca, em que Emílio poderá viver em paz com seu amor, Sofia, é uma quimera, é uma mentira, esse lugar não existe, é nenhures! O seu projeto educativo coloca Emílio em busca de algo que se almeja, mas na clave do que deve ser, embora Emílio não saiba que de fato mentiram para ele, desde o início, para depois poder mostrar, e com toda força, o que "é": uma ficção que pretende nos conduzir a uma verdade mental, pois importa somente a ideia, num movimento que "não se dá de um fato histórico a outro, mas de uma ficção arbitrária a outra, na criação de um universo ideologicamente protegido". Ibidem, p. 113.

É fundamental que se perceba que estamos falando de um sistema que ultrapassa em muito a mera crítica social – o que foi prontamente percebido pelos leitores mais fanáticos do genebrino. E houve, nesse caso, uma mudança simbólico-narrativa bastante expressiva direcionada para a instalação de um projeto de sociedade, com base no qual se extrapolaram completamente as meras reformas político-econômicas. Dawson notou e expôs as reais dimensões e as verdadeiras implicações dessa mudança no pensamento e ordenamento da sociedade.

> Os revolucionários não se limitaram às reformas políticas, tais como o estabelecimento de uma nova constituição ou uma reforma no sistema legal, mas aspiraram remodelar a sociedade, desde as suas fundações. O novo calendário da era revolucionária simbolizou o completo rompimento que se fazia com o passado, fundamentado na crença de que uma nova era se iniciara para a humanidade. As doutrinas de Rousseau seriam os dogmas do novo estado.[81]

Há aqui um pensamento multiplicador de facções ou de egrégoras em colisão, alternando-se, ora como subterrâneas ora como excelsas, conforme estabelecido no pensamento de Rousseau, continuamente polarizadas em campos acusatórios que se estendem e que tomam de assalto as narrativas sociais e os debates públicos. Constata-se uma escalada de violência entre facções progressivamente polarizadas, entre duplos ideológicos crescentemente fascinados com o rival do momento. Tamanha efervescência entre entidades crescentemente escandalizadas

81 Christopher Dawson, *Progress & Religion – An Historical Inquiry*. Washington D.C., The Catholic University of America Press, 2001, p. 153.

com seus rivais, progressivamente engajadas em ativismo acusatório-revolucionário, gera ambientes de violência endêmica continuamente militantes e fanatizados, precipitando expurgos contínuos, que afetarão, mais cedo ou mais tarde, os próprios idealizadores e as lideranças do movimento. Como no caso emblemático de Nicolas de Condorcet, em cujo discurso inflamado na Assembleia, quando veio a dizer, *"que le monde périsse, plutôt que de sacrifier nos principes d'égalité"*,[82] prefigurava-se, lamentavelmente, o encerramento de sua própria vida – mas não antes de uma tentativa desastrada de fuga, ocorrida em 1794, quando esse intelectual-aristocrata, um homem de livros e de ideias, que nunca cozinhara para si mesmo, pediu uma omelete de doze ovos a um estalajadeiro em Clamart, durante sua fuga de Paris, o qual imediatamente o denunciou às autoridades locais. No intuito de evitar as humilhações do tribunal revolucionário e sua inevitável execução, esse filósofo esclarecido, "o grande apóstolo da ideia de Progresso"[83], provavelmente tirou a própria vida horas mais tarde. Como disse o abade Barruel, contemporâneo de Condorcet e minucioso historiador da Revolução Francesa, *"la guillotine est permanente dans Paris"*,[84] e que de fato iniciou os seus trabalhos executando nobres, padres e monarcas, mas o encerrou na degola sistemática de seus próprios integrantes. No mesmo ano, em 1794, morreriam guilhotinados Danton[85] e o próprio Robes-

82 "Que o mundo pereça, antes que sacrifique os nossos princípios de igualdade".

83 Christopher Dawson, *Progress & Religion – An Historical Inquiry*. Washington D.C., The Catholic University of America Press, 2001, p. 153.

84 "A guilhotina é permanente em Paris" In: l'Abbé Barruel, *Mémoires pour Servir a l'Histoire du Jacobinisme*. Paris, Ausbourg, 1799, p. 301

85 Executado em 6 de abril de 1794 com mais catorze correligionários.

pierre[86], em rituais públicos de execução coletiva situados na hoje chamada Praça da *Concórdia* – antiga Praça da Revolução, onde esses líderes e seus seguidores sacrificaram milhares para, logo depois, serem eles mesmos sacrificados em nome de uma ideia de sociedade.

A "Revolução foi o resultado de ideias enraizadas na tradição cristã"[87], em cujo veio se estabeleceram tanto o racionalismo esclarecido, herdeiro do pensamento escolástico, quanto o utopismo revolucionário, herdeiro do que chamamos de apocalíptica em ramificações milenaristas. O ponto capital são as leituras que a cristandade se pôs a fazer dessas coisas em determinado momento, enquanto comunidade de pensamento altamente desenvolvida e institucionalizada, numa nova interpretação do universo natural amparada no racionalismo; e do universo político-social, amparada na apocalíptica. Essa adoção epistêmica justificou certamente problemas de interpretação, tanto em relação às fontes escolásticas quanto em relação às fontes escatológico-apocalípticas, o que tendeu a se agravar com a explosão científico-tecnológica dessa modernidade, uma vez que conferiu a um Ocidente espiritualmente dividido e em rápido processo de secularização e de desenraizamento um poderio nunca conquistado por qualquer outro conjunto civilizacional.

Por mais que tenham se apropriado dessas fontes, e depois as deformado, esses homens de letra, filósofos, ocultistas e cientistas que beberam desse repositório (enquanto comunidade de pensamento), de fato fundaram gradativa, mas

86 Executado em 28 de julho de 1794 com mais vinte e um correligionários.

87 Christopher Dawson, *Progress & Religion – An Historical Inquiry*. Washington D.C., The Catholic University of America Press, 2001, p. 154.

irremediavelmente, uma nova cosmovisão – a moderna[88] –, numa época em que essas ocupações mentais se misturavam na mesma pessoa. O entendimento que implantaram do universo natural, que passou a ser visto, alegoricamente, como um relógio mecânico, e da história mundial, que passou a ser vista, idealmente, como um movimento destinado ao progresso material, social e intelectual ininterruptos, foi absolutamente vitorioso, consolidando as fundações do espírito moderno, sob cujo credo passamos a acreditar num poder humano ilimitado sobre o universo; ao mesmo tempo que também passamos a crer, como lado reverso dessa moeda, na proclamação de possibilidades imensas e por vezes ilimitadas de ação governamental na vida das pessoas.

Eric Voegelin se esforçou por encontrar nessa trajetória simbólico-intelectual, criadora tanto da modernidade quanto de seus monstros políticos, uma possível unidade espiritual, farejando um descarrilamento interpretativo que fosse comum aos seus principais atores intelectuais, no qual pudessem ser desenterradas as sementes desse processo. Como os leitores de Voegelin certamente reconhecerão, haveria, enquanto semente, enquanto nutriente primeiro desse imenso descarrilamento histórico, desvios gnósticos graves, distorções simbólicas profundas no âmbito de uma interpretação e compreensão das

---

88 Temos aí uma lista imensa que se inicia grosso modo com Joaquim de Fiore, passando por Guilherme de Ockham, Martinho Lutero, Nicolau Maquiavel, Tomas More, Michel de Montaigne, Francis Bacon, Tomás Campanella, Galileu Galilei e Baruque Espinoza, alcançando, finalmente, Locke, Newton, Montesquieu e Rousseau, entre muitíssimos outros, formando uma típica "coleção de pensadores", cujas ideias impressas ainda se vendem ou se vendiam em bancas de jornal.

realidades sociais e naturais num cosmos historicamente situado;[89] desse modo, é assim que o pensador austríaco-germânico conclui sua análise de uma "história das ideias", discorrendo sobre o socialismo *gnóstico* de Marx.[90]

> Marx distingue-se entre os revolucionários de sua geração por seus poderes intelectuais superiores. *Como místico* [grifo nosso], pôde evocar um novo mundo, mas como pensador perspicaz não cairia nas várias armadilhas que cercam o caminho da especulação escatológica. De sua intelecção dos males do sistema industrial, ele não tiraria conclusões precipitadas de que o sistema industrial deveria ser abolido; não se entregaria ao tipo de fantasias socialistas que estigmatizou como "utópicas".[91]

Nessa análise que faz sobre a perspicácia intelectual de Marx, que soube ser místico e racionalista nos pontos certos, segundo a perspectiva de um gigantesco aliciamento das massas, Voegelin se alinha à interpretação de Dawson sobre os fundamentos intelectuais da modernidade. Dessa forma os dois troncos aos quais nos referimos há pouco, o racionalista-escolástico e o apocalíptico-milenarista, foram, ambos, devidamente cozinhados em apimentada condimentação retórica no caldeirão marxista. O produto foi um prato sumamente insalubre, embora deveras calórico, no qual multidões em todo mundo buscaram e ainda buscam um alimento

89 Ver Eric Voegelin, História das Ideias Políticas (8 vols.) São Paulo, É Realizações, 2019.

90 Eric Voegelin, *A Crise e o Apocalipse do Homem - História das Ideias Políticas - vol. VIII*. São Paulo, É Realizações, 2018.

91 Ibidem, p. 363.

espiritual-moral, alcançando hoje quase oito gerações. Esse cozido ideológico, o substituto anêmico[92] de uma espiritualidade genuína, conduziu uma parcela significativa dos conjuntos civilizacionais ao mais completo desmoronamento cultural; ademais, os holocaustos humanos provocados em seu nome nos dão a medida de suas distorções internas. Por exemplo, o acentuado apagamento das tradições budista, confucionista e taoista – os "Três Ensinamentos", nas sociedades do Extremo Oriente e do Sudeste Asiático – quando assaltadas pelo marxismo-leninismo, não impressionou somente os intelectuais da geração do galês, mas tomou as seguintes. Assim se deu com o sinólogo, historiador da arte e escritor belga Simon Leys (pseudônimo de Pierre Ryckmans), amante confesso da cultura chinesa, historiador de sua tradição artística, mas que testemunhou com o devido horror o apagamento sistemático da milenar tradição cultural da China pelo facciosismo dos agentes revolucionários, no mesmo momento em que estes suprimiam todo e qualquer arroubo de cultura popular, uma vez que "as autoridades maoistas temem, acima de tudo, os eventos populares espontâneos",[93] para não falar dos milhares de intelectuais, professores e jornalistas que foram executados, presos ou levados a cometer suicídio,[94] durante a Revolução Cultural de Mao.

92 Como exemplarmente atestado no poema que Kuo-mo-jo dedicou à Chiang Ching, Madame Mao, durante a Revolução Cultural na China. Segue um verso: "Os pensamentos luminosos de Mao Tse-tung serão para sempre o nosso alimento espiritual". In: Simon Leys, *Chinese Shadows*. New York, The Viking Press, 1974, p. 100.

93 Ibidem. p. 142.

94 Ibidem, p. 142.

Dois Orientes

Esse desastre civilizatório compreendeu equívocos sucessivos, dos quais o Ocidente participou, durante o encontro entre esses dois conjuntos civilizacionais. Novamente, trata-se, em olhar dawsoniano, de uma história da cultura e *pela* cultura, largamente refratária aos utilitarismos e ideologismos, conforme estes foram caracterizados pelo progressismo; e já sabemos que as análises do galês sempre buscam elucidar os processos civilizacionais e interculturais, sejam antigos ou modernos, vis-à-vis a sobrevivência das culturas que lhes deram origem. Nesse caso, houve desencontros, erros grosseiros e imposturas de ambos os lados, o que levou a China, crescentemente vulnerável às investidas do Ocidente, a uma posterior radicalização de sua vida social em sua filiação tardia junto à modernidade. Nessa análise, abre-se mais uma janela importante ao pensamento do galês.

Com o esvaziamento dos missionarismos católicos no Extremo Oriente – e "o século XVIII foi um período declinante e mesmo, talvez, catastrófico para as missões católicas"[95], ainda que estas não tenham desaparecido –, a principal via de acesso ao emergente universo ocidental, considerando-se as possibilidades de prosperidade e de poder que este passava a oferecer, deu-se sobretudo por meio de relações econômicas transnacionais, especialmente no contexto Índico-Pacífico, com atividades intensificadas dos agentes comerciais e marítimos, pois "o mesmo processo que provou ser tão eficiente na Índia também afetou a China no período seguinte. Aqui, como ocorrera na Índia, a chegada da influência ocidental

95 Christopher Dawson, *The Movement of World Revolution*. Washington D.C., The Catholic University of America Press, 2013, p. 98.

esteve fundamentalmente ligada ao comércio com a Europa, intermediado pela mesma organização, a Companhia das Índias Orientais, cuja principal transação se voltava, na época, a dois produtos: o chá e o ópio".[96]

Ocorre que esse assalto comercial – e a Companhia das Índias Orientais foi também uma organização militar[97] – sofreu fortíssima "resistência dos poderes asiáticos", pois estes geraram, por sua vez, antagonismos ferozes à "infiltração europeia".[98]E aqui o historiador galês nos presenteia com uma reflexão ousada, comparando o arrastado e conflituoso processo chinês com o processo japonês, ambos diante da modernidade. Antecipando seu processo de modernização, o Japão executou expressivas reformas internas em meados do século XIX, as quais foram conduzidas por líderes políticos singularmente qualificados, e nos referimos ao período Meiji[99]. Embora fosse historicamente mais isolacionista do que a China – e, de fato Mutsuhito foi o primeiro imperador japonês a receber, pessoalmente, lideranças e representantes

96 Ibidem, p. 93.

97 Ver Stuart Reid, *Armies of the East India Company (1750 – 1850)*. Osprey Publishing, 2002.

98 Ibidem, p. 93.

99 "As reformas japonesas foram conduzidas por um grupo excepcionalmente capaz de estadistas japoneses – o príncipe Ito, Okubo Toshimichi, Kido Junichiro e Goto Shojiro –, os quais, à época, não tinham equivalentes em outros países asiáticos. O crédito desse sucesso deve ser dado, em certa medida, ao antigo sistema que substituíram, uma vez que o regime Tokugawa instilara nas classes governantes (Samurai) um padrão excepcionalmente alto de disciplina social e de responsabilidade." In: Christopher Dawson, *The Movement of World Revolution*. Washington, D.C., The Catholic University of America Press, 2013, p. 95.

ocidentais[100] –, o Japão conseguiu modernizar-se "com os olhos abertos",[101] como assevera o galês, e desse modo integrou-se ao mundo da ciência, da tecnologia, do comércio internacional e da comunidade das nações; mas sem sofrer, contudo, expressivos desmoronamentos culturais, pois reformara-se rapidamente, libertando-se do isolacionismo imposto pelo shogunato Tokugawa.

O salto de um governo "esclarecido" (esse é o significado de "Meiji") realizou-se num momento em que ímpetos ideológicos de cepa ocidental ainda estavam por se consolidar. Desse modo o Estado japonês preservou suas tradições não somente as conservando, mas projetando-as como modelo interno de cultura, que veio a se firmar no conceito de *kokutai*[102]. Ao se modernizar e se secularizar ao seu modo, num processo que teve o seu início no próprio regime Tokugawa, as oligarquias japonesas souberam controlar o caminho de modernização, e o fizeram conforme características internas, segundo interesses nacionais ligados tanto à cultura japonesa quanto ao seu ordenamento político, o que evitou que o Japão fosse posteriormente dragado pelos ataques político-ideológicos ocidentais – que se tornaram com o tempo não somente revolucionários, mas totalitários. Quando esses assaltos chegaram ao Extremo Oriente, havia muito que o governo japonês incutira uma autoridade cultural sobre sua população. Esses assaltos precipitaram-se sobre a Ásia em ondas

100 Ver Donald Keene, *Emperor of Japan – Meiji and His World (1852 – 1912)*. New York, Columbia University Press, 2002.

101 Ibidem, p. 95.

102 A essência e o caráter do japonês, a sua forma única de pensar e de agir, assim definindo-o cultural e nacionalmente. Ver Kiri Paramore, *Ideology and Christianity in Japan*. Routledge, 2009.

revolucionárias sucessivas, desde o seu epicentro propagador na Rússia bolchevique, em investidas crescentemente ousadas, mas agora sobre a realidade pós-colonial de meados do século XX. O Japão se manteve intacto, uma vez que já fora modernizado, no sentido de que fora catequizado por uma ideologia internamente elaborada de sua modernidade, e assim pôde flutuar sobre os vagalhões dos totalitarismos socialistas – muito embora não antes de tentar impor o seu próprio imperialismo xenofóbico e racista às nações vizinhas, inclusive à China, durante o período anterior na consolidação de seu militarismo moderno e brutal, com sua religião de estado própria, em cujo desfecho sofreu os ataques nucleares de uma superpotência.

Por sua vez, a China, ao ver frustradas desde o século XIX amplas tentativas de reforma, alcançaria o seu período republicano em 1911 e em 1912, tendo Sun Yat-sen como um de seus principais mentores intelectuais – um chinês convertido ao cristianismo, médico e filósofo, um líder largamente ocidentalizado[103] –, mas num momento em que a nação já se dividia, ideologicamente, entre nacionalistas versus comunistas, encaminhando-se, em 1949, para a instalação de um brutal regime ditatorial comunista, um regime totalitário sob o qual vive até os nossos dias.

> Foi somente em sua guerra com o Japão, em 1894, que a China se viu forçada a se modernizar. Mesmo assim, o partido

103 "Com o amparo de seu irmão mais velho, o jovem Sun Yat-sen começou a receber, em Honolulu, uma educação moderna que mudou a sua vida. Sua educação real teve início então em Honolulu e foi fundamentalmente orientada nos valores ocidentais e cristãos". In: Chu-Yuang Chen (ed.), *Sun Yat-sen's Doctrine in the Modern World*. New York, Routledge, 2019, p. 60.

> reformista, embora apoiado pelo imperador, foi derrotado pela imperatriz Cixí, que deu suporte à reação xenófoba do movimento boxer. Tratou-se do equívoco mais desastroso já cometido por um governo responsável, que levou o império chinês ao descrédito político e à completa derrota. Isso acabou por abrir a China, e de um modo inevitável, aos avanços revolucionários do século XX.[104]

Temos duas indicações relevantes. Primeira, o galês nos mostra a inevitabilidade do paradigma moderno diante dos povos e nações do mundo. A modernidade veio para ficar, cabendo a cada povo e nação lhe fazer uso apropriado, segundo características internas. O aumento expressivo de coisas como poderio militar, prosperidade econômica, dinamicidade social e participação no que chamamos de comunidade internacional tornou-se propriedade e símbolo dessa modernidade; consequentemente, ignorar ou evitar essa realidade pressupôs um compromisso doloroso com o atraso material e social. Aos poucos, mas de modo inevitável, os conjuntos islâmico, chinês e indiano foram se moldando às imposições modernas, absorvendo-as de modo a participar dessa composição que se formava, mas cujo preço a pagar foi o desmoronamento completo de seus impérios dinásticos. Para se ter uma ideia, em 1853 o czar Nicolau I da Rússia se referia ao império otomano como o "homem enfermo da Europa". O antigo terror da cristandade, verdugo contumaz dos reinos cristãos, transformara-se em soberania combalida da Europa,[105] um bordão que realmente pegou, e

---

104 Ibidem, p. 94.

105 "Por um lado, a crise da derrota [da retração das possessões não somente otomanas, mas muçulmanas, no século XVIII] era encarada [internamente

com o qual se antecipava o debate sobre quais as melhores políticas "agraciadoras e contempladoras" a serem adotadas pelo Ocidente, pois todos desejavam um pedaço desse bolo para si, diante de um império que seria fatalmente dividido entre as potências europeias. E assim foi em 1916.[106]

Isso nos mostra, ao mesmo tempo, o quanto essa comunidade das nações, embora comercial e industrialmente integrada, não somente recrudescia antagonismos terríveis, mas emitia constantes juízos supremacistas, em disputas crescentemente acirradas por áreas de influência e por recursos naturais. Nesse momento, segundo as reflexões do galês, vislumbramos que o maior perigo nunca foi a emergência de uma sociedade perpassada pela tecnologia e pela ciência, uma sociedade singularmente científica e industrial como a nossa, uma vez que não foram essas coisas em si mesmas que ameaçaram as culturas e os povos, muitos dos quais foram realmente esmagados.

---

pelos islâmicos] como um problema técnico, que podia solucionar-se com meios técnicos. A fraqueza dos otomanos devia-se assim à superioridade tecnológica dos europeus [...] No século XVIII, tal significava recorrer à Europa [...] Por outro lado, considerava-se que a mesma crise era uma questão moral e religiosa, cuja resolução passava por uma reforma moral [..] Os três movimentos [*tijaniyya, wahhabi, waliullah*] propunham uma resposta religiosa para o problema colocado pela fragilidade dos estados islâmicos do globo". In: Donald Quataert, *O Império Otomano – Das Origens ao Século XX*. Lisboa, Edições 70, 2015, p. 73. Assim vemos o dilema de sociedades tradicionalistas diante do poderio moderno ocidental: adaptar-se, mas sem, contudo, perecer enquanto cultura e civilização.

106 A referência aqui é o famigerado acordo Sykes-Picot, secretamente ratificado em maio de 1916, por meio do qual Reino Unido e França dividiam praticamente todo o Oriente Próximo entre si, embora formalmente ainda otomano, numa espécie de antecipação dos espólios do "defunto" império.

E sua historiografia toma partido contra esses esmagamentos, lamentando-os como desdobramentos desumanos. O grande perigo foi (e ainda é) outro, pois suas análises indicam uma questão de fundo muito visível: *foram as filosofias e as teologias equivocadas os grandes articuladores desse perigo*. E aqui o uso do hipérbato foi proposital, colocando filosofias e teologias em destaque. Tratou-se em geral de heresias e de cosmologias espiritualmente esvaziadas em paixões ao mesmo tempo sectárias, vaidosas e furiosas, produtos mentais que promoveram fanatismos dos mais diversos, os quais, por sua vez, alimentaram e justificaram campos de ação radicalizados na violência. Houve, enfim, a criação de culturas de violência, tipicamente criminosas em seus arroubos extremos, que incendiaram a antiga ordem ocidental-cristã, gerando ambientes propícios e típicos à ação desimpedida de líderes psicopatas – desde um Robespierre ou mesmo antes disso com um Oliver Cromwell,[107] para ficarmos com exemplos bem conhecidos.

A expansão irrestrita da ordem liberal como agente ideológico para a consagração completa do capitalismo industrial-financeiro, com seu industrialismo poluente, seu consumismo de massa, seu utilitarismo ganancioso e seu materialismo exibicionista – enfim, seu economicismo cego e voraz, e sabemos que o marxismo nasceu desse tronco como crítica interna, embora a ele alinhado –, contribuiu, não poucas vezes, para o definhamento de culturas inteiras, outrora exuberantes, ao mesmo

107 O comportamento visivelmente genocida de Oliver Cromwell em sua campanha militar na Irlanda (1649-1650), especialmente durante os massacres de Drogheda e de Wexford, ainda é desconhecido do grande público. Ver Micheál Ó. Siochrú, *God's Executioner: Oliver Cromwell and the Conquest of Ireland*. Faber & Faber, 2018.

tempo em que dava salvo-conduto e incentivos aos piores tipos e sobretudo às piores políticas, os quais, uma vez reunidos, fizeram prosperar, embora ao preço de lágrimas alheias incontáveis, "empreendedores" colonialistas absolutamente brutais, como no caso célebre de Cecil John Rhodes.[108] Nesse sentido, a esfera do pensamento torna-se o responsável primeiro tanto pelos pináculos quanto pelos abismos culturais, tanto pela libertação quanto pelo aprisionamento de pessoas e de povos. É nela que se define o destino histórico das comunidades humanas.

Foi em cima dessas coisas – desses desvios no âmbito do pensamento – que todo esse poderio foi ideologicamente montado, afirmado e confirmado. Por outro lado, essa movimentação se tornou invencível, uma vez consolidados os parâmetros cosmológicos que a sustentavam, capturando anseios e motivações de sociedades inteiras. Com efeito, a habilidade guerreira de um indígena comanche, por exemplo, pouco ou

108 "Entre 1885 e 1895, Rhodes adquiriu dois países, a Rodésia do Sul (atual Zimbabwe) e a Rodésia do Norte (atual Zâmbia), assim nomeados em sua homenagem [...] Ele também assumiria o controle de 90% do comércio internacional de diamantes, a partir de 1888, além de possuir minas de ouro. Totalmente envolvido com a política na Colônia do Cabo, durante quinze anos, Rhodes se tornou primeiro-ministro, cargo que exerceu por quase seis anos, governando [para os interesses de seus empreendimentos] e fomentando a adoção de uma detestável legislação racista-segregacionista." In: Robert I. Rotgberg, *The Founder: Cecil Rhodes and the Pursuit of Power*. Oxford University Press, 1988, p. 7. Herdando os aspectos mais grosseiros de um darwinismo social tipicamente racista e supremacista, Rhodes representou, entre muitos outros casos à época abundantes, os traços mais deletérios de uma ordem liberal colonialista, marcadamente desumana, mas que era propagandeada, à época, como orquestradora de um necessário processo civilizatório.

nada pôde diante do desejo irrefreável de milhares e milhares de colonos e exploradores em busca de terra e de riquezas.[109] Em certa medida, ainda temos parte nisso, porém o fazemos em contexto completamente tomado pela linguagem desse sistema. O historiador galês, ao contrário de nós, viveu essa realidade "na carne": viveu-a num momento em que se testemunhavam os últimos brados de resistência de certas sociedades tribais ou tradicionalistas contra a ordem liberal, e a sua historiografia mostra, talvez como nenhuma outra, a divisão interna que isso causou sobre sujeitos reflexivos como ele próprio.

Seu romantismo humanista-cristão, visível herdeiro de autores como Montaigne, Blake[110] e os teólogos alemães, pendeu, não poucas vezes, para a defesa desses povos sob o cerco ideológico e industrial da modernidade; mas o seu cientificismo, por outro lado, nunca deixou de celebrar a internacionalização do conhecimento e das redes de comunicação entre os povos, valorizando a imposição do sistema ocidental sobre o mundo. *Essa tensão está sempre presente em seus escritos*, e o cristianismo de Dawson funciona, não poucas vezes, como bússola, auxiliando-o no discernimento das contrariedades aí implicadas. Com efeito, ele ansiava por uma revivescência da fé e dos ramos que essa

---

109 Ver Maurício G. Righi, "Mobilização Bélica na Modernidade: Uma Perspectiva Histórico Filosófica do Papel da Guerra na Formação do Estado Moderno". *Conexão Política* (UFPI), vol. 7, n. 2, 2018, p. 35-44.

110 "Portanto, a nova 'religião' [a dos iluministas] tornou-se uma religião da morte e não da vida. Em vez de libertar a humanidade, liberou o nacionalismo egoísta e as forças antiespirituais do individualismo econômico, deixando a sociedade à deriva e rumo à destruição. Foi William Blake que, entre todos, percebeu isso com a maior clareza." In: Christopher Dawson, *Inquéritos sobre Religião e Cultura*. Intr. Robert Royal; trad. Fabio Farias. São Paulo, É Realizações, 2017, p. 328.

fé fez germinar nas culturas mundo afora. Uma leitura atenta de seus escritos nos sugere certa insistência numa reviravolta histórica, recolocando o cristianismo no centro do processo civilizatório, na restituição de seu valor matricial junto às elites intelectuais e políticas (aí esteve sua motivação primeira: reeducar, pelo ensino da história, as classes pensantes do Ocidente, reforçando os fundamentos espirituais e culturais das civilizações), algo sempre em comunhão *com a época em que se vive*, na interminável leitura cristã dos tempos.

> Em resumo, esse período de dois séculos (XVIII e XIX) testemunhou o declínio irremediável dos três grandes impérios orientais [o mugal, o qing e o turco otomano], muito em razão de seus problemas internos, e não por conta de uma pressão direta do Ocidente. Mas o vácuo de poder que começaram a deixar foi preenchido pelo crescimento e pelo poder naval, militar e econômico do Ocidente. O resultado mais significativo desse processo não foi a construção dos impérios coloniais [que depois ruíram], mas sim a criação de uma rede internacional de comunicação e de relações comerciais, baseada tanto no poder marítimo do Ocidente quanto num sistema financeiro internacional, o que criou extensas cadeias de relacionamento, ocupação e técnicas entre pessoas as mais diversas. A manutenção dessas cadeias envolveu o mapeamento e o policiamento dos sete mares, a supressão da pirataria e do tráfico de escravos, juntamente com a adoção de um sistema comercial ocidental. Tratou-se, essencialmente, de um sistema cosmopolita baseado no liberalismo econômico de Adam Smith e dos economistas ingleses, envolvendo a abertura comercial do mundo, não somente ao comerciante ocidental, mas também ao explorador [o pai de Dawson foi um militar-explorador], ao cientista e ao missionário. Foi a época

de Darwin e de Wallace, de Barth, de Lander e de Caillet, de Livingstone, de Hue e de Judson.[111]

Ocorre que esse sistema cosmopolita, baseado no liberalismo econômico, na democracia representativa e no império da lei, passou a ser crescentemente divulgado em escolas e demais instituições de ensino montadas por missionários protestantes – sobretudo anglo-americanos. Temos assim uma segunda indicação relevante: a análise do galês destaca o papel do(s) missionarismo(s), tanto do católico quanto do protestante, nesse processo de ocidentalização do mundo, incluindo, no mesmo movimento, em suas diversas fases e composições, suas motivações científicas e humanitárias.[112] O século XIX testemunhou um significativo avanço do missionarismo protestante no Oriente (moravianos, batistas, evangélicos, etc.), o que veio a imprimir aspectos diversos de sua moralidade e visão de mundo sobre as sociedades do Extremo Oriente. Isso acabou por promover ideias, hábitos e rotinas vinculados às normas e aos padrões ocidentais. Tratou-se de uma difusão ao mesmo tempo protestante, comercial e liberal, conduzida por setores intermediários,[113] "promovendo um encontro entre o Ocidente e o Oriente em terreno médio"[114] e incorporando

111 Christopher Dawson, *The Movement of World Revolution*. Washington D.C., The Catholic University of America Press, 2013, p. 97.

112 Ibidem, p. 98.

113 "O primeiro missionário protestante na China foi um sapateiro; não obstante, foram homens assim que de fato introduziram, bem mais que *scholars* e administradores, a educação ocidental no Oriente, promovendo também o estudo das línguas orientais". In: Ibidem, p. 99.

114 Ibidem, p. 99.

hábitos e valores facilmente assimiláveis ao *zeitgeist* moderno. Houve assim uma "difusão propagandística de valores e de ideias por meio da pregação, da literatura e sobretudo por meio da educação fundamental e superior, destinadas a alcançar o maior número possível de pessoas"[115]. Não se tratou exatamente de um projeto de sociedade, orientado à alta cultura, à ciência e à espiritualidade devocional, como ocorrera com os jesuítas, pois esse modelo missionário que podemos chamar de protestante-liberal foi diferente; e assim evitou, por um lado, que o Ocidente "alcançasse os segmentos intelectual e espiritualmente mais preparados da cultura oriental";[116] mas, por outro, esse modelo facilitou em muito, por meio de sua configuração missionário-educacional, a adoção de normatizações e de uma ampla integração de costumes, os quais se tornaram praticamente universais, auxiliando o comércio, a indústria e a diplomacia, fomentando assim os recursos para a propagação do maquinário moderno – incluindo as instituições liberais –, mas em movimentações que causaram, em diversos momentos, crises agudas com os segmentos tradicionalistas, que eram abundantes em civilizações como a chinesa e a indiana.

Nesse contexto de mudanças e permanências no Oriente, Dawson discute brevemente a Rebelião de Taiping (*T'ai P'ing* – 1851 a 1864), destacando os acordos e as sabotagens articulados pelos capitalistas em parceria com o Estado imperial chinês, mostrando-nos então como no âmbito da cosmologia moderna os interesses comerciais se sobrepuseram facilmente às motivações de ordem moral-espiritual. Nesse caso, os rebeldes, liderados por Hong Xiuquan – um visionário carismático,

115 Ibidem, p. 100.

116 Ibidem, p. 101.

mas, igualmente, um fanático religioso –, "se inspiraram nas doutrinas pregadas por missionários ocidentais".[117] Todavia, esses reformadores cristianizados – e aqui os elementos sincréticos foram dominantes, obviamente – não receberam apoio das potências europeias, pelo contrário.[118] Consequentemente, os rebeldes de Taiping foram derrotados; mas em sua agenda reformista proibia-se o consumo do ópio, reformavam-se a educação e o trabalho, asseverando políticas inclusivas às mulheres, redistribuíam-se as terras e os recursos para os camponeses, entre outras medidas de auxílio imediato aos setores pobres e carentes. A bem da verdade, puderam ser derrotados somente após a intervenção do Ocidente, dando sobrevida desnecessária ao império Qing e ao Estado manchu. Tratou-se, não obstante, de uma rebelião iconoclasta e tradicionalista,[119] mas visivelmente matizada no protestantismo cristão, na qual se denunciava a idolatria embutida tanto no monarca chinês como em suas representações rituais e públicas.[120] No plano

117 "Em vez disso, tanto os britânicos quanto os norte-americanos usuram sua influência para dar apoio ao governo, em troca da abertura do país aos comerciantes ocidentais [interessados no mercado do ópio]. Gordon [o general Charles George Gordon, também conhecido como "Chinese" Gordon] auxiliou na supressão dos rebeldes". Ibidem, p. 94.

118 Ibidem, p. 94.

119 In: Thomas H. Reilly, *The Taiping Heavenly Kingdom – Rebellion and the Blasphemy of Empire.* Seattle, University of Washington Press, 2004, p. 15: "Hong foi um iconoclasta que passou a avaliar o estabelecimento da ordem imperial como um movimento idólatra."

120 "Os rebeldes condenavam a natureza sagrada da monarquia imperial. O título e a função de imperador haviam se tornado uma usurpação blasfema do título e da posição de *Shang-Di* (O deus supremo – o Altíssimo), portanto,

propriamente político, foi uma tentativa de substituir o neoconfucionismo subsidiado pelos machus, em suas relações íntimas e centralizadoras com o poder imperial, por um retorno à antiquíssima religiosidade chinesa, mas agora reformada em elementos cristãos. Em resumo: a Rebelião de Taiping retirava do imperador as suas prerrogativas sagradas, denunciando-as como idolatria, e assim esvaziava o poder dos burocratas neoconfucianos, o que de fato modernizava o Estado chinês, *via reforma espiritual* com repercussões políticas,[121] numa "mudança radical no pensamento popular, acerca da autoridade do imperador e da legitimidade da ordem manchu estabelecida, e que, ao fim e ao cabo, indicava a abolição total do sistema imperial",[122] aproximando a China dos modelos ocidentais de governança.

A questão é perceber como o galês orienta a sua análise, como avalia a derrota dessa rebelião diante do império Qing. Com efeito, Dawson vê o seu desfecho como uma tragédia nacional, meditando sobre os resultados desastrosos de um conflito que custou a vida de mais de 20 milhões de pessoas – mas que não trouxe, apesar de seu enorme potencial inicial, nenhum benefício consistente de mudança às ordens espiritual, política e moral, uma vez que o status quo culturalmente desvitalizado, a dinastia Qing e sua burocracia, saiu-se como vencedor.

Isso nos é revelador ao nos mostrar a magnitude da visão espiritual de Dawson sobre a história. Não são poucos os

esses rebeldes exortavam uma restauração do sistema clássico de governo junto à adoração a *Shang-Di*, o Deus Altíssimo". Ibidem, p. 5.

121 "A fé de Taiping, embora cozinhada no protestantismo anglo-americano, desenvolveu-se como uma nova e dinâmica religião chinesa, em cuja concepção de sociedade desafiava-se a ordem política estabelecida". Ibidem, p. 17.

122 Ibidem, p. 23.

historiadores e demais *scholars* que avaliam a figura de Hong Xiuquan e de seu "reino celestial" como produto de um fanatismo religioso deveras perigoso, vendo-os como uma espécie de Antônio Conselheiro[123] chinês – o que pode tornar a historiografia do galês, nesse ponto ao menos, deveras embaraçosa aos seus leitores de tendência liberal-científica. Temos uma questão chave de seu pensamento, que não podemos ignorar: quando o historiador galês diz que poderia ter vingado na China, caso os rebeldes de Taiping tivessem conhecido a vitória, "uma nova ordem cristã ou mais provavelmente semi-cristã, em vez de uma ordem comunista [que se instalou quase um século mais tarde]",[124] o sentido é indiscutivelmente de lamento, no qual se evidencia, e com todas as letras, que a fonte de todo o progresso real é *sempre* de ordem espiritual. Desse modo, os mensageiros e os executores dessa ordem constituem – ou devem constituir – a vanguarda cultural, seja isso publicamente reconhecido ou não. São os atores mais decisivos, para o bem e para o mal. Essa apreensão é importantíssima como chave de leitura da obra do galês. Entre a Rebelião de Taiping, o

---

123 Não sabemos ao certo como Dawson avaliaria o trágico evento que foi a Guerra de Canudos, mas poderíamos sim esperar uma aproximação deveras contrária ao relato consagrado por Euclides da Cunha, um liberal positivista, principalmente se o galês tivesse acesso aos diários de Antonio Conselheiro, os quais nos revelam uma pessoa completamente diversa da sugerida pela pena poderosa do escritor e correspondente fluminense. Para uma apreciação histórica bem mais rigorosa e precisa de Conselheiro, de seu imaginário e de sua sensibilidade cristã, ver: Pedro L. Vasconcellos (org.), *Antonio Conselheiro por Ele Mesmo – (2 vols.)*. São Paulo, É Realizações, 2017.

124 Christopher Dawson, *The Movement of World Revolution*. Washington D.C., The Catholic University of America Press, 2013, p. 94.

Estado manchu, a ordem liberal-capitalista do Ocidente e os posteriores movimentos revolucionários socialistas, Dawson se posiciona a favor da primeira, mesmo sabendo que se tratou de um movimento religioso-político com certas características que podemos chamar de fundamentalistas, mas que agregava, à antiquíssima tradição espiritual chinesa, inegáveis elementos cristãos.

É bom que se compreenda que ele não se coloca contra a ordem liberal, pois o que faz, conforme visto, é mostrar que a raiz espiritual dessa ordem foi uma cristandade dividida, destacando assim em seu veio mais profundo e formativo o encontro entre duas tradições espirituais. Seguindo essa linha de pensamento, um movimento de natureza espiritual também haveria de se antecipar, no caso da China, aos movimentos posteriores de reformas políticas, jurídicas e econômicas, indicando que a reforma primeira e fundamental tem de ser (e quase sempre é) de ordem espiritual-religiosa. O resto vem por acréscimo. Com efeito, "na China, todavia, o pensamento é religião, e a única educação é a educação confuciana. Toda tradição literária da civilização chinesa – e ela é a mais antiga tradição contínua do mundo – está nas mãos da classe culta confuciana, e fora dela não há nada exceto as escrituras dos monges budistas e os contos de fada dos mágicos taoistas",[125] os quais também se configuram como tradições espirituais. Da mesma forma, quando há um descaminho grave, sua origem também é frequentemente espiritual. E é exatamente assim que Dawson avaliava o ingresso chinês no comunismo: como derrocada espiritual, como queda numa heresia moderna altamente tóxica ao espírito humano.

---

125 Christopher Dawson, *Inquéritos sobre Religião e Cultura*, op. cit., p. 150.

Diante da inevitável avalanche da modernidade, apresentaram-se para a China duas formas de espiritualidade, não obstante, excludentes: a missionária cristã e a revolucionária anticristã, ambas ocidentais,[126] proselitistas e intelectualizadas, antecipando a inserção posterior à ordem liberal-capitalista em sentido comercial corrente. Isso significa que a questão cultural-religiosa precedia (estruturalmente) a entrada no mundo da alta tecnologia, da livre circulação de ideias e de mercadorias e do enriquecimento econômico. Todos sabemos qual foi o resultado desse processo chinês: sabemos que hoje, embora "espiritual e culturalmente" comunista, no sentido de submeter-se a uma religião política dominante, centralizadora e totalitária, a China participa e com indiscutível sucesso até o momento da ordem capitalista internacional, que a integrou sem nenhum pudor em seu sistema, enriquecendo imensamente o Estado chinês ao mesmo tempo que aumentou o seu poderio militar e, mais importante, a força interna do regime; portanto, o galês estava certíssimo, uma vez que a questão primeira foi sempre de ordem espiritual e não material – em si mesmo, o chamado sistema capitalista é mero instrumento na mão de agentes que o antecedem e que o antecipam, cujos fundamentos se encontram nas *filosofias heréticas* e nas *religiões políticas* da modernidade. Desde o princípio tratou-se, em seu fundo formativo, de uma revolução espiritual.

126 Embora o cristianismo seja uma fé de origem oriental, com o seu nascimento na Judeia e entorno, no século I, enquanto movimento reformista interno ao hebraísmo, sua integração à civilização greco-latina e posterior divulgação ao mundo, por meio dos impérios coloniais e das missões das igrejas, se fez como fé da cristandade, ou seja, como religião do Ocidente. As ideologias revolucionárias são, por sua vez, completamente ocidentais em suas origens.

Nesse sentido fundamental de um reajuste cosmológico-espiritual, deu-se o mesmo com o Japão. O galês põe em destaque o fato de o Japão ter se modernizado antes da China, durante o período Meiji, a partir de meados do século XIX; mas o faz não sem mencionar, logo em seguida, que as reformas do período Meiji só puderam ser bem-sucedidas porque no período anterior, Tokugawa, instalou-se no Japão uma fortíssima cultura de disciplina moral e espiritual entre as classes dos samurais e os oligarcas feudais, os quais comandavam politicamente o Japão. Uma espiritualidade ao mesmo tempo guerreira e refinada, ideologicamente amparada no confucionismo. Essa espiritualidade – essa cultura – foi o terreno em que mais tarde brotaria a ideologia de Estado japonesa e seu fortíssimo senso de dever público, de honradez e de dedicação à pátria – juntamente com os aspectos reversos dessas características, como xenofobia, racismo e supremacismo. Nesse ambiente mental e espiritual, que se tornou disseminado na sociedade japonesa, houve pouco espaço à penetração de uma ideologia do oprimido e do expropriado, fundamentada numa "guerra de classes". A guerra cultura/espiritual fora internamente decidida nas medidas tomadas entre o regime Tokugawa e a era Meiji, período em que o Japão moderno criou e consolidou essa tradição espiritual.

Há um livro primoroso sobre o assunto, *Ideology and Christianity in Japan*,[127] no qual se elucida com acentuado rigor documental como a perseguição, proibição e posterior desmoralização do cristianismo no Japão, realizada no início do regime Tokugawa,[128] preparam ideologicamente essa nação para o seu

127 Kiri Paramore, *Ideology and Christianity in Japan*. Routledge, 2009.

128 Entre 1612 e 1614, recrudescendo, em definitivo, a partir de 1620.

ingresso na modernidade, ao se criar aí, antes de em qualquer outra nação asiática, um eficiente sistema moderno de controle estatal sobre a moral, a conduta e as ideias do povo, manufaturando-se uma *religião de Estado* ideologicamente concebida, com sua estética, seu etos, seus signos e sua espiritualidade próprias, articulados às tradições religiosas primitivas e, não obstante, subsidiárias do neoconfucionismo como modelo educacional fundamental. Esse sistema foi montado como aparato mental e espiritual absolutamente hostil às demais doutrinas religiosas, incluindo o budismo[129] e o islamismo; contudo foi o cristianismo o adversário visto como principal ameaça. Isso em razão, e agora se trata de nossa avaliação, da natureza altamente escatológica dessa fé, que pode gerar (e que gera, fatalmente) mentalidades de postura insistentemente crítica ou mentalidades voltadas ao isolamento social, ambas apocalípticas diante dos poderes civilizatórios e autoritários em sua *pax* e ordenamentos estáticos, poderes forjados na violência para o apaziguamento social – cosmocratas e potestades em linguagem paulina.[130]

Dawson segue o mesmo caminho ao dizer que, ao contrário da China, o Japão modernizou-se nos seus próprios termos – o que significa que o fez nos termos de sua oligarquia *reformada*, não obstante amparada em tradicionalismo arcaico. Portanto, a historiografia do galês avalia essa reforma, em primeiro lugar,

129 "Maruyama nos sugere que a supressão em larga escala do poder dos religiosos budistas e dos leigos pelos líderes guerreiros, desde a segunda metade do século XVI, está intimamente ligada à posterior supressão do cristianismo, e fez parte do nascimento do moderno sistema de controle do estado japonês". Ibidem, p. 4.

130 Ver Maurício G. Righi, *Sou o Primeiro e o Último – Estudo em teoria mimética e apocalipse*. São Paulo, É Realizações, 2019.

como realidade espiritual/mental; como um processo gestado e estabelecido por uma fortíssima comunidade de pensamento, que reformou a si mesma para que, ao mesmo tempo, pudesse se adaptar aos novos tempos, preservando suas tradições mais antigas na consagração cultural de uma oligarquia milenar.

> Esse sistema de controle social consistente, deliberadamente manufaturado pelos oligarcas do regime Meiji, durante o último quartel do século XIX, era na verdade uma réplica do sistema intelectual-ideológico que esses oligarcas consideravam como o grande responsável pela excepcional coesão nacional e controle social dos estados europeus, e falamos aqui do nacionalismo moderno, e foi isso que realmente fomentou a emergência da ordem autoritária do Japão pré-Segunda Guerra Mundial; no entanto, tudo isso fora em grande parte determinado muito antes, no desenvolvimento do pensamento político do período Tokugawa - que teve como pedra angular [como contraste] a supressão do cristianismo.[131]

Temos aqui uma evidente escolha espiritual, cujos frutos amargos de um nacionalismo racista e imperialista protegeram, por outro lado, o Japão das investidas revolucionárias de cepa ocidental. Mas, nesse caso, isso significou, primeiramente, expulsar o cristianismo do Japão. Insistimos nesse ponto para que o leitor perceba que se tratou - antes de qualquer outra realidade social - de um alinhamento espiritual específico e poderoso, historicamente significativo, em torno do qual o Japão moderno se constituiu enquanto fortíssima entidade cultural, nacional e bélica.

---

131 Kiri Paramore, *Ideology and Christianity in Japan*. Routledge, 2009, p. 4.

Essa questão espiritual de fundo, sempre subjacente ao âmbito político, foi devidamente explorada – e com excelência artística – no filme "Silêncio", dirigido por Martin Scorsese, cujo roteiro teve como base o livro homônimo do escritor católico japonês Shusaku Endo. Há um momento no filme em que um frade jesuíta português é capturado, feito prisioneiro e levado à praça forte de um daimiô, durante a Rebelião Shimabara (1637-1638). Nesse lugar o jesuíta aprisionado é interpelado por um pequeno grupo de samurais, os quais asseveram que a doutrina que o missionário trazia, o cristianismo, era-lhes uma velha conhecida, pois tinham-na estudado cuidadosamente; mas a rejeitavam por ser perigosa e por não ter valor para o Japão. O jovem missionário é então levado à presença de um potentado inquisidor, que com ele inicia uma conversa muitíssimo esclarecedora aos nossos propósitos. Após um breve reconhecimento intelectual entre ambos, situando as frentes em disputa, o frade responde ao japonês que a doutrina cristã não se submetia a uma nacionalidade, nem à portuguesa nem à japonesa nem a qualquer outra, pois se submetia somente à Igreja, fundada no amor de Cristo e na fidelidade a este, ao que o inquisidor responde astutamente com uma peça de cinismo sapiencial: "Amor, padre? Pense nos homens que são atormentados pelo amor persistente de uma mulher feia".[132] O debate prossegue um pouco mais, permanecendo inconclusivo, mas se encerra com essa insistência do japonês, o cerne de seu argumento: "eu gostaria que você refletisse com cuidado sobre o amor devotado e fiel de uma mulher feia e estéril".[133]

132 Jay Cocks e Martin Scorsese, "Silence" – *Final Shooting Script*, em 05 jul. 2015.

133 Ibidem.

Trata-se de um tesouro retórico em linguagem figurada. A conversa tem o seu início com uma "alegoria do harém", em que o inquisidor diz que um grande daimiô precisou livrar-se de quatro *belas* mulheres fofoqueiras, as quais punham a paz do seu reino em risco – a saber, as quatro potências navais europeias: Portugal, Espanha, Holanda e Inglaterra. São quatro mulheres belas, quatro estados-nações modernos, que foram úteis e bem-vindas; foram férteis e serviram a um propósito. Mas, em razão de suas rivalidades mútuas, tornaram-se perigosas e precisaram ser expulsas. Todavia ele termina referindo-se ao *peso insuportável* de uma mulher amorosa e dedicada, mas feia e estéril; ou seja, está falando de algo pior, de um perigo bem mais grave.

Essa esterilidade se associa diretamente à Igreja Católica, uma instituição estruturada em celibatários consagrados, não obstante muito ativos do ponto de vista missionário, membros devotados em sua missão evangelizadora; todavia, é a fealdade extrema dessa mulher zelosa o ponto chave do argumento, exortando-nos à recomendada reflexão, quando alcançamos toda profundidade da alegoria do inquisidor, remetendo-nos ao próprio Cristo pregado na cruz, o deus-homem surrado, crucificado e desfigurado dos cristãos, mas que, não obstante, entregou-se aos seus algozes e os perdoou. Ou seja, como o próprio Dawson nos coloca, "o cristianismo iniciou-se com um fracasso retumbante, e o sinal de sua conquista sempre foi a Cruz, na qual o seu fundador foi executado".[134]

Trata-se de uma divindade inaceitável e mesmo impensável ao etos japonês, principalmente ao samurai,[135] e sabemos

---

134 Christopher Dawson, *Religion and the Modern State*. Sheed & Ward, 1935.

135 Como nos adverte Paulo em 1 Coríntios 1,18: "Porque a palavra da cruz é loucura para os que perecem; mas para nós, que somos salvos, é o poder de Deus".

que esse etos se impôs definitivamente como modelo de vida e de conduta durante o regime Tokugawa. No fundo de arranjos de natureza política – e temos aqui uma guerra espiritual – há um embate cosmológico pelos fundamentos religiosos e teológicos de uma cultura: a nacional japonesa em processo de consolidação moderna. No caso, o sr. Inoue, o potentado inquisidor, sabia muitíssimo bem que o cristianismo, uma vez disseminado nessa sociedade, abalaria completamente as fundações arcaicas da oligarquia japonesa, desmobilizando-a desde as bases, fazendo desmoronar o seu sistema de crença, e o faria em posse de um zelo proselitista inquebrantável. Resumindo, caso o Japão se casasse com o Cristo e com a igreja deste, seria um casamento estéril e amargo, sem filhos verdadeiramente japoneses. Haveria um esvaziamento incontrolável da estética e do etos aristocratas, solapando os fundamentos de sua ritualística, imemorialmente retirada de modelos arcaicos e confucionistas. Portanto, antes de quaisquer considerações políticas, seria preciso erradicar o cristianismo do Japão, dada a periculosidade extrema dessa fé (o budismo nem tanto, pois poderia ser mais facilmente domesticado, mas não antes de também ser perseguido e ameaçado). O modelo historiográfico do galês elucida essas movimentações, uma vez que as lê antropologicamente, segundo a sua teoria (não sistematizada) da cultura: as questões primeiras e fundamentais têm sempre natureza espiritual e mental.

A China, por sua vez, também esteve envolvida com questões espirituais de fundo, assim como os demais povos, mas não assumiu, ao contrário do Japão, o *controle cultural* e necessariamente interno de seu processo de modernização – ou seja, segundo referenciais culturais internamente reformados e desenvolvidos, retardando-o, insensatamente, com recaídas as mais retrógradas, como no caso da Rebelião dos Boxers

(1899-1901). O movimento muito próprio desses "boxeadores" expressou aspectos enrijecidos da decrépita dinastia Qin, franqueando a inadequação desse regime diante das demandas da modernidade e de seus agentes. Tratou-se, sem dúvida, de um movimento de fundo espiritual e sumamente fanatizado, no qual se fomentou um ódio irrestrito ao missionarismo cristão, mas que logo se estendeu aos demais estrangeiros, como faísca em rastilho de pólvora. Em suma esses "boxers" e a sua imperatriz despreparada conseguiriam, em seu antiocidentalíssimo radical (eram lutadores marciais – "os punhos harmônicos dos justos"),[136] um feito extraordinário e à época impensável: reunir praticamente todas as potências ocidentais contra eles, além do Japão,[137] cujo resultado foi uma extensa e dolorida derrota militar para a nação chinesa.

Temos, novamente, uma religiosidade de fundo, um amálgama de tradições advindo da religiosidade popular e de expectativas espirituais,[138] empurrando, desde substratos profundos

---

136 "A Sociedade dos Oito Diagramas ou do Princípio Celeste se engajara no culto diário ao sol e na recitação de textos religiosos, alegando que isso os tornaria invulneráveis às armas de fogo, entre outras formas de morte, como afogamento, fome, etc. Esse modelo pareceu caracterizar o desenvolvimento de muitas sociedades religiosas na China, as quais buscavam um 'grande empreendimento' (*ta shih*), referindo-se, em geral, à fundação de uma nova dinastia." In: C. K. Yang, *Religion in Chinese Society*. Berkeley, University of California Press, 1967, p. 220.

137 Império Britânico, França, EUA, Império Japonês, Rússia, Império Austro-Húngaro, Império Espanhol, Itália, Holanda, Bélgica e Espanha.

138 Esses movimentos (Lótus Branca, Boxer, Lança Vermelha, etc.) se baseavam, fundamentalmente, na "atmosfera religiosa que permeava o campesinato chinês, uma mentalidade que fora encorajada por burocratas imperiais. Havia uma crença disseminada em possessão espiritual, encantamentos e invulnerabilidade,

da sociedade chinesa, um movimento político-ideológico com repercussões internacionais. Em sua doutrina se tratava de uma disciplina marcial-espiritual, mas cujas origens históricas são hoje debatidas,[139] um movimento que atravessava as classes sociais,[140] subentendendo-as, coligando-as espiritual e ideologicamente contra um mal visto como maior: o avanço ocidental. Sabemos que esses rebeldes tinham-se como invulneráveis ao armamento europeu, bastando-lhes, supostamente, as artes marciais e seus armamentos brancos, como lanças, espadas e alabardas, os quais se integravam a procedimentos rituais e a encantamentos,[141] mas que certamente os levou, juntamente com as forças imperiais manchu, a uma derrota militar altamente custosa – a Rússia, e depois o Japão, ocupariam a Manchúria. Isso significa que um esforço de reforma espiritual se dava na China, e os Lanças Vermelhas viriam logo depois,[142] mas isso

---

que formava a base religiosa desses movimentos", num amálgama de xamanismo, confucionismo e budismo. In: Tai Hsüan-Chih, *The Red Spears (1916 – 1949)*. Rogel Center of Chinese Studies, 1985, p. xiii.

139 Provavelmente, em movimentos semelhantes e menores, mas anteriores ao século XVIII.

140 No caso, por exemplo, dos Lanças Vermelhas, "Não restam dúvidas que boa parte dos Lanças Vermelhas era composta por senhores de terra e potentados locais, seus clãs e famílias, porém, é igualmente certo que os camponeses pobres e médios compunham o grosso das linhas de frente desse movimento." In: Tai Hsüan-Chih. *The Red Spears (1916 – 1949)*. Rogel Center of Chinese Studies, 1985, p. xv.

141 Ver C. K. Yang, *Religion in Chinese Society*. Berkeley, University of California Press, 1967

142 Ver Tai Hsüan-Chih, *The Red Spears (1916 – 1949)*. Rogel Center of Chinese Studies, 1985.

era feito em bases descompensadas, calcadas em expectativas alienantes, o que veio a conduzir esse conjunto civilizacional riquíssimo e antiquíssimo, mas agora em integração desesperada na modernidade,[143] aos antípodas desses movimentos espirituais – e nos referimos ao materialismo socialista, a mais completa das religiões políticas.

O Japão, por sua vez, domesticou a sua monarquia no período Tokugawa, e desse modo coube à sua oligarquia (*shogunato* e, posteriormente, *genro*) modernizar o país, mas não antes de encarnar uma tradição espiritual robusta, disciplinada e esteticamente refinada, na consolidação de uma verdadeira cultura integradora de um etos e de uma estética, embora notadamente arcaica. Desse modo, o Japão pôde controlar o processo – somando-se ao fato de ser um arquipélago mediano e culturalmente coeso, o que certamente facilitou uma integração de cima para baixo e de dentro para fora, como se dera no outro lado do Hemisfério Norte com a Grã-Bretanha.

Um pequeno paralelo

Talvez fosse recomendável estabelecer dois paralelos, meras parábolas associativas, entre Inglaterra e Japão de um lado e

143 Houve, no entanto, esforços genuínos e equilibrados de modernizar a China, antes do desastre comunista, como no caso "extraordinário de Su Yat-sen [o fundador da República da China, o 'Pai da Nação'], que foi educado, em sua infância, no Bishop College, em Honolulu, e depois em Hong Kong. Toda a sua carreira foi moldada por influências missionárias – foi como cristão que iniciou sua campanha como reformista político, para que a China também incorporasse os modelos ocidentais de democracia." In: Christopher Dawson, *The Movement of World Revolution*. Washington D.C., The Catholic University of America Press, 2013, p. 100.

França e China do outro, pelos quais possamos vislumbrar os contornos de certas dinâmicas culturais em andamento. Equiparando, primeiramente, a Inglaterra/Grã-Bretanha com o Japão, temos, em ambos os casos, processos relativamente[144] harmônicos e culturalmente amparados de modernização, os quais foram articulados às duas sociedades pelas respectivas aristocracias em fases diversas, porém sucessivas, de acomodação. Houve, nesse caso, um caminho de reformas internas, que, em suas fases decisivas, atuou em franco detrimento da monarquia enquanto poder governante e entidade no comando da vida pública, ao mesmo tempo que se favorecia e se eternizava ideologicamente essa mesma monarquia – tornando-a um símbolo nacional na promoção de um modelo de Estado secularizante, em que a monarquia tinha o seu poder político esvaziado, não obstante, via-se reforçada numa mística definitivamente cristalizada. E assim foi tanto na Grã-Bretanha

---

144 Esse "relativamente" tem de ser devidamente destacado. Das Guerras Civis do século XV, conhecidas, posteriormente, como *Guerras das Duas Rosas*, até a Guerra Civil de meados do século XVII, além dos diversos levantes jacobitas ao longo dos séculos XVII e XVIII, o que tivemos, na Grã-Bretanha, foram diversos conflitos ferozes entre forças que buscavam o poder. Todavia, o processo modernizador, originalmente religioso, foi de fato absorvido por uma baixa aristocracia ascendente, impondo-se, ideologicamente, sobre a sociedade como um todo, numa assimilação orgânica e gradativa, que foi encabeçada, num primeiro momento, por reformas religiosas, reconfigurando e modernizando toda a sociedade britânica. No Japão, de modo semelhante, o chamado período *Sengoku* (1467 – 1615) foi quase que completamente tomado por guerras civis. Todavia, no processo reformador iniciado por Tokugawa Ieyasu, no início do século XVII, conduziu-se, conforme vimos, uma coesa e sólida unificação cultural do Japão, a base de sua modernização.

quanto no Japão. Preservava-se, desse modo, parte central das referências culturais mais significativas ao imaginário popular, ao mesmo tempo que se modernizavam a condução e a administração públicas, colocando-as sob as exigências e demandas da ordem liberal.

Por outro lado, temos França e China, nações igualmente centrais do ponto de vista político-militar – mais importante, absolutamente decisivas no plano cultural-espiritual em seus respectivos continentes e conjuntos civilizacionais –, mas que se estenderam, provavelmente além da conta, em seus absolutismos monárquicos, tornando-se posteriormente, cada uma em seu momento, repúblicas populares de inequívoco caráter laicista e ateu respectivamente, numa sacralização definitiva do Estado. Houve nesses dois casos uma sobrevida política talvez excessiva de dois portentosos regimes dinásticos absolutistas, o Bourbon e o Manchu, no prolongamento demasiado de suas cortes ociosas, vulgares e corruptas, com seus privilégios escandalosos; e falamos de absolutismos espiritualmente justificados pelas instituições religiosas dominantes, as quais, ora ameaçadas, ora corrompidas e submetidas por reis e nobres, passaram a trabalhar para o interesse das dinastias, incluindo funcionários e nobreza, ambos endemicamente corruptos. Isso gerou um processo de desencantamento social deveras abrangente em relação aos clérigos, suas ordens e instituições de base – e sabemos como a miséria e o sofrimento causados por carestia, guerra e peste, embora nem sempre conjugados, acumulam-se no imaginário popular, criando sentimentos que percorrem muitas gerações, os quais serão inevitavelmente capitalizados por grupos ideológicos ativos e aguerridos e em posse do momento certo para agir.

No caso da França, considerando o nosso olhar privilegiado, porque retrospectivo e reflexivo, não havia meios de a monarquia cair e a igreja continuar de pé, preservando-se, justamente, o ator mais popular do *Ancien Régime*: o papado e sua estrutura intelectual e administrativa. Monarquia e igreja se encontravam, fundamentalmente, conjugadas em seu poder milenar; logo, estavam, ambas, completamente associadas em seus descaminhos internos, "em toda a Europa, o *Ancien Régime* se baseara em uma união tão estreita entre Igreja e Estado que qualquer revolta contra o sistema político envolvia uma correspondente revolta contra a Igreja estabelecida".[145] A bem da verdade, a Igreja surgia como o alvo fatal, era ela *o* inimigo dos revolucionários fanatizados na nova ordem filosófico-cosmológica, catequizados na religião política do genebrino Rousseau, ideologicamente cultuada pelo triunvirato radical da Montanha (Danton, Marat e Robespierre), sendo este amparado nas milícias da Comuna de Paris.[146] Era a Igreja o inimigo a ser fundamentalmente exterminado: ali estava o adversário espiritual, e o leitor há de imaginar como Dawson enxergou isso com clareza, uma vez que soube apreender como esses ideais eram em seu fundo e acima de tudo religiosos ou pseudorreligiosos.[147]

A catolicidade era o cálice a ser despedaçado no altar idealista desse novíssimo panteão, e assim foi com uma igreja confiscada, profanada e rebaixada sobretudo após a promulgação

145 Christopher Dawson, *Os Deuses da Revolução*. Nova introd. Joseph T. Stuart; introd. Arnold Toynbee; apres. James Oliver; trad. André de Leones. São Paulo, É Realizações, 2018, p. 174.

146 "Era o partido da revolução total, que havia percebido a necessidade de unidade e de autoridade e estava determinado a impiedosamente destruir qualquer coisa que se colocasse no caminho de seus ideais". In: Ibidem, p. 124.

147 Ibidem, p. 124.

da Constituição Civil do Clero de 1790,[148] assinada a contragosto por Luís XVI, momento em que se oficializou uma nova ordem espiritual, na qual padres, monges, frades e demais clérigos tornavam-se funcionários públicos obrigados a jurar lealdade ao pseudo evangelho estatista dos revolucionários, num golpe fatal contra o apostolado cristão – mas que levou a igreja fiel aos seus mandamentos à clandestinidade, obviamente.[149] Segundo o olhar dos revolucionários, o monstro era então abatido e desmembrado,[150] sobre cujos restos despedaçados (e capitalizados) a nova ordem seria fundada e organizada, criando-se um novo cosmos. Nesse sentido, a monarquia foi mero adversário político, um adereço luxuoso e altamente simbólico da antiga ordem que se pensava superar – portanto, um adversário circunstancial,[151] podendo ser preservado ou não a

---

148 "Essa peça legislativa, provavelmente uma das mais mal concebidas da Revolução, teve como efeito principal inflamar a resistência católica, além de provocar o desencantamento do rei perante a Revolução e provocar uma ruptura na sociedade francesa." In: Linda S. Frey e Marsha L. Frey, *The French Revolution*. Westport, Greenwood Press, 2004, p. 6.

149 Em 1791, durante sessão na própria Assembleia em Paris, 42 dos 44 bispos presentes se recusaram a prestar juramento aos dispositivos regulatórios de rebaixamento da Igreja a organismo de estado.

150 "Padres e freiras foram executados aos montes, deportados e exilados aos milhares. Em 1795, até mesmo o clero constitucional, que havia aceitado a nova ordem e renunciado a qualquer dependência de Roma, estava reduzido a um estado lastimável". In: Christopher Dawson, *Os Deuses da Revolução*, op. cit., p. 176.

151 Ainda que Louis Antoine de Saint-Just, uma das figuras políticas mais hediondas de todo o período (o Arcanjo do Terror), tenha criminalizado a monarquia em seu discurso de acusação contra o rei, dizendo que este, mesmo se declarado inocente, deveria ser executado, uma vez que a função o criminalizava

depender de sua lealdade para com os ideais revolucionários. E de fato a primeira fase da Revolução, embora brevíssima, foi monarquista e constitucional. Com efeito, o rei Luís perdeu a sua cabeça na fria manhã de 21 de janeiro de 1793 porque insistiu, heroica ou insensatamente, na preservação inegociável de sua relação pessoal com a verdadeira Igreja, que se tornava clandestina, insistindo em praticar suas confissões e tomar os seus sacramentos – os seus e os de sua família – com membros do clero refratário. Em 17 de abril de 1791, o rei celebrou a missa de Páscoa com um sacerdote refratário, um *non-juror*, "e a recepção do Sacramento na Páscoa era um gesto de aderência tanto à religião quanto à [antiga] ordem social"[152]. Sua fuga desastrada, posteriormente caracterizada como ato de traição – e o monarca cometeu a insensatez de escrever uma carta em que expressava o seu desgosto para com os descaminhos da Revolução – ocorreu no momento em que Luís XVI se deu conta de que suprimiam-se as referências espirituais da França; quando finalmente percebeu que ele e sua família haviam se tornado prisioneiros em Paris, dando-se conta, muito tardiamente, que a Comuna de Paris e seus acólitos não expressavam o sentimento e a mentalidade da maioria dos franceses.

A igreja se restabeleceria, logo depois, na França, mas como instituição meramente religiosa, definitivamente apartada não somente da vida pública, mas da simbologia nacional. Na China, de modo análogo, o confucionismo, o budismo e as

---

à pena capital, essa argumentação sustentava-se somente sob o amparo de uma cosmologia que tinha a acusação e não o perdão em seu centro metafísico; portanto, fundamentalmente hostil ao cristianismo.

152 John Macmanners, *Church and Society in Eighteenth-Century France – The Religion of the People and the Politics of Religion*. Oxford, Clarendon Press, 1988, p. 103.

formas arcaicas de religiosidade popular nunca deixaram de existir (essas realidades são praticamente indestrutíveis), mas ficaram sob a tutela e o comando de um Estado ateu altamente ideologizado, podendo sofrer sanções e perseguições a qualquer momento, sempre que visto como necessário pela cúpula do Partido Comunista Chinês. O anticlericalismo virulento dos jacobinos não foi um fenômeno irracional e espontâneo: foi algo historicamente montado em etapas, e teve uma história de formação e de expansão bastante visível. Bem sabemos como o historiador galês foi versado nesse assunto.

> [Na França] os filósofos se viram em oposição não a uma massa flutuante de seitas em guerras [como ocorrera na Grã-Bretanha], mas se viram em oposição a uma única Igreja que reivindicava autoridade absoluta sobre o pensamento e a moral. Daí o caráter abertamente anticristão do movimento filosófico, cujo lema fora sugerido por Voltaire "*Écrasez l'infâme*" [a igreja]. [...] Seu verdadeiro anseio era o de substituir uma unidade por outra, substituir o reino universal da religião e da autoridade pelo da ciência e da razão. Esse absolutismo do pensamento, tão profundamente diverso do realismo cauteloso dos pensadores ingleses, devia-se não somente à violência da luta intelectual, mas a toda uma tendência da mente francesa [de sua comunidade de pensamento], em sua crença ilimitada nos poderes da razão humana.[153]
>
> Com a queda dos jesuítas, a igreja perdeu sua influência sobre as mentes das classes dominantes e os filósofos tomaram o lugar dos confessores e guias espirituais de reis e ministros.

153 Christopher Dawson, *Os Deuses da Revolução*, op. cit., p. 66, texto com adaptação.

> O movimento atingiu o seu ápice na geração anterior à Revolução Francesa. Em toda a Europa, estadistas empenhavam-se em varrer os destroços da Idade Média e realizar reformas administrativas, sociais e econômicas, segundo os princípios da nova filosofia [...] Na antiga ordem cristã, nobres e camponeses compartilhavam uma fé comum e um serviço religioso comum. Mas, agora, o cristianismo só era considerado bom para as classes inferiores, como Voltaire afirmava com tanta frequência; logo o alicerce espiritual da sociedade estava destruído.[154]

Como quase sempre ocorre, a supressão intelectual da antiga espiritualidade não se firmou a contento, uma vez que a nova religião política produziu lavouras não somente magras, mas tóxicas, incapazes de alimentar espiritualmente o povo. A antiga religiosidade do povo, fundamento da cultura ancestral,[155] restabeleceu-se de alguma forma, sobrevivendo aos revolucionários; mas isso se deu, na França, num cenário histórico já deveras modificado pelo laicismo revolucionário, no qual a cultura fundadora, única em sua espiritualidade, passou a ser marginalizada ou mesmo denunciada pela nova comunidade de pensamento e por seu crescente aparato educacional. Tratou-se, sim, na França, de uma guerra contra a catolicidade, e Dawson nos remete ao conflito da Vendeia, "uma guerra do povo contra o governo revolucionário, do vilarejo contra a cidade e dos camponeses contra os burgueses, quando, pela primeira vez, *a Revolução se viu diante de um poder que era mais profundo do que o seu*",[156] mostrando que a fidelidade real do camponês francês

154 Ibidem, p. 67.

155 Ibidem, p. 130.

156 Ibidem, p. 131.

ainda se ligava ao universo cultural-espiritual que os intelectuais queriam suprimir.

O serviço militar obrigatório, legado infame que a Convenção deixou para a humanidade, posteriormente consagrado no regime napoleônico, não podia ser aceito por uma comunidade visceralmente ligada à antiga ordem da cristandade, cuja cultura de liberdades e de isenções não permitia tamanha aberração contra o homem comum, em especial por conta dos excessos revolucionários e de sua aberta hostilidade contra a cultura popular. "Se os camponeses tinham agora de lutar [atribuição que não lhes seria, por costume, obrigatória], seus inimigos não eram os austríacos ou os prussianos, mas os representantes do poder odioso que matara seu rei e expulsara os seus padres".[157] Esse poder mais profundo que a Revolução veio então à tona, revelando o sedimento religioso da cultura europeia. E não pensemos que este derivasse a sua profundidade somente de sua antiguidade maior, de sua ancestralidade histórica, uma vez que derivava sua penetração abrangente de sua natureza outra, por meio da qual se toca, realmente, na alma das pessoas, em seu interior argumentativo, religioso e artístico.[158] Para além dos avanços técnicos e científicos que o Ocidente experimentava, esse homem simples, esse camponês fincado ao solo por gerações, aprendera

157 Ibidem, p. 130-31.

158 "Sob a superfície de nossa consciência ordinária, a esfera da razão discursiva, há um nível psicológico mais profundo, 'o nível da alma', no qual as imagens sensíveis e a atividade da razão não podem penetrar. Esse é o domínio da intuição espiritual, 'o encontro' da mente e da vontade esp que está naturalmente direcionada a Deus". In: Christopher Dawson, *Inquéritos Sobre Religião e Cultura*. Trad. Fabio Faria. São Paulo, É Realizações, 2017, p. 217.

a ser livre; mas isso foi reflexo de uma liberdade espiritualmente herdada, recebida e constituída ao longo de séculos e séculos de cultura cristã lavrada e adubada em solo europeu. Mas é exatamente isso que a Revolução lhes quis usurpar, em troca de migalhas embrulhadas nos ideais de justiça social e de igualdade. O emblema do Sagrado Coração, que os revoltosos da Vendeia usaram como símbolo, é absolutamente revelador desse poder, de sua profundidade salvífica, de sua relação redentora, de sua comunhão fraterna com a cultura que nele se sustentava e que, com ele, se identificava. O genocídio[159] que se seguiu à repressão dos revoltosos é marca indelével do testemunho desse poder – houve um gigantesco e inequívoco testemunho em Vendeia, "porque a perseguição em si *fez muito para restaurar* o prestígio da religião e do clero ao investi-lo de uma aura de martírio".[160]

Temos, agora, um Dawson completamente envolvido com um tema de fundo, o das forças subterrâneas, que determinam fundamentalmente as grandes movimentações históricas, mas que, em geral, se fazem invisíveis aos menos atentos; forças atuantes em todos os contextos, revelando uma movimentação constante de base religiosa/espiritual/mental, sobre as quais os agentes humanos têm, em geral, baixíssimo controle sobre os resultados, mas que costumam ser determinantes em larga escala. A historiografia do galês surge em sua vocação à contemplação das forças psíquicas em seus variados campos de enredamento, por assim dizer. É mesmo possível afirmar que ele enxerga os conjuntos civilizacionais e seus subconjuntos

---

159 Ver Reynald Secher, *A French Genocide – The Vendée*. Notre Dame, University of Notre Dame Press, 2008.

160 Christopher Dawson, *Os Deuses da Revolução*, op. cit., p. 176.

culturais como imensos campos psíquicos, em cujo interior a história se antecipa em suas grandes movimentações.

No destaque que dá aos resultados *avessos* do anticlericalismo revolucionário, quando se restitui, em contexto europeu, parte significativa de uma fé que estivera desvitalizada, num desfecho completamente involuntário do ponto de vista revolucionário, Dawson indica que o ser humano é herdeiro de forças que o ultrapassam, com as quais ele necessariamente se envolve, e que, ao fim e ao cabo, determinam cursos que não foram previstos e muito menos antecipados por nenhum agente humano diretamente envolvido no processo – "desse modo, a Revolução, que era a filha do Iluminismo, também se revelou sua destruidora".[161] Semelhantemente ao marxismo, a historiografia do galês também busca determinantes estruturais e ocultos; mas, nos antípodas deste, encontra-os não exatamente nas relações de produção e entre as classes sociais – muito embora passe por essas realidades e as contemple –, pois os encontra nos enredamentos entre conjuntos ou campos espirituais distintos, entre agregados de pensamento que transformam e que são transformados, mas que, acima de tudo, enquanto campos distintos de uma ordem espiritual, impõem-se individual e coletivamente em seus juízos sobre a natureza e sobre a sociedade.

A questão, portanto, da qual decorre o espiritualismo histórico, passa pelo reconhecimento de que se trata, em sentido completo, de campos de pensamento associados a realidades inúmeras, com suas faixas inferiores, intermediárias e altas, as quais impõem não somente significações distintas para um mesmo evento histórico, mas que também determinam certos eventos largamente inesperados diante das expectativas vigentes.

---

161 Ibidem, p. 177.

Ou seja, trata-se de algo que atua tanto na esfera dos fenômenos como nas esfera de suas interpretações, quando então nos deparamos com a influência da escatologia na obra do galês. Esse é um entendimento que, embora nos coloque no centro da história, vendo-nos como legatários de um projeto amoroso e salvífico, também nos coloca, em face da nossa pequenez e vulnerabilidade, como criaturas mortais, fixando-nos mais como intermediários que como comandantes e mestres reais das coisas. E, de fato, seriam poucas as ilustrações mais precisas sobre a correção dessa apreensão do que o destino trágico das lideranças jacobinas: "os próprios homens que parecem liderar e dominar são ferramentas passivas nas mãos dos eventos, pois são destruídos e jogados fora quando sua hora já passou",[162] uma vez que as forças gigantescas que os cercam são infinitamente mais decisivas e abrangentes, cabendo àqueles que têm sabedoria discernir corretamente, dirigindo-se ao auxílio das forças que lhes querem bem.

> Nenhuma resposta mais terrível poderia ser oferecida ao otimismo fácil da era de Luís XVI do que os 25 anos de revolução e guerra, de 1790 a 1815, e não surpreende que as mentes mais sensíveis que contemplaram esse longo espetáculo de miséria humana tenham sido levadas não só a renunciar às suas ilusões, como a questionar os princípios que fundamentavam todo o seu pensamento.[163]

Temos aqui a sugestão de um nível psicológico mais decisivo, socialmente visível em escritores e artistas, e que o

162 Ibidem, p. 180.

163 Ibidem, p. 178.

historiador galês chama de *nível da alma*,[164] o nível em que o humano se reconhece como dependente de coisas que o ultrapassam, reconhecendo-se incompleto e em profundo e extenso aprendizado espiritual. É justamente nesse momento, e estamos na parte final de *Os Deuses da Revolução*, que o historiador galês revisita o tema do romantismo, em contexto propriamente pós-revolucionário, avaliando-o como uma reação espiritual moderna ao Iluminismo, igualmente moderno: "na realidade, contudo, o elemento religioso no romantismo, seja católico ou não católico, foi muito mais profundo do que o apelo estético superficial",[165] afirmando que por trás de uma mudança no gosto literário e estético jazia, não obstante, "uma profunda modificação nas atitudes espirituais: uma tentativa de alargar o reino da mente humana, transcendendo os limites da consciência ordinária",[166] para além das aparências, para além do diminuto campo iluminado pela razão. Dawson descreve os românticos em bases espirituais e filosóficas, e não podemos deixar de conjecturar, e ele trata essa reação espiritual do romantismo como um movimento não somente legítimo mas bem-vindo, em que medida o galês também não falava de si mesmo, de suas próprias inclinações.

Sem meias palavras, Dawson passou a descrever de modo corrente, na fase madura de seu pensamento, embates espirituais entre comunidades de pensamento, as quais lutam por hegemonia em sentido amplo, visando a apropriação cultural/mental de sociedades inteiras e além. A questão árdua, todavia, é saber que esse embate não se dá na forma de exércitos facilmente

164 Christopher Dawson, *Inquéritos sobre Religião e Cultura*, op. cit., p. 130.

165 Christopher Dawson, *Os Deuses da Revolução*, op. cit., p. 184.

166 Ibidem, p. 184.

distintos uns dos outros, como se estivessem colocados frente a frente em campo neutro. A guerra espiritual tem outra natureza, sobejamente mais complexa, difusa e profunda. O que temos, ao que parece – e aqui a linguagem não é a de Dawson, mas a nossa –, são campos de consciência, campos psíquicos de tamanhos variados, enredados em dinâmicas próprias, mas formadores de agregados que podem crescer muito, os quais caracterizam os períodos históricos em seus processos particulares, todos eles articulados a estruturas profundíssimas e universais. O movimento romântico, por exemplo, uma reação espiritual-estética absolutamente característica de uma época – e falamos do final do século XVIII até meados do século XIX e além –, surgiu, pontualmente, como contramovimento ao Iluminismo racionalista; não obstante, conectando-se com elementos antigos e fundamentais, pois "no decorrer do século XVIII, o misticismo foi banido do mundo da alta cultura e a religião da sociedade se tornou mais e mais árida e racionalista. [...] O movimento romântico terá suas raízes fincadas no submundo religioso",[167] que estivera marginalizado. Por conseguinte, a depender da qualidade do autor/artista romântico em questão, o seu romantismo alcançou determinadas faixa desse campo de consciência em conexão com a história e também em produção histórica. Por exemplo, no topo espiritual dessa faixa romântica, Dawson identificaria autores e pensadores como Franz von Baader, Søren Kierkgaard e William Blake, entre outros "gigantes espirituais",[168] dizendo-nos que se tratou, no fundo, de um expressivo impulso de retorno ao movimento místico da cristandade – embora em roupagem moderna.

167 Ibidem, p. 185.

168 Ibidem, p. 183.

Todavia, e por outro lado, Rousseau também foi um romântico, provavelmente o primeiro, certamente um dos mais importantes – embora o seu romantismo pareça integrar-se em outra faixa, em outra *egrégora* de pensamento, agregando-se a outra ordem espiritual de fundo, com suas respectivas ambições e modelos. Com efeito, Rousseau e Blake participam de campos mentais em tensão permanente e com a diferença marcante de que o pensamento do primeiro impõe-se como violência organizada, agindo sobre o mundo, buscando ordená-lo, racionalizando-o por contrato, ao passo que o do segundo se coloca como *impressão da alma*, como um trabalho solitário de alguém que contemplou a natureza espiritual das forças que circulam para além dos agentes humano. Temos ação e contemplação em ambos os casos, mas com a diferença de que, no primeiro, esse binômio se destina ao desejado domínio do mundo; no segundo, à sua esperada redenção. Em suma, vencer *no* mundo ou vencer *o* mundo; e não há reconciliação possível entre esses contrários, porque "o mundo" significa, nessa apreciação muito própria, "o mundo caído". É certo que do ponto de vista de uma escatologia em bom nível, vinculada organicamente à história, quando temos uma teologia da história em chave escatológica – ou seja, um apocalipse – a nos orientar, isso implica um extenso, duradouro e misterioso processo de aprendizado num mundo crescentemente interconectado, *sobretudo em suas crises*, no qual aprendemos a nos humanizar numa aproximação crescente com os outros, na ampliação contínua dos vínculos solidários, o que significa, ao mesmo tempo, o esvaziamento contínuo dos ímpetos persecutórios e um recesso verdadeiro dos processos de vingança. Isso cria ao longo das eras, com o auxílio indispensável do Espírito, e esse é o único sentido realmente afirmativo de progresso, os espaços mentais-emocionais necessários para a ação de uma redenção em sentido amplo, para a penetração vertical de uma inteligência outra entre nós, na consumação dos tempos.

A historiografia de Christopher Dawson contemplou essa realidade, nela orientando-se em suas premissas; e o mesmo ocorre, embora em epistemologias outras, com os demais autores românticos, pelos quais o seu pensamento tinha evidente apreço. Todavia, por razões mais do que evidentes, trata-se de um posicionamento que encontra resistências e obstruções terríveis, vindas de todos os lados; mas, principalmente, dos sedimentos internos ao próprio mensageiro chamado a dar esse testemunho sobre a real ordem das coisas (todo aquele que decidiu assumir esse testemunho sabe quanto é difícil nele se manter).

Podemos dizer que, semelhantemente ao marxismo, o espiritualismo histórico do galês também é uma historiografia do conflito: história é luta; no entanto, como seu antípoda explícito, não é uma luta econômica, mas espiritual, pois os reais recursos em litígio permanente estão mais acima e mais abaixo. Brigamos, sim, por território, por riqueza e por posicionamento social, mas, antes, durante e depois dessas brigas, e mesmo quando cessam de tempos em tempos, criamos imensos edifícios semânticos pelos quais aprendemos a odiar – é pela lente dessas coisas, pelas vozes aí embutidas, que justificamos e legitimamos as nossas violências, as quais se tornam endêmicas; é por onde aprendemos a destruir sistematicamente os que determinamos como inimigo: eis um recurso decisivo, embora sumamente trevoso. O marxismo é um edifício desse tipo, e de fato formidável em sua estatura cosmológica para a escravização espiritual das massas. Nesse enquadramento, a historiografia do galês é um pequeníssimo Davi seminu diante de um Golias encouraçado e protegido em sua fronte; é o grito de um profeta num deserto de fumaça, ruído e horror; é a pena de um escritor tímido, porém sábio e determinado, que fez avançar, em sua contribuição própria, um plano para este mundo, projeto de nossa herança única, mas que nos é completamente distante em suas fontes. É uma historiografia que olha para os céus, com os pés na terra.

> Durante o período de sua estada em Felpham, entre 1800 e 1803, mais ou menos na mesma época em que o romantismo alemão se voltava para o cristianismo, Blake passou por uma crise espiritual que transformou sua atitude religiosa. Em 1804, escreveu sobre ter sido, durante vinte anos, um escravo, o prisioneiro de um moinho entre bestas e demônios [...] "mas agora não estou mais dividido ou em guerra comigo mesmo, irei com o poder do Senhor, como diz o Pobre Peregrino". A imaginação de Blake não é uma faculdade humana subjetiva; é um acesso ao Logos Criativo e Eterno, é uma Visão de Deus.[169]

169 Ibidem, p. 188-89, texto com adaptações.

6

Tudo se Parte, o Centro não se Sustenta

Em direção ao nada

Entre 1935 e 1943, Dawson teve publicada a sua trilogia política: *Religion and the Modern State*, publicado em 1935, *Beyond Politics*, publicado em 1939, e *The Judgment of the Nations*, publicado em 1943. Foram anos particularmente árduos, pois além das constantes mudanças de residência, o galês teve problemas de saúde, ficando gravemente doente em 1936 "numa combinação de problemas cardíacos, insônia crônica e depressão clínica",[1] o que certamente afetou a sua produção intelectual. Os motivos centrais de sua depressão nos são inalcançáveis, ligando-se, talvez, à sua personalidade e a conteúdos íntimos. Todavia, é possível identificar, tanto em seus escritos como nos relatos de pessoas que lhe eram próximas, uma sensibilidade realmente epidérmica diante dos terríveis acontecimentos do dia, os quais se

1 Christina Scott, *A Historian and His World – A Life of Christopher Dawson*. New Brunswick, Transaction Publishers, 1992, p. 127.

avolumavam em proporções cataclísmicas. Ao contrário do escritor judeu-austríaco Stefan Zweig, que, lamentavelmente, suicidou-se em 1942, o historiador galês nunca perdeu a esperança, firmando-se obstinadamente em sua missão de vida; e podemos vislumbrar, nesses anos dificílimos, o desenvolvimento de seu espiritualismo histórico, momento em que Dawson reivindica tanto para si mesmo como para a história uma guerra espiritual, proclamando-a abertamente em posicionamentos teológicos que, até então, distribuíam-se parcimoniosamente em seus trabalhos.

O Julgamento das Nações é um livro impressionante, uma peça de exortação profética a nos mobilizar contra o reino das potestades. Dawson chegava a seu limite, cruzava uma fronteira, quando antigos constrangimentos racionalistas, acadêmicos e científicos se dissiparam em nome de uma inteligência misteriosa e repleta do Espírito; uma inteligência que empunhava uma espada flamejante, sob cujo desígnio "a vida humana é essencialmente uma guerra contra poderes e potências desconhecidos".[2]

Foram anos de sofrimento intenso e de instabilidades emocionais, mas, igualmente, de atividade mental deveras positiva – pois, além das três publicações de peso, nas quais avaliava histórica e sociologicamente o seu mundo contemporâneo,[3]

---

2 Christopher Dawson, *Beyond Politics*. London, Sheed & Ward, 1939, p. 59.

3 "Nessa época em que a Europa se via gravemente ameaçada, Christopher retomou com força os seus escritos sobre a questão das ideologias contemporâneas, fosse o comunismo, o fascismo ou o regime democrático liberal. Particularmente, estudou como a Inglaterra poderia preservar a sua liberdade perante a ameaça totalitária". In: Christina Scott, *A Historian and His World*, op. cit., p. 131.

o galês passou a integrar, como editor e colaborador,[4] edições de periódicos nas esferas da cultura, da crítica social e do pensamento cristão. Tratou-se de um momento em que o seu pensamento se afastaria, quase por completo, das seduções modernas, de suas distrações e de seus artigos de consumo, para então mergulhar no campo escatológico, na construção de uma teologia da história cristã. Em primeiro lugar, Dawson cooperou ativamente com o projeto do cardeal Arthur Hinsley, no momento que este concebeu o movimento *The Sword of the Spirit*, por meio do qual se montava um ambiente intelectual católico aberto e inclusivo, verdadeiramente ecumênico, num almejado retorno à unidade social cristã, cujo objetivo intelectual maior seria o combate persistente aos totalitarismos da época, denunciando-lhes as atividades e os crimes,[5] revelando seu anticristanismo latente. Durante um curto período, o galês atuou como líder intelectual desse movimento. Em segundo lugar, o galês foi convidado, em 1940, a ser o editor da prestigiada *The Dublin Review*, outra linha de defesa da cristandade, cargo que ocupou de modo competente, convidando luminares

4 "The Tablet", "The Catholic Times", "Colosseum", "The Dublin Review", entre outros.

5 "O envolvimento de Dawson no SOS surgiu de sua crença no retorno da unidade social da igreja e das necessidades embutidas na propaganda de guerra. Esse projeto também se encaixava em sua preocupação mais abrangente de combate contra as ideologias totalitárias no fronte cultural. Dawson considerava que a ruptura na relação entre religião e cultura contribuíra para a criação do vazio espiritual e psicológico que foi então ocupado por essas ideologias, as quais buscavam unificar a vida social com base numa religião secular." In: Joseph Stuart, "Christopher Dawson in Context - A Study in British Intellectual History Between the World Wars", *Ph.D. Thesis*. Edinburgh, University of Edinburgh, 2009, p. 297.

diversos, homens e mulheres de pensamento livre, para que ali publicassem os seus ensaios – o que lhe rendeu, não obstante, inimigos internos, como Douglas Jerrold. Ao convidar George Bernanos, que na época vivia no interior de Minas Gerais, no Brasil, e Jacques Maritain, outro exilado, mas nesse caso nos EUA, para que ambos escrevessem nesse periódico – e aqui falamos de dois autores católicos críticos do regime franquista – o galês se tornou alvo de perseguições internas, o que de fato lhe custaria, posteriormente, o posto de editor. Destacamos aqui esses fatos, fartamente documentados e esclarecidos na biografia escrita por sua filha,[6] para que o leitor possa avaliar com certa precisão as tensões presentes na época. Ao posicionar-se contrariamente às expressões ideológicas autoritárias, à direita e à esquerda, ao mesmo tempo que passava a avaliar a ordem liberal em sua flagrante impotência cultural – pois, de fato, fora ela a genitora desses desvios –, avaliando-a como um sistema espiritualmente vazio, restou ao galês um campo deveras estreito de movimentação política. *O Julgamento das Nações* nos revela esse afunilamento, revelando-nos, igualmente, o estreito desfiladeiro da verdade em Cristo, pelo qual nos conduzimos para fora de nossas violências herdadas.

***

Quando os nazistas alcançaram o poder, em 30 de janeiro de 1933, sob os auspícios inconsequentes de Franz von Papen e dos nacionalistas alemães, colocando a pá de cal sobre a civilizada e democrática – embora frágil e datada – República de Weimar (1919-1933), os primeiros foram céleres na montagem

6 Ver Christina Scott, *A Historian and His World*, op. cit.

de um regime atroz. Em poucos meses "praticamente todos os aspectos fundamentais desse regime totalitário, que governaria a Alemanha até o seu colapso, quase doze anos mais tarde, em abril/maio 1945, estavam internamente consolidados".[7] A impressionante eficiência e rapidez na montagem do regime revolucionário nazista, um totalitarismo exemplar em seu assalto ao poder, a rapidez e a competência em que foram criados os organismos e os meios institucionais para a posterior destruição de pessoas e de povos sempre intrigou os historiadores do período, e isso ainda é motivo de debates e controvérsias.[8] Seria preciso, portanto, sublinhar alguns antecedentes, os quais nos revelassem direta e indiretamente uma inequívoca revolução espiritual em curso – uma revolução que teve de uma só vez um cunho arcaico e futurista.

Em seu livro sobre as origens ideológicas do nazismo,[9] Hermann Rauschning, que testemunhou o problema de dentro e conheceu pessoalmente Hitler e o alto-comando nazista,[10] nos dá dicas preciosíssimas sobre a composição interna e o tecido mental desse movimento, que ele caracteriza como sumamente revolucionário. Mas antes de entrar propriamente nas "ideias dos nazistas", em sua "visão de mundo", Rauschning faz considerações importantes sobre o clima político na Alemanha da época, dizendo que os golpes fracassados de 1920, o putsch de Kapp-Lüttwitz e o de 1923, o putsch de Munique ou da Cervejaria, ensinaram aos futuros revolucionários futuristas tudo o que não deveriam fazer, caso quisessem realmente tomar o

7 Richard J. Evans, *Terceiro Reich no Poder*. São Paulo, Crítica, 2017, p. 20.

8 Idem.

9 Hermann Rauschning, *La Révolution du Nihilisme*. Paris, Gallimard, 1954.

10 Ver Hermann Rauschning, *Hitler Speaks*. Thornton Butterworth, 1940.

poder; finalmente aprenderam que uma tomada efetiva do poder teria de se infiltrar pelo regime democrático – ou seja, teria de ser orquestrada pelos meios oferecidos pela legalidade constitucional, valendo-se astutamente de suas brechas para a subversão do regime democrático, num assalto generalizado *a partir de dentro*. Isso seria conduzido com investimentos maciços em propaganda política, na exaltação futurista de uma sociedades eficiente e orgulhosa de suas proezas técnicas, ao mesmo tempo que se explorava ao máximo as frustrações e os ressentimentos recentes do povo alemão, inserindo-o no arcabouço emocional de um necessário acerto de contas contra "traidores". Tudo isso, astutamente integrado a uma estética altamente sedutora às massas, repleta de referências mitológicas e arcaizantes, daria aos apelos revolucionários do nacional-socialismo o acesso privilegiado à chave mestra da alma germânica. O objetivo era a tomada do poder, e qualquer composição, aliança ou agenda estabelecidas antes dessa tomada seriam circunstanciais e revogáveis, uma vez que um movimento, para que fosse genuinamente revolucionário, não poderia ter princípios, senão o próprio movimento internamente consagrado à cúpula revolucionária.

> Uma força revolucionária não possui outra doutrina, senão o seu próprio movimento interno, não possui outra tática, senão a destruição de todos os valores e de todos os princípios. De fato, uma claque de dirigentes criminosos tomou posse do destino da Alemanha, os quais não hesitarão em lançar todas as reservas desta nação na fornalha revolucionária, alimentando, enquanto puderem, o fogo de seu dinamismo.[11]

11 Hermann Rauschning, *La Révolution du Nihilisme*. Paris, Gallimard, 1954, p. 31.

Desse modo o livro de Rauschning nos revela que o princípio revolucionário é semelhante ao seu fim – qual seja, *a sistemática manutenção de uma destruição prolongada*, por meio da qual são consumidos os recursos materiais e mentais à disposição. Nesse sentido, uma revolução moderna eficiente tenderá a expandir-se infinitamente, em busca de territórios e de sociedades, os quais possam alimentá-la por longos períodos, como se fosse um titânico aracnídeo, uma Shelob, conforme retratado na obra de J. R. R. Tolkien, em cujo ventre há um vazio trevoso, um nada devorador da vida, onde impera, portanto, um apetite mórbido. Há, no entanto, um passo mais fundamental e devidamente demonstrado no livro do político alemão: não é possível propagar um contágio revolucionário capaz de tomar toda uma sociedade de assalto, sem antes incutir, nessa mesma sociedade ou povo, uma formação ou "educação" voltada ao exercício coletivo de expurgos violentos. Não há revolução em sentido socialmente amplo e abrangente sem a produção e concomitante aplicação de altas doses de ódio e de ressentimento socialmente partilhados. No caso da Alemanha,

> desde há muito tempo que o espírito conservador desapareceu, substituído por uma forma burguesa de doutrina da violência, que passou a coexistir com a forma revolucionária, numa absorção mútua, mas a última é muito mais enérgica, atuante e decisiva. O poder e o seu aparato institucional passaram a ser constantemente estimulados a se degenerar em demonstrações gratuitas de violência, a autoridade passou a flertar com a ditadura. Privados de seus fundamentos éticos, esvaziados de seus elementos espirituais, o poder e a autoridade tornaram-se instrumentos para o exercício da escravização em massa.[12]

12 Ibidem, p. 32.

Temos aí o relato seco de um homem que viu a coisa de dentro, um político ciente de que, embora *nominalmente* no outro extremo do espectro ideológico, os nazistas se modelavam tanto no bolchevismo quanto no trotskismo em seu assalto revolucionário. E foi assim que transformaram o nazismo em movimento de massa, [13] ao mesmo tempo que asseguravam um poder absoluto à sua elite política.

> O nacional-socialismo conhecia a tática e a técnica do golpe de estado, e não somente nos moldes de Bonaparte, pois era ainda mais tributário dos métodos de Trotsky e de Lênin. Sabiam muito bem como passar de uma coalizão governamental e de um regime autoritário para a revolução nacional socialista. Após o golpe, ou seja, após o 30 de janeiro, o nacional-socialismo começou a aplicar, de modo sistemático, todos os artifícios de golpe de estado, segundo a fórmula trotskista, ocupando metodicamente os pontos estratégicos do estado e da economia, e foi assim que asseguraram a posse efetiva e totalitária do poder. Portanto, o nacional-socialismo sempre foi um movimento muito mais revolucionário que nacional. Sua realidade última é *a revolução total*, mas que não aparece na ideologia inicial, embora se manifeste, integralmente, nas táticas revolucionárias usadas pelo movimento.[14]

Em seu ensaio sobre o "Catolicismo e a Mentalidade Burguesa", publicado no periódico *The Colosseum*, em 1935,

---

13 Ver Fred Weinstein, *The Dynamics of Nazism – Leadership, Ideology and Holocaust*. New York, Academic Press, 1980.

14 Hermann Rauschning, *La Révolution du Nihilisme*. Paris, Gallimard, 1954, p. 33-34.

Dawson expressava a sua consideração sobre o papel do ódio na formação de um movimento revolucionário.

> Croce nos conta uma história divertida de como um delegado italiano que participava de um congresso socialista alemão foi obrigado a se desculpar pela falta de ódio de classe do movimento socialista italiano: "nós não odiamos, mas estamos nos esforçando nesse sentido". No socialismo inglês falta mesmo o esforço para aprender a odiar, apesar de o proletariado inglês ter sofrido com a burguesia muito mais que o alemão, desde a chegada do industrialismo.[15]

Há, nesse caso, um elemento a ser extraído. Trata-se de um artigo em que o historiador galês sublinha as incompatibilidades latentes entre o modo de ser do burguês e a catolicidade, de como esse modo de ser burguês deixou o mundo sob o poderio quase absoluto do dinheiro. Essa "subversão [burguesa] da verdadeira ordem da vida",[16] um perigo que fora sentido por Santo Tomás: quando a burguesia começou de fato a se transformar em grupo urbano socialmente expressivo, tomando primeiramente o Ocidente e, depois, o mundo inteiro de assalto. Ocorre que, segundo Dawson, o "etos cristão possui uma natureza essencialmente antiburguesa, uma vez se ancora no amor devocional, o etos daquele que oferece e dá, caridosamente, não pedindo nada em

15 Christopher Dawson, *Dinâmicas da História do Mundo*. Ed., pref., intr. e posf. John J. Mulloy; intr. Dermot Quinn; pref. e trad. Maurício G. Righi. São Paulo, É Realizações, 2010, p. 305.

16 Ibidem, p. 307.

troca".[17] A corrupção e a posterior atrofia dessa gratuidade amorosa do cristianismo, num esvaziamento contínuo (até o momento irreversível) desse modelo espiritual, precederam a *todos* os movimentos revolucionários modernos. Esse ponto é importantíssimo, colocando as críticas de Dawson em outro patamar. Não se trata somente de criticar os piores desvios modernos no nazismo, nos fascismos, no bolchevismo, no bonapartismo, no jacobinismo, e assim por diante; mas, sim, de perceber um assalto devastador e ampliado, dirigido contra a esfera da solidariedade, contra a prática do amor ao próximo, contra a esfera devocional e contra a espiritualidade, todos metodicamente solapados pela ordem liberal e seu sistema capitalista. E vemos, em seus resultados históricos, a dimensão desse pensamento sobre ordens culturais diversas.

A parada final no mais autodestrutivo *niilismo* foi mero desdobramento histórico desse processo, agudamente percebido pelo historiador galês. Temos então, e agora de modo absolutamente claro, a exposição de uma compreensão espiritualista da história, pela qual a infraestrutura responde pela visão religiosa e sua penetração gradual sobre um conjunto cultural e/ou civilizatório, vice-versa, respondendo também – quando retirada, solapada e substituída por outra cosmovisão – pela transformação radical de grandes conjuntos sociais.

> Infelizmente, a ruptura com o passado parece ter sido grande demais para que possa haver uma recuperação desse etos espiritual perdido dentro da Europa, mesmo que a civilização burguesa venha a se exaurir, tornando-se decadente.

17 Ibidem, p. 309-10.

> As pessoas não buscam mais uma alternativa na cultura humana do passado católico, mas na desumana civilização de massa comunista, ou nas tradições bárbaras do paganismo germânico, enquanto o mundo livre parece estar abandonado ao egocentrismo concorrencial de um capitalismo voraz, tendo como alternativa única uma versão burguesa de socialismo balizada numa gestão progressista de reformismo social, derivada da tradição democrático-liberal.[18]

Assim o galês expunha as forças que ainda nos dominam em pleno século XXI – embora tenhamos, nesse excerto, um texto escrito em 1935, mostrando-nos que, desde meados da década de 1930, o seu pensamento se deslocava rapidamente para uma teologia da história com inegáveis contornos apocalípticos, produzindo reflexões completamente atuais.

Em 1961, num ensaio inspirado sobre obra e pensamento de Dostoiévski,[19] René Girard afirmava, alinhando-se indireta mas distintamente com Dawson, que o escritor russo foi um dos primeiros a perceber que a modernidade produzia, em quantidades industriais, *homens subterrâneos*, futuros niilistas, milhões de pessoas condicionadas a acreditar que o céu seria o limite, mas que jamais conseguiriam sair do buraco em que nasceram, gerando ressentimentos e frustrações coletivas de proporções titânicas, potencialmente catastróficas, e realmente "todos os indivíduos subterrâneos creem-se tanto mais 'únicos' quanto mais são, de fato,

18 Ibidem, p. 313-14.

19 René Girard, *Dostoiévski – do duplo à unidade*. Trad. Roberto Mallet. São Paulo, É Realizações, 2011.

parecidos".[20] Observamos assim, em escala industrial, um processo de apagamento da pessoa, na formação substancial do homem-massa: funcionários, autônomos, burocratas e empregados subalternos, todos integrados a um sistema de propaganda, que lhes lançava sugestões diárias de que "chegariam lá", fosse por meio das promessas do mercado, fosse por meio das promessas do serviço burocrático; mas em cujas frustrações recorrentes, de fato inevitáveis, esses sujeitos foram psiquicamente alimentados.

O interior mental das populações conectou-se a circuitos de orgulho e de humilhação flutuantes – tais como as do mercado financeiro –, fortalecendo tanto o etos revolucionário quanto o etos rentista, facilitando enormemente a disseminação de campos políticos em que psicopatas, em geral vindos desse subterrâneo, seduzem milhões de almas esvaziadas; pessoas completamente frustradas, mas que artificialmente "foram transformadas em super-homens, apesar delas mesmas – retiradas de seus arados e dos bancos de sapateiro para receber um poder que os autocratas deificados dos antigos impérios do mundo nunca possuíram",[21] e Dawson arremata dizendo, "essas são as condições que levaram ao surgimento do Estado totalitário".[22]

Girard chega a dizer que "ao longo de sua história o individualismo ocidental assumiu pouco a pouco as prerrogativas que pertenciam a Deus na filosofia medieval. Não se tratou de uma simples moda filosófica, de um interesse

---

20 Ibidem, p. 86.

21 Christopher Dawson, *O Julgamento das Nações*. Pref. Alex Catharino; intr. Michael J. Keating; trad. Márcia Xavier de Brito. São Paulo, É Realizações, 2018, p. 71.

22 Ibidem, p. 71, texto com adaptações.

passageiro pelo subjetivo; não há, depois de Descartes, outro ponto de partida senão o *cogito ergo sum*".[23] Esse foi o modelo filosófico para a emergência de um "envenenamento metafísico", que pôs milhões de pequenos deuses a brigarem desesperadamente entre si, buscando forçosamente no outro com o qual rivalizam um reconhecimento de divindade que lhes é obviamente negado, na criação de ambientes sociais progressivamente saturados de violência endêmica e crescentemente tomados por crises insolúveis; em suma, ambientes apocalípticos.[24] Em *O Julgamento das Nações* temos o anúncio de uma orientação apocalíptica "do homem moderno, intoxicado pelo poderio recém-adquirido".[25] Girard esmiuçará teologicamente a questão ao dizer que "se o mundo foge de Cristo, em vez de segui-lo, este fará com que essa fuga sirva a seu desígnio redentor. Realizará na divisão e na contradição o que gostaria de realizar na união e na alegria. Querendo divinizar-se sem o Cristo, o homem coloca-se a si mesmo na cruz. É a liberdade de Cristo, desviada, mas viva, que engendra o subterrâneo".[26] Todas as revoluções modernas, em clave radical e necessariamente genocida, responderam a processos psíquicos advindos de realidades subterrâneas forjadas no orgulho prometeico, forjadas em dinâmicas sadomasoquistas, dinâmicas entre senhor e escravo, em cuja tecitura

---

23 Ibidem, p. 89, texto com adaptações.

24 Ver Maurício G. Righi, *Sou o Primeiro e o Último – Estudo em teoria mimética e apocalipse*. São Paulo, É Realizações, 2019.

25 Christopher Dawson, *O Julgamento das Nações*, op. cit., p, 72.

26 Trata-se de passagem em que Girard revela toda a sua genialidade analítica de inspiração escatológica. In: René Girard, *Dostoiévski – do duplo à unidade*, op. cit., p. 128.

mental, caracteristicamente disforme, brotaram projetos de supostos sistemas sociais perfeitos, nos quais o bem, a caridade e o perdão foram tidos como superados pela eficiência do próprio sistema, que operaria para a manutenção perpétua de si mesmo[27] – leia-se: do poder de sua elite dirigente, criando mundos tomados de "demônios [a referência aqui é Dostoiévski] que outrora assombravam as cabeças de escritores párias, mas que, agora, invadiam o mundo dos homens e se tornavam os seus senhores".[28]

Uma visão da realidade

Ao escrever *O Julgamento das Nações*, Dawson parecia estar em busca das "luzes" imperecíveis, como disse Alex Catharino em seu prefácio à edição brasileira: "para dissipar as trevas nas quais a civilização europeia estava mergulhada".[29] Nesse momento de sua trajetória e em plena maturidade o galês concluía que "o mal é uma força progressiva e que o mundo moderno oferece perspectivas ilimitadas para seu desenvolvimento".[30] Trata-se de um entendimento completamente alinhado à

27 O que nos remete às reflexões do psiquiatra britânico Anthony Daniels (Theodore Dalrymple), quando este diz que começou a desconfiar intelectualmente das bases do discurso progressista ao perceber que, em seu fundo psicológico, se tratava de ideologias que propunham a criação de sociedades em que ninguém mais precisaria se esforçar para ser bom e íntegro. Ver Maurício G. Righi, *A Ruína Mental dos Novos Bárbaros – Uma introdução ao pensamento de Theodore Dalrymple*. São Paulo, É Realizações, 2015.

28 Christopher Dawson, *O Julgamento das Nações*, op. cit., p. 70, com adaptações.

29 Alex Catharino, ibidem, p. 12.

30 Christopher Dawson, *O Julgamento das Nações*, op. cit., p. 71.

apocalíptica, enquanto gênero literário denunciatório dos poderes instaladores de sistemas opressivos crescentemente sofisticados. Além de compreender extensos comentários geopolíticos codificados em linguagem místico-teológica, os apocalipses nos revelam a magnitude simplesmente colossal dos poderes que nos oprimem desde sempre, revelando que, por nós mesmos, em nossa estatura e capacidade próprias, jamais poderemos vencê-los, porque são eles os controladores das redes de desejo, os senhores da propaganda, da indústria do luxo e da beleza, das ciências da administração, das feitiçarias e dos encantamentos, do maquinário bélico e das classes dirigentes com suas políticas públicas, que se encontram reunidos na apocalíptica num único agregado chamado de "saberes-poderes".

Em perspectiva apocalíptica, o mundo sempre foi governado por gigantes perversos e por seus filhos igualmente perversos, cujas obras reproduzem uma monstruosidade que podemos chamar de sistêmica. Desse modo a questão do mal é deveras abrangente, profunda e dinâmica, muito mais do que os ingênuos tendem a avaliar, e os apocalipses nos revelam a existência de *inteligências sobre-humanas* por trás da reprodução sucessiva de bestas, progressivamente capazes de escravizar a humanidade – pela violência, pela sedução e pela alienação, o triângulo de fogo. Trata-se, obviamente, de literatura mística, mas em cuja envergadura semântica retiramos as categorias analíticas com as quais hoje avaliamos os cenários políticos,[31] na medida em que não podemos mais

31 Ver Robert G. Hamerton-Kelly (org.), *Política & Apocalipse – Estudos em violência, mímese e cultura*. Posf. João Cezar de Castro Rocha; trad. Maurício G. Righi. São Paulo, É Realizações, 2020.

ignorar o sentido ético e histórico dessas coisas. Sim, o apocalipse nos retirou das circularidades interpretativas do mito. Resumidamente: foi esse gênero literário, a apocalíptica, de Enoque a João e aos Evangelhos, passando pelos profetas, que nos deu a noção tanto de um sentido para história quanto de um julgamento e de uma redenção de seus participantes, num amplo chamamento ao testemunho – ou seja, à responsabilidade e ao livre-arbítrio espirituais. A história caminha para a frente e podemos apreender as suas etapas em grandes conjuntos de significado, conjuntos simbólicos, conforme nos tornamos conscientes (e participamos) de seus julgamentos – conforme aprendemos a discernir espiritualmente as movimentações da vida. Julgar é discernir.

Ocorre que Dawson viveu numa época em que um desses julgamentos se tornou absolutamente visível aos homens e às mulheres com certa sensibilidade teológica, e mesmo às pessoas mais simples, não obstante, sábias. T. S. Eliot o percebia e o expressava com muita clareza já na década de 1920; Dostoiévski percebera-o profeticamente ainda antes, no que podemos avaliar como clarividência místico-literária. Mas que julgamento seria esse? O galês nos diz, sabiamente, que é o das "nações" – e, de fato, estas acumularam crimes gigantescos, quando, durante dois séculos, "as energias do mundo ocidental pareciam absorvidas no ganho financeiro e na exploração dos povos mais fracos".[32] E que o leitor perceba que são estes os gigantes convocados a se sentar no banco dos réus. O galês sabe que as "coisas não podem ser mais resolvidas pelo poder", que a "ciência se tornou serva desse poder" monstruoso; sabe que as pessoas perderam a liberdade e o discernimento,

32 Christopher Dawson, *O Julgamento das Nações*, op. cit., p. 70.

perderam capacidade de julgamento para identificar as forças de exploração e de controle que ajudaram a alimentar, as quais se tornaram bestas devoradoras de povos, chegando à conclusão de que "a humanidade não pode salvar-se pelos próprios esforços"[33] – ou seja, que precisa reorientar-se na revelação da Cruz. Isso é pura escatologia cristã, mas que, na pena de Dawson, se expressa como reflexão social e histórica amparada no papel civilizatório da própria igreja. A coisa se escancara então: as nações faliram, a civilização está por um triz, restando-nos uma ação contínua tanto na catolicidade, "acordando-nos para a realidade dos perigos dos quais o papado havia muito falava,"[34] quanto na religiosidade em geral, num retorno dos povos à transcendência. Novamente, precisamos ter em mente um cenário histórico em que a cristandade europeia estava dominada ou sitiada por poderes terríveis, estes urdidos no seio fáustico da modernidade – o julgamento se impunha na forma de uma guerra devastadora, cujo resultado era incerto.

> Sob a sombra dessa ameaça, os conflitos parciais que dividiram a cultura ocidental não têm mais o mesmo significado, e as causas de Deus e da humanidade tornaram-se uma só. A lei da caridade não é estranha à natureza humana e não se opõe aos ideais de liberdade e de progresso social que inspiraram a cultura ocidental nos tempos modernos. Ao contrário, é a única lei que pode salvar a humanidade da lei de ferro do poder que destrói os fracos pela violência e os fortes pela traição.[35]

---

33 Ibidem, p. 72.

34 Ibidem, p. 73.

35 Ibidem, p. 73.

O galês se refere às "forças demoníacas" que foram "desacorrentadas", pondo em risco grave não somente uma civilização, mas toda uma era histórica. Ainda assim, não deixa de ser uma fase, mais uma etapa do apocalipse, pois uma consciência renovada haveria de surgir dos escombros dessa experiência de julgamento. O galês rememora então as vicissitudes pessoais de Agostinho, que mesmo vendo ruir o mundo em que nascera e se criara, frente diante das crescentes devastações dos bárbaros, soube "permanecer acima do conflito",[36] sob a expectativa de uma nova luz restauradora. Temos a descrição da morte de um mundo velho para o nascimento de um novo, e a vida de Santo Agostinho se encaixa, sob inúmeros aspectos, nesse trânsito entre Antiguidade Tardia e Alta Idade Média; ao que tudo indica, Dawson se via sob circunstâncias análogas.

Num texto sobre o pensamento de Agostinho, intitulado "Santo Agostinho e a *Cidade de Deus*", publicado em artigo em 1930, o historiador galês diz que "*A Cidade de Deus* foi um *livre de circonstance*, escrito com um objetivo definitivamente controverso, como resposta a uma necessidade particular",[37] e que o mesmo valeria para todos os livros do santo de Tagaste, o que nos faz pensar que, talvez, Dawson avaliasse a sua obra de igual modo, embora desconheçamos uma afirmação sua sobre isso. Seja como for, *O Julgamento das Nações* é um *livre de circonstance*, ou seja, é uma resposta a uma necessidade particular: "a desintegração da cultura ocidental sob o esforço de guerra".[38] Mas não se trata, exclusivamente, de um libelo contra

36 Ibidem, p. 73.

37 Christopher Dawson, *Dinâmicas da História do Mundo*, op. cit., p. 413.

38 Christopher Dawson, *O Julgamento das Nações*, op. cit., p. 78, texto com adaptação.

a nazificação de parte da sociedade europeia da época; o livro é bem mais que mera crítica, pois nele temos uma exortação ao retorno da unidade espiritual cristã, antevendo, no restabelecimento dessa unidade, uma futura reconciliação entre as nações europeias, não antes, porém, de elucidar "as origens religiosas da desunião europeia".[39]

Sabemos que Dawson escreveu o texto que veio a formar o segundo capítulo de *O Julgamento das Nações*, intitulado "Democracia e Guerra Total", após o encerramento do que a terminologia jornalística da época passou a chamar, jocosamente, de "Guerra Farsesca – *Phoney War*": o período de oito meses desde a invasão da Polônia, em setembro de 1939, até a invasão da Holanda e da Bélgica, o Plano Amarelo, *Fall Gelb* ou *Sichelschnittplan*, como preparação para a invasão da França em maio de 1940, dizendo-nos "que essa 'guerra farsesca' consolidou-se, afinal de contas, como Guerra Total, devendo afetar o mundo inteiro e também o futuro dos povos e da civilização".[40] Em posse de certa astúcia interpretativa, podemos entrever com base nesse excerto um desagravo do historiador dirigido aos "pacifistas" e demais "pacificadores" de sua época, os quais nunca se interessaram pela real periculosidade bélica do regime nazista, preferindo ofender e ridicularizar, publicamente, os que a denunciavam insistentemente, e sabemos que Sir. Winston Churchill foi alvo cativo dessa gente. Com efeito, nesse caso, os pacifistas militantes contribuíram, em muito, para a criação de uma opinião pública influente, não obstante absolutamente alienada em relação à flagrante agressividade bélica do nazifascismo. E temos nesse caso algo

39 Ibidem, p. 95.

40 Ibidem, p. 79.

importante em nossa discussão. Em primeiro lugar, esse período inicial da guerra "foi qualquer coisa, menos farsesco",[41] uma vez que a Polônia fora rápida e brutalmente ocupada por duas potências totalitárias – uma das quais invadiu a Finlândia, em novembro de 1939, na chamada Guerra de Inverno, enquanto a outra invadia a Dinamarca e a Noruega em abril de 1940. Todavia, para a classe pensante ocidental, incluindo políticos e imprensa, a guerra se tornaria real somente com a rápida ocupação da França. A bem da verdade, até 1938, a elite intelectual ocidental e midiática em peso, seguida de seus milhões de leitores, favorecia diligentemente algum tipo de acordo com os nazistas, *em nome da "paz"*.

> Quando Daladier pousou em Le Bourget, após retornar de Munique, havia uma grande multidão para aclamá-lo. Chamberlain se tornara igualmente popular na França. Estourou, na época, uma breve moda para que as pessoas comprassem os guarda-chuvas de Chamberlain, que os franceses chamavam de "*mon* Chamberlain", e a própria imprensa começou a promover um fundo de doações para que fosse comprada, no interior da França, uma casa de campo para o então amado primeiro-ministro britânico. Cinquenta e sete por cento da população francesa aprovava, naquele momento, o Acordo de Munique.[42]

O guarda-chuva de Chamberlain tornou-se, na época, um emblema da paz, representando "o temperamento e o

41 Michael Korda, *Alone – Britain, Churchill, and Dunkirk: Defeat into Victory*. Liveright Publishing, 2017, p. 95.

42 Julian Jackson, *The Fall of France – The Nazi Invasion of 1940*. Oxford, Oxford University Press, 2003, p. 149.

caráter do 'Homem de Paz', que soubera aliviar as aflições do mundo ao lavrar um acordo de cavalheiros com Hitler em 30 de setembro de 1938".[43] Tudo isso ruiria fragorosamente alguns meses mais tarde, o castelo de cartas seria exposto à ventania da realidade, e a civilização teria de se conformar em lutar para valer e com todas as suas forças, a sua sobrevivência estava em jogo. A nós interessa notar como o galês avaliou acidamente o pacifismo da época, tomando-o como um instrumento espiritualmente subvertido contra os seus propósitos formais: "e se buscarmos refúgio no pacifismo, descobriremos que este vem sendo explorado da mesma maneira pelos totalitários, pois usado como uma arma para enfraquecer a resistência e desintegrar o estado de espírito nacional".[44] Ainda que Chamberlain e Dawson se assemelhassem não só fisicamente, mas também em certa altivez fleumática, expressando certa britanidade realmente característica, jazia entre ambos um golfo não somente biográfico, mas sobretudo mental. Como um administrador puro-sangue, um homem enraizado "nos valores corporativos",[45] o primeiro-ministro foi sobretudo um administrador liberal voltado para o gerenciamento de pessoas e de empreendimentos, um progressista; ao passo que o historiador galês, embora incorporasse certas qualidades raras, nunca foi um administrador. Dawson era largamente incapaz de gerenciar tanto a própria vida quanto

---

43 Julie V. Gottlieb, "Neville's Chamberlain Umbrella: 'Object' Lessons in the History of Appeasement", *20th Century British History*. University of Sheffield, vol. 27, n. 3, 2016, p. 357-88.

44 Christopher Dawson, *O Julgamento das Nações*, op. cit., p. 80, texto com adaptação.

45 Robert Self, *Neville Chamberlain – A Biography*. Routledge, 2001, p. xiii.

a de sua família, como nos revelou sua filha;[46] por outro lado, desenvolveu-se agudamente nesse galês, mas muito pouco no político inglês, uma leitura fundamentalmente espiritual da sociedade, pela qual pôde identificar não somente as terríveis ameaças de seu tempo, mas igualmente sua trajetória de formação, apreendendo suas forças subterrâneas, largamente invisíveis aos tecnocratas em seus "valores corporativos".

O maligno nunca se apresenta como tal nos salões marmoreais dos poderes oficiais, em cujo fausto cínico regado a licores, charutos e fraseado espirituoso, o diabo seduz, gentilmente, seus futuros contribuintes. Nesses ambientes de traição, todos se tornam cavalheiros involuntários de uma antessala infinitamente espelhada, em cuja porta dos fundos – geralmente encoberta com volumes em filosofia política e bustos célebres – os bebedores de sangue aguardam, afoitos, pela ordem de batalha. Dawson enxergava essas coisas, via os espectros trevosos por trás desses espelhos. Chamberlain, por sua vez, contemplava-se a si mesmo nesses espelhos como um homem pela "paz".

> A coisa terrível não é a violência revolucionária dos primeiros anos da Revolução Russa ou o *putsch* de 1933 na Alemanha; não é o reino da polícia secreta, da crueldade e da traição, que a acompanham. É não haver limite *ao movimento de regresso* [grifo nosso], perceber que, em poucos anos, uma sociedade passará do idealismo revolucionário a um estado altamente organizado de desumanidade, pelo qual se planeja a liquidação das classes, a transplantação de populações diversas e a destruição de povos inteiros de modo tão cruel quanto o dos assírios ou dos tártaros. Esse novo barbarismo é, todavia, pior

46 Ver Christina Scott, *A Historian and His World*, op. cit.

> que o do passado, visto que hoje se organiza na ciência pervertida de uma civilização corrupta.[47]

Se essas palavras não foram proféticas, em sentido estrito, não sabemos mais o que seria profetismo. O galês adiantava, nessas linhas, crimes futuramente cometidos – mas não antes de colocar em destaque o seu sentido fundamentalmente arcaizante. *O Julgamento das Nações* é um livro conectado fundamentalmente a esse tema: o da *guerra espiritual* que forças arcaizantes moviam contra a civilização democrática e liberal moderna, esta originada nos valores cristãos de liberdade, de integridade e de autonomia da pessoa humana, de caridade entre pessoas e comunidades, mas que se desviara fatalmente de suas origens. Seria urgente que o mundo contemporâneo reconhecesse essa dependência vital, pois somente assim esse perigo subterrâneo poderia ser realmente debelado; caso contrário, mesmo com uma vitória militar dos Aliados, apenas adiaríamos, uma vez mais, o encontro fatal com a necessidade de uma reforma realmente profunda e abrangente em nosso modelo de sociedade. Temos um autor que, contrariamente a boa parte de seus contemporâneos, não ficou paralisado no medo, mas tampouco se deixou embriagar pelo olhar da serpente, não se deixando seduzir no mal, na adoção inconsequente de seus métodos; mas conseguiu olhar para além, não porque fosse um adivinho oracular, um visualizador extático de mundos futuros, mas porque enxergava o que estava estruturalmente oculto, vislumbrando a movimentação dessas estruturas em suas muitas camadas, esses gigantes que nos oprimem.

---

47 Christopher Dawson, *O Julgamento das Nações*, op. cit., p. 126, texto com adaptação.

O galês nos narra uma longa história de desintegração da cultura ocidental, embora pautada por renascimentos que a fizeram avançar aos trancos e barrancos. Muito antes de Lênin, de Hitler, de Mussolini e de Stalin, entre outros menos célebres, antes mesmo de a Europa se ver secularizada e de se orgulhar disso, houve uma divisão irreparável na cristandade, geradora de conflitos dos mais terríveis; e falamos da revolução protestante, cuja solução parcial, "a solução para o problema da falta de unidade religiosa",[48] foi o desenvolvimento e a posterior instalação da ordem liberal e seu projeto secularista de sociedade. Em determinados aspectos fundamentais, "sob os conflitos ideológicos que dividem o mundo moderno repousam antigos conflitos teológicos".[49] Uma solução que fosse de fato abrangente e duradoura perante as investidas dessas forças subterrâneas, em seu movimento ao mesmo tempo arcaizante e futurista, teria de passar, necessariamente, por uma reconciliação espiritual entre as nações europeias, uma vez que o liberalismo, por si mesmo, mostrara-se largamente incapaz de guiar as forças que liberara; tornou-se um credo negativo e defensivo, e que, do ponto de vista socialista, representava nada mais que um "interesse de classe".[50] Teríamos assim, nesse grande cataclismo que foram os anos 1930 e 1940, expressões recentes, absolutamente atrozes, de encaminhamentos revolucionários que foram se agudizando dentro da ordem liberal.

Os elementos antiliberais do socialismo indicam a sua filiação no próprio liberalismo – e não teria como ser diferente

48 Ibidem, p. 97.

49 Ibidem, p. 98.

50 Ibidem, p. 124.

do ponto de vista de uma história da cultura –, mas foram esses os elementos que, não obstante, fomentaram o processo de radicalização revolucionária, desembocando nas táticas absolutamente perversas dos regimes totalitários do século XX. "A afirmação do direito de o homem viver uma vida humana plena, essência do socialismo, longe de compreender uma oposição à tradição liberal, representa a extensão dessa mesma tradição, mas agora, passando da esfera da lei e da política para a esfera da economia e da cultura."[51] Essa extensão em sua filiação com o liberalismo gerou fortíssimos elementos disruptivos, uma vez emergentes as suas inclinações totalitárias, com base nas quais foram criados arsenais radicalmente antiliberais, base para o bolchevismo, para o fascismo e para o nazismo. Nesse caldeirão de signos e de mentalidades deformados, houve sim um responsável maior, segundo a historiografia do galês, que responde pelo nome de Karl Marx:

> é impossível, contudo, ignorar a existência de um elemento antiliberal no socialismo, o qual contribuiu, mais que qualquer outro fator isolado, para a decomposição da liberdade do mundo moderno. O socialismo continental, como representado sobretudo por Karl Marx, foi responsável não somente pelo descrédito da ideologia liberal, mas pelo desafio totalitário contra a liberdade, sob a sombra do qual hoje vivemos. Todos esses princípios que repousam na raiz do estado totalitário derivam do socialismo marxista e revolucionário.[52]

---

51 Ibidem, p. 124, texto com adaptação.

52 Ibidem, p. 124-25, texto com adaptação.

Com isso chegamos aos finalmentes de nossa reflexão: afirmando que o espiritualismo histórico de Christopher Dawson é uma subversão consciente do materialismo histórico de Karl Marx, tratando-se de uma resposta abrangente ao aparato teórico marxista, numa subversão à cosmovisão desse aparato.

Nesse enquadramento, a proposição interpretativa de Dawson não é alheia ao marxismo; e, conforme vimos, a sua história da cultura tem como base certas alegações importantes a esse. Todavia essa base material é usada no intuito de valorizar o agente criador que nela constrói mundos e civilizações: o humano, cujo pensamento vivifica o seu entorno em conotações muito próprias, criando arcabouços culturais crescentemente intelectualizados e dependentes do próprio pensamento. Nesse sentido é lícito que Dawson avalie o marxismo como mais uma revolta espiritual do Ocidente, como uma heresia moderna na ponta do processo de secularização. O nazifascismo foi mera emulação catastrófica desse mesmo processo, caracterizando um fortíssimo movimento de regressão espiritual impresso entre as fraturas da ordem liberal.

Em seu livro abertamente apologético, *Eu Via Satanás Cair do Céu como um Raio*, Girard – em cujo corpo teórico vemos a elucidação do que seriam as vantagens hermenêuticas de uma antropologia da Cruz, com base na revelação definitiva do sistema vitimário, a qual encaminhou o apocalipse da ordem cultural em sentido universal – nos diz que

> o saber que a nossa violência adquiriu sobre ela mesma, graças à nossa tradição religiosa, não suprimiu os fenômenos vitimários, mas enfraqueceu-os de modo suficiente para reduzir, progressivamente, a sua eficácia. Esse é o verdadeiro sentido da expectativa apocalíptica em toda a história cristã,

> expectativa que nada tem de irracional em seu princípio. Esta racionalidade inscreve-se, por sua vez, todos os dias mais profundamente nos dados concretos da história contemporânea nas questões que envolvem armamento, ecologia, população, pandemias, crises econômicas, etc.[53]

No fundo, o pensador francês está dizendo que, do ponto de vista escatológico, o único progresso real que experimentamos nos últimos dois mil anos foi essa conscientização progressiva da irremediável falência de nossas práticas imemoriais de escamoteamento de violências e de injustiças. *Todos* os nossos progressos institucionais verdadeiros, ocorridos nos últimos dois mil anos, tiveram, nessa consciência progressiva a sua base – e falamos de criações como o processo penal[54], o estado de direito,[55] os direitos relativos à inviolabilidade da pessoa e da dignidade humanas[56], educação universal,[57] entre tantas outras conquistas importantíssimas. Todavia, uma coisa é tomar consciência de um mau hábito, outra, bem diferente e muito mais difícil, é livrar-se em

53 René Girard, *Eu Via Satanás Cair do Céu como um Raio*. Lisboa, Instituto Piaget, 1999, p. 228.

54 Ver Milton G. Vasconcellos, "Do Sacrifício à Pena dos Modernos – Como a Ideia Cristã de Pena Moldou o Direito Penal no Ocidente", *Tese de Doutorado*. PUC-RS, 2017.

55 Ver Harold J. Berman, *Direito e Revolução – A Formação da Tradição Jurídica Ocidental*. São Leopoldo, Editora Unisinos.

56 Ver John D. Zizioulas, *Being as Communion – Studies in Personhood and the Church*. New York, Saint Vladimir's Seminary, 1997.

57 Ver Etienne Gilson, *History of Christian Philosophy in the Middle Ages*. Catholic University of America Press, 2019.

definitivo desse mau hábito. O hiato entre ambas, no campo da história do mundo, chama-se apocalipse, a revelação definitiva de nossa insuficiência enquanto ordem cultural, enquanto ordenamento político-religioso; enfim, enquanto comunidade de pensamento.

Em *O Julgamento das Nações*, o galês caminha na mesmíssima direção, insistindo numa visão apocalíptica de história, da qual se apreende um sentido bem exato de uma comunidade espiritual finalmente libertada com a aceitação e adoção do *eschaton*, não obstante em luta crescente contra as forças regressivas do arcaico fundante, cuja força ordenadora sobre o psiquismo humano é colossal. Novamente, contando apenas consigo mesmo, com seus próprios recursos intelectivos e psicológicos, o humano pode muito pouco contra essa força de base, cujo poder é colossal sobre todos nós – pois foi desse barro e dessa costela que nos fizemos *culturalmente*. Dawson não argumenta nesses termos teológicos, mas nos mostra, em cenário histórico real, a atualização desse processo em andamento. Nesse sentido livrar-se de Hitler e de seus sequazes assassinos, vencendo-os pelas armas, significava algo, porém era de fato insuficiente, ainda que fosse necessário à sobrevivência imediata da civilização. Para além das ordens revolucionárias radicais, tanto à direita quanto à esquerda, tínhamos um assalto generalizado contra a Civilização com "C" maiúsculo. Ou seja, procurava-se solapar ou mesmo apagar a consciência sobre as injustiças ligadas ao sistema vitimário arcaico, este visto, em Dawson, como forças "demoníacas", e seus desdobramentos incontáveis nas relações humanas, apagando assim avanços incorporados nos últimos dois mil anos da história humana, paulatinamente propagados aos quatro cantos do mundo. Em termos práticos, procurava-se destruir "o ideal de liberdade e de dignidade da pessoa humana que o Ocidente incorporara às instituições representativas e parlamentares".[58]

Esse sentido único de liberdade, incorporado ao mundo por meio do cristianismo, pressupõe a existência de uma comunidade de pensamento direta ou indiretamente cristã, uma comunidade espiritual que o apascente, dando-lhe condições de prosperar e avançar, embora isso se encontre hoje bem difuso e deveras apagado pelos variados segmentos institucionais de uma ordem social abrangente e complexa como a nossa. Perdemos, definitivamente, o sentido da diferença cristã, perdemos o sentido de sua radical alteridade em relação às forças que governam o mundo, que sempre o governaram. Girard nos chama a atenção para essa perda inevitável, quando diz que "a diferença hebraico-cristã era sentida pelos primeiros cristãos quase fisicamente", mas que, hoje em dia, "já não pode mais ser sentida desse modo. Todavia nos tornamos capazes de a detectarmos comparando os textos e a história"[59]. O cristianismo penetrou a tal ponto em nossa cultura, insinuando-se e invadindo de tal modo o nosso modo de ser e de ver as coisas, que não mais o percebemos enquanto fator diferenciador primeiro. Os seus inimigos espirituais, no entanto, percebem-no agudamente, ontem e hoje, e mesmo em qualquer período. Isso implica vantagens, mas, ao mesmo tempo, nos traz grandes perigos, caso não façamos o esforço de voltar a diferenciar a inteligência antropológica única do cristianismo, mostrando intelectual e cientificamente a sua presença insubstituível

---

58 Christopher Dawson, *O Julgamento das Nações*, op. cit., p. 84, texto com adaptação.

59 René Girard, *Eu Via Satanás Cair do Céu como um Raio*. Lisboa, Instituto Piaget, 1999, p. 227.

para a construção dos bens que o atual sistema civilizacional ainda carrega, mas que está sob constante e redobrado ataque. Dawson participa do mesmo esforço, insistindo em mostrar que

> a ascensão da democracia ocidental bem como a do humanismo ocidental não foram a criação de uma nova cultura secular, mas respondem ao resultado de séculos de trabalho evangelizador, nos quais o solo virgem do Ocidente foi arado, pelo qual foram espalhadas as novas sementes que se difundiram por toda a face da terra. Sem dúvida, essa semente muitas vezes se misturou com o joio, foi sufocada pela sarça, semeada em solo infértil, onde ressecou; não obstante, a colheita foi boa *e o mundo ainda vive disso.*[60]

Os inimigos dessa liberdade incomensurável são muitos; pior ainda, a estrutura social originária lhe é altamente hostil, sempre foi. O cristianismo entrou no mundo para perturbá-lo em seu funcionamento-padrão, uma condição que foi anunciada diversas vezes pelo Cristo em pessoa.[61] O agravamento dessa diferença infinita, claramente provocado por uma fé revelada em oposição à cultura arcaica universalmente sedimentada, assumiu diversos matizes desde então. Desse modo percebemos que esse ímpeto regressivo, sobre o qual Dawson discorre, existe desde a Civilização Clássica, quando era expresso em nome da tradição, mas que passou a se expressar, modernamente, em nome do progresso, fomentando projetos futurísticos de sociedade, apropriando-se do verniz liberal e

---

60 Christopher Dawson, *O Julgamento das Nações*, op. cit., p. 86, texto com adaptação.

61 Como notoriamente em Mateus 10,34 e Lucas 12,49-53.

humanista para corrompê-lo e, enfim, destruí-lo: "O conflito entre a democracia ocidental e o nazismo é, no fundo, um conflito entre duas concepções opostas de lei natural e, consequentemente, de moralidade pública".[62]

Essa regressão ao arcaico foi, em seu fundo, uma investida contra o etos cristão, e a ela já nos referimos quando discorremos sobre a subversão do projeto de cristandade pelas forças aristocráticas e bélicas das dinastias monárquicas europeias, justamente no momento em que a Europa medieval prosperava em riqueza e poder. A falência da ordem medieval com sua subversão interna custou-nos a cristandade enquanto civilização reunida em reinos cristãos; a aparente falência da ordem liberal nos custará, talvez, a própria liberdade, tal como hoje a concebemos politicamente. No entanto a questão realmente capital é outra, e a historiografia do galês nos ensina a percebê-la na ação ininterrupta do Espírito sobre a história, e nos inúmeros vasos comunicantes em que atua; na propagação irrefreável de uma realidade redentora, criadora de comunidades de pensamento libertas dessas forças regressivas e em missão permanente no mundo, no prosseguimento de um projeto emancipador, a despeito das eras que se substituem, inaugurando assim as etapas de um destino certo: a humanização das pessoas e de seus ordenamentos culturais, por meio da integração contínua de um modelo que realmente nos liberta. A Jerusalém Celeste não é uma fantasia imaginada por fanáticos religiosos – muito embora estes também se apropriem dessas coisas, infelizmente –, mas uma visão espiritual e uma elaboração teológica (as duas coisas juntas necessariamente: fenômeno e pensamento), pelas

62 Christopher Dawson, *O Julgamento das Nações*, op. cit., p. 110, texto com adaptação.

quais o homem certifica-se de sua herança enquanto criatura eternamente amada.

O que ocorre, portanto, não é exatamente uma guerra do bem contra o mal, a base inconfundível do erro gnóstico para a perpetuação indefinida do arcaico violento, endossando o nós, os "bons", contra eles, os "maus", pois o que o ocorre é uma lenta, paulatina e singular, porém irreversível, redenção dos agentes do/no mundo por meio de longas cadeias de aprendizado. Ao fim e ao cabo, todos serão convocados ao testemunho.

> Na guerra, a tentação de "uivar com os lobos" é esmagadoramente forte. Não obstante, de um ponto de vista cristão, o fim real é mais do que vencer as forças entrópicas do niilismo, pois é preciso dominá-las com o esforço da disciplina espiritual. A mentalidade ocidental não pode continuar a permitir a proposição de sociedades sem justiça ou sem liberdade, tolerando a existência de estados que, como diz Agostinho, nada são, exceto roubo por atacado.[63]

Temos a proposição de uma luta, mas não contra um povo, uma etnia, uma religião, uma ideologia ou uma classe social; mas sim uma luta espiritual contra os impulsos regressivos de nossa violência sistêmica, enquanto ordenamento social caído, geralmente expressos em desejos de domínio justificados na desumanização do outro, em sua contínua demonização política. Esse alvo pode ser o judeu, o capitalista, o comunista, o cristão, o islâmico, o vietnamita, o ucraniano, tanto faz, pois vivo sempre que se reinstalam mentalidades persecutórias realmente capazes de realizar expurgos que justificam poderes

---

63 Ibidem, p. 114, texto com adaptação.

tirânicos. O fracasso constante desses intentos sacrificiais em suas roupagens modernas parece revelar um ingresso histórico bem avançado no apocalipse. Em seu livro sobre a missão intelectual do historiador galês, *Santificando o Mundo*, Bradley J. Birzer nos diz que,

> [Durante os anos ligados à Segunda Guerra Mundial] Dawson parece ter carregado o peso do mundo, toda a urgência e ansiedade que sentiu estimulou, de algum modo e não sem certa ironia, a emergência de seus pensamentos mais profundos, mesmo que a sua produção escrita baixasse. Seja lá o que lhe causasse tanta aflição, essa situação lhe propiciou uma sensibilidade única, retirando-o da depressão e o fazendo recuperar o seu propósito de vida.[64]

Realmente, com a chegada da guerra, o galês alcançaria a maturidade como pensador em alto nível, momento em que, forçosamente destemido por conta dos perigos implicados, assumiu integralmente uma teologia da história em sua historiografia, o que deu um sentido inequivocamente cristão ao seu pensamento histórico – e não meramente acadêmico. Não era mais suficiente limitar-se a discorrer sobre o legado cristão para o mundo e para a civilização, pois se tornara imperioso apreender o sentido cristão para a história, percebendo-o enquanto realidade apocalíptica. Nesse momento decisivo, como não poderia deixar de ser, Dawson também ganharia o seu quinhão de hostilidade do mundo, e assim que faleceu, ou mesmo um pouco antes, foi, peremptoriamente, esquecido pela academia.

---

64 Bradley J. Birzer, *Sanctifying the World – The Augustinian Life and Mind of Christopher Dawson*. Front Royal, Virginia, Christendom Press, 2007, p. 125.

Sua recuperação atual vem de fissuras que – felizmente – não podem jamais ser controladas pelos poderes estabelecidos. Mas nada disso lhe parecia especialmente funesto, uma vez que era o primeiro a admitir que o cristianismo fora talhado desde sempre para os tempos difíceis: são nesses momentos que prosperam as sementes de uma inteligência e de um amor que este mundo ainda desconhece.

Deu-se assim uma inserção derradeira de seu pensamento na escatologia, deixando-se transfigurar por algo maior, deixando-se absorver por algo que ultrapassa completamente os ordenamentos humanos, incluindo o ordenamento científico, o político e mesmo o religioso. No momento mais sombrio, *in the darkest hour*, o historiador ajoelhou-se *em seu interior* para buscar algo maior, em cuja luz imperecível seria realmente possível caminhar sobre a tempestade. Ele permaneceria intelectualmente ativo até o início da década de 1960, mas foi no momento em que datilografava essas linhas em *O Julgamento das Nações* que o seu pensamento se completava formalmente como um todo coerente unificado, dando-lhe começo, meio e fim – considerando-se que esse "fim" se tornou indiscutivelmente escatológico e, portanto, colocado no meio, mas também no início, de onde tudo sai e para onde tudo retorna.

> Se essa for a essência da doutrina cristã sobre a natureza do homem e seu destino, é claro que ela deve determinar a concepção cristã de história e de ordem social. Todos os acontecimentos temporais e todas as mudanças de cultura estão de certo modo relacionados a essa realidade central. Não há nada humano que não seja afetado por essa *revolução* divina [grifo nosso].[65]

---

65 Ibidem, p. 180.

Fora essa *a real* revolução na história do mundo, devidamente recordada aos leitores dos séculos XX e XXI por esse filho espiritual de *Malvern Hills*, membro pródigo das cadeias de homens e de mulheres em missão neste mundo – de Beda a Coulanges, de Catarina de Siena a Simone Weil. Pessoas que saíram de sua terra, de sua cidade ou aldeia em direção aos campos do conhecimento, angariando a sabedoria límpida de quem bebe na honestidade, de quem se deita com a verdade, uma sabedoria tecida na empatia, na erudição e no firme propósito de conhecer, com a qual puderam nos falar da vida humana na terra "como um trabalho de plantio e de colheita espiritual".[66] Temos aqui um clássico.

66 Christopher Dawson, *Criação do Ocidente – A religião e a civilização medieval*. Intr. arcebispo Rembert G. Weakland, O.S.B.; apres. e trad. Maurício G. Righi. São Paulo, É Realizações, 2016, p. 268.

Bibliografia

ABT, Jeffrey. *American Egyptologist: The Life of James Henry Breastead and the Creation of His Oriental Institute*. Chicago, Chicago University Press, 2011.

ALBERG, J. *A Reinterpretation of Rousseau: A Religious System*. London, Palgrave Macmillan, 2007.

ALBERI, Mary Laurette. "Charlemagne's Court Poets and Imperialism". *Dissertação de Doutorado*. New York, State University of New York, 1980.

ALISON, James. "Alguns Apontamentos para uma Leitura Girardiana do Apocalipse". Lion, 2020.

ANSPACH, Mark R. *Anatomia da Vingança – Figuras Elementares de Reciprocidade*. São Paulo, É Realizações, 2012.

ARISTÓTELES. *The Metaphysics*. London, Penguin Books, 1999.

ARNAOUTOGLOU, Ilias. *Leis da Grécia Antiga*. São Paulo, Odysseus, 2003.

BANG, Peter F e SCHEIDEL, Walter (eds). *The Oxford Handbook of the State in the Ancient Near East and Mediterranean*. Oxford, Oxford University Press, 2013.

BARKER, *Introdução ao Misticismo do Templo*. São Paulo, Filocalia, 2017.

_______. *Introdução à Teologia do Templo*. São Paulo, Filocalia, 2018.

_______. *O Profeta Perdido – O Livro de Enoque e sua Influência sobre o Cristianismo*. São Paulo, É Realizações, 2021

BARRUEL, l'Abbé. *Mémoires pour Servir a l'Histoire du Jacobinisme*. Paris, Ausbourg, 1799.

BEAUCHAMP, Chantal. *Revolução Industrial e Crescimento Econômico no séc. XIX*. Lisboa, Edições 70, 1998.

BERGER, Peter L. *O Dossel Sagrado – Elementos para uma Teoria Sociológica da Religião*. São Paulo, Paulus, 1985.

BERLIN, Isaiah. *As Raízes do Romantismo*. São Paulo, Três Estrelas, 2015.

BERMAN, Harold J. *Direito e Revolução – A Formação da Tradição Jurídica Ocidental*. São Leopoldo, Editora Unisinos, 2005.

BERNANOS, George. *Os Grandes Cemitérios Sob a Lua. – Um Testemunho de Fé Diante da Guerra Civil Espanhola*. São Paulo, É Realizações, 2015.

_______. *A França Contra os Robôs*. São Paulo, É Realizações, 2018.

BIRZER, Bradley J. *Sanctifying the World – The Augustinian Life and Mind of Christopher Dawson*. Front Royal, Virginia, Christendom Press, 2007.

BLACK, Winston. *The Middle Ages – Facts and Fictions*. Santa Bárbara, ABC-CLIO, 2019.

BLAIR, Peter H. *The World of Bede*. Cambridge, Cambridge University Press, 1990.

BLAKE, William. *The Complete Poems*. London, Penguin Books, 1978.

BLOCH, Marc. *A Sociedade Feudal*. Lisboa, Edições 70, 1987.

BOSSY, John. *A Cristandade no Ocidente (1400-1700)*. Lisboa, Edições 70, 1990.

BOXER, C. R. *O Império Colonial Português (1415-1825)*. Lisboa, Edições 70, 1986.

BREASTED, James H. *Ancient Times – A History of the Ancient World*. Boston, Ginn and Company, 1916.

BURKERT, Walter. *Homo Necans: The Anthropology of Ancient Greek Sacrificial Ritual and Myth*. Berkeley, University of California Press, 1983.

BURKERT, Walter. *The Creation of the Sacred: Tracks of Biology in Early Religions*. Cambridge, Harvard University Press, 1998.

BURKERT, Walter. *The Orientalizing Revolution – Near Eastern Influence on Greek Culture in the Early Archaic Age*. Harvard, Harvard University Press, 1992.

BURSON D. Jeffrey e WRIGHT, Jonathan (eds). *The Jesuit Suppression in Global Context – Causes, Events, and Consequences*. Cambridge, Cambridge University Press, 2015.

BURTON, Jane e KERR, Julie. *The Cistercians in the Middle Ages.* 2011. Woodbridge, Boydell Press, 2011.

BURY, J. B. *The Idea of Progress – An Inquiry into Its Origin and Growth.* New York, Dover Publications, 1987.

BYRON. *Selected Poems.* London, Penguin Classics, 2005.

CABANEL, Patrick. "Le grand exil des congrégations enseignantes au début du XXe siècle – Le exemple des Jésuites" *Revue d'Histoire de l'Église de France*, LXXXI, n. 206, 1995.

CASSIRER Ernst. *A Questão Jean-Jacques Rousseau.* São Paulo, Editora Unesp, 1997.

CATHARINO, Alex. *Russel Kirk – O Peregrino na Terra Desolada.* São Paulo, É Realizações, 2015.

CESAREIA, Eusebio de. *História Eclesiástica.* São Paulo, Paulus, 2000

CHAUNU, Pierre. *O Tempo das Reformas (1250-1550) I. A Crise da Cristandade.* Lisboa, Edições 70, 2002.

CHILDE, Vere G. Review "*The Age of Gods*", *Antiquity II*, 1928.

_______. *Man Makes Himself.* Nottingham, Spokesman Books, 2003.

_______. *New Light on the Most Ancient Near East.* New York, The Norton Library, 1969.

CHU-YUANG CHEN (ed.) *Sun Yat-sen's Doctrine in the Modern World.* New York, Routledge, 2019.

CIPOLLA, Carlo M. *As Máquinas do Tempo.* Lisboa, Edições 70, 1992.

CLASTRES, Pierre. *A Sociedade Contra o Estado.* São Paulo, Ubu Editora, 2017.

CLASTRES, Pierre. *Arqueologia da Violência – Pesquisas de Antropologia Política.* São Paulo, Editora Cosac Naify, 2004.

CLINE, Erich H. 1177 B.C. – *The Year Civilization Collapsed.* Princeton University Press, 2014.

COCKS, Jay; SCORSESE, Martin. "Silence" – *Final Shooting Script* (2015).

COLLIN, Stefan; WHATMORE, Richard; YOUNG, Brian (eds). *Economy, Polity, and Society – British Intellectual History 1750--1950.* Cambridge, Cambridge University Press, 2000.

COOK, Peter. "Charles Dickens: The Romantic Legacy" *Doctorate Thesis*. Cambridge, Anglia Ruskin University, 2017.

COULANGES, Fustel de. *A Cidade Antiga – Estudos sobre o Culto, o Direito e as Instituições da Grécia e de Roma*. São Paulo, Edipro, 1996.

CUBITT, Catherine. "Apocalyptic and Eschatological Thought in England Around Year 1000". Cambridge University Press, *Transactions of the Royal Historical Society, vol. 25*, 2017.

DALES, Douglas. *Alcuin – Theology and Thought*. Cambridge, James Clarke & Co, 2013.

DARWIN, Charles. *The Descent of Man and Selection in Relation to Sex*. London, John Murray, 1871.

DAWSON, Christopher. "The Passing of Industrialism". *The Sociological Review*, XII, 1920.

_______. "Religion and Primitive Culture". *The Sociological Review*, XVII, 1925.

"Christianity and the Idea of Progress". *Dublin Review* CLXXX, 1927.

_______. "The Dark Mirror". *Dublin Review*, CLXXXI, 1927.

_______. *Christianity and the New Age*. London, Sheed &Ward, 1931.

_______. *The Making of Europe – An Introduction to the History of European Unity*. London, Sheed & Ward, 1932.

_______. *The Modern Dilemma: The Problem of European Unity*. London, Sheed & Ward, 1932.

_______. "Church, State, and Community". *Tablet*, 1937.

_______. *Religion and the Modern State*. New York, Sheed & Ward, 1938.

_______. *Beyond Politics*. London, Sheed & Ward, 1939.

_______. *Religion and the Rise of Western Culture – The Classic Study of Medieval Culture*. London: Sheed & Ward, 1950.

_______. *Dynamics of World History*. London, Sheed & Ward, 1956.

_______. *Progress & Religion – An Historical Inquiry*. Washington D.C., The Catholic University of the America Press. 2001.

_______. *The Age of Gods – A Study in the Origins of Culture in Pre-historic Europe and the Ancient Near East.* Washington D.C., The Catholic University of American Press, 2001.

_______. *Dinâmicas da História do Mundo.* São Paulo, É Realizações, 2010.

_______. *Inquéritos sobre Religião e Cultura.* São Paulo, É Realizações, 2017.

_______. *Medieval Essays.* Washington D.C., The Catholic of America Press, 2012.

_______. *The Gods of Revolution.* Washington D.C., The Catholic University of America Press, 2013.

_______. *The Movement of World Revolution.* Washington D.C., The Catholic University of America Press, 2013.

_______. *A Divisão da Cristandade – Da Reforma Protestante à Era do Iluminismo.* São Paulo, É Realizações, 2014.

_______. *Formação da Cristandade – Das Origens na Tradição Judaico-Cristã à Ascensão e Queda da Unidade Medieval.* São Paulo, É Realizações, 2014.

_______. *Criação do Ocidente – A Religião e a Civilização Medieval.* São Paulo, É Realizações, 2016, p. 216-17.

_______. *O Julgamento das Nações.* São Paulo, É Realizações, 2018.

_______. *Os Deuses da Revolução.* São Paulo, É Realizações, 2018.

_______. *A Crise da Educação Ocidental.* São Paulo, É Realizações, 2020.

DELANEY, Carol. *Columbus and the Quest for Jerusalem.* New York, Free Press, 2011

DOSTOIÉVSK, Fiódor. *Memórias do Subterrâneo.* Rio de Janeiro, Companhia Aguilar Editora, 1963.

DUPUY, Jean-Pierre. *Retorno de Chernobyl – Diário de um Homem Irado.* São Paulo, É Realizações, 2020.

DURKHEIM, Émile. *As Formas Elementares da Vida Religiosa – O Sistema Totêmico na Austrália.* São Paulo, Martins Fontes, 2003.

EVANS, Richard J. *Terceiro Reich no Poder.* São Paulo, Crítica, 2017.

_______. *Terceiro Reich – Na História e na Memória*. São Paulo, Crítica, 2018.

EVANS-PRITCHARD. "The Intellectualist (English) Interpretation of Magic", 1933.

FALKENSTEIN, Adam. *La Cité Temple Sumérienne*. Paris, Cahiers d'Histoire Mondiale, 1954.

FEBVRE, Lucien. *Michelet e a Renascença*. São Paulo, Página Aberta, 1995.

FERGUSON, Niall. *O Horror da Guerra*. São Paulo, Crítica, 2018.

FLECK, Eliane Cristina D. *Entre a Caridade e a Ciência – A Prática Missionária e Científica da Companhia De Jesus (América Platina, séculos XVII e XVIII)*. São Leopoldo, Rio Grande do Sul, Ediotra Oikos, 2014.

FOX, Patricia A. *God as Communion – John Zizioulas, Elizabeth Johnson, and the Retrieval of the Symbol of the Triune God*. Dublin, Dominican Publication, 1996.

FRADE, Gabriel (org.) *Antigos Aldeamentos Jesuíticos: A Companhia de Jesus e os Aldeamentos Indígenas*. São Paulo, Edições Loyola, 2016.

FRANKFORT, Henri. *Kingship and the Gods – A Study of Ancient Near East Religion as the Integration of Society and Nation*. Chicago, The University of Chicago Press, 2012.

FRAZER, James G. The Golden Bough: A Study in Magic and Religion: London, Penguin Books, 1996.

FREUD, Sigmund S. "Obsessive Actions and Religious Practices" (1907).

FREY, Linda S; FREY Marsha L. *The French Revolution*. Westport, Greenwood Press, 2004.

FREYRE, Gilberto. *Sobrados e Mucambos*. São Paulo, Global Editora, 2013.

GANS, Eric. *Science & Faith: The Anthropology of Revelation*. Maryland, Rowman & Littlefield Publishers, Inc., 1990.

GILSON, Etienne. *History of Christian Philosophy in the Middle Ages*. Catholic University of America Press, 2019.

GIMPEL, Jean. A Revolução Industrial da Idade Média. Lisboa, Publicações Europa-América, 2001.

GIRARD, René. *A Violência e o Sagrado*. São Paulo, Paz e Terra, 1998.

_______. *Eu Via Satanás Cair do Céu como um Raio*. Lisboa, Instituto Piaget, 1999.

_______. *Coisas Ocultas Desde a Fundação do Mundo*. São Paulo, Paz e Terra, 2009

_______. *Dostoiévski – do duplo à unidade*. São Paulo, É Realizações, 2011.

_______; ANTONELLO, Pierpaolo; CASTRO ROCHA, João Cézar. *Evolução & Conversão – Diálogos sobre a Origem da Cultura*. São Paulo, É Realizações, 2011.

GOETHE, Johann W. *The Sorrows of the Young Werther*. London, Penguin Classics, 1989.

GOTTLIEB, Julie V. "Neville's Chamberlain Umbrella: 'Object' Lessons in the History of Appeasement. University of Sheffield. *20th Century British History*. Vol 27, n. 3, 2016.

GUIMARÃES ROSA, João. *Grande Sertão: Veredas*. São Paulo, Companhia das Letras, 2019.

HAMERTON-KELLY (org.) *Violent Origins – Ritual Killing and Cultural Formation*. Stanford, Stanford University Press, 1987.

_______. (ed.) *Política & Apocalipse – Estudos em violência, mímese e cultura*. São Paulo, É Realizações, 2019.

HEAD, Thomas; LANDES, Richard (eds.), *The Peace of God: Social Violence and Religious Response in France Around the Year 1000*. Cornell University Press, 1992.

HEMINGWAY, Ernest. *O Sol Também se Levanta*. São Paulo, Bertrand Brasil, 2014.

HIMMELFARB, Gertrude. *Os Caminhos para a Modernidade – os Iluminismos Britânico, Francês e Americano*. São Paulo, É Realizações, 2011.

HODDER, Ian. *The Leopard's Tale – Revealing the Mysteries of Çatalhöyük*. London, Thames & Hudson, 2006.

______. (ed.). *Religion in the Emergence of Civilization: Çatal Höyük as a Case Study*. Cambridge, Cambridge University Press, 2010.

______. *Entangled – An Archaeology of the Relationship Between Humans and Things*. Willey-Blackwell, 2012.

HOFFMEIER, James K. *Israel in Egypt*. Oxford University Press, 1999.

HUIZINGA, Johan. *O Outono da Idade Média – Estudos sobre as Formas de Vida e de Pensamento dos Séculos XIV e XV na França e nos Países Baixos*. São Paulo, Cosac Naify, 2010.

JACKSON, Julian. *The Fall of France – The Nazi Invasion of 1940*. Oxford, Oxford University Press, 2003.

KAEUPER, Richard W. *Chivalry and Violence in Medieval Europe*. Oxford, Oxford University Press, 2002.

KAMENSKII, Aleksandr B. *The Russian Empire in the Eighteenth Century – Searching for a Place in the World*. New York, M. E Sharpe, 1997.

KANE, Njord. *The Viking Stone Age – Birth of the Axe Culture*. Spangenhelm Publishing, 2016.

KARENGA, Maulana. *Maat – The Moral Ideal in Ancient Egypt, A Study In Classical African Ethics*. New York, Routledge, 2004.

KATES, Gary (ed.) *The French Revolution – Recent Debates and New Controversies*. New York, Routledge, 2006.

KATZ, Dina. "Sumerian Funerary Rituals in Context" In: LANIERI, Nicola (ed.) *Performing Death: Social Analyses of Funerary Traditions of the Ancient Near East and Mediterranean*. Chicago, Oriental Institute Seminars, 2008.

KEENE, Donald. *Emperor of Japan – Meiji and His World (1852-1912)*. New York, Columbia University Press, 2002.

KIRK, Russell. *A Mentalidade Conservadora: de Edmund Burke a T. S. Eliot*. São Paulo, É Realizações, 2020.

KOPENAWA, Davi; BRUCE, Albert. *A Queda do Céu – Palavras de Xamã Yanomami*. São Paulo, Companhia das Letras, 2010.

KORDA, Michael. *Alone – Britain, Churchill, and Dunkirk: Defeat into Victory*. Liveright Publishing, 2017.

LANGLAND, William. *Piers Plowman*. New York, Norton & Company, 2006.

LAYARD, Austen H. *Nineveh and Its Remains (Vols I – II)*. London, John Murray, 1849.

_______. *Early Documents in Persia, Susiana, and Babylonia*. New York, Longmans Green, 1887.

LE GOFF, Jacques. *Les intellectuels au moyen âge*. Paris, Seuil, 1972.

_______. *A Nova História*. Lisboa, Edições 70, 1986.

_______. *História e Memória (1º volume)*. Lisboa, Edições 70.

_______. *O Maravilhoso e o Cotidiano no Ocidente Medieval*. Lisboa, Edições 70, 1990.

_______. *The Medieval Imagination*. Chicago, The University of Chicago Press, 1998.

_______. *São Francisco de Assis*. Rio de Janeiro, Editora Record, 2011.

LEWIS, Bernard. *The Muslim Discovery of Europe*. New York, W. W. Norton & Company, 2001.

LEWIS, C. S. *Surpreendido pela Alegria*. São Paulo, Editora Mundo Cristão, 1998.

LEWIS-WILLIAMS, David. *Mind in the Cave: Consciousness and the Origin of Ar*. London: Thames & Hudson, 2002.

LEYS, Simon. *Chinese Shadows*. New York, The Viking Press, 1974.

LOT, Ferdinand. *O Fim do Mundo Antigo e o Princípio da Idade Média*. Lisboa, Edições 70, 1990.

MACHADO, Antonio. *Selected Poems*. Cambridge, Harvard University Press, 1988.

_______. *There Is No Road*. Wine Pine Press, 2003.

MACMANNERS, John. *Church and Society in Eighteenth-Century France – The Religion of the People and the Politics of Religion*. Oxford, Clarendon Press, 1988.

MALLEY, Shawn. *Layard Enterprise: Victorian Archaeology and Informal Imperialism in Mesopotamia*. Cambridge University Press, 2012.

MALLORY, J. P; ADAMS, D. Q. (eds.) *Encyclopedia of Indo-European Culture*. London: Fitzroy Dearborn Publishers, 1997.

MARSHAL P. J (ed.). *The Oxford History of the British Empire – The Eighteenth Century*. Oxford, Oxford University Press, 2006.

MARX, Karl. *Capital – A Critique of Political Economy (3 Vols)*. London, Penguin Classics, 1992 e 1993.

MAYER, Karl E; BRYSAC, Shareen B. *Tournament of Shadows: The Great Game and the Race for Empire in Central Asia*. New York, Basic Books, 2006.

MONTOYA, Alicia C; VAN ROMBURGH, Sophie; VAN ANROOIJ, Wim (eds). *Early Modern Medievalisms – The Interplay Between Scholarly Reflection and Artistic Production*. Boston, Brill, 2010.

MÜLLER-BECK, Hansjürgen. "Pre-Historic Swiss Lake Dwellers", *Scientific American*, 1961.

MULLOY, John J. "Continuidade e Desenvolvimento no Pensamento de Christopher Dawson" (Posfácio): In: DAWSON, Christopher. *Dinâmicas da História do Mundo*. São Paulo, É Realizações, 2010.

NIETZSCHE, Friedrich. *Além do Bem e do Mal*. São Paulo, Edipro, 2019.

OTTO, Friedrich W. Teofania – *O Espírito da Religião dos Antigos Gregos*. São Paulo, Odysseus, 2006.

PARAMORE, Kiri. *Ideology and Christianity in Japan*. Routledge, 2009.

PEARCE, Jeff. *Winged Bull: The Extraordinary Life of Henry Layard*. Prometheus Books, 2021.

PEREIRA DA SILVA, Diogo. "As Abordagens Historiográficas sobre Constantino I (306-337) - uma Revisão". *Dimensões*, vol. 25, 2010.

POCOCK, J. G. A. *Barbarism and Religion (vol I) – The Enlightenment of Edward Gibbon 1737 – 1764*. Cambridge University Press, 2000.

POCOCK, J. G. A. *Barbarism and Religion (vol II) – Narratives of Civil Government*. Cambridge University Press, 2000.

PRICE, Douglas T. (ed.). *Europe's First Farmers*. Madison, Edinburgh University Pres, 2000.

QUATAERT, Donald. *O Império Otomano – Das Origens ao Século XX*. Lisboa, Edições 70, 2015.

RAINES, John (ed). *Marx on Religion*. Philadelphia, Temple University Press, 2002.

RAUSCHNING, Hermann. *Hitler Speaks*. Thornton Butterworth, 1940.

_______. *La Révolution du Nihilisme*. Paris, Gallimard, 1954.

REID, Stuart. *Armies of the East India Company (1750 – 1850)*. Oxford, Osprey Publishing, 2002

REILLY, Thomas H. *The Taiping Heavenly Kingdom – Rebellion and the Blasphemy of Empire*. Seattle, University of Washington Press, 2004.

_______. *A Ruína Mental dos Novos Bárbaros – Uma Introdução ao Pensamento de Theodore Dalrymple*. São Paulo, É Realizações, 2015.

RIGHI, Maurício G. *Pré-História & História – As Instituições e as Ideias em seus Fundamentos Religiosos*. São Paulo, É Realizações Editora, 2017, p. 203.

_______. "Mobilização Bélica na Modernidade: Uma Perspectiva Histórico Filosófica do Papel da Guerra na Formação do Estado Moderno". *Conexão Política* (UFPI), vol. 7, n. 2, 2018.

_______. *Sou o Primeiro e o Último – Estudo em Teoria Mimética e Apocalipse*. São Paulo, É Realizações, 2019.

RÖMER, Thomas; MACCI, Jean Daniel; NIHAN, Christophe (orgs.) *Antigo Testamento: História, Escritura e Teologia*. São Paulo, Loyola, 2010.

ROSSBACH, Stefan. "Entendimento em Busca da Fé: O Problema Central na Filosofia de Eric Voegelin". In: HAMERTON-KELLY, Robert (org.). *Política & Apocalipse – Estudos em violência, mimese e cultura*. São Paulo, É Realizações, 2019.

ROTGBERG, Robert I. *The Founder: Cecil Rhodes and the Pursuit of Power.* Oxford, Oxford University Press, 1988.

ROUSSEAU, Jean-Jacques. *Emílio ou Da Educação.* Rio de Janeiro, Editora Bertrand, 1992.

ROUSSEAU, *The Collected Writings of Rousseau,* (12 vols)., MASTERS, Roger D; KELLY, Christopher (eds). Hanover, University Press of New England, 2010.

RUNCIMAN, Steven. *A History of the Crusades (Vol I) – The First Crusade and the Foundation of the Kingdom of Jerusalem.* Cambridge, Cambridge University Press, 1951.

s in the Middle Ages. Woodbridge, The Boudell Press, 2011.

SACCHI, Paolo. *Jewish Apocalyptic and its History.* Sheffield Academic Press, 1990.

SCHULTING, Rick J. *Sticks, Stones, and Broken Bones: Neolithic Violence in an European Perspective.* Oxford, Oxford University Press, 2012.

SCOTT, Christina. *A Historian and His World – A Life of Christopher Dawson.* New Brunswick, Transaction Publishers, 1992.

SECHER, Reynald. *A French Genocide – The Vendée.* Notre Dame: University of Notre Dame Press, 2008.

SELF, Robert. *Neville Chamberlain – A Biography.* London, Routledge, 2001.

SIOCCHÚ, Micheál Ó. *God's Executioner: Oliver Cromwell and the Conquest of Ireland.* London, Faber & Faber, 2018.

SPENGLER, Oswald, *The Decline of the West.*

STARK, Rodney. *The Rise of Christianity – How the Obscure Marginal Jesus Movement Became the Dominant Religious Force in the Western World in a Few Centuries.* San Francisco, Harper One, 1997.

STUART, Joseph T. "Christopher Dawson in Context: A Study in British Intellectual History Between the World Wars". Edinburgh, University of Edinburgh, *Ph.D. Thesis,* 2009.

TAI HSÜAN-CHIH. *The Red Spears (1916-1949).* Rogel Center of Chinese Studies, 1985.

TANNER, Brian K; BOWER, Richard G; MCLEISH, Thomas C. B; GASPER, Giles E.M. "Unity and Symmetry in the *De Luce* of Robert Grosseteste. In: CUNNINGHAM, Jack P; HOCKNULl, Mark (eds.). *Robert Grosseteste and the Pursuit of Religious and Scientific Learning in the Middle Ages*. Switzerland, Springer, 2016.

TROELTSCH, Ernst. *Religion in History*. Augusburg Fortress Publishing, 2000.

_______. *The Absoluteness of Christianity and the History of Religions*. John Knox Press, 2006.

UDÍAS, Agustín. *Jesuit Contribution to Science – A History*. Heidelberg, Springer, 2015

VAN DE MIEROOP, Marc. *A History of the Ancient Near East – ca. 3.000 to 323 BC*. Wiley Blackwell, 2016.

VAN ROSSUM, Gerhard Dohrn. *History of the Hour – Clocks and Modern Temporal Orders*. Chicago, The University of Chicago Press, 1996.

VASCONCELLOS, Milton G. "Do Sacrifício à Pena dos Modernos – Como a Ideia Cristã de Pena Moldou o Direito Penal no Ocidente". *Tese de Doutorado*, PUC-RS, 2017.

VASCONCELLOS, Pedro L (org.). *Antonio Conselheiro por Ele Mesmo – (2 vols.)* São Paulo, É Realizações, 2017.

VASQUES DA CUNHA, Martim. *A Tirania dos Especialistas: Desde a Revolta das Elites do PT até a Revolta do Subsolo de Olavo de Carvalho*. São Paulo, Civilização Brasileira, 2019.

VEYNE, Paul. *When Our World Became Christian (312- 394)*. Cambridge, United Kingdom Polity Press.

VOEGELIN, Eric. *Ordem e História – Israel e a Revelação – Volume I*. São Paulo, Edições Loyola, 2009.

_______. *História das Ideias Políticas – Volume II: Idade Média até Tomás de Aquino*. São Paulo, É Realizações, 2012.

_______. *História das Ideias Políticas – volume VIII: A Crise e o Apocalipse do Homem*. São Paulo, É Realizações, 2019.

VOLTAIRE, *Essai sur les Moeurs et l'esprit des nations*. Paris, 1829.

VON HUGEL, Friedrich. *The Mystical Element of Religion: as Studied in Saint Catherine of Genoa and her Friends*. London, E. P. Dutton & Co, 1923.

VON HÜGEL. *The German Soul – Its Attitude Towards Ethics and Christianity*. London, Dent & Sons, 1916.

VUILLARD, Éric. *A Ordem do Dia*. São Paulo, Editora Planeta, 2019.

WATKINS, Trevor. "Changing People, Changing Environments: How Hunter-Gatherers Became Communities that Changed the World". In: FINLAYSON, Bill; WARREN, Graeme (eds.). *Landscapes in Transition*. Oxford, United Kingdom, Oxbow Books, 2010.

WATKINS, Trevor. "Changing People, Changing Environments: How Hunter-Gatherers Became Communities that Changed the World". In: FINLAYSON, Bill; WARREN, Graeme (eds.). *Landscapes in Transition*. Oxford, United Kingdom, Oxbow Books, 2010.

WEINSTEIN, Fred. *The Dynamics of Nazism – Leadership, Ideology and Holocaust*. New York, Academic Press, 1980.

WILSEY, John D. *American Exceptionalism and Civil Religion – Reassessing the History of an Idea*. InterVarsity Press, 2015.

YANG, C. K. *Religion in Chinese Society*. Berkeley, University of California Press, 1967.

ZIZIOULAS, John *D. Being as Communion – Studies in Personhood and the Church*. Virginia, St. Vladimír Seminary. 1997.

Índice onomástico